本报告的出版得到国家重点文物和大遗址保护
专项补助经费资助

本报告得到国家科技支撑计划"空间信息技术在大遗址
保护中的应用研究——以京杭大运河为例"
（2006BAK30B01）课题支持

《汶上南旺——京杭大运河南旺分水枢纽工程及龙王庙古建筑群调查与发掘报告》编辑委员会

主　　任：谢治秀　柴晓明

顾　　问：张廷皓　孟宪民

副 主 任：由少平　杨招君　郑同修　孙美荣　李成勇　李臣兴

编　　委：（按姓氏笔画排序）

　　　　　于　冰　王永波　王守功　乔　梁　刘延常　李成伟

　　　　　李传荣　李　靖　佟佩华　汪海波　张　兵　张振国

　　　　　倪国圣　管国志

主　　编：佟佩华

副 主 编：王元林　吴双成　丁见祥　余建立

编　　辑：（按姓氏笔画排序）

　　　　　马洪勇　王泽冰　刘见平　刘见军　刘健康　李广芳

　　　　　李臣兴　张念强　张　骥　武　健　范佳翎　姜祥洲

　　　　　程　伟

摄　　影：李顺华　吴双成　余建立

高空摄影：王殿平

绘　　图：王占琴

碑　　拓：万　良　张　鹏　钱道训

遥感考古：程　伟　何撼东

探地雷达：张念强　孔祥春　郑中俊

GPS测绘：刘见平　唐剑波　牛红波　朱现龙　赵　炜　王彦龙

汶上南旺

京杭大运河南旺分水枢纽工程及龙王庙古建筑群调查与发掘报告

山东省文物考古研究所
中国文化遗产研究院
济 宁 市 文 物 局　　编著
汶 上 县 文 物 局

文物出版社
北京·2011 年

封面设计：周小玮
责任印制：王少华
责任编辑：杨冠华

图书在版编目（CIP）数据

汶上南旺：京杭大运河南旺分水枢纽工程及龙王庙古
建筑群调查与发掘报告 / 山东省文物考古研究所，中国
文化遗产研究院，济宁市文物局，汶上县文物局编著.—北
京：文物出版社，2011.1
ISBN 978-7-5010-3112-2

Ⅰ.①汶… Ⅱ.①山… ②中… Ⅲ.①古建筑—文化
遗址—发掘报告—济宁市 Ⅳ.①K878.05

中国版本图书馆 CIP 数据核字（2010）第 235439 号

汶上南旺

京杭大运河南旺分水枢纽工程及
龙王庙古建筑群调查与发掘报告

山东省文物考古研究所
中国文化遗产研究院
济 宁 市 文 物 局   编著
汶 上 县 文 物 局

*

文 物 出 版 社 出 版 发 行
（北京市东直门内北小街 2 号楼）
http://www.wenwu.com
E-mail:web@wenwu.com
北京宝蕾元科技发展有限公司制版
北京京都六环印刷厂印刷
新 华 书 店 经 销
889×1194   1/16   印张：25.75   插 5
2011 年 1 月第 1 版   2011 年 1 月第 1 次印刷
ISBN 978-7-5010-3112-2   定价：500.00 元

Nanwang Wenshang on the Jing – Hang Grand Canal

A Survey and Excavation Report of the Nanwang Water
Diversion Pivotal Project and Dragon King Temple Complex

by

Shandong Provincial Institute of Archaeology and Cultural Relics

Chinese Academy of Cultural Heritage

Jining Municipal Bureau of Cultural Relics

Cultural Relics Bureau of Wenshang County

Cultural Relics Press

Beijing · 2011

序　一

京杭大运河开掘于隋代，贯通于元代，繁荣于明清时期，是世界上开凿最早、规模最大、流程最长的人工运河。京杭大运河维系了国家统一，繁荣了南北经济，构筑了运河文化遗产，是中华文明史上的一座丰碑。

运河山东段位于京杭大运河中段，北接京冀，南通江浙。途经山东德州、聊城、泰安、济宁和枣庄共 5 市 17 县（市、区），全长近 570 千米，占京杭大运河总长度的三分之一。自元至元二十六年（1289 年）开通会通河，运河山东段至今已有 700 余年的历史。

山东汶上南旺是整个京杭大运河的最高点，素有"水脊"之称。在元代通过修建宁阳堽城坝引汶水、兖州金口坝引泗水至济宁会源闸南北分流向运河供水，明代通过修建东平戴村坝引汶水至汶上南旺南北分流向运河供水。同时，元、明两代还导泉补源、筑水柜和建堤坝，修建了一系列的水工设施，逐渐形成了具有"引"、"蓄"、"分"、"排"功能的南旺分水枢纽工程，基本上解决了济宁以北运河水源不足的问题，保障了京杭大运河畅通 600 余年。南旺分水枢纽工程代表了工业革命前世界土木和水利工程的最高成就。

历年来，山东省委省政府十分重视山东运河文化遗产的保护工作，将其列为建设文化强省的"八大工程"之一。山东省文化厅和文物局从

2002 年"南水北调工程"开工建设开始，就将山东运河的调查、研究和保护工作列入重要的议事日程。2007 年 8 月，我厅组织山东省文物考古研究所和德州、聊城、泰安、济宁、枣庄沿线五市的文物工作者对运河山东段进行实地考古调查。考古人员足迹踏遍了运河沿线的闸口、堤坝、码头、古街区、古建筑和村村镇镇，基本上摸清了山东运河文物资源的家底。据不完全统计，发现文物点 200 余处，其中与运河功能相关的有 50 余处，与运河历史相关的有 90 余处。

2008 年 3 月，经国家文物局批准，山东省文化厅、文物局组织山东省文物考古研究所，同中国文化遗产研究院合作，在济宁市文物局、汶上县和南旺镇政府的大力支持下，对南旺分水枢纽工程和分水龙王庙遗址进行了考古调查和发掘，取得了阶段性的重要成果。在发掘期间，还组织了"汶上南旺大运河保护暨公众考古学实践"活动，是一次提高百姓文物保护意识和"爱我南旺"的有益尝试。

中国文化遗产研究院是中国文化遗产保护和研究的最高学术机构，他们派出精兵强将，有力保障了南旺分水枢纽工程和分水龙王庙遗址考古调查和发掘任务的顺利完成。张廷皓院长和孟宪民书记在百忙之中两次到工地考察和指导。刘曙光院长、朱晓东书记和柴晓明副院长对于报告的编写出版工作也给予了极大的支持。我代表山东

省文化厅向中国文化遗产研究院表示感谢！同时向支持这次发掘工作的中国科学院遥感应用研究所、中国水利水电科学院、清华大学建筑学院、国家博物馆和北京市文物研究所等单位表示感谢！目前，京杭大运河文化遗产保护和"申遗"工作正在紧张有序地进行中。我们要认真贯彻落实大运河保护和申遗省部际会商小组两次会议的精神，从贯彻落实科学发展观、全面建设小康社会和谐社会的政治高度，充分认识大运河保护和"申遗"工作的重要性和紧迫性，扎扎实实做好山东

省部分的工作。充分调动和发挥运河沿线市、县人民政府的主导作用，搞好运河沿线环境整治，改善民众生活环境和生活质量。继续做好省级保护规划和专项保护规划的编制工作，认真遴选申遗点，为申遗工作添砖加瓦。继续做好考古调查、发掘和研究工作，进一步挖掘运河的真实性和完整性，提升京杭大运河的整体价值。

谢治秀

2010 年 10 月

序 二

近年来，由国家文物局牵头组织、实施的京杭大运河保护和申遗工作已全面启动并取得重大进展。中国文化遗产研究院围绕京杭大运河研究、保护等工作重点做了以下几件事情。

（一）完成《京杭大运河保护规划编制要求及实施方案研究》、《京杭大运河淮安段遗产本体调查方法研究》等两项自主课题。

（二）与清华大学、中国水利科学院、中国科学院遥感所共同承担了国家科技部科技支撑计划《空间信息技术在大遗址保护中的应用研究——以京杭大运河为例》项目。

（三）负责京杭大运河总体保护规划编制工作并承担部分省市运河保护规划的编制。

长期以来，由于各种原因，京杭大运河研究主要停留在文献层面上，考古资料及研究成果颇为匮乏，考古学及其他现代科技手段对京杭大运河保护工作的支撑尤显不足。"京杭大运河南旺分水枢纽工程及龙王庙古建筑群调查与发掘"是《空间信息技术在大遗址保护中的应用研究——以京杭大运河为例》的延伸项目（以下简称为南旺项目），由中国文化遗产研究院与山东省文物考古研究所共同组建的京杭运河南旺考古队承担。做为主动性考古发掘、研究项目，南旺项目很快得到了国家文物局的批准。这一方面充分体现了国家文物局对京杭大运河保护与"申遗"工作的高度重视，另一方面也显示出南旺项目的重要性。

京杭大运河连接南北、沟通东西，纵贯、横穿大半个中国。在如此广阔的时空范围内，之所以选择南旺作为京杭大运河研究、保护工作的突破点和试验田，主要基于两点考虑。一是京杭大运河南旺段面临的保护压力较大。由于河道淤积、水源短缺，济宁以北运河的原始功能已丧失殆尽。因砖厂取土、村民垦殖、垃圾堆放，南旺段运河河道及其附属设施正在遭受着严重的破坏。如不及时采取妥善措施对其进行研究、保护，损失将难以弥补。二是京杭大运河南旺段的地理位置及其分水原理最为复杂。山东省南旺是京杭大运河全线地势最高的地方，素有"水脊"之称，关系着京杭大运河的南北畅通。南旺分水枢纽作为一项伟大工程，其筑坝（戴村坝）截水（汶水）、南北分流的治水思想以及与之配套的水工技术，科学地解决了京杭大运河航运史上的难题，保证了明清近 600 年航运畅通无阻，具有重大研究和保护价值。

经过 2008 年两个季度的发掘，京杭运河南旺考古队大面积揭露出分水龙王庙既相对独立又有机联通的三处院落系统，出土了一批涵盖陶瓷器、建筑构件、金属器等在内的重要实物资料。同时京杭运河南旺考古队还对运河河道进行了多处解剖，对南旺分水枢纽工程遗址进行了大范围的调查和实测，取得了直接与南旺段运河有关的大批重要图纸、资料。所有这一切，都将有效提升学界对京杭大运河治水思想及水工技术、京杭大运河流转运营机制、京杭大运河原始风貌等诸多重要问题的认识，推进相关研究；对科学编制运河保护规划、京杭大运河整体申报世界文化遗产等也会产生重要的推进作用。

这次工作得到了考古、水利、遥感、环境、精密测量等多个领域多个部门、单位的有力支持和配合，运河南旺考古队还在发掘现场组织了"汶上南旺京杭大运河保护暨公众考古学实践"活动。从这个角度看，这也是一次实实在在的多学科、多部门合作攻关、实施重要文化遗产保护项目的有益尝试。对此，本报告都有专门章节予以详细论述，其方法与结论或可商榷，但这种注重科技合作和考古学传播的意识的确是任何考古项目都该具有的，也是值得大力提倡的。

借此机会，我代表南旺项目合作方之一的中国文化遗产研究院，向对这次工作给予大力支持、指导的国家文物局、山东省文化厅、山东省文物局表示衷心感谢！向我们的合作伙伴山东省文物考古研究所以及多年来一直从各个角度关心京杭大运河保护并对我们的工作予以无私帮助的国家博物馆航空考古中心、北京市文物研究所、中国科学院遥感应用研究所、中国水利水电科学院、清华大学建筑学院等单位及专家、同仁们表示最诚挚的谢意。

柴晓明

2010 年 10 月

目　录

插图目录

表格目录

绪　言

水是生命蓬勃跳跃、绵延不息的源泉
河流是文明发生、发展和繁荣的摇篮

中国幅员辽阔，地形西高东低，地势跳跃式分割为三级阶梯。"世界屋脊"青藏高原平均海拔4000米以上，是第一级阶梯。这里山脉横列，湖泊众多，长江、黄河、怒江、澜沧江和雅鲁藏布江等从这里发源。从青藏高原向北跨过昆仑山、祁连山，向东跨过横断山，地势迅速下降到海拔1000~2000米之间，是第二级阶梯。这里山地、高原和盆地相间排列，黑龙江、辽河、海河、淮河、西江和元江等从这里发源。沿着东北走向的大兴安岭、太行山、巫山、雪峰山一线往东至海滨，是第三级阶梯。这里丘陵和平原交错，图门江、鸭绿江、钱塘江和闽江等从这里发源。京杭大运河连接的海河、黄河、淮河、长江和钱塘江从北至南排列，自西向东日复一日，年复一年，或奔腾咆哮，或浩浩荡荡流入大海。正是这些大江大河提供的丰沛淡水资源、泛滥冲积形成的肥沃土壤和相对稳定的食物生态系统，养育了数以千万的古代先民，也为他们创造悠久的历史和灿烂的文化提供了广阔的舞台。

在中国农业社会文明进程中，使用舟船载人或物，借用水的自然力实现运输目的，无疑是人类交通史上重要的发明之一。中国早在新石器时代就掌握了制造舟船的技术。考古发现证实，在

浙江两处距今七八千年的遗址中，发现有木桨（余姚河姆渡遗址）和独木舟（萧山跨湖桥遗址）。最初的水运是利用自然河道进行的。但是，自然河道分布不均衡，自然河道之间缺少联系。随着社会进步和经济繁荣，沟通河与河、河与湖、湖与湖之间的连接，修建人工运河，不断扩展水上运输，就成为社会的迫切需要。中国东部地区土地肥沃，水系发达，物产丰庶，却没有一条南北向水上通道，以满足日益增长的社会、经济、文化交流的需求，因此京杭大运河的开凿也就成为一种历史的必然。

京杭大运河开凿于春秋时期，从公元前486年吴王夫差开邗沟算起，距今已有近2500年的历史。隋炀帝自大业元年（605年）到大业六年（610年），仅用了6年时间，先后开凿了通济渠、永济渠和江南河，构建了以东都洛阳为中心，北到涿郡（北京），南到余杭（杭州）的贯穿南北的运河体系，沟通了海河、黄河、淮河、长江、钱塘江五大水系，史称南北大运河。有元一代，定都北京。元世祖先后于至元十八年（1281年）和至元二十六年（1289年）开凿了济州河、会通河，连接了临清、济州和徐州，线路东移，截弯取直，较隋代南北大运河缩短了1000余千米。至元二十九年（1292年），元世祖再开通惠河，至此，由北京到杭州的京杭大运河全线贯通，史称京杭大运河。明清两代，沿袭元代格局，对京杭

大运河进行了多次的整治和完善。明永乐九年（1411年）工部尚书宋礼采纳汶上老人白英之策，引汶济运，修建水柜，破解了济宁南旺"水脊"难题。明清时期，开挖"南旺新河"和"中河"，避黄保运；不断新建和修整闸坝，确保运河畅通400年。清咸丰五年（1855年）黄河在河南铜瓦厢决口，洪水汇至阳谷张秋，冲毁运河堤防，淤塞运河河道。至此，运河被斩为南北两段，水源体系被破坏，京杭大运河走向衰落。

京杭大运河北起北京，南达杭州，流经北京、天津两市和河北、山东、江苏、浙江四省，全长1700余千米。京杭大运河纵穿中国东部人口密集和经济发达地区，南粮北运，维系了民族团结和国家统一，带动了沿运河两岸为数甚巨的府、县、镇、村的崛起，养育了数以千万计的各族黎民百姓，推动了中国社会的发展和文明的进步，形成了独具特色的运河文化遗产。京杭大运河是世界上开凿时间最早、流程最长、规模最大的水利工程，它与万里长城一样，展现了中国古代劳动人民的聪明智慧和伟大创造力，是全人类的宝贵文化遗产。

山东运河位于京杭大运河中段，北接京冀，南通江浙，全长600余千米，总长度占京杭大运河的三分之一左右。山东运河途经德州、聊城、泰安、济宁、枣庄5市17县（市、区）。山东运河由隋代开凿的永济渠和元代开凿的济州河、会通河连接而成。山东运河通过鲁中南山地西缘与鲁西南平原交接地带，济宁市汶上县南旺镇，海拔38米，是整个京杭大运河的至高点，号称"水脊"。元、明两代先后修建堽城坝、金口坝、戴村坝，导汶水、洸水、泗水、府水在济宁天井闸和汶上南旺分水枢纽进入运河。"七分朝天子，三分下江南"，成功地解决了山东运河的水源问题。还导泉补源，设水柜，建闸坝，构建了一个引水、蓄水、用水的完整体系，是世界上17世纪工业革命之前最伟大的水利工程。

21世纪以来，在中国大地上掀起了一场保护中国大运河和申报世界文化遗产的热潮，2006年5月在"京杭大运河保护与申遗研讨会"上通过的"杭州宣言"体现了国家的意识和人民的呼声。现在我们把关注点聚焦到运河本体上来，无论是做好京杭运河的保护工作，还是遗迹申报世界文化遗产，都必须对京杭运河的现状有一个全面深入的了解。毕竟开通会通河已有700多年的历史，工程使用也有500多年之久，山东运河停运后保存如何？南旺分水枢纽还留下了多少遗迹？都是我们首先要搞清楚的问题。基于这样一个大好的时代背景和这样一个科学的探寻思路，在山东省文化厅和文物局的领导下，山东省文物考古研究所和中国文化遗产研究院合作，对京杭运河汶上南旺分水枢纽工程和分水龙王庙古建筑群进行了考古调查、勘探和发掘。本报告就是这次科学考察和研究的成果。

第一章 概 述

第一节 地理位置及自然环境

汶上县位于山东省西南部，隶属于济宁市。东临兖州、宁阳，西连梁山、嘉祥，南据三湖（南旺湖、马踏湖、蜀山湖），同任城区接壤，北枕汶水与泰安市肥城、东平县相望。总面积877.22平方千米，总人口74万人。

汶上县地势由东北向西南缓倾，东北部系古老泰山隆起的残丘低岭，中部为平原，西南部为古大野泽、梁山湖东畔。东北部土地多系侵蚀陡坡、山岭缓坡、山麓平缓地，坡降一般为1/300-3000，岩石裸露。位于县城东北10千米的昙山为全县最高点，海拔171.7米。中部平原土质好，土层厚，坡降1/3000-8000。西南部湖洼区土质多系黑黏土，湿软干硬，易龟裂。坡降为1/8000-10000。蜀山湖底为最低点，海拔36.5米。

汶上县北界有大汶河，西有梁济运河南北穿过，内河主要有小汶河和泉河（图一-1）。大汶河古称汶水，《诗经》中有"汶水滔滔"的记述。大汶河源于莱芜市原山之阳，南合并汶河、北汶河、石汶河、柴汶河，至泰安泰岳区大汶口镇折转西行，流经汶上县北部边境15.3千米，北与肥城、东平隔河相望。河道地势高亢，雨季水流湍急。河槽口最宽处琵琶山846米，最窄处孔庄560米。河底海拔高程51.2~58米，较南旺湖底高

约15米。小汶河上游自宁阳县的泗皋东北起，从东北向西南，斜贯汶上县全境，全长40余千米。泉河纵贯境内南北，分南泉河、北泉河和总泉河三部分，总长69千米。南泉河发源于汶上县东南马庄泉河源头，北泉河发源于汶上县东北部丘陵区龙斗泉、鸡爪泉、老源头泉等地，与鹅河汇流后为一水，称为总泉河。

汶上县西南部为"北五湖"之南旺、蜀山、马踏三湖属地，面积65平方千米。汶上三湖古属大野泽，本为一湖。元代至元二十年（1283年）开挖济州河，将南旺湖纵割为二，河东称南旺东湖，河西称南旺西湖。明永乐九年（1411年）引汶水至南旺分水济运，小汶河又将南旺东湖一分为二，北称马踏湖（因春旱无水时湖区多用于牧马而得其名），南称蜀山湖（因湖中有一蜀山而得其名）。

汶上县属北温带半湿润季风区，大陆性气候，光照充足，四季分明，无霜期长，降水年季变化大。春季多南风，夏季多东南风，冬季多西北风。年平均气温13.3°，年均最高气温19.5°。无霜期年均195天，最长219天，最短155天。年平均降水量613.9毫米，最多1394.8毫米，最少285.6毫米。常年地面平均地温摄氏15.9°。土壤冻结期在112天左右。

汶上县土壤受地带性生物气候条件和地形、地貌、成土母质、水文地质等条件的综合作用，

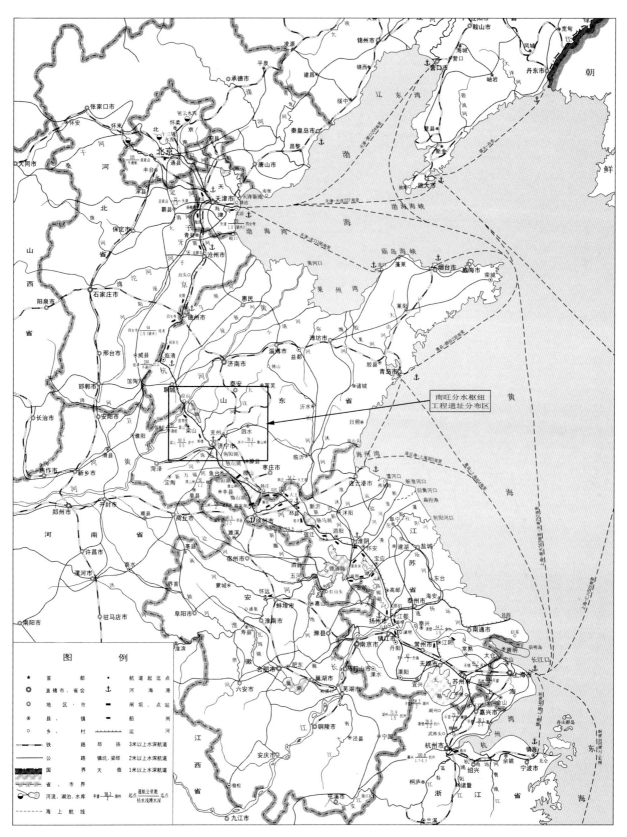

图一—1 京杭大运河水系图

有棕壤、褐土、潮土、沙姜黑土等四大类。棕壤主要分布汶上东北白石、杨店两乡的山地丘陵区。褐土为全县主要土类，分布东北角军屯乡石灰岩丘陵地带，汶中平原大部、汶东及小汶河以西缓岗地带少部也系褐土。潮土主要分布于小汶河两岸郭楼、郭仓、寅寺乡河漫滩高地，南旺湖、马踏湖、蜀山湖、东平湖的微斜平原及湖洼地也系潮土。沙姜黑土主要分布于汶上东部和东南部的洼地，多呈条状和环形分布。

汶上县大部属于平原地带，土地开发利用率高，自然植被残存无几，多被开垦为农田或人工林。野生植物有茅草、马齿苋、灰菜、山葱、野山药、酸枣、芦苇、槐叶萍等。主要农作物以小麦、高粱、大豆、红薯为主，谷子、玉米次之。经济作物主要为烟草、蔬菜、棉花、花生。

汶上县野生动物资源由于滥砍林木和无休止的捕猎，遭到严重损害。兽类有刺猬、黄鼠狼、狸、野兔等。鸟类有猫头鹰、啄木鸟、雕布谷、水鸭、鹌鹑等。昆虫有蜜蜂、螳螂、等。家畜主要有牛、马、驴、骡、猪、羊、兔等。家禽主要有鸡、鸭、鹅，汶上芦花鸡为传统优良品种。

南旺镇位于汶上县西南低洼区，西北高，东南低。最高点是运河东岸高堤，海拔55.4米；最低处是蜀山湖堤，海拔36.1米。全镇南北长约16千米，东西宽约10.2千米。境内有三湖四河，三湖为南旺湖、蜀山湖和马踏湖；四河为古运河、小汶河、梁济干渠和新泉河。

第二节　历史沿革

山东属《尚书·禹贡》所载"九州"中的青、徐、兖、豫四州之域。济宁辖徐、兖两州之地。汶上商代境内置厥国。周代，先后置郕国和鲁中都邑、阚邑。阚邑位于南旺北约七里许。传说公元前694年，鲁桓公卒，葬于阚南凤凰之阳，守墓者家属亦居于阚南，于此子孙兴旺故取名南旺。战国时，齐置平陆邑。战国末年，平陆邑属楚。

公元前221年，秦统一中国，推行郡县制。山东境内置齐、薛、琅玡、东海四郡。济宁属薛郡。汶上县境约分属张县和无盐县。

汉承秦制，郡国并行。西汉时期，山东境内置有11郡6国295县。济宁属泰山郡和东平国、鲁国。汶上境内始置东平陆县，属东平国。东汉时期，县境东北划属任城国，县境西部一度划属东郡须昌县。

三国两晋时期，汶上县境统属兖州东平国（郡）东平陆县。南北朝时期，北齐废东阳平郡和平原县，同时并平陆于乐平，称乐平县，移治下平陆。

隋统一中国后，在山东境内置11郡109县。济宁属鲁郡，汶上复称平陆县。

唐代全国按山川地理分为十道。山东分属河南、河北二道，下设14州92县。济宁属兖州，汶上县改为中都县，移县城于今治。650年，鲁国守祭者徙居南旺。

北宋仿唐制分全国为十五路。济宁隶属京东西路，治所在兖州。济宁涉及兖州、济州、郓州和单州。汶上县仍称中都县，归属郓州。宋政和五年（1115年）南旺称南旺营。

金代改京东东路、京东西部为山东东路、山东西路，山东遂成为政区名。济宁隶属山东西路管辖。济宁涉及兖州、济州、东平府以及单州和滕州。汶上县归属东平府。金泰和八年（1208年）复更名汶上县，从此"汶上"作专用地名，沿用至今。

元代山东隶属中书，内置6路、24州、97县。元代至元八年（1271年），济州升为府，名济宁府，"济宁"从此沿用至今。汶上县属东平路，县随之。元代至元二十年（1283年），依汶上籍水利家马之贞之策，开凿济州河，途经汶上西部，南旺通漕，逐渐繁荣。

明初沿袭元制，洪武元年（1368年），置山东行中书省，形成与今山东省境大致相同的版图。明洪武年间，济宁州属兖州府。汶上县改属兖州府东平州。明永乐年间，工部尚书宋礼采纳汶上老人白英之策，引汶济运，在南旺分水保证运河畅通。明嘉靖年间，南旺设主薄衙，代知县管理地方行政和河务。还曾设总河部院、督河兵备道、工部分司、河道郎中、泉闸主事、南旺行台等等。

清初全国为23省，山东省治设在济南府，辖3道、10府、3直辖州、104县（含散州8个）。济宁为直隶州。汶上属兖州府。清康熙五十一年（1712年），汶上县在南旺分水龙王庙设置南旺主薄衙，接送河路来往官员并代理民事。清乾隆皇帝六次南巡路经南旺，每每题诗雕刻御碑，立于水明楼下右侧。

辛亥革命以后，山东省辖4道、107县。济宁道驻济宁，辖25县。汶上县随之。

新中国成立后，汶上县先后隶属泰西专区、泰安专区、济宁地区、泰安地区、济宁市，但县名和县城无变化。南旺先后称为南旺乡、南旺区、南旺人民公社、南旺区公所。1986年撤南旺区公所为南旺镇，延续至今。

第三节　山东运河开凿历史

山东运河北端由河北省景县桑园西南进入山东省德州市德城区二屯镇第三店村北。沿途流经德州市的德城、武城、夏津，聊城市的临清、东昌府、阳谷，河南省的台前，泰安市的东平，济宁市的梁山、汶上、任城、市中、微山、鱼台，枣庄市的峄城、台儿庄等市、县、区。在枣庄市台儿庄区邳庄镇新赵村东南出境，进入江苏省邳州市。

据文献记载，山东的运河最早开挖于春秋战国时期。公元前485年春，吴王夫差率军北上攻打齐国，当时泗水与济水流域的大野泽、雷泽和菏泽地势低洼，一片汪洋。夫差下令开凿了沟通泗水和济水的一条水道，后人称为菏水。菏水则成了山东境内最早的人工运河。战国时期，齐国人也开凿了一条沟通淄水和济水的运河。

东汉明帝永平十二年（69年）遣王景治汴渠。汴渠从河南荥阳到开封，从开封入原鸿沟水系中的板水，途经山东曹县、单县的东南边境，然后东南流入泗水，最后到达淮水，汴渠成为沟通黄河、泗水和淮水的通道。

东晋永和十二年（356年），徐兖两州刺史荀羡北伐驻扎在今聊城东阿的前燕将军慕容兰。荀羡为保证运送军粮和物资，开凿了洸汶运道。运粮船队溯泗水北上至高平（今微山鲁桥镇），西北向转入洙水到任城，再沿洸水折向东北到刚县（今宁阳县东北），转入汶水到东阿，史称洸汶运道。太和四年（369年），晋明帝驸马、大司马恒温第四次北伐前燕，在进军途中，开凿了著名的桓公沟运河。桓公沟分两段，一段自薛训渚（今嘉祥县萌山附近）向南与源自巨野泽的黄水合流，转向东南流经金乡县，东入泗水；另一段北流同汶水合流，再向北与济水汇合，全长150千米。桓公沟沟通泗、汶、济三水，是从淮河到黄河的必经之路。这两段运河虽说是单向性的、段落性的，但却为元、明两代京杭大运河穿越汶泗平原水脊提供了路径走向和水文基础。

581年，北周大臣、外戚杨坚废静帝自立，国号称隋，改元开皇，仍都长安。隋开皇年间，兖州地方官薛胄在城南泗水修筑一座石堰，分流泗水，引入通向济宁的东北—西南向运河，缓解了兖州城南的泗水泛滥，也使济宁可以利用舟船南达淮河和大海，百姓褒称这条运河为薛公丰兖渠。丰兖渠也为后世引导泗水补充运河水源开辟了新路。

隋大业元年（605 年），隋炀帝杨广继位，用了六年的时间，先后开凿了通济渠和江南运河，建成了纵贯南北的人工运河航道系统工程。大业四年（608 年）正月"诏发河北诸郡百余万，开永济渠。引沁水南达河（黄河），北通涿县"，成为海河水系的组成部分。永济渠自今河北省清河县建国镇南入山东省武城县老城镇西，东流经今武城镇折转北流，由今武城县四女寺北进入德城区。然后由德城区与河北景县交界处向东北流，由第三店村北进入河北景县。唐末因战乱及黄河决口的影响，永济渠一度淤废。北宋时期多次疏浚或者开凿新河道，作为南北漕运的要道，并称为御河。金代仍利用此段运河通漕运。今老城镇至四女寺河段已淤塞，四女寺至第三店村段尚存，并成为今京杭大运河的组成部分。

唐朝载初元年（689 年），唐政府为运送山东曹州、兖州的赋租粮食到长安，开凿了始于邢台，东行曹州至巨野泽的湛渠。湛渠成为五代和北宋开凿的五丈河的前身。

1271 年，蒙古族大汗忽必烈在燕京（今北京）建国，国号为元，都名改为大都。都城北迁，元政府需要建立稳定的南北漕运补给线。一来南北大运河年久失修，已不能全线贯通；二来辗转中原，路途遥远，成本高；三来海运风险大。鉴此，元政府决定对运河进行改造和疏浚，直接从淮北纵穿山东达到大都。元世祖至元十九年（1282 年），开挖济州河，以任城（今济宁）为中心，南至鲁桥与泗水沟通，北经安民山（今梁山）入济水，全长 150 里。为解决运河水脊问题，在兖州城东泗水上筑金口坝，引泗水西流入府河，在宁阳北大汶河上筑堽城坝，引汶河水南流入洸河，与西流而来的泗水汇合，在城西入马场湖，南北分流接济运河，保证漕运。

至元二十六年（1289 年），元世祖再令开挖会通河，从"安山之西南，由寿张西北至东昌，又西北至于临清"，接通永济渠，全长 250 里。由此济州河与会通河联为一体，通称会通河。至元二十九年（1292 年），元政府又开通惠河，从通州到大都。至此，由元世祖忽必烈主持，从元大都至杭州直线漕运框架形成，京杭大运河载入史册。但是元代运河分水口济宁比京杭大运河"水脊"南旺低，南旺段运河水浅，因而时通时塞，每年运送的漕粮不到总量的十分之一。

在京杭运河北段未开通之前，江南粮食要经过海陆联运到大都（今北京）。为避免海运绕行山东半岛，缩短路程，元政府于至元十七年（1280 年）开凿连接莱州湾和胶州湾，沟通渤海和黄海的胶莱运河。胶莱运河流经胶州、平度、莱州、高密、昌邑等地，开凿时将分水岭挖通，连接南北两个方向的河流成为一条河道，沿途建通航闸9座。明嘉靖十六年（1537 年），明政府重开胶莱河。同时在胶州湾西侧马家濠（今黄岛区驻地）的岩基上开 14 里米石渠—马家濠运河。

明洪武元年（1368 年），朱元璋在应天（今南京）称帝，建立明朝，定都南京。明洪武二十四年（1391 年），黄河在河南原武黑洋山（今原阳县）决口，流经曹州境漫入安山湖，会通河淤塞停航。明永乐元年（1403 年），明成祖朱棣即皇位后，迁都北京，并开始修建宫殿，营造北京城。为了加强南北经济联系和政治稳定，永乐九年（1411 年），明政府命工部尚书宋礼等疏浚会通河，并采纳汶上老人白英的建议，筑戴村坝（即今东平戴村坝），开凿小汶河，遏汶水至运河水脊南旺。成化年间，在南旺设置上下闸（十里闸和柳林闸），使汶水南北分流，尽入会通河。并根据地势在会通河上建头闸、二闸、七级、荆门等水闸 38 座。本次疏浚会通河，除梁山袁家口至寿张县沙湾（今属河南台前县）向东迁徙 20 至 50 里为新凿河道外，余皆为元代会通河故道。

明正统十三年（1448 年）黄河决于汴梁（今开封），溃沙湾运河东堤，屡塞未果。至景泰四年（1453 年），左佥都御史徐有贞主持治理，先开凿张秋（今阳谷张秋镇）会通河西岸至竹口（今属阳谷县李台乡）的广运渠以导水，然后疏濮澶之流，浚漕运之淤，并在东昌、龙湾等处建闸以宣其流，堵塞了沙湾的决口。

明嘉靖四十四年（1565 年）七月，黄河决于华山（今江苏丰县华山），横贯漕运，自鱼台、沛县沽头、留城一带，运河淹没。八月，明工部尚书朱衡兼治河漕。他经勘察后，会同河道御史在旧会通河以东 30 里的较高地段开凿南阳新河，由南阳湖闸引水，经夏镇抵达留城（今属江苏沛县），全长 141 千米，中设利建、砾梅、杨庄、夏镇等七闸；并疏浚留城自境山旧河道，筑堤 53 里。

明万历十七年（1589 年）黄河溢茶城（今江苏徐州北），漕运告阻。工部都给事中常居敬主持设南旺、马踏、蜀山（在今汶上）和安山湖（即今东平湖）以蓄水，谓之水柜。漕运水满，则引水入湖，以预储留；旱则决湖以济运。至万历二十二年（1594 年），大发洪水，溃堤 100 千米。总河舒应龙主持在微山湖以东开凿韩庄支渠，引湖水由湖口注入泇河。但因河道浅窄，不能通航。万历二十九年（1601 年）继任总河刘东星主持疏浚韩庄支渠，同时又开凿侯家湾、梁城通泇口以试航，亦仅有三分之一漕船可由此通航。万历三十二年（1604 年），黄河决口，夏镇至留城、徐州的运道悉数淤平。工部侍郎李化成受命治理。他在舒、刘所开之渠的基础上继续开拓，在韩庄以上，又"开李家港，凿郗山石"，在泇口以下，他"开邳州，挑田家庄"。这段新河道，上自微山湖东岸的夏村（夏镇），经郗山、韩庄、台儿庄入江苏邳州，史称"泇河新道"。在山东境内全长约

80 千米。至此京杭运河线路基本确定，运河因而畅通 300 余年。

清代以后，历来十分重视对运河的修治。挑挖疏浚、定期修治是山东运河的主要任务。与此同时，清政府十分注重闸坝的兴建与修整。康熙、雍正、乾隆年间，几乎是年年治河，年年修坝、修闸。咸丰五年（1855 年）河南兰考铜瓦厢决口，冲断运河河堤，将运河斩断，漕运逐渐衰败。清光绪二十七年（1901 年）清政府宣布漕运停止。

民国时期，黄河多次决口，运河多次淤塞断航，北洋政府与南京政府对运河进行过局部的修治，但都没有解决运河缺乏水源和运河穿黄等主要问题。通航的河段和里程日益减少，至 20 世纪 70 年代，济宁以北的河段完全断航。

第四节　南旺分水枢纽和分水龙王庙古建筑群

一　南旺分水枢纽

由明工部尚书宋礼于永乐九年（1411 年）主持修建的南旺分水枢纽工程是京杭大运河的控制性节点工程（图一–2、3）。该工程在规划、建筑和管理等方面代表了 17 世纪世界工业革命前土木工程技术的最高成就。

南旺分水枢纽工程的前身是元代修建的会通河济宁天井闸分水工程，这里有一个认识、实践、再认识、再实践的演进过程，是中国水利规划设计的一个成功典范。至元初年（1264 年），元世祖忽必烈定都北京。至元十三年（1276 年），丞相伯颜攻占南京临安（今杭州）后，上书朝廷"今南北混一，宜穿凿河渠，令四海之水相通。远方朝贡京师者，皆由此致达，诚国家永久之利"[①]，

① 《元名臣事略》卷二，《文渊阁四库全书》。

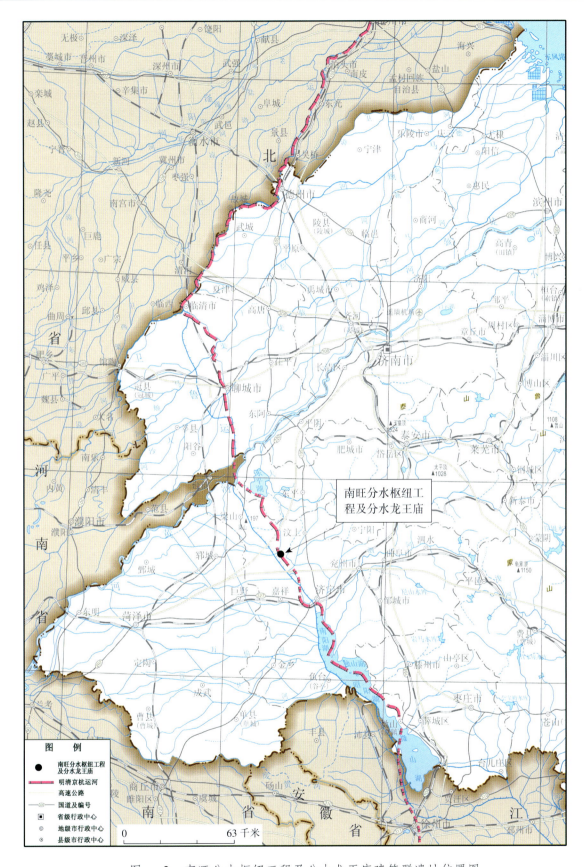

图一-2　南旺分水枢纽工程及分水龙王庙建筑群遗址位置图

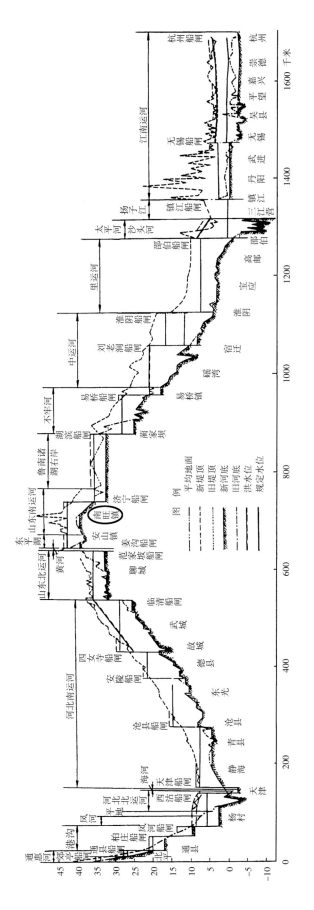

图一—3　南旺分水枢纽在京杭大运河纵剖面中的位置图

（采自姚汉源：《京杭运河史》，中国水利水电出版社，1998 年）

首次向元世祖提出开凿纵穿华北平原的运河之策，得到忽必烈的认可。元朝先后于至元十八年（1281 年）和至元二十六年（1289 年）开挖了济州河和会通河，将位于临清的御河与经过鲁桥的泗水连接起来，忽必烈赐名"会通河"。

会通河途经的济宁北至南旺段，位于泗水和汶水冲积平原的高阜上，海拔高程 39 米，比北端的临清和南端的徐州高出 20 余米。为解决运河水源问题，泗汶都漕运副使马之贞建言"新开会通，并济州汶、泗，相通于河，非自然之流也，应于兖州立闸堰，约泗水西流，堽城立闸堰，分汶水入河，南会于济州。以六闸撙节水势，启闭通放舟楫，南通淮、泗，北以通新开会通，至于通州"①。这也就是运河开凿史上所说的"四水济运"。四水是指汶、泗、洸、府。引泗济运，在隋代修建的兖州东泗河的金口坝，改筑为永久性石坝，将黑风口引水闸改建成三孔，通过府河，经兖州孙氏店到济宁杨家坝与洸水汇流，至大闸口进入运河。引汶济运，在济宁北 30 千米的汶河上建堽城坝，又在旧斗门之东加建东闸，引汶河水进入洸河，在大闸口进入运河。还在洸河上修建吴泰、宫村两闸，在府河上修建土娄、杏林两闸。经过 30 余年的修建，以坝闸和引河为基本要素的济宁天井闸分水枢纽基本形成。泗水和汶河之水源源不断流入运河。到万历二十一年（1593 年），堽城坝才完成历史革命，持续运行 300 余年。金口坝一直到现在还在使用，只不过所引之水主要用于兖州城关农田灌溉。

在会通河开凿之前，元政府派郭守敬勘察汶、泗、卫相邻地区水道，确定了会通河走向。但由于当时测量能力的限制，元代济宁天井闸分水枢纽的设计存在缺陷。"济宁地势，北高而南下，故水之往南也易，而往北也难，北运河其浅阻"②，实际上济宁比南旺地势低，南旺运河段水浅，运营十分艰难。明洪武二十四年（1391 年）黄河决口于河南黑羊山，经曹、郓两河口，漫安山湖，会通河完全淤塞。

明成祖永乐元年（1403 年），定都北京，恢复京杭运河南北漕运成为明政府头等大事。永乐九年（1411 年），济宁州同知潘叔正上奏"会通河道四百五十余里，其淤塞者三分之一，浚而通之，非惟山东之民免转输之劳，实国家无穷之利也"③。明成祖派工部尚书宋礼疏通会通河。这次整治加深了河道，"深一丈三尺，广三丈二尺"。采用汶上管泉老人白英之策，"筑戴村坝，横亘五里，遏汶流"，"汇诸泉之水，尽出汶上至南旺，中分之为二道，南流接徐，沛者十之四，北流达临清者十之六。南旺地势高，决其水南北皆注，所为水脊也"（《明史·宋礼传》）。宋礼在堽城坝下游东平县刘家所至南城子村之间的大汶河坎河口修建拦水土坝，"长五里十三步"，约 2883 米，在戴村坝上游南岸疏通小汶河，引水 90 里至南旺运河；在汶运交汇口"T"型口筑砌了一道 230 米长的石硼岸，以迎挡小汶河水的冲击；在汶运交汇口中间建造一鱼嘴形"水拨剌"，将汶水分流转向南北；在运河西修南旺湖，在运河以东小汶河以南修蜀山湖，在运河以东小汶河以北修建马踏湖，史称"水柜"，调蓄丰枯，沉淀泥沙；集汶泗流域上游山泉二三百眼，导汶、泗、洸、府等河在济宁、南旺入运，解决运河水源特别是枯水期水源；成化年间，在南旺南北 5 里处修上、下闸，南旺上闸叫柳林闸，南旺下闸叫十里闸，以定时启闭闸门控制南北分水量（图一-4、5）。

明代南旺分水枢纽工程，围绕"引"、"蓄"、

---

①《元史·河渠志》卷六十四，中华书局点校本，1976 年。

②《居济一得》卷一，《文渊阁四库全书》。

③《明史纪事本末》卷二十四，《文渊阁四库全书》。

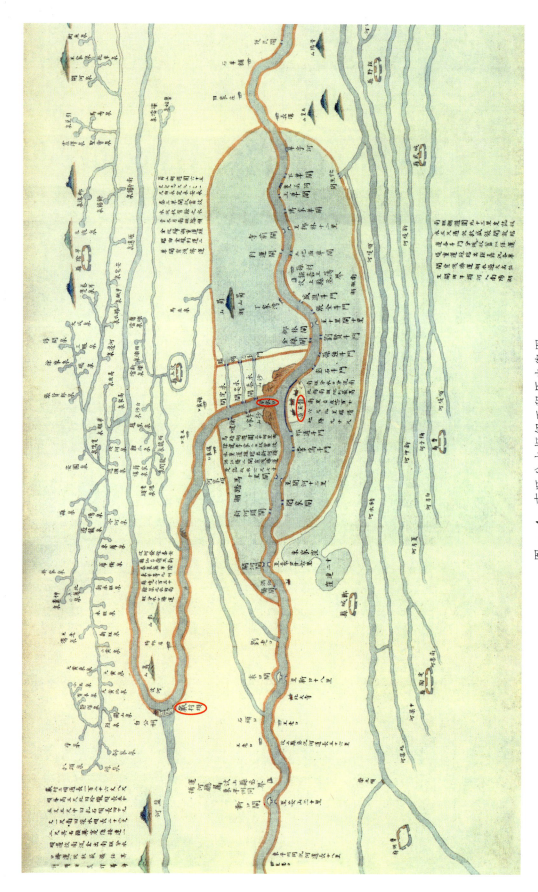

图一—4　南旺分水枢纽工程历史舆图

（采自乾隆时期《九省运河泉源水利情形图》）

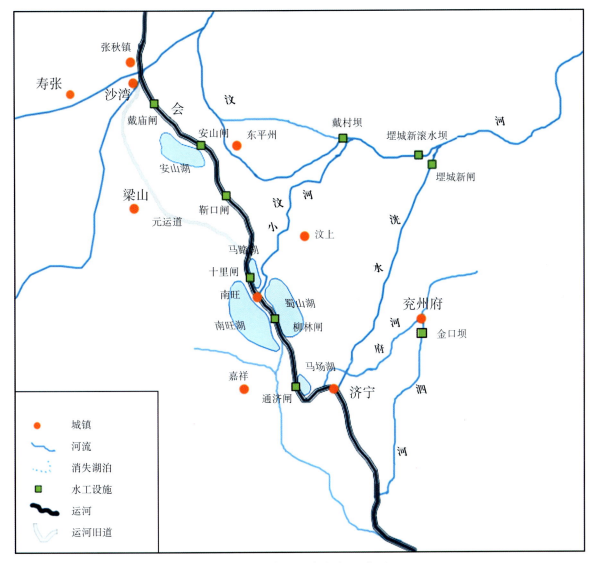

图一–5 南旺分水枢纽示意图

"分"、"排"四大重要环节，成功地解决了会通河"水源"难题。使京杭大运河成为明清两代四百余年南北唯一的水路大动脉，将北京这个国家政治中心和江浙南方经济中心连接起来，维护了国家稳定和经济繁荣。

二 南旺分水龙王庙建筑群

南旺分水龙王庙建筑群位于汶上县南旺镇运河西岸，迎面对着汶运交汇口。据考始建于明洪武初年，经明、清两代不断的增建和维修，形成东、中、西三路，庙祠楼亭达 15 座之多的建筑群。此建筑群占地南北 220、东西 255 米，面积

56100 平方米，建筑物面积为 9300 平方米。小汶河两侧耸立四处土山，均高约 60 余米，向建筑群作朝拱之状，隔河相望，在汶河北岸的土山上建有望湖亭一座，亭上刻有"四山朝拱三湖月，一水绿分两岸春"对联和"望湖亭"三字匾额。

在汶运河交汇口迎水堤岸修筑了长约 230 米的石砌岸。在建筑群三座大门前修有上下船的台阶。每座台阶两侧，用巨石凿成两个水兽，水兽作盘卧状，有鳞、尾、耳、鼻、口、眼等，面目狰狞，石砌岸下竖有 12 根石桩，用于来往船只挽系缆绳。

南旺分水龙王庙建筑群东路由牌坊、山门、

戏楼、钟楼、鼓楼、龙王大殿、关帝庙组成，以龙王庙、关帝庙为中心。中路由水明楼、过厅、东厢房、西厢房、禹王殿、观音阁组成，以水明楼、禹王殿、观音阁为中心。西路由大厅、六角亭、过厅、潘公祠、白公祠、宋公祠、文公祠、蚂蚱神庙组成，以宋公祠为中心。

东路上岸首先看到的是一座木结构两层牌坊。顶覆绿瓦，飞檐挑角，脊兽活泼。四根木柱镶嵌在大石座之上。中间两根木柱高出坊顶近 10 米。坊正顶悬挂"左右逢源"，右挂"海宴"，左挂"河清"三块匾额，为清浙闽总督、汶上籍刘韵珂所书。往里走便是大门门楼，门楼宽 10 米，由三个圆门组成，红漆大门上钉着排列整齐的圆头大钉。中间门楣上镶嵌"分水龙王庙"石刻壁匾。大门三间门楼即是戏楼的化妆室，门楼顶部是戏楼。戏楼上悬"大舞咸池"四字匾额，戏楼装六菱形木窗，雕刻精细。戏楼左有鼓楼，右有钟楼。鼓楼侧键有无梁、无椽砖筑结构的字纸楼一座，上书"敬惜字纸"四字，此楼专用焚烧字纸。东路最引人注目的是龙王庙大殿。该庙长 21、宽 15、高 13 米，红墙绿瓦，朱门屏风，飞檐斗拱，斜山站角，挂有风铃，四梁八柱，重梁起架，雕梁画栋，金碧辉煌。殿内塑有神像 22 尊，正中是龙王坐像，高约 3 米，像前左右塑有两尊站像，一持"印玺"，一持"圣旨"，再前有一木刻站像。左边靠后墙塑有两尊坐像（一为漳漕河督大王，一为金龙四大王）；右边靠后墙也有两尊（一为宴公、一为萧公）。殿内靠山墙的两侧，各有四尊站像，各持不同的武器，而服饰有别、神态各异，其中包括风神、雷神、雨神、闪神、雹神等。右前角和左前角塑有"土地"和"运河指挥"坐像及四尊站像，均塑工精巧、栩栩如生。殿内上方并悬匾额 30 面，是明、清两代官绅名人所书。一进殿门，便有"劈流神勇"四字匾额高悬，正中上方悬挂"广济分流"、"疏流利运"、"麻被汶泗"三面匾额，两边有"总制分流"、"广济群生"等匾额。

中路上岸迎面就是水明楼。水明楼楼台长25、宽 18、高 4 米，台体中间有一城门洞式的过道。台上的水明楼宽 10、长 20、宽约 8 米。清朝书法家松年书"水明楼"三字悬于楼上，楼前檐左边有"四山朝拱"、右边有"二水分流"、中间是"银汉分光"三面匾额。配以木桌石案，凭栏四眺，运河迤逦，汶水滔滔，帆船往来，四山朝拱，明窗四壁，古朴风韵，游人休憩，心旷神怡。

再往里走经过东、西厢房，就是禹王殿，该殿长 15、宽 8、高 10 米，屋脊蟠龙瓦装饰，屋顶复缘黄瓦，高阶月台。殿内塑禹王像，神态自然，穆如清风。禹王殿后为观音阁，三开间两层砖瓦木结构。

西路进大门，水明楼下有奇石怪状假山一座，假山旁有一御碑亭。御碑亭为六角形，内竖有清乾隆皇帝六次南巡途经南旺分水龙王庙瞻仰有感而挥笔赋诗之御制石碑，近前视之，字体潇洒，颂古咏今，耐人寻味。

再往里走过门厅，两侧建有潘公祠和白公祠，殿内有辅佐宋礼治河的济宁州同知潘叔正和汶上民间水利家白英的塑像。正殿为宋公祠，该祠长19、宽 8、高 10 米，灰墙灰瓦，肃穆庄严。祠内外，碑碣众多。自宋公祠建成后，明、清两代官员，有慕其治漕功勋专程拜谒者，亦有路过斯地慕名瞻仰、作文赋诗、颂扬其功德者。祠内至今尚藏有八块石刻壁碑，大多是拜谒者有感而作。康熙年间河道总督张鹏翮治河时来南旺瞻仰，曾赋七律一首，刻成石碑作为纪念立于祠外。宋公祠后为文公祠和蚂蚱神庙。

据查，龙王庙大殿始建于明永乐年间。宋公祠、白公祠始建于明正德七年。禹王殿和水明楼始建于清康熙十八年（1679 年）。蚂蚱神庙始建于清咸丰八年（1858 年）。观音阁始建于清道光十一年（1831年）。南旺分水龙王庙建筑群历经400余年，明清两代多有修建和重建，有些我们无从考据。从现今留存的宋公祠、文公祠、观音阁、关帝庙等可以窥见南旺分水龙王庙建筑群的往日辉煌和风彩。

第五节　发掘缘起与经过

2002年12月27日，南水北调东线工程正式开工。南水北调工程东线基本上借用京杭大运河旧道，根据调水量需要适当加宽、加深，同时增加必要的抽水站、蓄水库等设施，实现南水北调。南水北调东线山东段在枣庄和济宁利用韩庄运河和南四湖运道；在聊城利用阳谷—聊城—临清古运河。从2004年开始，山东省文物考古研究所在山东省文化厅的领导下，对南水北调东线工程沿线运河文化遗产进行了考古调查和勘探。在聊城市发现运河码头、古巷、闸口、窑址等十余处，使我们开始对京杭大运河遗产有了初步的感性认识。

2005年3月，按照国家文物局部署，中国文物研究所组织了《大运河整体综合性保护研究立项可行性报告》的调研工作。山东省文物考古研究所作为运河沿线考古科研单位，参加了这项研究工作。中国文物研究所葛承雍书记、国家文物局考古处闫亚林处长等到聊城、济宁等地进行了实地考察。在此课题研究中，我们梳理了山东运河的基本资料，提出了南旺分水枢纽工程和分水龙王庙建筑群考古调查和研究的课题。

2005年5月，国家文物局局长单霁翔来山东检查南水北调山东段考古工作，专程去济宁汶上和泰安东平考察了南旺分水枢纽工程、分水龙王庙建筑群和戴村坝，提出了要进一步摸清京杭运河文物资源家底的要求，把京杭大运河文物调查、研究和保护工作提升到国家层面上。

2006年，京杭大运河被国务院公布为第六批全国重点文物保护单位。京杭大运河在社会上引起广泛关注。山东省文物考古研究所编制了《山东京杭运河遗迹调查、研究与保护工作方案》，经山东省文化厅批准后上报国家文物局。

2007年，科技部、国家文物局启动了国家科技支撑项目"空间信息技术在大遗址保护中的应用研究（以京杭大运河为例）"课题。山东省文物考古研究所承担了子项目《山东段京杭大运河现状调查报告》的调查和报告编写工作。2007年8月山东省文化厅在济南召开了运河沿线德州、聊城、泰安、济宁、枣庄五市文化（文物）部门负责人参加的会议。山东省文化厅谢治秀厅长强调要从加强文化遗产保护战略的高度，做好京杭大运河的调查工作，要求山东省文物考古研究所作为牵头单位，做好组织协调和业务指导工作。在这次调查中，山东发现与运河功能相关点50余处，与运河历史相关点90余处，初步摸清了山东京杭大运河的家底。在调查工作期间，课题主持单位清华大学、中国文化遗产研究院、中国科学院遥感应用研究所和中国水利水电科学院先后三次组织专家对山东运河进行重点考察。在与专家们的交流过程中，我们明确了京杭大运河遗产的构成，提升了对汶上南旺分水枢纽工程水工价值的认识。其间，许多专家也提出了应对汶上南旺分水枢纽工程进行深入的考古调查、勘探和发掘的建议。

2008年2月，山东省文物考古研究所同中国文化遗产研究院商定共同组织对汶上南旺分水枢纽工程进行考古调查、勘探和发掘，由山东省文物考古研究所履行向国家文物局申报发掘手续。同月底国家文物局以考执字（2008）第52号《中华人民共和国考古发掘证照》批准"山东省济宁市汶上县南旺分水枢纽及龙王庙建筑群"发掘项目。

我们的这次调查、勘探和发掘工作，大致分为两个阶段。

第一阶段：2008 年 3 月 27 日至 6 月 9 日。

本阶段主要工作是：

（一）对南旺分水枢纽和济宁天井闸分水枢纽进行深入细致地调查和测绘，涉及面积约 400 平方千米。

（二）对南旺分水枢纽汶运交汇口和柳林闸至十里闸河段进行重点勘探和局部解剖。

（三）对分水龙王庙建筑群基址进行清理。

在第一阶段工作过程中，我们于 5 月 9 日在汶上召开"汶上南旺分水枢纽和龙王庙古建筑群遗址发掘现场研讨会暨山东京杭运河资源调查第一阶段总结会"。到会领导和专家有：山东省文化厅副厅长、山东省文物局局长谢治秀，济宁市市委常委、副市长侯瑞敏，国家文物局考古处处长闫亚林，中国文化遗产研究院院长张廷皓，中国文化遗产研究院党委书记孟宪民，中国文化遗产研究院副研究员于冰，中国水利水电科学研究院研究员谭徐明，清华大学教授周文生，中国科学院遥感应用研究所范湘涛，东南大学教授陈薇，江苏省淮安市政协副主席荀德麟，山东省文物局副局长由少平，山东省文物局副局长王永波，山东省文物局文物处处长倪国圣，山东省文物考古研究所所长郑同修，山东省文物考古研究所副所长王守功，山东省文物科技保护中心主任孙博，山东省文物科技保护中心总工程师杨新寿等。济宁市和汶上县有关领导和考古队全体人员也参加了会议。考古队队长佟佩华汇报了考古发掘基本情况、初步收获和存在问题。各位专家充分肯定了考古发掘成果，并对许多问题提出中肯的意见和建议。谢治秀厅长和闫亚林处长进一步强调做好京杭大运河考古调查和发掘工作的重大意义，并对下一步的工作提出具体的要求。

发掘期间，南旺考古队和济宁市文物局、汶上县文物局、南旺镇政府共同策划开展了"汶上南旺大运河保护暨公众考古学实践"活动，有计划地组织村民和学生参观考古发掘现场，提高人民群众文化遗产保护意识和心系家乡、热爱南旺的荣誉感，成效显著，受到当地政府和百姓的好评。

第二阶段：2008 年 9 月 27 日至 10 月 20 日。

本阶段主要工作是：

（一）对汶运交汇口，"分水嘴"和石砌岸等枢纽重点区进行重点勘探和局部解剖。

（二）对马踏湖进水口许建口闸进行勘探和清理。

（三）对蜀山湖湖堤进行解剖和绘图。

（四）对柳林闸至十里闸段砖石结构河堤进行重点补查和局部解剖。

在整个发掘工作进程中，中国考古学会理事长、国家文物局考古专家组成员张忠培教授，天津市文化遗产保护中心主任陈雍研究员，中国科学院遥感应用研究所聂跃平研究员，国家博物馆考古部主任杨林研究员，中国文化遗产研究院乔梁研究员，中国文化遗产研究院国家文化遗产调查登录中心主任杨招君副研究员、山东大学历史文化学院靳桂云教授等先后到工地考察和指导工作。

第六节　发掘目的、工作方法和队伍组织

我们这次考古调查、勘探和发掘工作的目的有三：（一）搞清明代南旺分水枢纽及元代济宁天井闸分水枢纽所涉及区域的地形地貌、河道湖泊布局和保存现状；（二）搞清明代南旺分水枢纽工程的分布范围、结构布局、水工原理、闸坝构建技术和保存状况；（三）搞清分水龙王庙建筑群平面布局、建筑特征和保存现状。

鉴于上述工作，涉及遗迹分布范围广，区域

面积大，我们在充分研究文献的基础上，采取的工作方法是：以田野考古学方法为主，充分利用空间信息技术（GPS/GIS/RS）在大尺度、大范围遗址调查、测绘中的优势。在本次工作中充分利用了"空间信息技术在大遗址保护中的应用研究（以京杭大运河为例）"课题的研究成果。

在南旺分水枢纽及济宁分水枢纽工程的调查工作中，充分利用了遥感技术。合作单位中国科学院遥感应用研究所提供了该区域的不同时期的遥感影像资料，并进行了初步的判释，为整个调查工作提供了导向。实地调查和遥感影像的判释相结合的方法，在全面摸清南旺分水枢纽工程的分布范围、结构布局、保存状况工作中起到了重要作用。在实际工作中，清华大学建筑学院利用精密GPS测量，对十里闸至柳林闸段河道及其河道内木桩、邢通斗门及其河道、蜀山湖残留湖堤

（曹村与苏桥附近）及南旺分水龙王庙建筑群基址，以及分水枢纽的外围水工设施金口坝、戴村坝、堽城坝等进行了精密测量。中国水利水电科学院水利史研究所利用探地雷达对南旺分水枢纽及上下游河道的古代水利工程和与之相关的水工文物（如水兽）进行了探测，为考古发掘提供参考，同时也为古代水利工程遗址的保护提供支持。

本次发掘共布5×5平方米探方84个，10×2平方米探沟6条，解剖河道10余处，总发掘面积达4000余平方米（图一—6）。主要对南旺分水枢纽工程中的分水口和运河古河道进行了勘探和发掘，同时对该分水枢纽工程的附属建筑——分水龙王庙古建筑群基址进行了详细地清理，对闸坝、斗门和湖堤进行了局部解剖。我们邀请北京市文物研究所对南旺分水枢纽工程和龙王庙建筑群进行了气球高空遥控摄影。

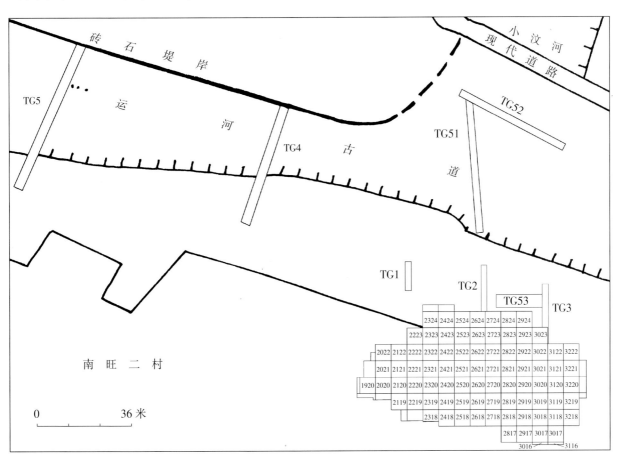

图一—6　分水龙王庙建筑群发掘区布方图

本次南旺分水枢纽工程及龙王庙建筑群的考古调查、测绘及发掘工作由山东省文物考古研究所和中国文化遗产研究院主持。参加单位有清华大学建筑学院、中国科学院遥感应用研究所、国家博物馆、中国水利水电科学院水利史研究所、北京市文物研究所、山东省石刻艺术博物馆、济宁市文物局和汶上县文物局等。

参加人员名单如下。

山东省文物考古研究所：佟佩华、张振国、吴双成、李顺华、王泽冰、魏恒川、张敬伟、苏凡秋、李玉亮、崔猛。

中国文化遗产研究院：丁见祥、王元林、余建立、范佳翎。

清华大学建筑学院：刘见平、唐剑波、王彦龙、朱现龙、赵炜、牛洪波。

中国科学院遥感应用研究所：聂跃平、程伟、吕其斌。

国家博物馆：杨林。

中国水利水电科学院水利史研究所：张念强、孔祥春、郑中俊。

北京市文物研究所：王殿平。

山东省石刻艺术博物馆：李靖、万良、张鹏、钱道训。

济宁市文物局：武健。

汶上县文物局：刘健康、刘见军、马洪勇、高勋。

第二章　南旺分水枢纽工程遗址的调查

南旺分水枢纽工程由引水系统、河道系统和蓄调系统三部分有机组成，为京杭大运河提供了较为充足的水源，解决了京杭大运河"水脊"缺水的难题，是京杭大运河上重要的水利工程之一。

清代末年漕运废止，京杭大运河南北不能全线通航。20 世纪 50~60 年代汶上南旺段（指梁山开河闸至任城长沟）运河仍然有水，尚能航运。但随着梁济运河的开凿和小汶河的改道，该段运河废弃，南旺分水枢纽工程随之荒废。

本次调查对象是南旺分水枢纽工程所涉及的工程遗存、水源、水柜等遗迹。以自梁山开河闸至任城长沟段京杭大运河故道、水柜湖堤、小汶河、戴村坝等为重点（彩图二–1）。

第一节　南旺分水枢纽运河河道、闸调查

从梁山开河闸至长沟冯家坝，运河河道总长约 23 千米。该段河道始建于元代至元二十年（1283 年），明代永乐九年（1411 年）重新疏通，一直沿用到运河废弃，其流经梁山县开河镇、汶

彩图二–1　吴家高顶村附近运河保存现状（自南向北）

上县南旺镇、任城区长沟镇。沿岸村庄主要有开河、姬庄、五里堡、十里闸、杨家高顶、三里堡、吴家高顶、南旺、坝上、杏林、柳林、小店子、大店子、寺前堡、回林等，属于人口密集区域。沿河两岸诸多村庄是因运河而生，如十里闸村、柳林村和寺前堡村等（图二–1）。

一　运河河道保存概况

经过调查，这段运河目前保存状况大致可以分为四种情况。

第一种情况是保存河道基本形状。但因自然淤积、河床抬升等原因河道变窄，如开河至杨家高顶村南段，柳林村南到小店子段（彩图二–2，1）。

第二种情况是河道遭严重破坏，因砖瓦窑场取土，河道无限扩大，边缘不清。如杨家高顶村至柳林村北段。其中，汶运交汇口向北至杨家高顶村南长约1600米的河道表现最为典型（彩图二–2，2）。

第三种情况是村民为了增加耕地，用河堤填平河道。此种情况在小店子村至大店子村间最为明显，从影像图上尚可明显看出河道走向（彩图二–2，3）。

第四种情况是河道被占用，河道的走向和面貌难以辨析。此种情况在寺前堡村至济宁市任城区长沟镇间表现最为明显（彩图二–2，4）。

二　汶运交汇口

汶运交汇口即小汶河入注运河的分水口，是分水枢纽工程的中心区域（详见第三章第二节）。小汶河口基本保存完好，运河古河道亦可分辨。分水剗岸石堤已被破坏，但夯土基础尚存（彩图二–3，1）。与运河共存共生的分水龙王庙古建筑群除南半部分尚存外，北部毗邻运河河道的龙王庙、水明楼、祠宇建筑仅残存基址。

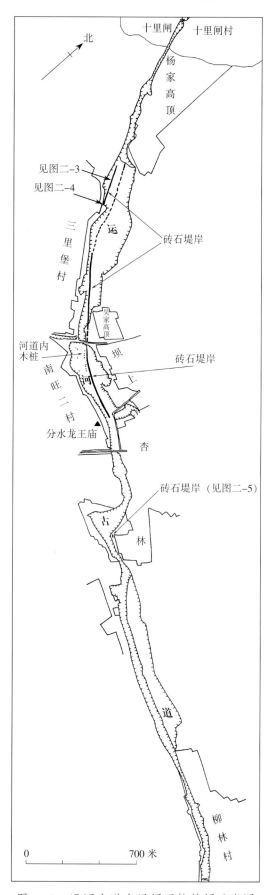

图二–1　运河古道十里闸至柳林闸示意图

1. 开河村内河道　　　　　　　　　2. 杨家高顶至龙王庙河道

3. 柳林村至小店子村间运河河道　　　　4. 寺前堡村南运河河道

彩图二-2　运河河道现状

三　运河河道和堤岸

（一）运河堤岸

从杨家高顶村至柳林闸之间运河河道内，断断续续暴露出多段运河堤岸，我们选择有代表性的吴家高顶至分水龙王庙运河堤岸进行了清理，并做了详细的记录和测绘（图二-2；彩图二-3，2）。

1. 汶运交汇口 Quickbird 截图

2. 吴家高顶至龙王庙东岸砖石堤岸（自西北向东南）

3. 南旺三里堡东断崖处石堤岸（西岸，自东北向西南）

彩图二–3　汶运交汇口影像及运河堤岸

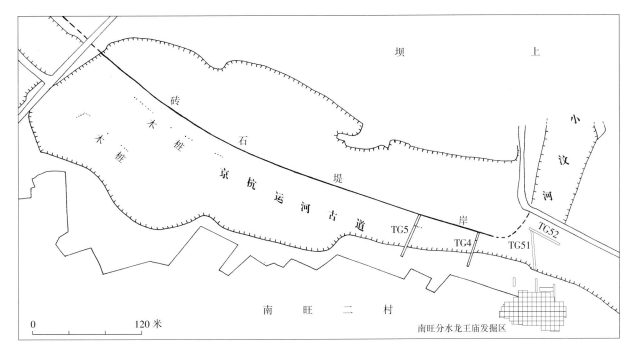

图二-2　分水龙王庙段河道、砖石堤岸、木桩分布示意图

1. 南旺三里堡东断崖处石堤岸（西岸）

位于三里堡村东，由于砖窑取土形成一深达3.2米的坑，经过调查与勘探发现有石堤岸，在断崖下解剖一条长3、宽1米的探沟。

此处石堤岸高约1.94、宽约0.72米。方向335°。石堤岸全为石灰岩料石错缝砌成，石板长度及厚薄不均，可见石板最长1、厚0.09~0.21米。所有缝隙未见白灰黏结。石堤岸壁呈斜坡状砌筑，每层收分约0.03~0.05米，其中第二层与第三层错出约0.15米（图二-3；彩图二-3，3）。

石堤岸上部淤泥堆积厚度约3.2米，可分为15层。

第1层，黄褐淤土，此层又可分若干小层，由于断崖的干燥及高度很难铲刮，现只归为一个大层。厚1.44~1.92米。

第2层，黄细沙淤土，纯净松软。厚0.20~0.24米。

第3层，黄褐淤沙土夹有褐色淤土块，较疏松。厚0.25~0.44米。

第4层，浅灰褐淤泥夹有草木灰，较紧密。厚0.06~0.14米。

第5层，黄褐淤沙与褐色淤泥相间，淤沙土疏松，淤泥较紧密。厚0.19~0.67米。

第6层，黄褐淤沙，土质较坚硬。厚0.10~0.15米。

第7层，暗褐色淤泥，致密坚硬。厚0~0.13米。

第8层，浅黄褐细淤沙土夹有褐色淤泥块，土质疏松。厚0~0.82米。

第9层，浅黄褐细淤沙，土质较细腻纯净。厚0~0.34米。

第10层，黄褐细淤沙，土质疏松。厚0~0.21米。

第11层，褐色细淤泥沙土，土质疏松，较纯净。厚0~0.34米。

第12层，褐色淤泥，较细腻，纯净致密。厚0.18~0.42米。

第13层，褐色淤泥与黄褐淤沙土相间，较细腻。厚0.38~0.40米。

第14层，褐色淤泥含有淤沙，较细腻纯净。厚0.13~0.23米。

第15层，褐色淤泥，较细腻致密。厚0.65~

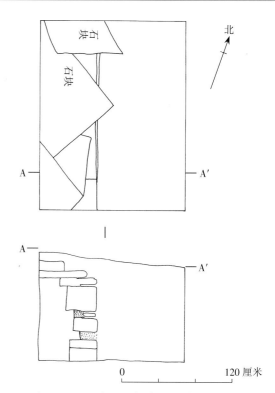

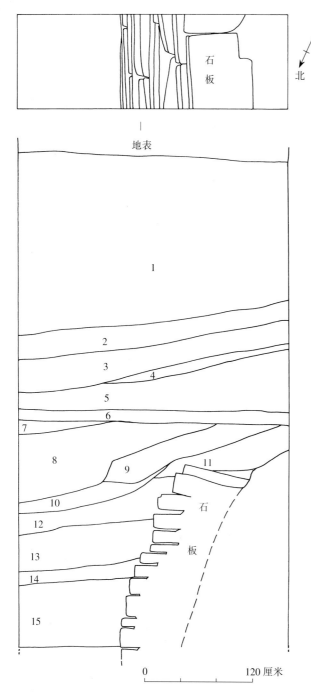

图二-3　南旺三里堡东断崖处石堤岸（西岸）平、剖面图

图二-4　南旺三里堡东北石堤岸（西岸）平、剖面图

341°。石堤岸用石板长度厚薄不均，长为 0.20~ 0.80、厚约 0.05~0.27 米，此处残存的五层石岸壁较直，均为错缝砌成，个别石料下用碎石渣塞缝以起到固定作用，此处缝隙未见有白灰黏结（图二-4；彩图二-4，1、2）。

3. 南旺坝上村南砖石堤岸

调查发现，在南旺镇坝上村南，汶运交汇口北有一道规整的砖石堤岸，东南距离龙王庙约 150 米。方向 185°。为进一步弄清该段运河砖石堤岸的结构，顺其走势作了清理（彩图二-4，3）。

清理发现，河堤用青砖和条石构筑。最上层铺有一层石板，较为规整，部分石材借用画像石。石板之下错缝平砌 9 层青砖，中间用白灰作为黏合剂，青砖长 0.42、宽 0.21、厚 0.08 米。青砖之下由 7 层条石错缝平砌作为岸底部，石条的长度、宽度、厚度均不等。底部偏西部分石条和其上青砖间以瓦片衬平，以保持整个砖石堤岸的水平。每层砖石的收分 0.05~0.08 米，形成约 60°的扩张角。由于水位较高，未清理至底部，出露河

0.74 米。

从该剖面地层的整体走势看，每层堆积都呈现出从运河河道外向里倾斜的趋势，可以看出河道淤积的过程。石堤岸外侧为褐色胶泥土（生土）。

2. 南旺三里堡东北石堤岸（西岸）

此段布置了长 2、宽 1.6 米的探沟解剖。因该地砖窑取土破坏，石砌岸残高约 0.88 米。方向

1. 南旺三里堡东北石堤岸（西岸，自南向北）

2. 南旺三里堡东石堤岸（西岸，自东北向西南）

3. 南旺坝上村南砖石堤岸（自东南向西北）

彩图二-4　运河堤岸

堤总高 2.1 米。

　　在本段河堤的东端清理出一处宽约 2 米的石阶登岸口（俗称停船靠），台阶共 14 层，每层都用石板错缝平砌，高度 0.14-0.20 米不等，台阶石和堤岸间立有一块石板，厚度约为 0.10 米。台阶由堤岸连接运河河道，与河道成 90°角。

　　9 层青砖中发现多件模印铭文砖。青砖一侧楷书模印"弘治拾年造河道官砖" 9 字，基本每块青砖都有相同的砖文，由于砌砖的方向和形式不同，部分青砖面无铭文出露。青砖铭文大致可以分成两种样式：第一种是 9 个砖文在一个框中，即 弘治拾年造河道官砖 ；第二种是砖文分属两个框，即 河道官砖 弘治拾年造 （彩图二-5）。

　　据铭文砖可知，此段河堤建于明代弘治年

1. 南旺坝上村南砖石堤岸铭文砖之一

2. 南旺坝上村南砖石堤岸铭文砖之二

3. 南旺坝上村南砖石堤岸铭文砖之三

彩图二–5　运河砖石堤岸铭文砖

1. 南旺杏林南砖石堤岸（自西北向东南）

2. 南旺杏林南砖石堤岸（自西向东）

彩图二–6　运河堤岸

间，应属当时的一侧河岸，也是当时的停靠码头。

4. 南旺杏林南砖石堤岸（东岸）

杏林砖石堤岸位于杏林村南约 300 米处（彩图二–6）。经过调查，此处砖石堤岸残长约 11.58、残高约 1.16、宽 0.30~0.70 米。方向 296°。经过清理，砖石堤岸内侧呈斜坡状，最下面三层石板错缝砌筑，收分约 0.02~0.04 米。上部为青砖，个别地方用瓦片衬平，所用石料大小、形状不一。灰砖长 0.4、宽 0.22、厚 0.07 米。灰砖砌筑法为两横一纵或三横一纵错缝平砌。所有缝隙均用白灰黏结（图二–5）。

（二）木桩与埽工

经调查，在汶运交汇口北侧发现东西两排与运河砖石堤岸大致平行的木桩遗迹（见图二–2）。

1. 东排木桩

东排木桩距砖石堤岸约 13~14 米，自西北向东南与砖石堤岸平行分布。木桩底部用方木连接固定，木桩外用青膏泥加固。木桩间距约 0.50~0.60 米，直径约 0.10 米。木桩间距、大小不一，少数出露地面，集中于水塘中间一段（彩图二–7，1）。从河道发掘区暴露的情况看，在 TG4 和 TG5 内，南距"弘治拾年"砖石堤岸约 14 米处也发现了木桩，木桩东侧连接一南北向横木挡板（详见第三章）（彩图二–7，2）。为深入了解木桩的结构，对 TG5 内的木桩进行解剖的同时，还通过对该排木桩其他断面的清理，比较清楚地观察到了木桩及挡板的榫卯结构（彩图二–7，3）。解剖发现，木桩由

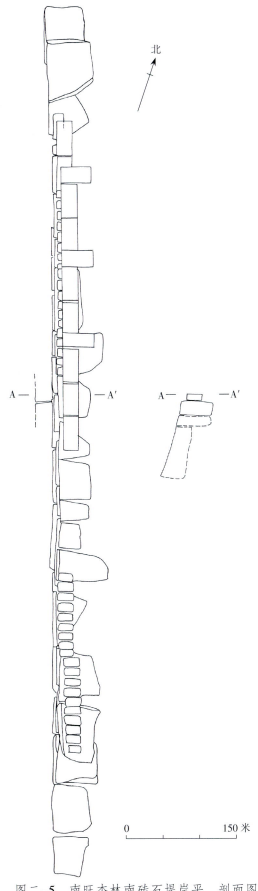

图二-5　南旺杏林南砖石堤岸平、剖面图

1. 东排木桩（自西向东）

2. TG5 东排木桩及挡板（自东南向西北）

3. TG5 东排木桩挡板榫卯结构

彩图二-7　运河河道东排木桩

1. 西排木桩与埽工（自东向西）　　　　　　　　2. 西排木桩与埽工局部（自东向西）

彩图二-8　运河河道内西排木桩与埽工

单个木桩和单排横木组成。由TG4和TG5的地层堆积推测，此排木桩应是在一定时期运河东岸向西移动后的河堤遗迹，时代应当晚于"弘治拾年"砖石堤岸。

2. 西排木桩与埽工

西排木桩与砖石堤岸相距约50~52米，走向相同。木桩西侧发现清晰的一层土一层草相互叠压的堆积结构，为埽工遗存[1]。初步推测，此排木桩应是运河某时期的西堤。此外，该木桩的大小与东排木桩有所区别，单个木桩的大小均比东排木桩小。从断面观察，西排木桩的结构与东排也有所区别。

此排木桩的结构是由木桩个体和一层层草笘组成，单个木桩位于河道内侧，草笘则分层堆筑在木桩的外侧（木桩西侧）。每两层草笘之间用泥土垫起。木桩紧紧贴靠在草笘一侧，起到拦挡和加固作用（彩图二-8）。从其分布来看，此排木桩相对集中在从西北到西南约100米的范围内。沿此方向，其余仅存木桩柱洞残痕，并在东距分水龙王庙约200米处没入现存河道西堤。

四　河道水工设施

为了全面了解运河河道及水工设施（闸、坝、斗门等）遗迹的保存状况，此次调查对一些重要的设施进行了测绘。

1. 开河闸

开河闸坐落在梁山县韩垓镇开河村东侧，坐标为东经116°19′12″，北纬35°39′21″。其始建于元代元贞三年（1297年），清代康熙五十七年（1718年）重修，闸址遗迹已不清晰。仅见"重修开河闸记"碑刻一通，此碑大部淤埋地下，地面出露部分高0.55、宽0.76、厚0.30米（彩图二-9，1）。

2. 十里闸

明成化十七年（1481年），杨恭修建南旺上下闸，即十里闸、柳林闸[2]。十里闸南侧现存长10.3、宽16.6、闸门宽6.3米，残高3.75米。方向169°。在闸门里侧2.55米处，两边各开有一宽0.35、深0.2米的闸槽。该闸为石灰岩石条错缝砌筑而成，条石长宽不等，高约0.37米（图二-6；彩图二-9，3）。

①　【清】张鹏翮：《治河全书·运河内桩埽工程》载："排桩工概用丁头整柴镶埽，庶不致漂洇，凡近城市街道，人迹践踏之处，用排桩镶柴。若运河两岸无民居者，可以不钉排桩，止用整柴搭镶丁埽，逐层压土，坚筑更为省便。"据此推测，该堤岸堆积结构应为埽工遗迹。另外，【明】章潢撰《钦定四库全书·图书编》卷五十三"漕河详节"中也有相关记载。

②　有多种说法，今从姚汉源观点，见《京杭运河史》，中国水利水电出版社，1998年，149页。

1. 开河闸记事碑（自西向东）

2. 柳林闸南侧（自东南向西北）

3. 十里闸南侧（自南向北）

4. 柳林闸北侧（自西北向东南）

彩图二-9　河道水工设施

3. 柳林闸

柳林闸与十里闸同时修建。闸体现已改为石桥，闸基尚存。闸门宽 6.2、进深 5 米。从残存遗迹看，迎水面和分水面皆以 45°角向外延伸。建国后，为控制水流在闸口中间增筑一石墩，从而将柳林闸改为两孔闸。据当地村民讲，闸口北侧底铺有石板，河道淤积很厚，在河道中下探 2.2 米，尚未及底。自分水面向迎水面 2.85 米处两侧由身

各有一宽 0.25、深 0.20 米的闸槽。从闸体西北角暴露的痕迹看，由身石宽 0.50 米，衬里石宽约 3 米。外侧用三合土夯筑，夯层明显，每层厚约 0.28 米，包含有白灰、碎石、沙粒，质地较硬（图二-7；彩图二-9，2、4）。

4. 寺前堡闸

寺前堡闸始建于明正德元年（1506 年）。经调查，此闸残长 7.1、残宽 10.60 米，残高 0.95~1.3

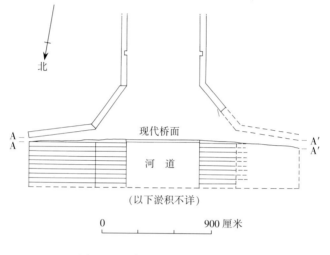

图二-6　十里闸平、立面图

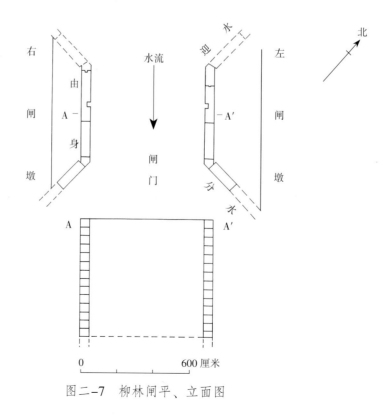

图二-7　柳林闸平、立面图

1. 寺前堡闸南侧（自东南向西北）　　　　　　　　　2. 寺前堡闸分水（自南向北）

彩图二-10　河道水工设施

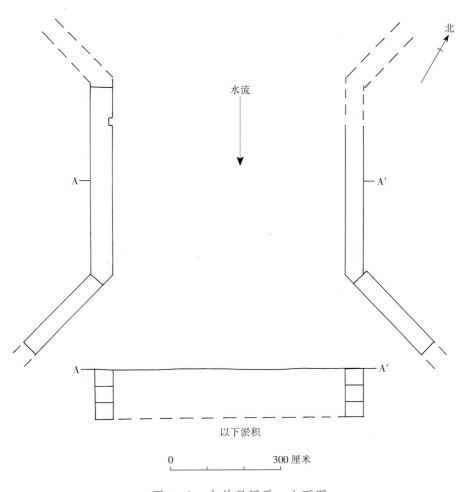

图二-8　寺前堡闸平、立面图

米，闸门长约 5.0、宽约 6.4 米。因河床淤积，闸门深度不详，从分水面向迎水面 4 米处两侧由身各有一闸槽，槽宽 0.15、深 0.10 米（图二-8；彩图二-10，1）。现残存分水及燕翅，其中右侧分水及燕翅保存较短，左侧燕翅保存较好，长约 49、高约 2.8 米。方向 328°。闸、分水及燕翅均用石灰岩条石错缝砌成，所用石条规格不一，长约 0.40~1.15、宽 0.30~0.44、厚约 0.44 米（彩图二-10，2）。

第二节　水柜调查

南旺湖、马踏湖和蜀山湖及附近河流是南旺分水枢纽工程的重要组成部分，其主要通过各湖区和河流的闸口或斗门与运河相联接，成为运河的水源调解器，被称作"水柜"[1]。随着运河的废弃，湖区变成农田，水柜的范围和湖堤的保存状况难以确指。为了全面了解南旺分水枢纽工程遗址的保存现状，对该枢纽工程所涉及的南旺湖、马踏湖、蜀山湖三湖进行了全面调查。

调查首先分析了1954年航片（彩图二-11）、1975年数字化地形图、2003年SPOT影像（2.5米分辨率）（彩图二-12，1）、最新的Quickbird数据（彩图二-13）以及清代南旺分水枢纽工程示意图（见图一-4），有的放矢地开展了田野考古调查工作（详细的技术方法参见第五章第一节）。此次工作对地表尚存遗迹进行了详细调查和局部勘探，现场采集了GPS数据、图片及文字资料，并重新绘制了南旺分水枢纽工程分布示意图（图二-9）。现将调查结果分述如下。

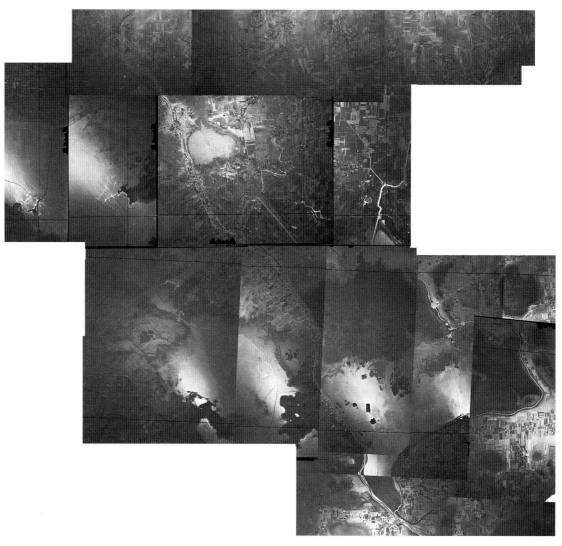

彩图二-11　水柜1954年影像

①　姚汉源：《京杭运河史》，中国水利水电出版社，1998年，184页。

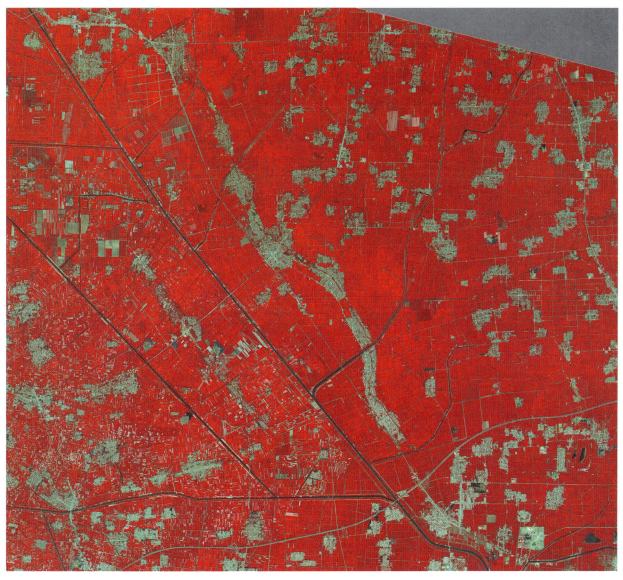

1. 水柜 SPOT 影像

2. 开河八村南残存湖堤 Quickbird 影像截图

3. 开河八村南残存湖堤（自东北向西南）

彩图二–12　水柜 SPOT 影像及开河八村南残存湖堤

彩图二-13　水柜 Quickbird 影像

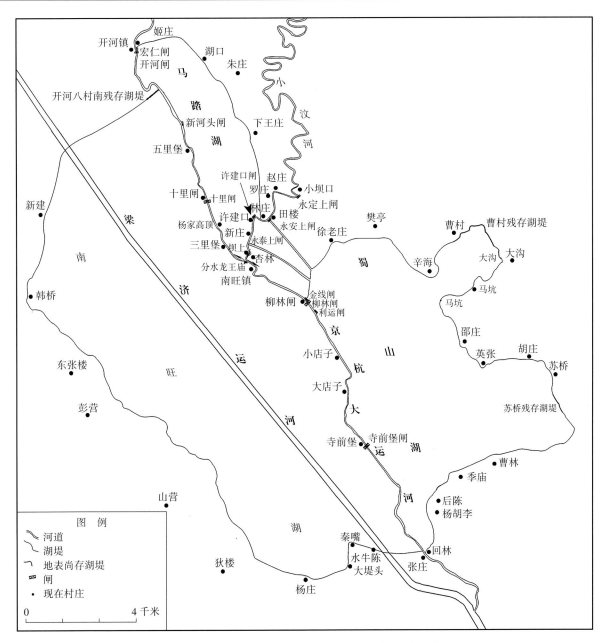

图二-9 南旺分水枢纽工程遗址 2008 年调查示意图

一 三湖的范围

1. 南旺湖

综合文献、影像图和现场调查的结果，现已基本廓清南旺湖的湖堤范围，初步掌握了其保存状况。南旺湖位于运河以西，其东堤与运河西堤为共用关系，现已经多为村庄占压，看不出任何痕迹。北堤现仅存开河八村南的一段湖堤（见彩图二-13；彩图二-14，1），郭楼村

北一段道路和输水渠也是利用了原南旺湖湖堤（彩图二-14，1），其余北湖堤已夷为耕地。西堤现已荡然无存，只能从影像图上看出其走向。南堤只有杨庄村北一段小路是湖堤当时留下的基础（彩图二-14，2），通过影像资料可以分辨出秦嘴村北湖堤的走向，但地表已无痕迹可寻（彩图二-15）。

2. 马踏湖

马踏湖位于运河东岸，其西堤和运河东堤共

1. 郭楼村北残存南旺湖湖堤（自南向北）

2. 杨庄北残存南旺湖湖堤（自东向西）

彩图二-14　残存南旺湖湖堤

彩图二-15　秦嘴村东北残存南旺湖湖堤
Quickbird 影像截图

1. 马踏湖姬庄和湖口村间残存湖堤 Quickbird 影像截图

2. 湖口村东北残存马踏湖湖堤痕迹（自东南向西北）

3. 罗庄村西残存马踏湖东堤（自北向南）

彩图二-16　马踏湖现状

用，现多为村庄占压。从 Quickbird 影像资料分析，马踏湖北堤表现明显（彩图二-16，1），在湖口村内演变成一条小路，现地表略微高出两侧地面（彩图二-16，2）。马踏湖的东堤现多为耕田占压。在罗庄村西部，湖堤已经成为田间小道，外侧尚有壕沟，湖堤残高约 0.20 米，壕沟深 0.30~1.5 米，残长约 600 米（彩图二-16，3）。马踏湖的南堤自林庄开始与小汶河共用一堤，现已被村庄占压。

3. 蜀山湖

蜀山湖西湖堤和运河的东堤共用，现为村庄占压。蜀山湖北堤从影像图上尚有迹象可辨（彩图二-17）。蜀山湖的东堤多数变为耕地（彩图二-18，1）。曹村东、苏桥南、马坑村西、大沟村等几段湖堤保存较好（详见下文），蜀山湖南堤则已荡然无存。

1. 徐老庄村东残存蜀山湖堤 Quickbird 截图

2. 徐老庄村东残存蜀山湖湖堤痕迹（自西向东）

彩图二–17　蜀山湖现状

1. 胡庄村西蜀山湖湖堤（自东向西）

2. 开河八村南残存湖堤（自东南向西北）

彩图二–18　蜀山湖、开河八村残存湖堤

二　南旺、蜀山湖残存湖堤

1. 开河八村残存湖堤

该段湖堤在开河八村南 500 米处，呈东西走向。从现济梁公路的东侧一直延伸到现南兴河的北沿河堤，长约 1200 米。西段内侧壕沟尚存，湖堤高出地面约 0.50 米。东段湖堤保存较好，长约 200、宽约 10、高约 0.50 米。其东段与现南兴河的河堤交汇（见彩图二–12，2、3；彩图二–18，2）。

2. 蜀山湖曹村东湖堤

该段湖堤自刘楼乡曹村东南部一直延续到南站镇大沟村西，长约 2279 米。湖堤曲折多变，从曹村南设置零起点，到 800 米处堤的走向为西南至东北，800~1357 米段为东西走向，1357~2279

米段呈西北至东南走向（图二–10；彩图二–19）。

保存状况大致可分为四类。保存较好者有 0~130 米、520~820 米、1060~1237 米、2017~2131 米四段（彩图二–20，1）；保存一般者有 420~520 米、1497~1631 米、1801~1911 米三段；保存较差者有 1237~1497 米、1631~1801 米、2131~2279 米三段（彩图二–20，2）；地表无存者有 130~420 米、820~1060 米、1911~2017 米三段。保存较好的段落，堤面上大都植树，其余皆遭取土、垦殖的破坏。

残存湖堤为沙土堆筑，土质以黄褐粉沙淤沙土为主，质地较紧密。残存湖堤底宽 14~24 米，顶宽 2~6 米，残高 0.4~3.2 米，堆筑层厚 0.1~0.85 米。为了解湖堤的堆筑层次，我们对 1237 米处断面进行了清理（图二–11）。其地层堆积可分 13

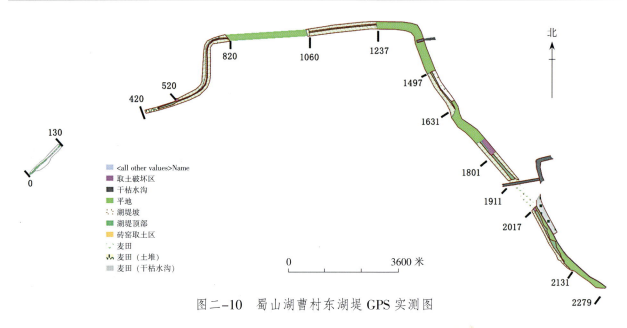

图二-10 蜀山湖曹村东湖堤 GPS 实测图

彩图二-19 蜀山湖曹村东湖堤 SPOT 影像图

1. 曹村东蜀山湖湖堤局部（向东北向西南）　　2. 曹村东蜀山湖湖堤局部（自北向南）

彩图二-20 蜀山湖曹村东湖堤

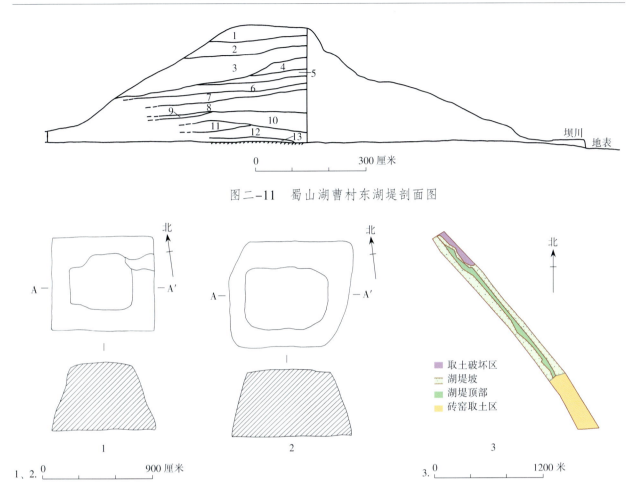

图二-11　蜀山湖曹村东湖堤剖面图

1、2. ⊢0　　　　　　900 厘米　　　　　　3. ⊢0　　　　　　1200 米

图二-12　大沟村、马坑土台平、剖面图及蜀山湖苏桥段湖堤平面示意图

1. 大沟村土台平剖面图　2. 马坑土台平剖面图　3. 蜀山湖苏桥段湖堤平面示意图

层。第 1 层灰褐黏土，结构松散，夹有较多的料礓石；第 2 层灰褐黏土，结构松散，间或夹有黄淤土，并含有料礓石；第 3 层灰褐黏土，呈大颗粒状，结构紧密，含有较多料礓石；第 4 层黄褐黏土，结构紧密；第 5 层黄褐淤土，结构较紧密；第 6 层浅黄褐淤土，结构紧密，含有较多料礓石；第 7 层黄褐土，结构紧密，含有少许螺丝壳；第 8 层黄褐淤沙土，含水锈斑，较多的螺丝壳及料礓石；第 9 层白淤沙土；第 10 层灰褐黏土，结构紧密，夹有少许螺丝壳；第 11 层灰黏土，结构紧密；第 12 层灰白黏土，结构紧密，夹有灰黏土土块和零星螺丝壳；第 13 层灰白黏土，结构紧密，夹杂有零星螺丝壳。第 13 层以下为生土层，呈灰褐黏土，质地坚硬，包含大量料礓石。

从土质土色和地层走势分析，该湖堤断面可分为两大期，第 1~3 层为一期，第 4~13 层为二期。因无可资断代的遗物出土，堆筑年代不详。

为进一步了解湖堤的堆筑方法，在湖堤 130 米处布置 3 个探孔：1 孔位于堤上，1 孔在其正北 25 米处，另 1 孔在其正南 45 米处。经钻探，三孔基本相同，且地层分布较为水平、均匀，由此约略推测湖堤修筑时为平地堆筑，未事先开挖基槽。

3. 大沟村土台

大沟土台位于南站镇大沟村西约 500 米处，地理坐标东经 116°28′0.91″，北纬 35°35′29.3″。方向 7°。该土台底部为方形，顶部呈不规则长方形。底边长 8.3、顶部东西长 5、南北宽 2.8~4.3、残高 5.25 米（图二-12，1；彩图二-21，1）。

1. 大沟村西蜀山湖残存湖堤（自南向北）　　　　　　　2. 马坑西残存蜀山湖湖堤（自南向北）

彩图二-21　蜀山湖残存湖堤

1. 苏桥村南蜀山湖湖堤（自东北向西南）

彩图二-22　苏桥村南残存蜀山湖湖堤
Quickbird 影像截图

2. 苏桥村南蜀山湖湖堤局部（自西北向东南）

彩图二-23　苏桥村南蜀山湖湖堤

4. 马坑村土台

马坑土台位于康驿镇马坑村西约 1000 米处。地理坐标为东经 116°26′58.5″，北纬 35°34′52.8″。方向 5°。该土台平面近长方形，其西北角至东南角为抹角，底部东西长 10、南北宽 8.4 米，顶部东西长 6.7、南北宽 4.7 米，残高约 5.25 米。马坑村土台上建有测绘部门标志塔，因此马坑村土台湖堤得以保存（图二-12，2；彩图二-21，2）。

5. 苏桥段湖堤

该段湖堤位于康驿镇苏桥村南，大致呈南北方向，残长约 271、残宽约 7、残高约 5 米（图二-12，3；彩图二-22、23）。堆积层次与曹村东湖堤相类似。

三　水柜水工设施

水柜的附属设施主要指水柜纳水、放水的闸及斗门等水工设施。据姚汉源先生研究，在明成化三年（1467年），在漕运总兵官及各地巡抚的奏报中提到元代曾设10座减水闸，用以蓄洪，名称不详[①]。《山东运河备览》卷五提到明永乐年间于运河西岸曾建八个斗门：焦鸾、盛进、张全、刘贤、孙强、彭石、刑通、常鸣[②]（见图一–4）。后期的文献对斗门多有提及，但数量和位置均不同。总体趋势是随着南旺湖作为水柜功能的减弱，斗门的数量也不断减少。

野外调查工作主要依据姚汉源绘制的南旺分水枢纽工程示意图。调查发现，上述闸和斗门多数已废弃、掩埋，位置多无法确认。各个闸、斗门、坝的所属和演变情况对比可参考下表（表二–1）。

表二–1　水柜水工设施一览表

所属湖	类别	清乾隆时期存在	现在调查结果
南旺湖	闸	关家闸	位置清楚，无痕迹
		皇故寺闸	位置清楚
		芒生闸	位置清楚，残存石块
		小土地庙单闸	不详
	斗门	常鸣斗门	不详
		刑通斗门	位置清楚
		彭石斗门	不详
		孙强斗门	不详
		刘贤斗门	不详
		张全斗门	不详
		盛进斗门	不详
		十字闸斗门	不详
马踏湖	闸	宏仁桥闸	位置清楚
		新河头闸	位置清楚
	斗门	许建口斗门	尚存闸基，已发掘
		李家口斗门	不详
蜀山湖	闸	金线闸	位置清楚，不存
		利运闸	不详
	斗门	永泰斗门	位置清楚、残存闸口石
		永安斗门	位置走向清楚
		永定斗门	位置清楚、存闸口石
	坝	冯家坝	位置清楚

---

① 姚汉源：《京杭运河史》，中国水利水电出版社，1998年，186页。

② 【清】陆耀：《山东运河备览》卷五，广陵古籍刻印社，1992年。

1. 新河头闸 Quickbird 影像截图

1. 蜀山湖与小汶河引水渠示意图

2. 新河头闸现状（自西向东）

彩图二-24　新河头闸现状

2. 永泰斗门引河现状图（自东向西）

彩图二-25　永泰斗门引河现状

现将位置清楚，尚有一定迹象的闸、斗门、坝的情况分述如下。

1. 新河头闸

新河头闸位于十里闸北开河闸南，通过沟渠连接马踏湖和运河，是接济北运的重要放水口。现已废弃，在 Quickbird 影像资料上尚有所反映（彩图二-24）。

2. 永泰斗门

小汶河与蜀山湖之间由永泰、永安、永定三

座斗门相连，以实现蓄水济运的目的，在 2003 年遥感图像上尚能辨析（彩图二-25，1）。永泰斗门就是今天老百姓常讲的"一道沟"，曾为运河月河。1960 年拆除，石块和杉木桩用于修建村委会办公室（彩图二-26，1），现成为杏林村村内的一条街道，村东尚残存一道壕沟痕迹。（彩图二-25，2）石条长 1.20~1.28、宽 0.60、高 0.75 米，其表面有闸槽口，槽口宽 0.30、深 0.25 米。杉木桩直径 0.10~0.15 米（彩图二-26，2）。

1. 杏林村委房基上永泰斗门闸石料

1. 永定斗门河道现状（自东南向西北）

2. 杏林村委房内檩条

彩图二-26　永泰斗门引河现状图

2. 永定斗门石料

彩图二-27　永安斗门现状（自东南向西北）

3. 冯家坝现状（自西向东）

彩图二-28　永定斗门河道、冯家坝现状

3. 永安斗门

永安斗门即老百姓常说的二道沟，20 世纪 50 年代曾进行拓宽，并新建了闸口，今称田楼闸（见彩图二-25，1；彩图二-27）。

4. 永定斗门

位于小坝口村内，老百姓称之为第三道沟。原来闸基的石块已拆除，被村民用作房基石材使用，石块上尚保存有燕尾槽（彩图二-28，1、2）。

5. 冯家坝

根据《山东运河备览》记载，冯家坝始建于

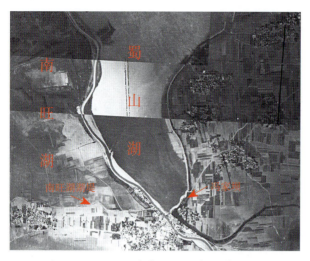

彩图二–29　冯家坝 1957 年影像截图

明代万历年间，长十余丈，是蜀山湖南面之门户。其功能一是为了蜀山湖蓄水，二是防备涨水时，滚水入马场湖。经调查，该坝体石料已被拆除，位于回林村内一条大街上（彩图二–29）。

第三节　小汶河、泉源及戴村坝调查

一　小汶河

小汶河[①]是引汶济运的一条河道，20 世纪 70 年代改道后，南北纵贯汶上县境内，上游自宁阳县的东皋村东北起，蜿蜒进入汶上县的白石，经军屯、杨店、郭仓、郭楼、寅寺、次丘、刘楼、南旺等乡镇，至南旺镇十里闸村东南，汇入梁济运河，全长 89.5 千米，流域面积 238 平方千米，是全县主要的防洪排涝及回灌补源河道（见图一–5）。

（一）小汶河的形成及历史演变

据文献记载，古汶水是山东中部的一条大型天然河道，它由泰蒙山涧诸水汇集而成，经大汶口等地至须昌（东平）的安民亭南入济水。因其流域面积大，集水快，加之堤防残缺、长年失修，

所以历史上曾多次出现洪水漫溢决口多股分流的状况。这些分流的水道，史料中称为溜道（即汶水故道）。

明成祖迁都北京后，为沟通与江南经济发达地区交往联系，发展南北漕运，采纳了济宁州同知潘叔正的建议，于永乐九年（1411 年）命工部尚书宋礼，疏治自济宁至临清段会通河。为解决水源不足的问题，又采纳了白英老人的合理建议，堵塞元代建筑的堽城斗门，而另于今大汶河下游坎河口处筑戴村坝阻挡汶水南流济运。为将汶水引入南旺济运，宋礼、白英在筑戴村坝的同时，按照寻走高地、沿用旧沟的原则，重新开挖疏通启用了这条长八十余里汶河溜道，引汶水至南旺南北分流，南接黄淮，北通漳卫。

由于新开小汶河入运口处无闸控制，进水盛寡不一，每当汛洪暴涨，汶水湍急，挟带大量泥沙，使河床抬高，堤岸决口，造成河槽弯弯曲曲，宽窄不一。明清两代曾多次疏浚治理，维修加固，新建大坝，调节水量，为我国的南北交通、南粮北运、文化交流起到了巨大的作用。

清光绪二十七年（1901 年）漕运停罢后，小汶河失去了济运作用，又经民国乱世，年久失修，时常泛滥成灾。由于入口处常年蚕蚀冲刷，河槽形成上游宽、下游窄的漏斗形，并呈 S 形前进，较大弯竟达 20 余处，中泓河槽已不再是 80 余里，实际已达 130 华里，"三弯不离温口，三弯不离路庄，三弯不离孙口"说的就是这种现象（彩图二–30）。

三湖蓄洪时常超过堤岸，漫溢决口，淹没无数良田。为使水患变水利，1959 年由山东省水利厅组织相关单位，对小汶河进行实地勘察，并达成小汶河进水口筑坝及限制小汶河分洪的协议，

---

① 以下有关小汶河的地理分布、历史演变以及流域内相关数据等内容，主要参考《汶上县水利志》（汶上县水利志编纂办公室编，1991 年 10 月）、《汶上县志》（山东省汶上县志编纂委员会编，中州古籍出版社，1996 年）等。

1. 小汶河 Quickbird 影像截图

2. 许建口附近小汶河河道现状（自南向北）

彩图二—30　小汶河河道现状

同年 11 月筑成小汶河拦河坝（在泗汶庄西）。1963 年将泉河曹营以上的 192.5 平方千米的面积改道入小汶河，并将小汶河下游通过二道沟，泄入总泉河，废除了小汶河拦河坝至曹营西北段河道 2.2 千米。1979 年，从中王庄始，经十里闸北改道直入梁济运河，废除了中王庄至南旺分水龙王庙河道 11 千米。改道后小汶河从上游宁阳县东皋村东北至梁济运河全长 89.5 千米，流域面积 238 平方千米。

小汶河水系调整后，流域内的排水除涝问题得到合理解决，而随着工农业的发展和人们生活的提高，需水量日益增加，地下水位下降，水资源出现紧张的局面。为此，于 1987 年兴建引汶补源工程。第一期工程主要疏浚了曹营至中王庄旧河道，开挖松山东至原松山水库大堤口 2.7 千米的引河；第二期为建筑物工程，兴建了松山东进水闸，李集节制闸，改建了琵琶山进水闸。工程竣工后，地下水源得到了有效补给。

（二）小汶河现状

现今小汶河干流上从北支入口，下至梁济运河入口，全长 89.5 千米，其中北支从李集闸至干流交汇处长 8.3 千米；东支从宁阳县的东皋村至干流交汇处 17.9 千米（汶上县境内长 7.8 千米）。小汶河故道堤防人为破坏十分严重，经过测量已有 87.8% 的堤防被毁掉，其中上游杨店乡曹营以上段和下游刘楼乡的小汶河改道口以下段堤防不全，中游段基本无堤；河槽破坏也非常严重，部分河段找不到河口，河道淤积、填河、缩河、取土烧窑等现象严重。

小汶河拦河坝至曹营西全长 2.2 千米，拦河坝至大汶河 0.9 千米为小汶河故道，1959 年拦河坝至小汶河废止，前几年由于采沙，大部分已变成大坑，部分留有形状，此为直线段（表二—2）。

小汶河从杨店乡曹营村西开始（改道口），河口宽 61.5、左滩地宽 16、右滩地 24 米，由东北

表二－2 小汶河现状调查表

位　置	宽度（米）	深度（米）	堤　防	备　注
小汶河坝	90	2.5	无	1959 年堵复
曹营西	107	3	有	堤防残缺不全
刘古墩	105	2.6	有	堤防残缺不全
郗村北	104	4.5	有	堤防残缺不全
西杨庄北	75	1.6	无	
黄庄北	31	3.3	无	
李官集北	110	2.6	无	右岸 12 米处 105 国道
高村	97	3.4	无	
邓庄	57	3	无	
北杨集	70	3	无	
毛庙	94	3.2	无	
大庄	100	3	无	
美化西	93	2.5	无	
谭庄	55	2.4	无	
草桥南	72	3	无	左河口有房屋
周村	75	3.5	无	
后李村	57	5	无	
伊海	55	5	无	
战湾西	60	5	无	
战湾南	15	2.6	无	
王口北	35	2.7	无	
王口东	55	3.2	无	
李太口北	22	3	无	
李太口东	35	3.3	无	
李太口南	72	4	无	
黄庄北	25	2.5	无	
路庄东	55	2.5	无	
骆庄南	32	2.5	无	
黑马沟村	20	1.8	无	
沈堂村	31	3.5	无	
郑湾南	40	4	无	
西温口北	28	1.5	无	
西温口东	30	3	无	
东温口南	30	4.5	无	
孙口北	35	4	无	

（续表二–2）

位　　置	宽度（米）	深度（米）	堤　防	备　　注
孙口东	27	4	无	
荣庙东	35	4	无	
孙口南	52	5	无	
上王庄东	70	6	无	右河口有房屋
中王庄	33.5	3.5	无	左岸改道口
中王庄东	16	3.5	无	废弃段
陈庄西	21	3	无	
黄庄	26	4	无	
西杨集	16	1	无	
刘楼西	27	3	无	
小坝口	24	4	无	
大坝口	17	4	无	
罗庄	14	3	无	
田楼	9	3	无	
宋庄西	13	2.5	无	
杏林	13	2	无	
龙王庙北	14	1.5	无	

至西南右岸为东平县，左岸为杨店乡刘古墩村（河口宽 100 米，已无堤）、郜村、于村。然后依次经过郭仓乡、郭楼镇、寅寺镇、汶上镇、次丘镇等区域，随之进入弯道密集区域。此段河道全长 57.65 千米。

小汶河中王庄至南旺分水龙王庙全长 11 千米，基本无堤防，河口宽 10~26 米，已填河道 1千米，占该河段的 9%；缩河 800 米，占该河段的7%；其余大部分河段基本完好。其流向从刘楼乡的中王庄向东南依次进入南黄庄西、西杨集东，到大坝口东，再南折向西到罗庄东，进入南旺镇田楼村北，在杏林村南入老运河。

小汶河拦河坝（泗汶村西）至南旺分水龙王庙全长 70.85 千米，其中拦河坝至曹营西改道口2.2 千米，曹营西改道口至中王庄改道口 57.65 千米，中王庄改道口至南旺分水龙王庙 11 千米。曹营西改道口至中王庄改道口有弯道 80 余处，其中次丘镇李太口村至刘楼乡中王庄村处直线距离 5.8千米，河道距离达到了 14.9 千米，弯道多达 20余处，属弯道密集区。河口宽度从上游的 100 米缩减至下游的 20 米，宽 100~500 米的堤防现基本无存。整个河道弯曲迂回，沿走高地，上宽下窄，因此每次引水都能储存水量。

（三）结论

小汶河虽历经五百多年的沧桑，但不管何朝何代，不论改建新建还是整修完善，都没有移挪坝址和废除河线，而只是在原来的基础上把拦汶、溢洪、引水处理的更趋合理，这充分证明戴村坝和小汶河的选址是比较科学的。

从地理位置看，戴村坝南岸紧依松山之麓，北五千米与龙山对峙，形成天然的石基，河床稳定，中泓槽宽浅，给筑坝带来很多好处和方便。

从海拔高度看，戴村坝顶高程 50.3 米，而距此直线距离 40 千米的汶运交汇口处地面高程 37.3 米，落差达 13 米。为降低坡比和流速，采取弯曲迂回、避高就低的策略，以延伸河道长度，使中泓河槽达到 70.85 千米 (据万分之一地形图实量)，此举正合不冲不淤流速范围。

从引汶补源和防洪看，大汶河年径流平均 13.93 亿立方米，利用率按 50% 计算，可引水量能达到 6.97 亿立方米，根据琵琶山闸松山闸引水资料分析，平均每年引水 1.5 亿立方米。小汶河总流域面积 238 平方千米，一旦遭遇到大的洪水可以有效的保护乡镇 8 个，村庄 262 个，人口 32.08 万人，面积 354.93 平方千米，耕地 34.44 万亩。根据多年的实测资料统计，小汶河滩浅而宽，能够储存较多水量以补充地下水源，可以有效的解决小汶河沿岸的工农业用水和人畜吃水问题。

二　泉源

此次调查，共发现两处泉源碑刻，即薛家沟泉碑和白沙泉碑。薛家沟泉碑位于汶上县军屯镇薛家沟村，碑通高 0.88、碑身高 0.77、宽 0.45、厚 0.18 米，碑刻记载雍正四年（1726 年）"□□月□□日立"（彩图二-31，1）。白沙泉碑通高 0.97、碑身高 0.88、宽 0.60、厚 0.19 米（彩图二-31，2）。另发现泉眼一处，即鸡爪泉，有沟渠引入泉河（彩图二-31，3）。

三　戴村坝

戴村坝位于东平县彭集镇南城子村北大汶河上，分主石坝、窦公堤（也称太皇堤）、三合土坝三部分，全长 1600 米。其中横跨汶河的主石坝南北长 424.6 米，向东呈弧形。主坝又分三段，其北为玲珑坝，中为乱石坝，南为滚水坝，三坝

1. 薛家沟泉碑　　　　2. 白沙泉碑

3. 鸡爪泉现状（自南向北）

彩图二-31　泉源现状

一体，以滚水坝水平高度最低。坝石垒砌采用铟扣束腰法，以增强坝体抵抗力，现在铟扣已大多遗失。坝北又有东西向两坝，西为"窦公堤"，石堤西连北坝头，全长 863 米；东为"三合土坝"，沿用旧名，实为石坝，长 263 米。二坝均为挡洪水、泄洪峰、保主坝的辅助坝。主坝两端坝头上有明、清、民国历代重修碑记数方（图二-13；彩图二-32；彩图二-33，1）。

根据《漕河图志》、《山东运河备览》等史料记载，戴村坝初建于明永乐九年（1411 年）二月，当时朝廷命工部尚书宋礼及刑部侍郎金纯、都督周长等疏浚会通河。宋礼采纳汶上老人白英之策，开凿小汶河，筑戴村坝引汶水至

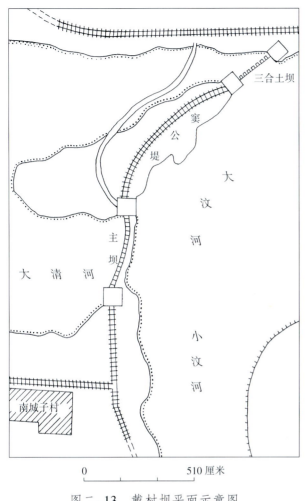

1. 戴村坝现状（自南向北）

2. 窦公堤及三合土坝（自西南向东北）

图二-13　戴村坝平面示意图　　　　　彩图二-32　戴村坝现状

南旺分水口以济运河。戴村坝建成后，改变了大运河济宁以北至临清段时常干涸的局面，保障了航运畅通。

　　该坝初为土坝，明代万历十七年（1589 年）朝廷将戴村坝改筑为石坝，"长四十丈，高三尺；上博丈五尺，下益尺六之一；两翼之长视坝二减五之二，厥高倍之。左右为土堤，二百三十丈，东岸为石堤。"①清代雍正四年（1726 年），朝廷依内阁学士何国宗所奏言，将戴村坝、坎河三坝重修，统一修建一道滚水石坝，分别名为玲珑、乱石、滚水，"计高七尺，长一百二十余丈。"②

三坝内增建石坝为闸，安闸板以资宣泄。道光二年（1822 年）又于坝东北增筑长 260 余米的三合土坝一座。光绪三十年（1904 年），直隶永定河道窦延馨督修东平戴村坝，在石坝与三合土坝之间复筑一段长近 900 米的东北至西南向堤防，名为太皇堤，又称窦公堤③。民国二十二年（1933年）六月，水利工程师孔令瑢又对戴村坝进行了一次加固维修。1959 年春，小汶河筑坝截堵，戴村坝遂失去济运作用，汶河之水皆西流入东平湖。自明初建成时起，但逢夏秋之际，每遇汶水暴涨，水越坝西流、决堤南流，为害甚巨。因此，历代

　　①　【清】张伯行：《居济一得》卷三，文渊阁四库全书影印本。
　　②　《世宗宪皇帝硃批谕旨》，文渊阁四库全书影印本。
　　③　《漕河图志》、《山东运河备览》。

1. 戴村坝旧照（自南向北）

2. 戴村坝 2001 年水毁坝体桩基（自东向西）

3. 戴村坝 2001 年水毁坝体桩基（自西向东）

彩图二-33　戴村坝①

对该坝多有较大规模的增修补筑，据初步统计，至今共有 19 次之多。

2001 年夏季，由于上游汶水泛涨，戴村坝主石坝中间的乱石坝一段被冲毁，山东黄河河务局东平县东平湖管理局进行了修葺，仍为复合坝体，但改变了原来的结构形式，变乱石坝为最低。从东平湖管理局提供的照片资料仍可看出石坝下的马牙木桩（彩图二-33，2、3）。

① 彩图二-33，1 采自《中国运河之都——济宁》，2、3 均由东平湖管理局提供。

第四节　济宁分水枢纽调查

一　堽城坝

堽城坝[1]位于宁阳县东北 14 千米的堽城镇堽城里村与堽城西村北的大汶河河道内，地理坐标为北纬 35°53.484′，东经 116°53.146′，海拔 76 米。建筑占地面积近 13 万平方米（图二-14）。

近几年，由于大汶河里大规模采沙，暴露出 13 万多平方米的坝体遗迹。在东西长约 1300 米的河道里，由西向东依次发现石堰、斗门、双虹悬门、东闸、东大闸和挡水墙等水工遗迹、遗物。

在现 5 号鸡嘴偏东北方向，发现有元宪宗七年（1257 年）毕辅国于汶河之阴做的一处斗门。因遗址处石块和沙堆积较高，看不出斗门的建筑

结构，仅见石际间有朽木桩露出沙面。石块经水、沙冲刷光滑，发现有汉画像石被用作斗门石材。另外，发现石碑龟座一个，残碑两块，碑文多漫漶不清（已运到宁阳县博物馆、禹王庙集中保护）。

在 4 号至 5 号鸡嘴之间的河道里，发现有至元二十六年（1289 年）都水少监马之贞于斗门之左所作双虹悬门，使闸、虹相连，分受汶水。又因虹石易圮，遂改虹为闸，通称东闸，毕辅国所作斗门为西闸。调查发现，双虹悬门水洞底用石条铺成，残存面积约 40 平方米（彩图二-34，1）[2]。

东闸有闸板槽的两块巨石仍处原位、遥遥相对，闸洞宽 7.6、闸板槽宽 0.22、深 0.17 米。除巨石块之外，另发现有高 0.5、上宽 1.3、下宽 0.95 米，高 0.5、上宽 1.1、下宽 0.95 米，高 0.48、上宽 0.8、下宽 0.6 米等几种规格的券石。部分券石表面饰有浮雕禽、兽图案。多处发现有

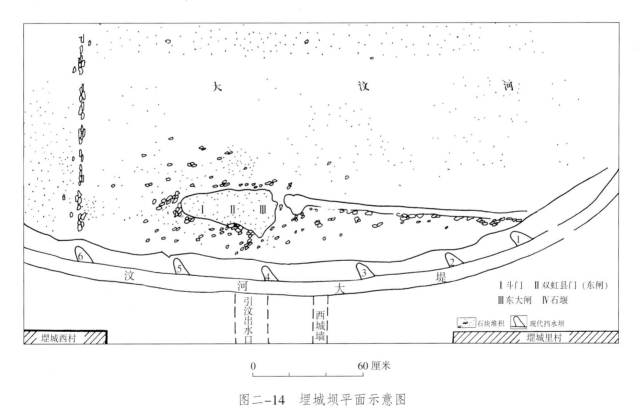

图二-14　堽城坝平面示意图

① 有关堽城坝、金口坝、会源闸等济宁分水枢纽遗址的文献资料，主要参考《漕河图志》、《山东运河备览》以及《汶上县水利志》（汶上县水利志编纂办公室编，1991 年）等。另参见姚汉源《京杭运河史》，中国水利水电出版社，1998 年，149 页。
② 除特别注明外，本章老照片皆出自济宁市市委办公室编《中国运河之都——济宁》，山东画报出版社，2001 年。

1. 埕城坝旁出闸旧照（自东南向西北）

2. 埕城坝现状（自南向北）

彩图二–34　埕城坝

间距约 1.5 米的成排朽木桩。另有饰龙虎纹、垂帐纹、棱形纹和带穿孔的汉画像石用作闸体石材，偶有石碑龟座残块。马之贞曾勒言于石，告诫后人莫作石堰，然而也有人说作石堰可避免岁岁劳民。如元延祐五年（1318 年）五月修筑骑跨汶河的石堰，六月被水冲毁。乱石堵塞了河道，河底增高，反而岁溢为害。在 6 号鸡嘴以北的河道里、东距斗门约 200 米处，至今有断断续续的巨形石条卧于河底，直达汶河彼岸(彩图二–34，2)。

元至元四年（1338 年）七月，大水冲溃东闸，突入洸河，两闸受害，洸河沙塞，闸坏堰崩，汶水不再入洸河，大为民害。马之贞告诫后人不要作石堰的石碑也为土石所压。是年九月，都水监马元公来治会通河，行视至埕城，对群众说："埕城汶洸之交，会通之喉襟，闸坏河塞，上源要害"。他听从了前监丞沈温的意见，于至元五年（1339 年）开始备料修闸。因旧址屡经改作，遂于其东另外择地建闸①。东大闸以东，1、2、3 号

___

① 【清】张伯行：《居济一得》卷六，《文渊阁四库全书》影印本。

1. 堽城坝坝体坍塌遗迹

2. 堽城坝镅扣槽

3. 兖州金口坝全景（自东南向西北）

彩图二-35　堽城坝、兖州金口坝

鸡嘴以北的汶河南岸有一条东西长约500、南北宽10多米用长石条砌成的挡水墙，石块多为碎石（彩图二-35，1）。4号鸡嘴北、西距东闸闸洞约80米处，为东大闸闸洞位置。南北向、东壁、东折雁翅和出水口挡水墙尚有部分残存，均用巨石镶砌，石际间用4.5公斤重的镅扣连接（彩图二-35，2）。闸洞底用石块铺砌，闸板槽宽0.27、深0.185米。闸口附近还发现米臼1件。

二　金口坝

位于山东省兖州市城东约1000米的泗河之上。金口坝始建于北魏，后经隋唐、五代、元、明、清历代重修。是一座融交通、灌溉、济运、漕运、游览等功能为一体的古代水利枢纽工程。金口坝出土北魏守桥石人背铭有"大魏延昌三年……"纪年。元代开凿济宁到临清的会通河，为引泗济运，在兖州城东的泗河上，整修加固原金口坝，并利用黑风口闸门、原丰兖渠，使泗河水西流入运河①。

金口坝呈东西向横卧在泗河上，坝东西长123、宽10.1、高2.65米（图二-15；彩图二-35，3）。坝体全用条石砌筑，条石之间有镶镅扣的凹槽（彩图二-36）。坝身开五洞，洞口装有闸门，视季节水势而启闭。洞口宽度为1.8~3.3米。坝两端建有燕翅，燕翅上方有雕刻精致的元代卧

---

① 姚汉源：《京杭运河史》，中国水利水电出版社，1998年，150~152页。

2. 金口坝锔扣拓片

1. 兖州金口坝分水海漫锔扣痕迹　　　　　　　3. 金口坝现存锔扣

彩图二-36　金口坝现状

彩图二-37　济宁天井闸旧照（自东南向西北）(采自《中国运河之都——济宁）

式八夏。八夏长 1.38、宽 0.79 米。金口坝现仍发挥着作用。

三　会源闸

位于济宁市中区太白中路（彩图二-37），地理坐标为东经 116°34.719′，北纬35°24.296′，海拔高程 35 米。元代开挖会通河后，由于水源不足，济宁段运河经常出现断流，影响漕运。元至元二十六年（1289 年）引汶水、泗水通过洸河、府河补充水源，在太白楼前建会

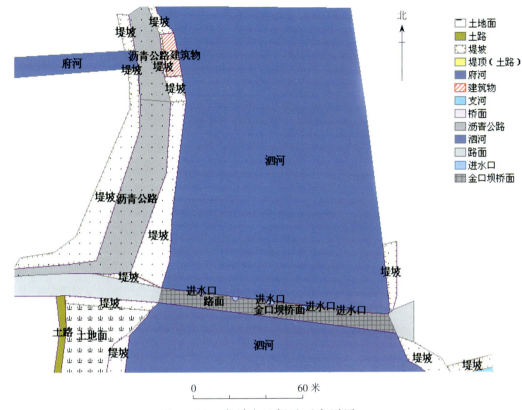

图二-15　兖州金口坝平面实测图

彩图二-38　济宁天井闸发掘场景（自南向北）（济宁市文物局提供）

源闸调节运河水量，以利行舟。明代改称天井闸①。

2006年3月，在河湖改造工程中发现了天井闸址，并进行了清理，对闸墩做了解剖，弄清了该闸的建筑结构。原闸址已被水淹没，现存有长约10米的燕翅（彩图二-38）。

① 姚汉源：《京杭运河史》，中国水利水电出版社，1998年，108页。

第五节　采（征）集遗物

共采（征）集与运河遗址相关的遗物20件。其中，陶瓷器14件，铜钱1枚，铜扣1件，木桩4件。

一　采集遗物

在龙王庙至吴家高顶段运河河道中共采集遗物15件，包括陶瓷器14件，铜钱1枚。陶瓷器中除1件残器盖外，其余13件均为瓷器，大多为瓷碗。以下选择8件标本说明（编号为河采1、2等，下同）。

河采1（彩图二-39，1），器盖，黄釉陶，粗圆唇，敞口，斜直壁，平底中间微内凹，素面。

河采3（彩图二-39，2），青瓷碗，残，灰青

1. 黄釉陶器盖（河采1）

4. 青花瓷杯（河采6）

2. 青瓷碗（河采3）

5. 青瓷碗（河采7）

3. 青瓷碗（河采4）

6. 青瓷碗（河采7）

彩图二-39　采集遗物

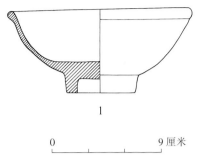 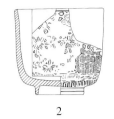 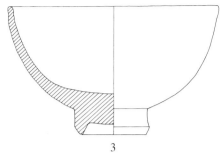

0　　　　　　　　9厘米

图二-16　采集瓷器
1. 青瓷碗（河采4）　2. 青花瓷杯（河采6）　3. 青瓷碗（河采7）

图二-17　征集分水硔岸锔扣拓本（河采16）

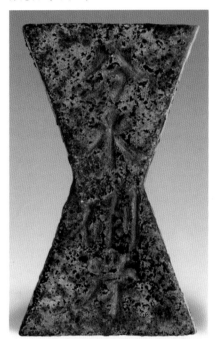

彩图二-40　征集分水硔岸锔扣（河采16）

色，圆唇，敞口，折沿，弧壁，高圈足。器表整体未施釉，较粗糙。圈足中见有一道凹痕。

河采4（图二-16，1；彩图二-39，3），青瓷碗，残破，青釉色，圆唇，敞口，折沿，弧壁，高圈足。圈足表面未施釉，较粗糙。口径15、底径5.6、高6.9厘米。

河采6（图二-16，2；彩图二-39，4），青花瓷杯，残，尖圆唇，直壁，圈足。器表饰插花纹。口径7.6、底径4、高6.8、胎厚0.3~0.7厘米。

河采7（图二-16，3；彩图二-39，5、6），青瓷碗，残，厚胎灰白，敞口，圆唇，弧腹，近平底，高圈足。釉色暗绿，内壁中部施"长生不

老"行书铭文。口径17.5、底径6、高10.3、胎厚0.5~2.5厘米。采集于汶河和运河交汇口处。

二　征集品

共征集与运河相关的遗物5件，包括锔扣1件、木桩4件。

河采16（图二-17；彩图二-40），锔扣1件，完整，楷书"分水硔岸"四字。据此次调查《汶邑西南南旺庙分水》石碑记载，时称"锔扣"，俗称腰铁、银锭锁、铁把扣、细腰等，为固定石板所用的亚腰形铸铁器。

木桩4件，又称地钉，均用杉木制成，其中

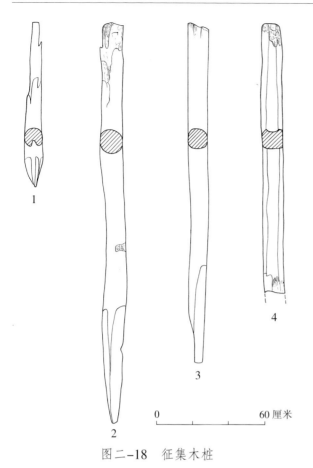

图二-18　征集木桩

1. 河采 17　2. 河采 18　3. 河采 19　4. 河采 20

1. 河采 17

2. 河采 18

3. 河采 19

4. 河采 20

彩图二-41　征集木桩

一件尖端部已缺失，其余三件头部削尖成圆锥状，以下分别描述。

河采 17（图二-18，1；彩图二-41，1），截面圆形，头部较尖，有开裂现象，尾部有残缺。残长 88、截面最大直径 9.6 厘米。

河采 18（图二-18，2；彩图二-41，2），截面圆形，头部圆钝，有裂纹。长 210、截面最大直径 12 厘米。

河采 19（图二-18，3；彩图二-41，3），截面圆形，头部圆钝。长 180、截面最大直径 11 厘米。

河采 20（图二-18，4；彩图二-41，4），截面近长方形，头部残断。残长 141、截面最宽处 12、厚 10~11 厘米。

第六节　小　结

通过对南旺分水枢纽工程和济宁分水枢纽工程遗址的全面调查，结合清乾隆陆耀撰《山东运河备览》、清宣统三年续编《汶上县志》以及《山东通志》、《济宁市水利大事记》、1996 年版《汶上县志》（山东省汶上县志编纂委员会编，中州古籍出版社）、《南旺镇志》（山东省汶上县南旺镇编纂办公室，1987 年）、姚汉源《京杭运河史》[①]等文献资料和研究成果，主要有以下四个方面的初步认识。

一　从济宁分水枢纽到南旺分水枢纽的演变历程

元至元十九年（1282 年），元政府为了建立

---

①　姚汉源：《京杭运河史》，中国水利水电出版社，1998 年。

稳定的南北漕运补给线，在既往水系改造的基础上，开挖了济州河，以任城（今济宁）为中心，南至鲁桥与泗水沟通，北经安民山（今梁山）入济水，全长 150 余里。为解决运河水源问题，改建兖州城东泗水上的金口坝，引泗水西流入府河；改建宁阳北大汶河上的堽城坝，引汶河水南流入洸河，再入泗水，接济运河，保证漕运，逐渐形成济宁分水枢纽工程。此时南旺湖水水源充足，足可当做水柜。济州河穿湖而过，南旺湖可以南流接济运河，会源闸应主要是向南分流济运。

为解决安山至临清间陆运之苦，元至元二十六年（1289 年），元世祖再令开挖会通河，从"安山之西南，由寿张西北至东昌，又西北至于临清"[1]，接通永济渠，全长 250 里。由此济州河与会通河联为一体，通称会通河[2]。

从此时至明永乐重开会通河之前这一百多年的时间内，会通河时通时塞。主要因素有三点：一是汶泗流域的水源并不稳定，洪水带来淤泥沙会淤积于河床；二是南旺是会通河的"水脊"，高于济宁的天井闸，南旺段常常缺水断流；三是黄河在河南原武黑洋山（今原阳县）决口，京杭大运河遭到严重淤积。因此，到明洪武二十四年（1391 年）会通河淤塞停航[3]。

为了加强南北经济联系和政治稳定，永乐九年（1411 年），宋礼等人筑戴村坝（即今东平戴村坝），开凿小汶河，遏汶水至南旺济运。此时仍以济宁分水接济运河为主，南旺分水为辅，但南旺分水枢纽已初步形成，后经不断修缮，逐渐代替了济宁分水枢纽，成为会通河的主要分水枢纽工程。

二 南旺分水枢纽的演变

姚汉源曾提及明成化三年（1467 年）九月户部会同六部等官员商议各地所奏条陈中，提到了修缮元代所建 10 座减水闸。由此可以看出在元代开挖济州河时，于南旺就开始了一些水工设施的建设。如在运河两岸筑堤，并在其上建减水闸，以宣泄运河多余之水，或补给运河。明永乐九年（1411 年），经宋礼等人的修筑整理南旺分水枢纽初步形成。

从此时开始一直到漕运停摆近 500 年的时间内，历代政府都从运河水工设施的完善、运河两岸河堤的修缮、水柜（三湖）水源（泉源）的整理和管理等方面重视南旺分水枢纽工程的修缮、添建，从而保证了运河的南北畅通，也充分体现了南旺分水枢纽在京杭大运河上的杰出地位。

（一）运河河堤和闸坝的修缮

明成化年间的修缮工程较多。明成化三、四年（1467、1468 年）重新修葺南旺段运河堤上减水闸 10 座，水大则见泄、水小则放入正河。并重新修葺长沟至开河堤约 50 里，西堤改用石砌，东岸增培土堤[4]。最为重要的是在分水龙王庙前修筑石砌岸，据姚汉源《京杭运河史》所载，"庙前建有大石工一段，长 49 丈，砌石 15 层，高 1 丈 8 尺，以防汶水出口后之顶冲"[5]（译见第三章）。

明成化七年（1481 年）始建南旺上下闸（十里闸和柳林闸），使汶水南北分流，尽入会通河。此时距重开会通河、初建南旺分水工程已有 70 余年。明正德元年（1506 年）开始建寺前堡闸。南旺上下闸的建成，配合寺前堡闸和开河闸（元

① 《元史·河渠志》卷六十四，中华书局点校本，1976 年。
② 姚汉源：《京杭运河史》，中国水利水电出版社，1998 年，104~108 页。
③ 邹逸麟：《山东运河历史地理问题初探》，《椿庐史地论稿》，天津古籍出版社，2005 年。
④ 姚汉源：《京杭运河史》，中国水利水电出版社，1998 年，172 页。
⑤ 姚汉源：《京杭运河史》，中国水利水电出版社，1998 年，198 页。

代），改变了分水的模式，由原来的自由分水改为利用闸的合理启闭来控制分水。

（二）水柜的建设

水柜的建设主要分为两个方面，一是圈定三湖的范围及湖区清淤、开挖纵横渠道；二是在湖堤和临运湖堤上增设斗门、涵洞等。

明弘治七年（1494 年）浚南旺湖及泉源，弘治十二年（1499 年）又对南旺湖进行疏浚。弘治十三年（1500 年）通政史韩鼎始踏勘安山、南旺两湖四界，始有东湖、西湖之称，后东湖又称为马踏湖、蜀山湖。正德十四年（1520 年）也曾对南旺湖进行疏浚。嘉靖六年（1527 年）筑南旺水柜新堤。嘉靖十三年（1534 年）修复西湖湖堤51 里。

明嘉靖二十一年（1542 年）王以旂修治运河水柜，添建斗门、筑堤、开渠、深浚河底以复四柜，同年十二月复南旺湖，立石记其事于湖旁。嘉靖二十四年（1545 年）又立碑刻《南旺湖图说》于宋礼祠[①]。西湖环筑堤岸15600 余丈，顺堤开大渠与堤长相等，湖内纵横开小渠20 余道，引水入运[②]。

明隆庆六年（1572 年）至万历二年（1574年）总河万恭论当时的闸河水柜时共八处。其中南旺湖，周79 里，可种田者374.5 顷，可做水柜者1608 顷；蜀山湖周59 里，可种田者172 顷，可做水柜者1539.5 顷。明万历十七年（1589 年）潘季训将嘉靖旧堤培筑增高，纳水处不便筑堤便密载柳树以为封界。此时南旺湖周 93 里，计地2700 顷，加护堤162 顷，南北护地116 顷，共计占地2978 顷。马踏湖周围43 里280 步，加其东北角缺口10 里240 步，共长54 里160 步，计地410 顷。蜀山湖周围65 里280 步，计地1890 顷。明泰昌元年（1620 年）十一月，工部覆总河王佐上奏疏称："现蜀山、马场、马踏、南旺各湖界址已清，侵占已复"[③]。

将明代文献记载中的尺寸转化为现代单位[④]，并与利用遥感技术实地调查的结果对照（表二-3）。从表中可以看出，除马踏湖湖堤的长度和现在区别较大外，其余数据比较接近。马踏湖的湖堤长度差距大可能是因其东北缺口变数较大。

至此，三湖水柜的范围基本确定，后代较大型的工程不见记载，多是一些日常的维修、增培湖堤等常规修缮工程。我们调查蜀山湖湖堤时发现，最后一次培筑湖堤是在20 世纪60 年代。

第二个方面是水柜的附属水工设施的建设。水柜的附属设施主要是指水柜纳水、放水的闸及斗门等水工设施。据清乾隆年间《九省运河泉源水利情形图》，三水柜上共设置了近30 个水工设施（详见表二-1）。这些水工设施是在南旺分水枢纽工程逐渐完善的过程中，不同时期增建、修缮

表二-3　水柜周长与面积对照表

	周　　长			面　　积		
	明代（万历）	折算后（千米）	今测绘（千米）	明代（万历）	折算后（平方千米）	今测绘（平方千米）
南旺湖	93 里	53.568	48.416	2978 顷	99.2667	108.51
蜀山湖	65 里 280 步	37.888	41.658	1875 顷	62.5	51.78
马踏湖	54 里 160 步	31.36	19.725	410 顷	13.6667	14.70

① 姚汉源：《京杭运河史》，中国水利水电出版社，1998 年，188 页。

② 姚汉源：《京杭运河史》，中国水利水电出版社，1998 年，191 页。

③ 姚汉源：《京杭运河史》，中国水利水电出版社，1998 年，191 页。

④ 明代1 里=576 米，1 步=1.6 米，1 顷=33333.33 平方米。参考吴承洛《中国度量衡史》，商务印书馆，1937 年。

完成的。《山东运河备览》①记录了部分水工设施的概况。但多数的水工设施建筑年代已无从考证。现将《山东运河备览》一书中记录的部分水工设施概况摘录如下。

利运闸　明嘉靖年间修建，清康熙十九年（1680年）、乾隆三十七年（1772年）重修，现地表无存。修建利运闸之初是为济南运，但后来发现南运之水甚多，而北运之水少，利运闸常闭，蜀山湖湖水通过田家楼、杏林口三斗门入小汶河至南旺分水济北运。

金线闸　始建年代不详。该闸本在寺前堡闸以南，清康熙四十五年（1706年）北移十里建在柳林闸之北，乾隆二十五年（1760年）重修。该闸建设之初是为增强蜀山湖济南运之力，但后来南运之水常远远多于北运，因此该闸常闭。康熙时为增强蜀山湖接济北运，因此改建在柳林闸之北。在柳林闸之北约200米处运河东岸，有一水口，推测是该闸位置所在，但因地表痕迹全无，难以确定。

清乾隆时期南旺分水枢纽工程分布示意图中的水柜附属水工设施，多数应在明弘治年之后、清乾隆之前，即1500~1736年这两百多年的时间内建成，并以建于明代者居多。

（三）水源

自京杭大运河开凿始，一直都为水源的问题所困扰。元代改建堽城坝和金口坝，引水至济宁分水，明代重开会通河后，筑戴村坝引汶水至南旺分水，都是为了解决运河水源问题。南旺分水枢纽工程发展演变的过程中，水源也同样在不断演变，不断完善。从最初只是利用汶河之水，逐渐发展到收集水柜周围坡地之水，再到疏浚附近乃至汶泗流域的泉源。

小汶河　明永乐九年（1411年）工部尚书宋礼利用大汶河"溜道"（即小汶河故道）开挖的至南旺的引水渠道，就是小汶河。因小汶河落差大，历代都曾进行过整理、疏浚，逐渐形成了河道宽阔、弯道多的特点，从而达到了蓄水、减慢水速的目的。为了更有效的利用小汶河的水源，历史上比较大的工程主要有筑戴村坝、何家坝和王岩口坝，并建五个斗门以沟通马踏湖和蜀山湖。何家坝和王岩口坝是为了减轻汛期小汶河流量过大对下游的冲击而设置在小汶河西岸的溢水坝，同时可以北向济运，其中王岩口坝建于明嘉靖年间，何家坝建于明万历年间。在分水口东，小汶河与蜀山湖和马踏湖连接处建设了五个斗门（闸口），以便于调节小汶河和水柜之间的水位，起到蓄水、调节南北济运的作用。小汶河与马踏湖之间建设了许建口和李家口斗门，且有水道深入到马踏湖中，建于万历年间。小汶河与蜀山湖之间建有永泰、永安、永定三斗门，也有水道深入到蜀山湖中，大概建于明代，清代改用此名。

坡地之水　三个水柜均有收集附近农田坡水的功能。在明万历十七年（1589年）潘季驯为解决纳水处不便筑堤，而采取密载柳树作为湖的边界。清乾隆三年（1738年）六月，工部议修筑山东蜀山、马踏、马场三湖堤防，酌建石闸涵洞收蓄坡水②。在南旺湖的北侧有宋家洼，其收集的坡水，一是通过南旺湖的最北段湖堤缺口进入南旺湖，二是通过南旺湖的西侧引河（今称为牛头河，后改造为红旗河）引水接济南运。在马踏湖东北角处地势低洼，坡水经湖堤缺口流入马踏湖，从而达到蓄水之目的。在蜀山湖的东南（今曹村与大沟村之间）设置涵洞，收集坡水入湖。从影像资料上也能分辨出上述地区的土壤含水特别高，

① 【清】陆耀：《山东运河备览》，广陵古籍刻印社，1992年。
② 姚汉源：《京杭运河史》，中国水利水电出版社，1998年，403页。

证明当时该区域的地势相对低洼。

泉源 明代重开会通河，为解决元代南旺经常缺水的局面，在利用大汶河水的同时，也进行了泉源的开发，以解决汶河旱季缺水的局面。永乐十七年（1419 年），漕运总兵陈瑄命顾大奇等遍历山川，疏浚泉源以济漕运，并设置分司于宁阳管理泉源。自此之后，明朝政府非常重视泉源的开发、维护等。弘治十三年（1500 年）在各泉源立碑碣，来加强管理①。据《漕河图志》记载，泉水主要是通过汶泗沂河流入运河，共有 168 处之多，其中流入汶河的有 93 处。从清乾隆《九省运河泉源水利情形图》来看，此时期共有 13 个泉水经泉河流入蜀山湖。不难看出明清时期不仅重视水柜周围泉源的疏浚，也非常重视汶、泗、沂河流域泉源的开发。在调查中发现老源头泉、薛家沟泉、鸡爪泉和乾隆三十八年白沙泉碑、雍正四年薛家沟泉碑，以上所涉及的均是流入蜀山湖的泉源。

三 南旺分水枢纽成熟时期的运行模式

南旺分水枢纽是在明清不断修缮的基础上逐渐完善的，因而各时期的运行模式很难推测。可以确定的是南旺分水枢纽工程最初是自然分水，到后来随着建闸、修筑水柜、引泉济运等工程的实施逐渐演变为按需分水。

南旺分水枢纽工程主要功能是蓄水济运、按需分水。在其成熟时期可能会遇到水源充足、水源枯竭和南旺段运河大挑三种情况。

夏秋季节，汶河汛期水源相对充足，此时南旺分水枢纽工程承担着防洪、蓄水、分水的任务。首先是戴村坝中的三合土坝溢水至大清河，减少大汶河的压力，再者是小汶河上的王岩口、何家坝两处溢水至开河闸北以济北运或减水。小汶河上临马踏湖和蜀山湖五个斗门纳水入两湖蓄水，水大时马踏湖通过洪仁桥闸放水入北运，蜀山湖通过利运闸放水入南运，水再大时通过冯家坝溢入马场湖。南旺湖临运十斗门可纳水入湖，补充蓄水，水大时通过芒生闸入牛头河减水。这一系列的减水措施保障了该段运河堤防等水工设施的安全，此时漕船经过只需按照正常开闭闸即可。

秋冬时节，水源相对枯竭，此时如何增加水流量成为首要任务。第一就是疏浚泉源，增加流入运河的水量；二是收集坡水，以增加水柜的蓄水量。戴村坝、王岩口和何家坝三个溢水坝均不溢水外流，使小汶河之水尽流至南旺分水口。关闭十里闸和柳林闸，迫使小汶河之水经临马踏湖和蜀山湖五斗门入湖蓄水，经南旺湖临运斗门纳水入湖，同时各湖兼蓄其周围坡地之水。接济南运时，通过蜀山湖上的利运闸和南旺湖临运斗门放水入运河；接济北运时，通过马踏湖上的新河头闸、河洪仁桥闸和南旺湖上北面的临运斗门（关家闸等）入运河接济北运。此时漕船聚集在运河上和湖内，达到一定数量时方可放行，以防水源枯竭。

每年洪水时期，小汶河总会带来不少的沙土淤积在分水口、十里闸和柳林闸之间的运河河道中。为了减少淤积，明清时期也采取了一些措施，如让汶河之水通过临湖斗门纳水入湖，将沙沉积在引渠中和湖内。但是时间长了，河床和湖底都会抬升，影响漕运和蓄水。为此每年都会在冬天或者九月至十月间进行挑浚。挑浚一般是头年挑浚运河河道，次年挑浚月河河道。挑浚运河时，漕船由月河通过②。

① 记录泉源的书籍有《漕河图志》、《东泉志》、《泉志》和《泉源志略》等。
② 月河是指从洪仁桥闸或者新河头闸入马踏湖，从许建口和李家口入小汶河，通过永泰斗门入蜀山湖，通过利运闸入运河。参考姚汉源《明清时期京杭运河的南旺枢纽》，《水利水电科学研究院科学研究论文集》第 22 辑，中国水利水电出版社，1985 年。

四 南旺分水枢纽工程的价值

南旺地处京杭大运河沿线地理位置最高点，北接临清，南汇江淮，素有"水脊"之称。南旺分水枢纽工程的建设解决了京杭大运河"水脊"难题，保障了京杭大运河南北畅通600余年。该工程在规划、建筑和管理等方面代表了17世纪世界工业革命前土木工程技术的最高成就。其价值主要表现在以下几个方面。

（一）明清京杭大运河上的核心工程，也是京杭大运河的命脉

山东运河处于京杭大运河中段，北连京冀，南通江浙。元代初开会通河，因选择济宁天井闸作为分水口，造成运河时常淤塞。明代重开会通河之初，以济宁分水为主，以南旺分水为辅，京杭大运河也时常因南旺缺水而断航。在明成化年间筑十里闸、柳林闸等，实现控制性分水，京杭大运河南旺段才得以畅通。后经不断完善的南旺分水枢纽工程，为保障京杭大运河的正常运行发挥了重要作用。因此，可以说南旺分水枢纽工程是京杭大运河上的核心工程，是京杭大运河的命脉。

（二）南旺分水枢纽工程代表了中国水利史上较高的科学技术成就

南旺分水枢纽工程技术成就主要表现在地形选择（以南旺为分水枢纽）、水源蓄泄（闸坝、水柜等附属设施的设置）、管理机制等方面。

南旺分水枢纽工程的形成演变历史表明选择南旺作为分水枢纽，是历代工程技术人员不断加深对气候变迁、生态环境保护、水土保持与流失、地形地貌等重要问题认识的必然结果。泉源的开发、分水砌岸的设置、水柜闸坝斗门的建设围绕"引"、"蓄"、"分"、"排"四大重要环节有效的解决了运河缺水易淤的难题。无论从水源、河道、水工设施的地理选址，还是从运河调水、漕运通航等科学管理，皆可谓运河的缩影，都在相当程度上代表了运河的复杂程度和重要地位。作为一处系统的运河分水和航运工程，南旺水分枢纽在运河畅通600余年的历史中扮演了极其重要的角色。

（三）南旺分水枢纽工程具有重要的文化遗产价值

南旺分水枢纽工程的建设、运行，为京杭大运河的全线畅通起到重要作用，在明、清两代漕运和南北物资文化交流中发挥了重要作用，同时也极大的带动了南旺、济宁、汶上、东平等地的经济发展和社会繁荣。有歌谣称"济宁州，赛银窝，南门外枕着运粮河，商业兴旺买卖多"，由此当年济宁、南旺一带的繁荣和富裕可见一斑。南旺分水枢纽工程附近的村庄都烙着大运河的印记，如开河、湖口村、温口、许建口、十里闸、柳林闸等村名，这都是与大运河遗产景观背景环境密切相关的村落景观要素。因此，南旺分水枢纽工程已超越了水利设施的范畴，而成为具有重要历史、艺术、科学价值的文化遗产和文化景观。

第三章　南旺分水枢纽工程遗址的发掘

对南旺分水枢纽工程遗址的清理发掘，主要选择位于南旺镇南旺一村分水龙王庙北侧汶运河道、汶运交汇口和分水戗岸范围为发掘中心区域和工作重点（彩图三-1）。根据河道内布置探沟距分水龙王庙的远近及在分水枢纽工程中的位置关系，将运河遗址发掘区分成汶运交汇区、运河古河道、河道附属设施三个部分予以介绍。为了全面揭露原分水戗岸的构造和汶运交汇处分水枢纽的结构，采用探沟解剖方式，共布置了八条探沟（图三-1；彩图三-2），严格按照田野考古规程操

彩图三-1　汶运交汇口遗址发掘前景观（自南向北）

1. 汶运交汇区鸟瞰图

2. 运河古河道鸟瞰图

彩图三-2　运河鸟瞰图

作，按土质土色划分地层和区分遗迹单位，清理
程序由晚及早，由上而下逐层清理，并在关键部

位采用二分之一解剖的办法，揭露探沟地层堆积
（彩图三-3）。该区域也包括运河河道，在对各探

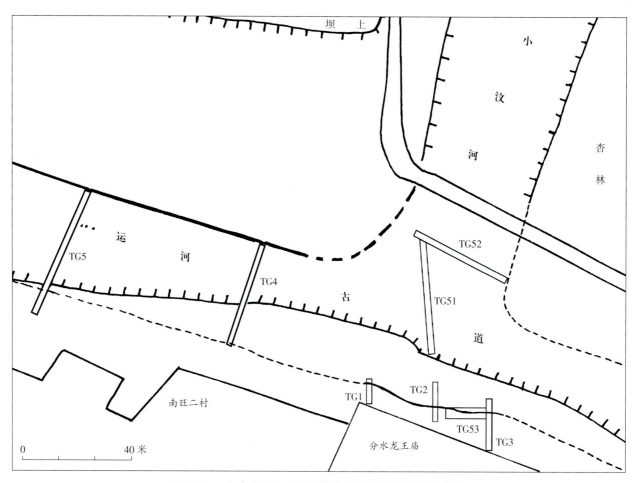

图三-1　分水枢纽工程遗址发掘探沟总平面分布图

彩图三-3　运河古河道发掘工作照

沟的解剖现象描述中一并介绍，不再单独说明。　　　　分水龙王庙古建筑群相连接，因此，将汶运交汇
石砌岸为南北分水枢纽工程的核心组成部分，与　　　　区中的石砌岸遗迹做单独介绍。

第一节　石砌岸遗迹

本次对石砌岸遗迹的解剖共布置长度 10 米以上的正南北向探沟四条，大致与石砌岸位置垂直，分别位于龙王庙古建筑群的祠宇院落门前、水明楼前、龙王庙山门前和石砌岸西端。四条探沟编号依次为 2008WN 探沟 1、2008WN 探沟 2、2008WN 探沟 3、2008WN 探沟 4（以下简称 TG1、TG2、TG3、TG4）。另外，在水明楼与龙王庙前布置东西向探沟一条，编号 TG53，对 TG2 与 TG3 之间的部分进行了清理。以下就本次发掘结果分别做详细的描述。

一　TG1

TG1 位于遗址发掘区北部偏西，方向正南北。布探面积为东西宽 2、南北长 8.6 米，共 17.2 平方米，实际发掘面积为 17.2 平方米。经过发掘，发现原分水砌岸内侧堤岸及分水砌岸底部残留痕迹（彩图三-4，1）。TG1 地层堆积因多次扰动，形成比较复杂的堆积状况，深 4 米多，可分为 23 个地层，现以西壁剖面为例逐层分述如下（图三-2；彩图三-4，2）。

第 1 层，浅黄色粉沙土层，土质较疏松，包含大量红砖碎块及植物根系。厚 5~35 厘米，距地表深 0~35 厘米。该层分布于探沟北部。

第 2 层，细沙夹粗沙层，土质疏松，包含大量粗沙粒及白色石灰块状颗粒。厚 0~45 厘米，距地表深 5~60 厘米。该层分布于探沟中部偏北。

第 3 层，浅黄色粉沙土层，土质疏松，包含植物根系及红烧土颗粒和红砖碎块。厚 0~55 厘米，距地表深 5~100 厘米。该层分布于探沟中部偏北。

第 4 层，砖渣垫层，土质疏松，夹杂大量红

1. TG1 全景（自南向北）

2. TG1 西壁剖面（自东南向西北）

彩图三-4　TG1 全景及西壁剖面

砖碎块及煤渣。厚 0~115 厘米，距地表深 15~130 厘米。该层分布于探沟中部偏北。

第 5 层，灰白色淤土层，土质较疏松，夹杂数层细沙层，包含白石灰颗粒及青砖颗粒。厚 0~85 厘米，距地表深 0~195 厘米。该层分布于探沟

中部。

第6层，浅黄色粉沙土层，土质较疏松，包含大量白石灰颗粒及少量大块青砖。厚0~15厘米，距地表深40~180厘米。该层分布于探沟中部。

第7层，灰白色淤土层，土质较疏松，夹杂数层极薄淤泥层，局部淤泥层呈圈状分布，应为流水冲击后淤积形成。厚0~50厘米，距地表深40~180厘米。该层分布于探沟中部。

第8层，灰白色淤土层，土质较致密，其上部为一层浅黄色细沙土层。厚0~55厘米，距地表深180~290厘米。该层分布于探沟中部。

第9层，浅黄色粉沙土，土质疏松，夹杂大量白石灰颗粒。厚0~45厘米，距地表深210~310厘米。该层分布于探沟中部。

第10层，灰褐淤土夹杂大量碎石块和石灰块，土质较致密。厚0~45厘米，距地表深240~340厘米。该层分布于探沟中部。

第11层，灰色淤土夹杂大碎石块和石灰块，土质致密坚硬。厚0~90厘米，距地表深75~400厘米。该层分布于探沟中部。

第12层，浅黄色细沙夹杂大量淤泥土块，土质较致密，包含极少量白石灰颗粒。厚0~110

厘米，距地表深240~395厘米。该层分布于探沟中部。

第13层，白色淤土层，土质疏松，包含大量细沙。厚30厘米，距地表深260~300厘米。分布于探沟北部。

第14层，深灰褐淤沙层，土质较疏松，最底端为大量螺壳和粗沙沉积形成。厚15厘米，距地表深295~315厘米。该层分布于探沟北部。

第15层，深灰色淤泥土，土质较致密，为河底淤土。厚20~190厘米，距地表深310~410厘米。该层分布于探沟北部。

第16层，青灰色淤土层，土质较致密，应为河道底部淤泥。厚0~35厘米，距地表深395~425厘米。该层分布于探沟中部。

第17层，浅黄色粉沙土，土质较疏松，上半部夹杂大量白色石灰块及青砖碎块。厚0~110厘米，距地表深40~160厘米。该层分布于探沟中部偏南。

第18层，浅黄色细沙层，土质疏松，夹杂少量大石灰块。厚0~60厘米，距地表深0~65厘米。该层分布于探沟南部。

第19层，深灰淤土块夹杂大量青砖碎块及石

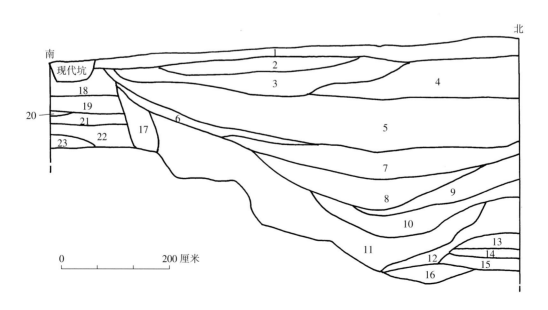

图三-2 TG1西壁剖面图

块，土质致密坚硬。厚 15~30 厘米，距地表深
30~85 厘米。该层分布于探沟南部。

第 20 层，深灰褐淤土块和细沙夹杂大量青砖
碎块及石块，土质致密坚硬。厚 0~10 厘米，距地
表深 85~95 厘米。该层分布于探沟南部。

第 21 层，深灰褐淤土块、细沙层夹杂大量青
砖碎块及石块，土质较致密，包含大量细沙。厚
15~25 厘米，距地表深 85~205 厘米。该层分布于
探沟南部。

第 22 层，深灰褐色淤土块，土质致密坚硬，
夹杂大量小青砖块及小螺壳。厚 15~25 厘米，距
地表深 105~130 厘米。该层分布于探沟南部。

第 23 层，浅灰色粉沙土层，土质较致密、纯
净，应为人工夯筑而成。厚 0~25 厘米，距地表深
125~150 厘米。

通过以上地层剖面描述来看，原石硪岸仅存
底部痕迹，条石无存，在探沟南部发现石硪岸内

侧夯土堤岸，大致呈西北—东南走向（彩图三–
5）。从清理的过程来看，夯土面可以分成三个小
阶梯面。

第一阶面宽约 120~190 厘米，与第二阶面高
差约 30~45 厘米。

第二阶面宽约 175~115 厘米，与第三阶面高
差约 75~80 厘米。

第三阶面宽约 140~180 厘米。

依据地层堆积情况和包含物判断，TG1 地层
堆积成因和年代推测大致可分为四种不同的情况。

第一种情况包括第 1~4 层，为现代扰土层。

第二种情况包括第 5~12 层，为 20 世纪 70 年
代取挖石硪岸后形成的坑状堆积。从第 4 层以下，
每个土层包含大量碎石块及石灰块，属于取走硪
岸石块后散落痕迹。第 10、11 层应为石硪岸最底
端，此两层包含大石块及大石灰块。

第三种情况包括第 13~16 层，为河道内淤土

彩图三–5　TG1 石硪岸遗迹（自北向南）

堆积，属清代晚期。

第四种情况包括第17~23层，为修筑石砌岸时的夯土台阶面堆积，年代应属清代。

二　TG2

TG2位于水明楼基址北侧即本次发掘区北部中段。TG2布置面积为东西宽2、南北长17米，共计34平方米，实际发掘面积为34平方米。方向为正南北（彩图三-6，1）。

TG2地层堆积因多次扰动，形成极为复杂的堆积状况。深6米多，可分为8个地层。现以东壁（图三-3；彩图三-6，2）为例逐层分述如下。

第1层，近现代扰土层，可细分为4个亚层。

1a层，表土层，灰黑色土，较疏松。内含大量红砖块、青砖块、瓦砾、碎石片和残瓷片等现代遗物。厚15~30厘米。

1b层，黄色土层。土质较致密，包含少量碎瓦片和灰烬。厚10~115厘米，距地表15~105厘米。

1c层，炉渣灰烬层。土质疏松，为白、黑、灰杂色炉渣灰烬堆积，夹杂大量红、灰砖块和瓦砾。厚15~120厘米，距地表25~200厘米。

1d层，黄褐色淤土层。土质较致密，夹杂少量灰烬和红、灰砖块及瓦砾，包含少量青花瓷和青瓷器残片，可辨器形有碗口沿、碗底。另有砖雕建筑构件残件和残铁钉各一件。厚10~140厘

米，距地表45~300厘米。

第2层，原始堆积上层，可细分为5个亚层。5个地层被灰坑4（编号H4，下同）打破。以下分别描述各地层的堆积情况。

2a层，灰褐土层。较坚硬致密，有明显剥离现象，为水明楼前原踩踏路面。夹杂细小碎瓦砾和砖块，包含少量青瓷和青花瓷片。厚8~25厘米，距地表30厘米。

2b层，黄细沙土层。较纯净疏松，为路面下铺垫粉沙土。厚15厘米，距地表40~55厘米。

2c层，灰褐土层。较致密，夹杂大量瓦砾和白石灰粒，包含青花瓷器口沿一片。厚10~20厘米，距地表53~70厘米。

2d层，黄细沙土层。纯净疏松，夹杂极少量白云母和灰瓦砾。厚10~15厘米，距地表63~90厘米。

2e层，黄褐淤沙土。较疏松，淤沙土中掺杂灰褐土块，包含少量灰烬和灰瓦砾。地层自南向北倾斜。厚40~50厘米，距地表73~105厘米。

第3层，河道淤土层，解剖部分可细分为9个亚层。

3a层，黄色细沙淤土层。纯净疏松，夹杂极个别灰砖碎块。沙坑H6开口该层下，打破3b层，口宽1.15、底宽0.95、深0.3米，填充黄色细沙，包含残青花瓷碗一件。厚10~85厘米，距

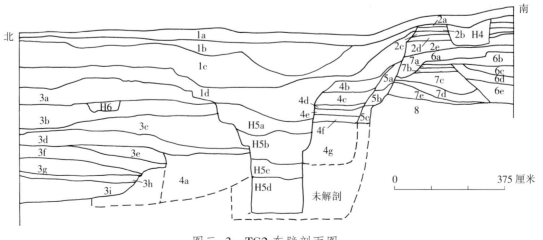

图三-3　TG2东壁剖面图

1. TG2 全景（自北向南）

2. TG2 东壁剖面局部（自东南向西北）

彩图三-6　TG2 全景及东壁剖面局部

地表 230~240 厘米。

3b 层，黄褐色夹沙淤土层。较致密，粉沙掺杂少量黑褐色黏土块，夹杂少量灰砖碎块。厚 20~80 厘米，距地表 250~320 厘米。

3c 层，黄褐色黏质淤土层。纯净致密、坚硬。含少量青花瓷片、泥质红陶罐和夹砂黑陶片等。厚 5~120 厘米，距地表 320~400 厘米。

3d 层，黑黏淤土加黄黏质淤土层。纯净致密。厚 15~55 厘米，距地表 375~430 厘米。

3e 层，灰淤沙土。纯净致密。厚 5~45 厘米，距地表 400~450 厘米。

3f 层，黑黏淤土层。纯净致密、坚硬。厚 15~55 厘米，距地表 400~500 厘米。

3g 层，黑黏质夹沙淤土层。纯净致密。厚 5~50 厘米，距地表 500 厘米。

3h 层，黑黏淤土层。纯净致密、坚硬，含青花瓷碗 1 件。厚 10~25 厘米，距地表 500~530 厘米。

3i 层，灰细沙淤土层。纯净致密。厚 40~95 厘米，距地表 580~550 厘米。

第 4 层，石砌岸夯土层，可细分为 7 个亚层。

4a 层，为石砌岸外部夯土层，黑褐色。夹杂大量灰砖块和瓦砾，含有少量青瓷片和青花瓷片。表面自南向北倾斜，南部与 H5 相接部分暴露有木桩圆孔痕迹。南部厚 85 厘米，北部未解剖。

4b 层，黄褐夹沙夯土层。掺杂黑褐色黏土块，含灰砖块和白石灰粒。厚 10~45 厘米，距地表 130~185 厘米。

4c 层，夹沙黄土层。坚硬致密，夹杂少量灰瓦砾和碎砖块及白石灰粒。厚 10~45 厘米，距地表 180~205 厘米。

4d 层，灰褐色三合土层。坚硬致密，夹杂大量灰砖块和白石灰块。厚 10~15 厘米，距地表 220~230 厘米。

4e 层，灰褐色三合土层。坚硬致密，夹杂大量白石灰粒和少量灰砖块。厚 25~30 厘米，距地表 240~260 厘米。

4f 层，灰褐色三合土层。坚硬致密，夹杂少量灰砖块和青石块。厚 25~30 厘米，距地表 260~

265厘米。

4g层,青石块三合土夯土层。坚硬致密,不规则青石块夹杂白石灰夯筑。南半部分未解剖。厚130~145厘米,距地表290~295厘米。

第5层,早期石砌岸夯筑和垫土层,因后期重修石砌岸和近现代取土而削剃,现仅剩极小部分,均为夹沙土层,已解剖者可细分为3个亚层。

5a层,夹沙黄褐土层。较疏松,夹杂碎砾石片和白石灰颗粒,包含残铁镐扣一件。厚100厘米,距地表135~235厘米。

5b层,黄色夹沙夯土层。较致密,夹杂少量灰瓦块和贝壳。厚10~50厘米,距地表200~220厘米。

5c层,黄色夹沙夯土层。坚硬致密,夹杂少量灰瓦块和贝壳。距地表245厘米,已解剖部分厚60厘米。

第6层,原始堆积中层,水明楼北门前踩踏和生活堆积以及原运河南岸堆积,可细分5个亚层。

6a层,灰褐土层。较致密,掺杂大量灰、红碎砖块和瓦砾、石片以及绿琉璃筒瓦残片,亦有个别大青石板,包含少量青瓷片,可辨器形有碗底。地层自南向北倾斜。厚20~70厘米,距地表113~155厘米。

6b层,黄淤沙土层。较疏松,夹杂大量灰砖块和瓦砾,包含青瓷器口沿一片,饰花草纹。厚10~50厘米,距地表133~225厘米。

6c层,灰淤土层。较致密,夹杂少量瓦砾和贝壳。地层自北向南倾斜。厚10~35厘米,距地表195~200厘米。

6d层,灰褐淤沙土层。坚硬致密,夹杂大量螺丝和贝壳。厚30~40厘米,距地表195~235厘米。

6e层,灰淤沙土层。坚硬致密,夹杂少量贝壳。厚10~60厘米,距地表230~265厘米。

第7层,原始堆积下层,可细分为5个亚层。

7a层,黄褐土层。较致密纯净。厚2~10厘米,距地表170厘米。

7b层,黑褐土层。较疏松,夹杂大量贝壳和少量灰瓦砾,含个别泥质灰陶片。厚15~20厘米,距地表160~165厘米。

7c层,灰褐土层。较坚硬致密,夹杂少量灰烬,包含白瓷器残片一件,为腹底接合处。厚5~80厘米,距地表175~185厘米。

7d层,黑黏土层。坚硬致密,夹杂大量贝壳和青石块、料姜石块。厚10~50厘米,距地表185~225厘米。

7e层,黄色夹沙夯土层。坚硬致密,夹杂大量青石块和料姜石块。厚5~50厘米,距地表270~325厘米。

第8层,黑褐黏土层,纯净致密,夹杂大量贝壳,为河道及石砌岸底部原生土层。

H4,夹杂大量塑料袋和砖块等现代遗物,为现代树坑。口宽1.5、底宽1.2、深0.85米。

H5为20世纪70年代拆取砌岸石块、木桩(又称地丁)后的填土坑,填土堆积可分4层:

H5a层,灰褐色淤土层,为拆除石砌岸后淤土。土质较坚硬,夹杂大量灰砖块和瓦砾及石块。厚35~85厘米,距地表250~350厘米。

H5b层,黑褐色土层,为拆除石砌岸后填土。土质坚硬,夹杂大量碎石块和白石灰,包含少量陶片和青瓷残片、灰瓦。厚35~85厘米,距地表250~350厘米。

H5c层,黑褐色黏沙土层,为拆除石砌岸木桩后填土。土质较疏松,掺杂大量黑黏土,夹杂大量碎石块和白石灰,包含大量木桩残块。在坑口北沿暴露有排列整齐的竖砌木桩圆孔痕迹。厚50~60厘米,距地表500厘米。

H5d层,为黑色黏质沙土,坚硬致密,内含部分木柱残块。经钻探,厚1.1米。

另外,经钻探,H5下层仍为拔去木桩后的淤积和扰动黑黏土层，深1.1米，在深度1.1米处有木桩尖端遗存，再往下为厚约0.2米的黑淤黏土，底部为黑黏质生土层。根据H5的地层堆积和尺寸以及木桩竖砌痕迹判断，木桩长度应为1.7~1.8米，石驳岸条石部分的砌筑宽度应为1.7米左右。

H6为运河河道黄细沙淤土坑，叠压于第3a层下，打破第3b层。

通过以上地层堆积情况和遗迹间的相互关系以及包含物来判断，TG2地层堆积成因和年代大致可分为六种不同的情况（彩图三-7）。

第一种情况为现代扰土层和石驳岸拆除后形成的坑状堆积，即第1层包括生活垃圾和砖窑厂取土扰动后摒弃炉渣形成的堆积，H5属20世纪70年代拆挖石驳岸条石和木桩后形成的填土灰坑。

第二种情况为水明楼北门石台阶北部南北长

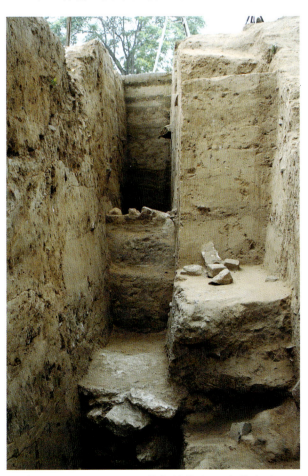

彩图三-7 TG2石驳岸内侧堆积（自北向南）

度约3.5米的原始上层堆积，即第2层，应属清代光绪年间修筑石驳岸时和其后活动的垫土堆积，未经扰动，走势平缓，与运河河道淤土堆积和后期挖取石驳岸石块后形成的地层堆积截然不同，而且运河河道淤土堆积与该原始地层堆积被石驳岸拆除后形成堆积所隔离，与河道淤土层同时期或稍晚形成。

第三种情况为运河河道淤土层堆积。第3层为清代后期运河河道流沙、淤泥淤积层，走势平缓。

第四种情况为修筑石驳岸时的夯土堆积。第4层为清代光绪年间修筑石驳岸的夯土堆积。

第五种情况为修筑石驳岸时挖去原有运河南堤所残留的夯土堆积。第5层为清代早期石驳岸淤土堆积，清代光绪年间修筑石驳岸时挖剩部分。

第六种情况为运河早期河堤堆积，包括第6、7层。第6层堆积应为清代早期运河南堤遗迹，第7层为自元代开运河以来的河堤堆积。

另外，为了全面揭露石驳岸遗迹的全貌，在TG2的东部依水明楼北部范围清理了东西长6、南北宽7米的范围，暴露出了石驳岸下层的原始堆积，结合TG2清理的石驳岸遗迹，可以判定分水鱼嘴的走向和布局（彩图三-8，1）。通过解剖，TG2中南部距地表深约2米以下发现原石驳岸夯土堆积和残存石块、木桩和木桩排列痕迹（彩图三-8，2）。

三 TG3

TG3位于龙王庙山门西北部，方向正南北。TG3原布方长15米，后向北扩方3米，宽2米，布方面积36平方米，实际发掘面积36平方米。部分重要位置采取开1米宽小探沟的方法进行解剖。在探沟南部发现牌坊磉墩一个，叠压在第13层上。在第2f层和第5d层下叠压有石驳岸遗迹一处（图三-4；彩图三-8，3）。

TG3地层堆积较厚，发掘深度达3.5米，以

1. TG2 石硼岸底部遗迹

2. TG2 石硼岸木桩遗痕

3. TG3 全景（自南向北）

彩图三-8　TG2 石硼岸及 TG3 全景

东壁为例，可分为 14 层。

第 1 层，表土，黄褐色粉沙，土质较松，夹杂有砖块、石子、石灰等。厚 0~40 厘米，距地表 0~40 厘米。仅分布于探沟最南部。

第 2 层，现代砖窑垫土。该层可分为 6 小层。

2a 层，红色炉渣土层，夹杂有红砖碎块，质地疏松。厚 0~90 厘米，距地表 0~90 厘米。该层分布于探沟南部。

2b 层，黑色煤渣层，夹杂少量红砖碎块，质地疏松。厚 0~90 厘米，距地表 0~130 厘米。该层分布于探沟南部和探沟中部南侧。

2c 层，红褐色粉沙土，夹杂有红砖碎块，质地疏松。厚 0~100 厘米，距地表 35~170 厘米。该层仅分布于探沟南部。

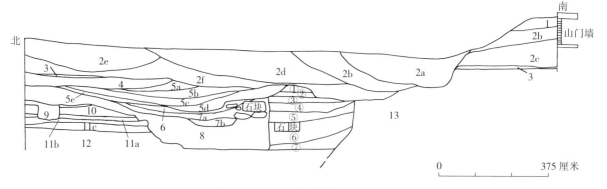

图三-4　TG3 东壁剖面图

2d 层，黄色黏土，较纯净，质地紧密。厚 0~105 厘米，距地表 0~105 厘米。该层分布于探沟中部。

2e 层，黄褐色粉沙土，夹杂较多红砖碎块，质地较硬。厚 0~85 厘米，距地表 0~85 厘米。该层分布于探沟北部。

2f 层，黑色煤渣层，夹杂大量红砖碎块，质地坚硬。厚 0~85 厘米，距地表 35~175 厘米。该层分布于探沟中部和北部，该层下为石碙岸的夯土层。

第 3 层，黄色细沙，较纯净，质地十分疏松。厚 0~10 厘米，距地表 45~175 厘米。仅分布于探沟南部。

第 4 层，灰褐色土层，夹杂有碎石子，土质较硬。厚 0~54 厘米，距地表 110~150 厘米。分布于探沟北部。

第 5 层，黄褐色沙土层，分布于探沟中部和北部，可分为 4 小层。

5a 层，较纯净，质地较硬。厚 0~30 厘米，距地表 110~155 厘米。

5b 层，夹杂大量粗沙和石子，质地较疏松。厚 0~35 厘米，距地表 120~160 厘米。

5c 层，夹杂大量细沙，质地疏松。厚 0~30 厘米，距地表 140~190 厘米。

5d 层，夹杂大量粗沙和碎砖块，质地较硬。厚 0~40 厘米，距地表 110~210 厘米。

5e 层，夹杂大量细沙，质地较疏松。厚 0~15 厘米，距地表 135~205 厘米。该层下暴露石碙岸遗迹的碎石和三合土层。

第 6 层，黄色细沙，较纯净，质地疏松。厚 0~20 厘米，距地表 185~215 厘米。

第 7 层，褐色沙层，分布于探沟北部，可分为两小层。

7a 层，褐色淤土，夹杂有细沙，质地较疏松。厚 0~35 厘米，距地表 180~240 厘米。

7b 层，褐色淤土，夹杂有粗沙，质地稍硬。厚 0~25 厘米，距地表 235~255 厘米。

第 8 层，褐色黏土层，底部有少量细沙，夹杂有碎砖块。厚 15~105 厘米，距地表 130~325 厘米。分布于探沟北部，由北向南倾斜，中间薄，两端厚。

第 9 层，黄色细沙层，纯净。厚 0~45 厘米，距地表 205~265 厘米。分布于探沟最北部。

第 10 层，褐色黏土层，质地较紧密。厚 0~15 厘米，距地表 220~275 厘米。分布于探沟北部。出土青花瓷片数片。

第 11 层，黄色沙层，分布于探沟北部，可分为三小层。

11a 层，黄色细沙层，较纯净，质地疏松。厚 0~10 厘米，距地表 230~250 厘米。分布于探沟北部。出土“乾隆通宝”一枚。

11b 层，黄色细沙层，夹杂褐色黏土块，质地较疏松。厚 0~25 厘米，距地表 230~285 厘米。分布于探沟北部。

11c 层，黄色细沙层，质地疏松，较纯净。厚 0~25 厘米，距地表 240~290 厘米。分布于探方北部。

第 12 层，青黑色淤泥层，质地紧密，为河床堆积。分布于探方中北部。未解剖至底。

第 13 层，红褐色黏土，夹杂有螺丝、贝壳类，质地坚硬。为原生湖相堆积，即生土层。

TG3 地层堆积可以分为四组：第 1~2 层、第 3~8 层、第 9~12 层、石碙岸遗迹。第 1~2 层为 20 世纪 80 年代在河道范围内建砖窑后形成的堆积；第 3~8 层为石碙岸被扰动后形成的堆积；第 9~12 层为河道堆积，第 11 层沙土层中出土“乾隆通宝”一枚，说明该河道的堆积至少可以追溯到清代乾隆时期。

TG3 石碙岸遗迹位于 TG3 内中部，发掘面积 10 平方米。距地表深 1.05~3.25 米，其北部为取走石硪岸后的现代垫土，南部为夯土堆积。开口于 TG3 第 2f 层和第 5d 层下，打破第 12 层河床堆积和第 13 层原生湖相堆积（彩图三-9）。

石硪岸遗迹堆积结构可分为两部分：北部堆积为三合土和碎石块，质地较硬，厚 135~175 厘米；南部堆积为夯土层和石块层（图三-5）。该部分以东壁为例，可分为 7 层。

第 1 层，黄褐色夯土，夹杂有小石块，质地坚硬。厚 0~25 厘米。

第 2 层，灰褐色黏夯土，质地紧密。厚 0~15 厘米。

1. 石硪岸解剖状况（自北向南）

2. TG3 石硪岸遗迹

彩图三-9　TG3 石硪岸

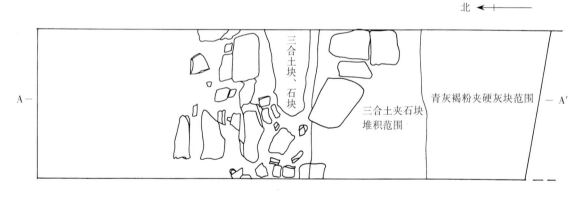

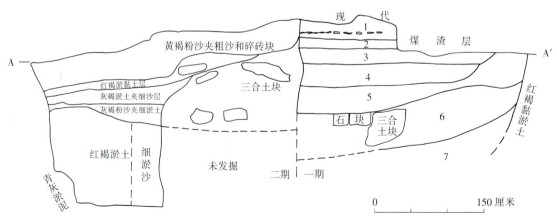

图三-5　TG3 第一、二期石硪岸遗迹平、剖面图

第3层，黄褐色黏夯土，质地坚硬。厚0~20厘米。

第4层，灰褐色夯土，夹杂有大量石灰颗粒，质地较硬。厚0~35厘米。

第5层，深褐色夯土，夹杂少量石灰颗粒，质地较坚硬。厚20~40厘米。

第6层，青灰色夯土，质地坚硬，北部有若干大石块。厚50~80厘米。

第7层，青灰色夯土，夹杂有细沙，质地较疏松。厚15~50厘米。

四　TG4

运河河道在龙王庙遗址前呈西北—东南走向，TG4将河道垂直切断，位于河道发掘区偏西，东临龙王庙西院墙约50米。方向正南北（彩图三-10）。布置面积为东西宽2、南北长43米，共86平方米，实际发掘面积为43平方米。通过解剖，发现原分水礓岸内部堤岸（彩图三-11）及分水礓岸底部残留痕迹和明"弘治拾年"砖石北堤岸和河道内北部木桩痕迹。

TG4地层堆积因多次扰动，形成比较复杂的堆积状况，深达4米多，除现代扰土表层外，可分为41个地层，现以西壁剖面为例逐层分述如下（图三-6）。

第1层，浅黄色粉沙土，土质较疏松。厚10~35厘米，距地表深0~35厘米。

第2层，现代垫土层，土质疏松，包含大量砖渣、碎布、塑料袋等。该层分布于探沟南部，向北延伸至14米处。距地表深5~115厘米。

2a层，浅黄色细沙土，土质较疏松，包含大量植物根系。厚20~50厘米，距地表深5~60厘米。

2b层，灰褐色夹细沙土，土质疏松，包含大块细砖块和植物根系。厚0~35厘米，距地表深35~75厘米。

2c层，碎砖灰渣层。厚0~40厘米，距地表

彩图三-10　TG4全景（自南向北）

彩图三-11　TG4南端堆积状况（自北向南）

深55~100厘米。

第3层，浅黄色淤沙层，土质较疏松，该层夹一小层粗沙层，中夹少量螺壳。厚0~75厘米，距地表深45~145厘米。

第4层，细沙土层，土质较疏松，包含少量植物根系。厚0~30厘米，距地表深145~165厘米。

第5层，浅灰淤土层，土质较疏松，包含数层粉沙小夹层及淤土层。厚0~20厘米，距地表深140~190厘米。

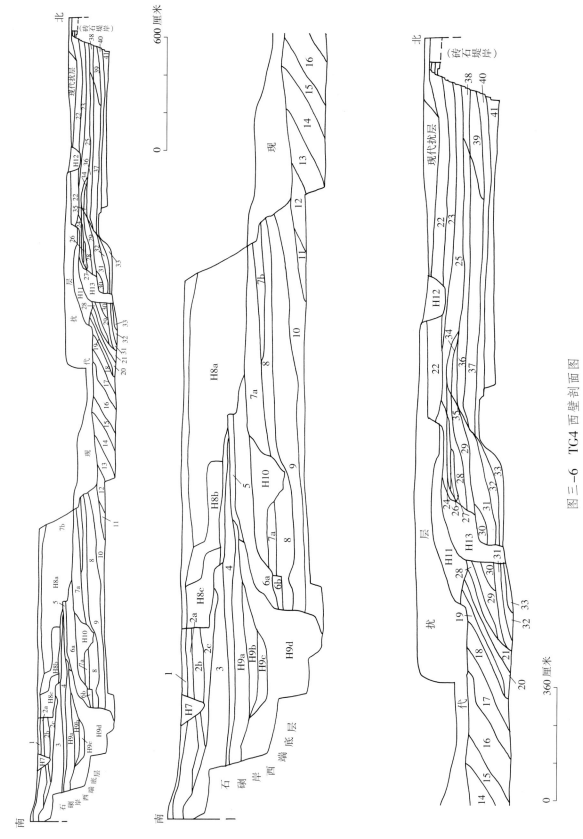

图三─6　TG4 西壁剖面图
（上：全图；中：南段；下：北段）

第 6 层，灰色沙土层，分两小层。

6a 层，灰色沙土层，土质较疏松，该层内淤沙层被扰，夹杂大量粗沙粒及白色石灰颗粒。厚 0~65 厘米，距地表深 150~280 厘米。

6b 层，深灰色沙土，土质疏松，局部含有淤泥块，最底端为细淤沙层。厚 15~25 厘米，距地表深 280~305 厘米。

第 7 层，灰色淤土层，土质较疏松，局部分布有细沙夹层。厚 45~60 厘米，距地表深 195~270 厘米。

第 8 层，浅灰色淤土层，土质较致密，夹杂淤泥土块小层和细沙小层。厚 10~60 厘米，距地表深 45~345 厘米。

第 9 层，深灰色淤土泥层，土质致密，呈淤泥条状分布，局部夹杂细沙小层，上半部泥层呈波浪状，似经轻微扰乱，下半部呈水平状分布。厚 20~75 厘米，距地表深 60~385 厘米。

第 10 层，深灰褐淤泥土层，土质致密，夹杂大量黑色斑点和水锈斑点。厚 15~95 厘米，距地表深 75~425 厘米。

第 11 层，浅黄褐色沙土层，土质较致密，夹杂大量黑色斑点，该层含数层细沙层。厚 0~35 厘米，距地表深 135~375 厘米。

第 12 层，深灰褐淤泥土层，土质致密，夹杂大量黑色斑点和水锈斑点。厚 0~50 厘米，距地表深 125~175 厘米。

第 13 层，浅黄色淤沙土层，土质较疏松，局部夹杂断续淤泥土层。厚 75 厘米，距地表深 90~215 厘米。出土青花瓷碗 1 件。

第 14 层，灰褐淤沙层，土质致密，夹杂大量大块水锈斑点，局部分布有细沙小层，底部分布有一段青泥层。厚 75 厘米，距地表深 35~210 厘米。

第 15 层，浅黄褐淤泥层，土质致密，夹杂大量大块水锈斑点和淤泥块，局部夹杂淤泥小层。厚 40 厘米，距地表深 30~200 厘米。

第 16 层，浅黄色淤沙层，土质疏松，局部有断续淤泥小夹层。厚 75 厘米，距地表深 40~175 厘米。

第 17 层，黄褐淤沙土层，土质较疏松，夹杂大量细长条淤泥块，包含大量水锈细层，有极少青砖块。厚 25~55 厘米，距地表深 55~160 厘米。

第 18 层，淤沙层，土质疏松，夹杂少量大泥块，淤泥块呈断续分布。厚 35~80 厘米，距地表深 150~160 厘米。出土青花瓷碗 1 件。

第 19 层，灰白淤泥层，土质较致密，夹杂大量细沙小层和大块水锈斑点。厚 0~25 厘米，距地表深 130~270 厘米。

第 20 层，浅黄淤沙层，土质较疏松，局部夹杂大块淤泥层。厚 10~80 厘米，距地表深 135~280 厘米。

第 21 层，浅灰淤泥层，土质较致密，局部夹杂断续细沙层。厚 10~60 厘米，距地表深 140~285 厘米。

第 22 层，浅灰褐色淤沙土层，土质较疏松，上半部为浅灰淤土，夹杂大量粉沙小层；下半部为细沙层，夹杂大量淤土块。厚 0~50 厘米，距地表深 10~80 厘米。

第 23 层，灰色淤泥层，土质较致密，夹杂细小沙层。厚 0~25 厘米，距地表深 70~100 厘米。

第 24 层，深灰色淤泥土层，土质致密，包含少量粉沙土。厚 0~30 厘米，距地表深 60~130 厘米。

第 25 层，深灰色淤泥层，土质致密，夹杂大量黑色小斑点，局部有浅白色淤土斑点。厚 0~50 厘米，距地表深 70~115 厘米。

第 26 层，浅灰色淤沙泥层，土质较疏松，上半部为灰色淤泥土，夹杂大量黑色斑点和大块水锈斑点；下半部为细淤沙层。厚 0~10 厘米，距地表深 90~115 厘米。

第 27 层，深灰淤泥层，土质致密，夹杂少量黑色斑点。厚 0~20 厘米，距地表深 105~135 厘米。

第 28 层，灰白色淤泥沙层，土质较疏松，局部有淤泥块断续分布，包含大量水锈斑点。厚 0~30 厘米，距地表深 100~165 厘米。

第 29 层，浅灰粉沙淤层，土质较疏松，局部夹杂大块淤泥块，包含大量黑色斑点和水锈斑点。厚 0~50 厘米，距地表深 100~160 厘米。

第 30 层，浅白粉沙淤层，土质疏松，包含大量条形水锈和黑色斑条。厚 0~30 厘米，距地表深 185~215 厘米。

第 31 层，灰白粉沙土层，土质较疏松，局部夹杂灰色淤泥层。厚 0~50 厘米，距地表深 130~300 厘米。

第 32 层，浅灰淤泥层，土质致密，该层偏南处局部夹杂细小夹层，淤泥部分较纯净。厚 0~30 厘米，距地表深 175~300 厘米。

第 33 层，灰色淤泥层，土质致密，上半部为灰色淤泥层，土较纯净；下半部局部暴露青色淤泥。厚 0~35 厘米，距地表深 225~300 厘米。

第 34 层，灰色粉沙淤层，土质较疏松，夹杂大量细淤泥层，包含少量大黑色斑点。厚 0~15 厘米，距地表深 80~120 厘米。

第 35 层，浅白粉沙淤层，土质疏松，夹杂极少量黑色斑块。厚 0~15 厘米，距地表深 105~120 厘米。

第 36 层，灰白粉沙土层，土质较疏松，局部夹杂灰色淤泥层。厚 0~50 厘米，距地表深 120~145 厘米。

第 37 层，灰褐淤泥层，土质致密，包含大量细小黑色斑点，局部有大块水锈斑点。厚 0~40 厘米，距地表深 135~180 厘米。

第 38 层，浅白色粉沙层，土质较疏松，夹杂细小淤泥层，包含极少黑色斑点和水锈斑点。厚 0~25 厘米，距地表深 110~140 厘米。

第 39 层，深灰淤泥层，土质致密，包含大量细小黑色斑点。厚 0~30 厘米，距地表深 140~175 厘米。

第 40 层，浅灰淤泥层，土质致密，该层偏南处局部夹杂细小夹层，淤泥部分较纯净。厚 7~30 厘米，距地表深 155~205 厘米。

第 41 层，灰色淤泥层，土质致密，上半部为灰色淤泥层，土较纯净；下半部局部暴露青色淤泥。厚 10~35 厘米，距地表深 195~230 厘米。

第 1~4 层分布于探沟南部，向北延伸至 14 米处，走势平缓；第 5~21 层分布于探沟南部起 7~28 米范围内，呈自北向南倾斜；第 22~41 层分布于探沟北部，第 22~25 层走势平缓，第 26~33 层由北向南倾斜，第 34~41 层分布平缓。

H7 为树坑，打破第 1、2 层，斜直壁，近圆底。口宽 90、深 70 厘米。

H8 为现代垫土坑，坑内堆积可分三小层：

H8a，浅黄色沙土层，夹杂大量碎砖块及小石块，底部有几小层呈锅底状的细沙淤土，土质疏松。

H8b，灰色沙土层，夹杂少量碎砖块及植物根系，土质较疏松。

H8c，黄色沙土层，夹杂大砖块和塑料，土质较疏松。

H9 出土青花瓷碗底 1 件。为现代拆除石砌岸后形成的坑状堆积，可分四小层。

H9a，浅黄色沙土层，包含大量白石灰颗粒及小石块，土质疏松。

H9b，细沙层，夹杂淤土泥块，土质较疏松。

H9c，粉沙土层，夹杂多层细淤土层，另有一小层粗沙层。

H9d，灰色粉沙土层，上半部夹杂大块碎石，中部为多层细小淤土层和细沙层，土质较致密，包含少量白石灰颗粒，底部为灰褐色淤土，最底部为一层大碎石块和大石灰块，土质坚硬。

H10 为河道淤土坑。H11、H12 为现代挖土形成的大坑，坑内堆积包含大量的现代建筑垃圾。

对 TG4 的解剖，不仅了解了运河古河道的演变过程，还发现了明"弘治拾年"砖石堤岸及河道北部的木桩和挡板结构。这种遗存在 TG5 北段同样存在。TG4 北壁暴露的明"弘治拾年"砖石堤岸与河道调查中清理的部分同属一体，为该段运河古河道北堤，其用材、砌筑方法和结构相同（彩图三-12，1）。

木桩和挡板遗迹发现在 H13 下层。H13 位于距北壁"弘治拾年"砖石堤岸约 14 米处，开口 H11 下，下部坑壁较平直，填土呈五花土色，土质较致密，从河道所开的部分探沟及现存剖面来看，都存在同样的土坑，应为某段时期下横木所开挖土坑，下部为木桩及挡板遗迹（彩图三-12，3），上部为后期挖去木桩后形成的堆积。灰坑下部发现两组木桩痕迹，偏西一组平面呈椭圆形，发现椭圆形范围内南北各有柱洞一处；偏东一组大致呈圆角方形，北部有柱洞两处，东南角有一处。柱洞情况如下。

柱洞 1，直径约 16 厘米，较规整，残存树皮腐朽痕迹，深度已清理至 40 厘米。

柱洞 2，直径约 10 厘米，较规整，残存树皮腐朽痕迹，深度已清理至 40 厘米。

柱洞 3，直径约 8 厘米，壁较规整，未见有树皮痕迹，深度已清理至 30 厘米。

柱洞 4，直径约 10 厘米，壁较规整，形成一柱状弧形，未见树皮腐朽痕迹，深度已清理至 20 厘米。

柱洞 5，直径约 12 厘米，壁呈弧形，较规整，深度已清理至 20 厘米。

以上五个柱洞均未清理至底部。

其中柱洞 1 和柱洞 4 位于同一个坑内，编号为 A，即该柱洞形成一组；柱洞 2、柱洞 3 和柱洞 5 位于另一组坑内，编号为 B。

A 坑因西部进入 TG4 的西壁，未能明确其具体位置与形状，北壁基本为柱洞 1 痕迹，东、南壁较平整，壁较直，东南角为柱洞 4 的壁痕。

B 坑大致呈圆角方形，北壁与东北壁因柱洞而外凸；西、南、东壁较规整，直壁，壁土较坚硬，西壁高出东壁约 36~20 厘米（图三-7；彩图三-12，4）。

通过以上地层堆积和遗迹间的相互关系以及包含物判断，TG4 地层堆积成因及形成年代大致可分为三种不同的情况。

第一种情况包括现代垫土层、H7、H8、H11、H12 及第 1~4 层，均为现代扰土层。

第二种情况包括 H9，为石砌岸拆除后形成的坑状堆积（彩图三-12，2）。

第三种情况为河道淤土堆积。第 5~10 层，为石砌岸存在时河道内形成的淤土堆积，此处应属于河道的第二次变迁形成。第 11~33 层，为河道的第一次变迁时形成的堆积，年代不详。第 34~41 层，为明"弘治拾年"砖石北岸存在时期形成的河道堆积。年代为明代孝宗时期。

五　TG53

位于戏楼和水明楼之间北院墙外侧斜坡下，东、西分别与 TG3、TG2 相接。东西长 17.8、南北宽 15~18 米，南侧不规整，呈自南向北倾斜的坡堤，为石砌岸中东部残存的一段遗迹。清理面积约 290 平方米。地层堆积成因及年代与 TG2、TG3 基本相同（见图三-1）。

清除上部包含煤渣、红砖块、现代建筑垃圾

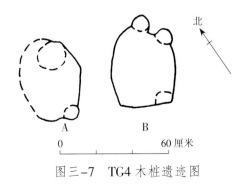

图三-7　TG4 木桩遗迹图

1. TG4 砖石堤岸

3. TG4 木桩解剖状况

2. TG4 暴露石砌岸西端遗迹

4. TG4 木桩遗迹

彩图三-12　TG4 砖石堤岸及木桩

等 1.5 米厚的现代垫土层后，为了保存汶运交汇分水石砌岸的位置和结构，南侧残存的石砌岸遗迹只清理至表层暴露为止。该层下部西北角出土一石质镇水兽（已移交南旺文物管理所）。北侧即运河河道内向下清理，上层黏质淤土层厚约 1.6 米，地层较为平直，内含少量的瓷片、青砖块、小板瓦等建筑构件，底部出土有两件脊兽构件，其下为黑色黏淤土层，较细腻，夹杂有腐朽的树叶、杂草等，内含少量的瓷片、青砖块等，厚约 1.4 米，为运河废弃后的逐渐形成的淤积层。再下层为较多的乱石和黑色淤泥层，上部为运河沉积的淤黏土层，下部为运河沉积层和乱石层。夹杂大量零乱石块及石板，暴露有河道下部及石砌岸底部残留木桩及条石块。残存石砌岸里侧为三合土

夹杂碎石夯筑而成，质地紧密，硬度大，外侧及
底部木桩均被扰动。该层出土遗物较多，有大量
的铜钱、铜币、铜烟具、铜簪、玉烟嘴、铁钉、
建筑构件、瓷片和河蚌壳，另有少许的木桩残段
及现代手榴弹、炮弹、子弹（已移交汶上县公安
局）、玻璃碎片、花生壳、鸭蛋壳等现代遗物，为
20 世纪 70 年代拆除石砌岸后回填所致。由于出
水和大量的乱石相叠压，向下未做清理。

六　对分水石砌岸遗迹的认识

据《汶上县志》、《南旺镇志》等文献记载以
及老照片①（彩图三-13、14）和舆图（彩图三-
15）分析，南旺镇分水龙王庙古建筑群遗址前原
有一段东西长约 230 余米石砌岸，南北宽约 7~8、
高约 6 米，并由三道台阶状通道连接运河和分水
龙王庙，台阶前端两侧各放置一对头向运河、面
面相觑的石兽②。原工程浩大，砌筑坚固，规律整
齐。每块条石重约七八百斤，从河底砌至岸上，
河底有木桩（地钉）。每两块条石中间用浇铸有
"分水砌岸"字样的铜扣③（又名腰铁、细腰、银
锭锁或铁钯扣）固定。另外，根据同时清理出土
的光绪十四年（1888 年）"汶邑西南南旺镇分
水"碑所记，"龙王庙门首为汶水入运顶冲之区，
旧有石砌岸工，相传明永乐年间与庙同建。数百
年来虽有前人屡次补葺，从未澈底拆除，绵延至
今，坍塌十几八九"，"并于砌岸上加修海漫一
层，庙门牌坊外增修石路三间，复建立十二石桩，
以为船只挽缆停泊籍免打犁之毁"，说明该段石砌
岸经过明清两代屡次修葺，其与龙王庙的位置关
系和在分水枢纽中的作用非常重要。上世纪 70 年
代当地兴修水利，尤其是"文革"时期的 1969

1. 分水石砌岸老照片（自北向南）

2. 分水石砌岸老照片（自西向东）

彩图三-13　分水石砌岸老照片

年，村民将该段大石工建筑部分拆除，移做它用。
再者，根据当地年长村民和当年拆除石砌岸的参
与者所述，该石砌岸拆除前底层为宽约 0.5 米的
一排杉木木桩密集竖立作为基础，其上外侧用长
0.7、宽 0.5、厚 0.4 米的青石板砌筑 13 层，里侧
由碎石和三合土夯筑而成。在龙王庙鼓楼西墙基
东部平砌有一块长条石，长 2.7、宽 0.32、厚 0.4
米，中间部分尚留一个嵌置铜扣的燕尾槽，应属
石砌岸最外侧的条石。在南旺生产路和排灌站等
地还残存取自石砌岸的条石。当地村民还捐献了
"分水砌岸"铜扣。

为全面解剖和研究分水石砌岸的分水结构及

---

① 彩图三-13，1 采自济宁市市委办公室等编《中国运河之都--济宁》，山东画报出版社，2001 年；彩图三-13，2 为 1964 年胡明德
拍摄。

② 正对大门处修砌有石阶，4 个石阶两旁有 8 个水兽，高约 0.5 米。体卧面积约 1 平方米。身有鳞、足有爪，两耳鼓竖，两眼突出。
沿岸并竖有 13 个木桩，供来往船只留缆之用。

③ 根据《汶邑西南南旺镇分水》石碑"其桩木铜扣等项，亦无一不倍于例"所记载，参见本报告碑刻部分。

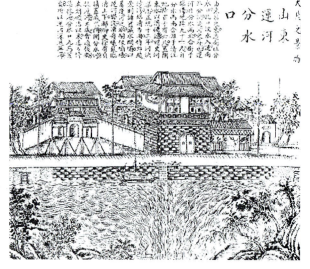

1. 分水石硪岸素描图

2. 分水石硪岸素描图

彩图三-14　分水石硪岸素描图①

原理等重要问题，如前文所述，共在龙王庙建筑群前布置正南北向探沟四条，东西向探沟一条。结合五条探沟的解剖情况，在探沟南部距地表约2~6米，均发现原分水硪岸内侧三合土夯筑堤岸及底部石块、柱洞等残留痕迹。这些遗迹在五条探沟内基本呈西北—东南走向分布（见图三-1）。分水硪岸地层堆积中发现有大量杉木木桩残件，出土有明清瓷器残件和铁钉等遗物。

虽然五条探沟相互之间地层堆积局部略有差别，但基本上是对应的，探沟南部均暴露出分水龙王庙北侧临接的石硪岸遗迹，探沟北部均为运河古河道淤土堆积。依据地层堆积和遗迹间的相互关系，这五条探沟的地层成因和年代大体可分为四种情况。第一种为现代生产生活堆积以及20世纪70年代拆除石硪岸后形成的坑状堆积和石硪岸下部扰乱层；第二种为运河古河道淤土层；第三种为修筑石硪岸时的里侧夯土层和人类活动踩踏堆积；第四种为修筑石硪岸前残存运河西堤遗迹。

从TG1清理结果来看，内侧堤岸存在的夯土面范围呈南高北低的三个小阶梯面，地层堆积的第4层以下，每层土层中包含大量凌乱的碎石块及石灰块，应属于取走硪岸条石后散落痕迹，第

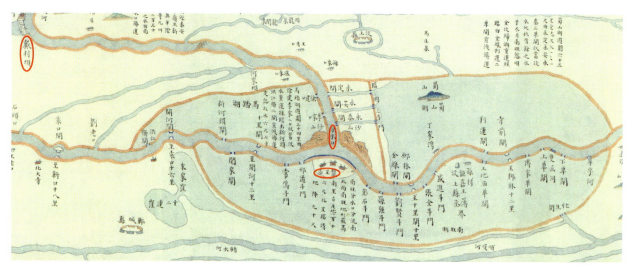

彩图三-15　分水龙王庙与汶运交汇区关系图（采自《九省运河泉源水利情形图》）

①　采自【清】麟庆：《鸿雪因缘图记》（第3集）"分水观汶"，北京古籍出版社，1984年。

10、11 层应为石砌岸最底端，此两层包含较大石块及大石灰块，土质坚硬，属人为加工形成。

在 TG2 南部残存原地层堆积南北宽约 3.5 米、中南部距地表深约 2~4 米处发现原石砌岸三合土夯土堆积和残存石块、木桩和木桩排列痕迹。TG3 中发现的石砌岸遗迹最外侧下部有部分三合土夯土层和碎石层。对 TG2 与 TG3 中间的分水砌岸遗迹清理中也发现同样的现象。

从残存的遗迹在五条探沟中的走向来看，石砌岸向北即运河河道凸出的弧形分水鱼嘴结构尚能分辨。该段石砌岸原有的长度和深度以及筑造厚度已基本明晰，即长 200 余米，底部木桩及条石遗迹宽 0.5~0.7 米，距地表深达 6 米。

以上发掘结果与文献记载基本吻合。根据上述大量可靠的文献记载、影像和实物材料所提供的信息，大致可以复原该段石砌岸的原貌。石砌岸在元代运河河堤的基础上经过明清两代多次修筑而成，其利用石砌岸向河道凸出的弧形结构实现分水功能；其外侧底部用木桩做地钉，上铺条石，用锔扣和白石灰连接黏合；内侧用三合土夹杂不规则石块夯筑而成。

第二节　汶运交汇口遗迹

通过对 TG51、TG52 两条探沟的解剖，初步揭露了汶运交汇处分水枢纽的部分结构和小汶河古河道的面貌。石砌岸作为汶运交汇区即分水枢纽工程的重要组成部分，已做单独描述，兹不赘述。

一　TG51

TG51 位于分水龙王庙水明楼北门前运河古河道内，南距 TG2 为 5.1 米，其东壁西距 TG2 东壁 6.3 米，两条探沟共同构成石砌岸至小汶河口的南北纵向解剖，其北部延伸与解剖小汶河口的 TG52 相交（图三-8），布方面积 78 平方米，方向 5°。

按东西长 2、南北宽 39 米布方清理，1.5 米深度以下部分仅解剖了探沟东半部，至渗水为止（彩图三-16，1）。

TG51 地层堆积以东壁为例，可分为 15 层（图三-9；彩图三-16，2）。

第 1 层，黄褐色沙土，夹杂淤土，土质疏松。厚 10~25 厘米。

第 2 层，黄色淤沙，夹杂淤土块，土质疏松。距地表 0~45 厘米，厚 10~35 厘米。

第 3 层，可分为三小层。

3a 层，灰褐色淤土，土质疏松。厚 5~15 厘米，距地表 15~60 厘米。

3b 层，细黄淤沙土，土质疏松。厚 20~30 厘米，距地表 20~85 厘米。

3c 层，灰淤黏土，土质疏松。厚 10~35 厘

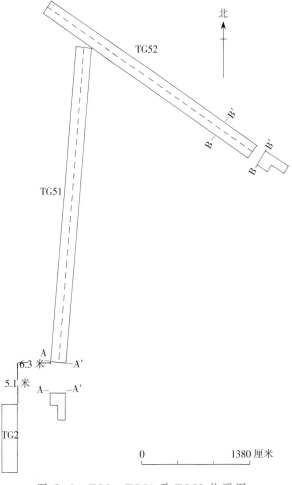

图三-8　TG2、TG51 及 TG52 位置图

米，距地表 0~100 厘米。

第 4 层，黄细淤土，土质疏松。厚 10~35 厘米，距地表 30~125 厘米。

第 5 层，黄黏淤土，土质稍硬。厚 5~35 厘米，距地表 50~160 厘米。

第 6 层，黄黏淤土，夹杂较多淤沙，粗沙粒，土质疏松。厚 5~65 厘米，距地表 65~210 厘米。

第 7 层，可分为三小层。

7a 层，黑黏土，夹杂黄淤土，土质略硬。厚 5~60 厘米，距地表 95~270 厘米。

7b 层，黑黏淤土，夹杂淤沙土，土质略疏松。厚 5~50 厘米，距地表 170~320 厘米。

7c 层，黑黏土，土质较硬。厚 5~20 厘米，距地表 270~320 厘米。

第 8 层，可分为两小层。

8a 层，灰淤沙夹杂大量粗沙粒、蚌壳等，土质稍疏松。厚 5~65 厘米，距地表 105~320 厘米。

8b 层，黄淤土，土质疏松。厚 5~10 厘米，距地表 95~155 厘米。

第 9 层，可分为五小层。

9a 层，大量黄色淤沙含粗沙粒、蚌壳。厚 5~55 厘米，距地表 90~320 厘米。

9b 层，黄黏淤土，土质较硬。厚 5~25 厘米，距地面 140~160 厘米。

9c 层，黑黏土夹杂黄淤土，土质黏硬。厚 10~30 厘米，距地表 180~265 厘米。

9d 层，黑黏淤泥，土质黏密。厚 5~25 厘米，距地表 235~275 厘米。

1. TG51 全景（自南向北）

2. TG51 东壁剖面局部

彩图三-16   TG51 全景及东壁剖面局部

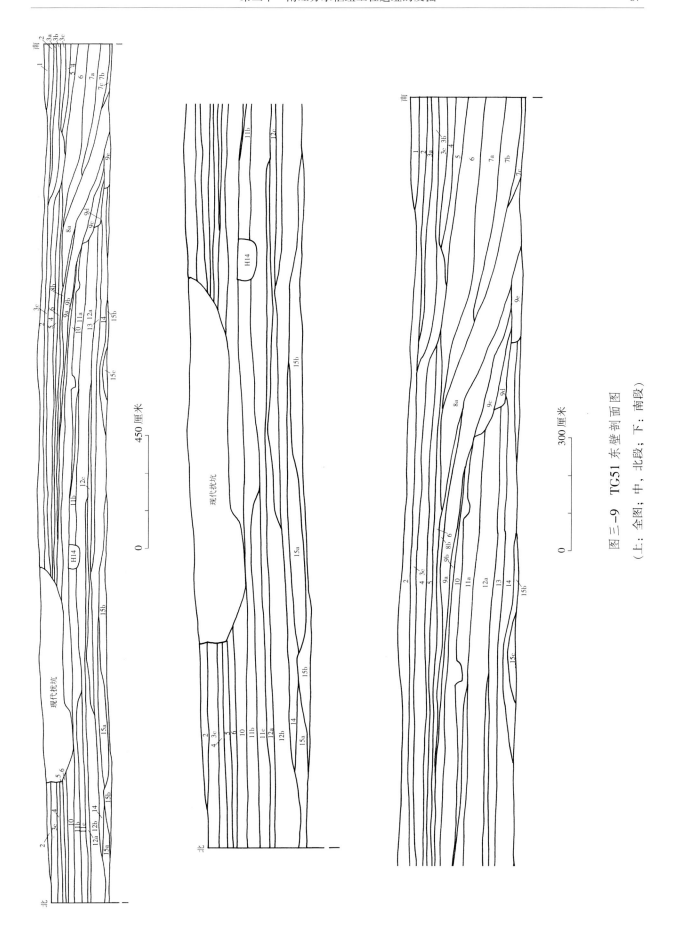

图三-9 TG51 东壁剖面图
（上：全图；中、北段；下：南段）

9e 层，黑黏淤泥，土质较细腻。厚 10~25 厘米，距地表 275~300 厘米。

第 10 层，黄褐淤土，夹杂黑黏土、沙粒等，土质黏硬。厚 10~35 厘米，距地表 105~190 厘米。

第 11 层，可分为三小层。

11a 层，黑黏淤土，土质黏实。厚 5~45 厘米，距地表 165~215 厘米。

11b 层，黄淤沙土，土质疏松。厚 10~45 厘米，距地表 155~205 厘米。

11c 层，灰淤沙土，土质疏松。厚 10~35 厘米，距地表 145~185 厘米。

第 12 层，可分为三小层。

12a 层，黑淤沙土，夹杂黄淤沙土，土质疏松。厚 15~50 厘米，距地表 170~250 厘米。

12b 层，黑淤黏泥，土质黏密。厚 5~50 厘米，距地表 180~250 厘米。

12c 层，灰细淤沙土，土质疏松、细密。厚 5~30 厘米，距地表 220~255 厘米。

第 13 层，灰淤土夹杂灰淤沙，土质疏松。厚 10~25 厘米，距地表 235~290 厘米。

第 14 层，黑黏淤泥，土质黏密。厚 10~50 厘米，距地表 230~325 厘米。

第 15 层，可分为三小层。

15a 层，粗沙黏土层，土质松散。厚 5~40 厘米，距地表 260~310 厘米。

15b 层，灰淤细沙层，土质松散。厚 5~40 厘米，距地表 270~310 厘米。

15c 层，黑灰淤细沙层，土质松散。厚 5~20 厘米，距地表 310~330 厘米。

因下部渗水，未能清理至生土。

除以上地层堆积外，另有 H14，开口第 10 层下，打破第 11b 和 12a 层，内填黄淤沙土，质地疏松，深 55 厘米，为淤积坑。

TG51 地层均为运河内河水冲击或淤积而成。从地层堆积和走向来看，明显分两期大的变化，中北部地层平缓，为早期小汶河与运河交汇形成的淤积土层；中南部呈北高南低倾斜，为运河河道后期淤积土层。各层内出土有较多青花、白瓷碗底、口沿残片，另包含有陶片、蚌壳、铁钉、碎瓦片、砖块、石块、碎骨头等。

二　TG52

TG52 位于小汶河与运河河道交汇处，与 TG51 北端相接，是为解剖小汶河口布局结构而开设的探沟（图三-8），布方面积 64 平方米，方向 125°。按南北宽 2、东西长 32 米布方清理，距地表 1.5 米深度以下仅解剖了探沟北半部，至渗水为止（彩图三-17）。

TG52 内除三处现代扰坑外，河内堆积以北壁为例（图三-10；彩图三-18），共分 15 层。

第 1 层，黄色淤沙，土质疏松。厚 25~100 厘米，距地表 0~150 厘米。

第 2 层，黄色淤沙，夹杂白色淤土块，质地疏松。厚 10~35 厘米，距地表 0~125 厘米。

第 3 层，黄淤黏土，土质略黏。厚 10~30 厘

彩图三-17　TG52 全景（自西向东）

彩图三—18　TG52 北壁剖面局部

米，距地表 0~115 厘米。

第 4 层，可分为两小层。

4a 层，黄色淤土，夹细沙，土质略黏。厚 5~35 厘米，距地表 0~80 厘米。

4b 层，黄色黏土。厚 5~45 厘米，距地表 0~150 厘米。

第 5 层，可分为三小层。

5a 层，黄色细淤沙，土质疏松。厚 10~60 厘米，距地表 0~170 厘米。

5b 层，黄色淤土，土质疏松。厚 5~25 厘米，距地表 35~120 厘米。

5c 层，黄色黏淤泥。厚 10~25 厘米，距地表 35~140 厘米。

第 6 层，灰色细沙夹杂黄色细沙块，质地疏松。厚 5~30 厘米，距地表 105~160 厘米。

第 7 层，可分为两小层。

7a 层，黑黏土。厚 5~40 厘米，距地表 105~170 厘米。

7b 层，灰色细淤沙土，土质疏松。厚 5~15 厘米，距地表 100~165 厘米。

第 8 层，黑色黏淤泥，夹杂黄色淤土块。厚 10~30 厘米，距地表 120~190 厘米。

第 9 层，黑色黏淤泥。厚 10~25 厘米，距地表 110~210 厘米。

第 10 层，灰色淤沙，土质疏松。厚 5~35 厘

米，距地表 155~230 厘米。

第 11 层，黑黏淤土，夹杂黄色淤土块。厚 5~25 厘米，距地表 115~250 厘米。

第 12 层，灰细淤沙土，土质疏松。厚 5~30 厘米，距地表 135~230 厘米。

第 13 层，可分为两小层。

13a 层，黑淤黏土。厚 5~45 厘米，距地表 150~250 厘米。

13b 层，黄淤沙土，土质疏松。厚 5~20 厘米，距地表 240~260 厘米。

第 14 层，可分为三小层。

14a 层，黑黏淤土，夹杂少量细灰沙。厚 10~40 厘米，距地表 170~280 厘米。

14b 层，灰淤土，土质略疏松。厚 5~30 厘米，距地表 170~265 厘米。

14c 层，灰褐淤土，土质稍黏。厚 20~70 厘米，距地表 140~340 厘米。

第 15 层，可分为两小层。

15a 层，灰淤沙层，土质疏松。厚 10~35 厘米，距地表 250~285 厘米。

15b 层，灰色黏淤土，土质稍黏。厚 25~30 厘米，距地表 240~340 厘米。

以下渗水，未能清理至生土层。

各层内出土有青花、白瓷碗底、口沿残片，另包含有陶片、碎瓦片、砖块、蚌壳、铁钉、碎骨、石块等。

TG52 东西两端下部均已暴露小汶河的两岸堤坝，西堤坝边缘处尚存一块护坝石块及碎砖和碎石块，该处堤坝由大量黑色淤泥掺杂芦苇叶、杂草、树皮等腐朽物所筑成，且有三根腐朽的残木桩（未清理到底）（彩图三—19）。东岸堤坝用沙土及黑色、黄色黏泥并夹杂大量芦苇叶、杂草、树皮等腐朽物筑成，未发现护坝石块，堤坝尚残存有五棵腐朽小树的痕迹。为了揭露东堤坝的地层成因和堆积状况，在河道

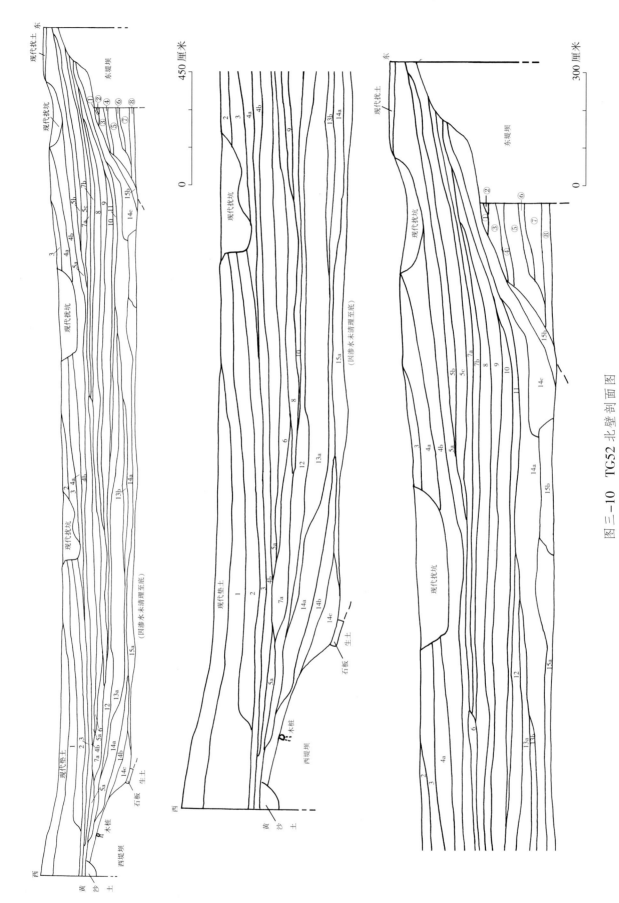

图三-10　TG52 北壁剖面图

（上：全图；中：西段；下：东段）

1. 木桩

2. 堤岸

彩图三–19 TG52 木桩与堤岸

内侧做了局部解剖，因河道渗水未清理至生土层。从解剖结果看，东堤坝地层堆积由上到下依次为：苇草夹杂黄沙土层、黄沙土层、灰土层、灰褐沙土层、灰泥层、黄沙层、黑淤泥层、细灰沙层（未及底）。TG52 地层均为现代至明清时期小汶河河水冲积或淤积而成，小汶河内堆积，与TG51 北部地层堆积基本对应，共同构成汶运交汇口河道淤土堆积面貌。

第三节 运河古河道

对于运河古河道的发掘，在TG1、TG2、

TG3、TG4 四条探沟中都已有不同程度的解剖和介绍，其中，TG4 南段属于石砌岸西端，中北部属于河道淤积。这里主要通过TG5 的解剖来说明。

一 TG5 发掘概况

TG5 位于运河古河道发掘区中间位置，北壁与河道调查中清理的明"弘治拾年"砖石北堤岸"小码头"（登岸口，俗称停船靠）[1] 正对，南北相距 8 米。大致呈正北方向。发掘分两次完成。第一次探沟长 47、宽 1 米，发掘面积为 47 平方米。距北壁 14 米外，向东外扩 1 米，长约 4 米。实际发掘总面积约为 51 平方米。第二次在上次已发掘的探沟基础上重新布方开挖，仅保持了上次发掘的探沟西壁，又向东外扩 1 米，探沟宽度 2 米，南壁从河道现存的南部土坡起，比上次缩短 10 米，此次发掘长 37 米，实际发掘面积为 74 平方米。探沟内距北壁（"弘治拾年"砖石北堤岸）14 米处，发现一排东西向木桩及挡板（彩图三–20）。

TG5 长 47、宽 2 米，最深处 4.5 米。现以东壁为例逐层介绍如下（图三–11）。

第 1 层，扰乱层。厚约 15~35 厘米。附近村民挖坑植树，导致该层凹凸不平。

第 2 层，黄褐淤沙，土质较疏松。厚 20~30 厘米，距地表 0~35 厘米。

第 3 层，浅灰淤沙，土质较疏松。厚 10~25 厘米，距地表 45~60 厘米。

第 4 层，黄褐淤沙，土质疏松。厚 15~40 厘米，距地表 65~75 厘米。

第 5 层，浅灰粉沙土。厚 13~40 厘米，距地表 100~130 厘米。

第 6 层，浅灰淤土，土质疏松。厚 30~45 厘米，距地表 100~160 厘米。

---

① 参见本章 TG4 和第二章南旺分水枢纽工程的调查部分。

彩图三-20　TG5 全景（自东南向西北）

第7层，灰褐淤沙，土质较疏松。厚 10~25 厘米，距地表 140~175 厘米。

第8层，黄褐淤沙，土质较疏松。厚 5~40 厘米，距地表 160~200 厘米。

第9层，浅灰淤土，土质较疏松。厚 20~50 厘米，距地表 190~240 厘米。

第10层，浅灰淤土，土质疏松。厚 15~30 厘米，距地表 240~260 厘米。

第11层，灰褐淤土，土质较疏松。厚 10~65 厘米，距地表 260~310 厘米。

第12层，灰褐淤沙，土质较疏松。厚 10~50 厘米，距地表 275~350 厘米。该层由北向南倾斜。

第13层，灰褐淤土，土质较疏松。厚 10~40

厘米，距地表 260~350 厘米。该层北高南低，由北向南倾斜。

第14层，浅灰淤沙，土质较疏松。厚 5~10 厘米，距地表 265~350 厘米。

第15层，浅灰淤土，土质较疏松。厚 25~50 厘米，距地表 265~375 厘米。

第16层，黄褐淤沙，土质较疏松。该层被现代坑打破，只保留一少部分。厚 5~15 厘米，距地表 50~75 厘米。

第17层，浅灰粉沙淤泥，土质较致密，夹杂大量的黑色斑点和水锈斑点。厚 45~50 厘米，距地表 75~400 厘米。

第18层，灰色淤泥土，土质较致密，夹杂大量的粉沙和黑色斑点及水锈斑点。厚 5~45 厘米，距地表 100~125 厘米。

第19层，浅黄褐淤泥土，土质致密，夹杂大量的粉沙土，包含大量的大块水锈斑点。厚 10~50 厘米，距地表 110~150 厘米。

第20层，浅黄细淤沙层，土质疏松，夹杂细小粉沙。厚 5~55 厘米，距地表 110~175 厘米。出土青花瓷盅 1 件。

第21层，棕灰淤泥层，土质致密，夹杂断续细沙淤层，包含大量水锈斑点。厚 15~70 厘米，距地表 100~160 厘米。

第22层，青色淤泥层，土质致密，夹杂大量的水锈斑点。厚 10~45 厘米，距地表 175~190 厘米。出土有青花瓷碗 1 件，青花瓷杯 1 件，青花瓷勺 2 件，青瓷盆 1 件。

第23层，灰褐淤泥层，土质致密，中间夹杂一层细沙，包含大量的水锈斑点。厚 5~120 厘米，距地表 0~120 厘米。

第24层，淤沙层，土质较疏松，上半部为细沙淤层，下半部为粗淤沙层。厚 0~120 厘米，距地表 0~125 厘米。

第25层，浅黄粉沙淤土，土质较疏松，夹杂

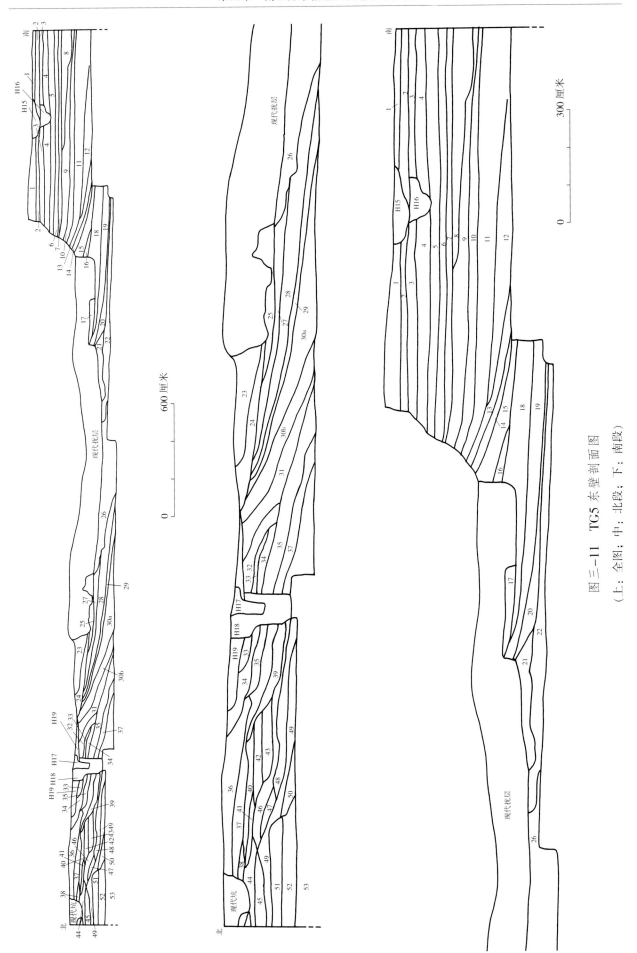

图三-11　TG5 东壁剖面图

（上：全图；中：北段；下：南段）

大量较大的淤土泥块，局部有大量的淤土。厚15~40厘米，距地表125~150厘米。

第26层，浅黄褐粉沙淤土，土质较致密，淤泥与淤土交错分布，夹杂大量的淤泥块。厚20~50厘米，距地表110~175厘米。

第27层，浅灰色淤泥层，土质较致密，包含大量水锈和黑色斑点。厚10~30厘米，距地表150~170厘米。

第28层，黄色粉沙淤土，土质较致密，夹杂大量黑条形斑条。厚10~50厘米，距地表175~200厘米。

第29层，浅灰粉沙淤土，土质疏松，夹杂大量黑条斑点。厚10~45厘米，距地表200~225厘米。

第30层，分两小层。

30a层，浅黄细沙淤土，土质疏松，夹杂细小淤泥层。厚10~60厘米，距地表0~250厘米。

30b层，浅灰褐淤土，土质较致密，包含大量黑色斑点和水锈斑点。厚10~25厘米，距地表0~225厘米。

第31层，浅黄色粉沙淤土，土质较疏松，夹杂大量细沙粒。厚10~50厘米，距地表10~275厘米。

第32层，浅灰淤土，土质较致密，夹杂细小淤沙层。厚20~50厘米，距地表25~225厘米。

第33层，浅灰褐粉沙淤泥，土质较疏松，夹杂大量较大黑色斑点。厚10~25厘米，距地表25~200厘米。

第34层，分两小层。

34a层，浅灰色粉沙淤泥，土质较疏松，夹杂少量的水锈斑点。厚10~45厘米，距地表90~175厘米。

34b层，浅白色粉沙淤土，土质较疏松，夹杂大量微小细沙。厚0~25厘米，距地表100~110厘米。

第35层，浅灰褐粉沙淤层，土质较致密，夹杂淤土块包含大量的黑色斑点。厚5~30厘米，距地表45~120厘米。

第36层，浅灰褐粉沙淤土，土质较疏松，局部夹杂大块淤泥及断续细沙夹层，含少量黑色斑点。厚15~40厘米，距地表0~75厘米。

第37层，灰褐粉沙淤泥层，土质较疏松，夹小段细沙夹层及小段细沙淤层。厚15~50厘米，距地表0~160厘米。

第38层，灰褐淤泥，土质较致密，夹杂细沙夹层，包含大量黑色斑点。厚10~25厘米，距地表50~75厘米。

第39层，浅灰褐淤泥，土质较致密，夹杂大量粉沙和细沙小夹层，大量黑色斑点。厚10~30厘米，距地表120~170厘米。

第40层，灰白色细沙淤层，土质较疏松，夹杂大量细沙及浅白色淤泥，包含大量黑色斑点。厚10~25厘米，距地表75~85厘米。

第41层，浅黄色细沙淤层，土质疏松，局部夹杂少量淤泥块。厚10~25厘米，距地表80~105厘米。

第42层，浅黄褐淤泥，土质较致密，夹杂少量细沙包含大量黑色斑点。厚10~20厘米，距地表75~100厘米。

第43层，浅黄褐粉沙淤泥，土质致密，夹杂小段细沙夹层，下半部呈浅灰淤泥层，包含大量黑色斑点。厚10~60厘米，距地表90~130厘米。

第44层，灰色粉沙淤泥，土质较致密，夹杂大量淤泥块，局部包含大量黑色斑点。厚15~25厘米，距地表130~200厘米。

第45层，浅灰色粉沙，土质较疏松，局部夹杂细沙。厚10~20厘米，距地表200~230厘米。

第46层，灰白色细沙淤泥，土质致密，包含大量细小淤泥和条形水锈斑点及大量黑色斑点。厚10~25厘米，距地表80~140厘米。

第47层，灰褐粉沙淤泥，土质较致密，夹杂大量细沙及淤泥块，包含大量条形水锈和黑色斑点。厚5~40厘米，距地表100~150厘米。

第48层，灰白色粉沙淤层，土质较疏松，包含少量条形水锈和少量黑色斑点。厚5~20厘米，距地表120~140厘米。

第49层，浅灰色细沙淤泥，土质较致密，夹杂大量淤泥块，包含大量水锈斑点和黑色斑点。厚20~40厘米，距地表100~170厘米。

第50层，灰白色粉沙淤层，土质较疏松，土较纯净。厚5~30厘米，距地表150~200厘米。

第51层，灰色粉沙淤泥，土质较致密，夹杂大量淤泥块，包含大量黑色斑点和水锈斑点。厚25~75厘米，距地表140~175厘米。

第52层，浅灰色粉沙淤泥，土质较致密，夹杂细小淤泥层，包含黑色条形斑线。厚35~40厘米，距地表175~210厘米。

第53层，灰色粉沙淤泥层，土质较致密，夹杂大量淤泥块，包含大量黑色斑点和水锈斑点。该层未解剖到底，已清理部分厚0~25厘米，距地表150~235厘米。

H15~H19均为晚期坑，坑内填土多为垃圾，包含大量塑料袋或现代砖块等建筑垃圾。H18为取挖河道木桩形成的坑状堆积，上部为垫土层，下部为木桩及挡板遗迹。

第1~3层为现代耕土层及垫土，分布于探沟南部，向北至11米处被现代土坑打破，目前附近村民仍在上面种植蔬菜。

第4~20层为第三期河道淤土，分布于探沟南部，向北至17米范围内分布，其走势大致同上，其地层线呈坡状向南倾斜，底层堆积较平缓，往北约10米处，形成了断崖，属上世纪50年代时期河道南岸。河道淤泥之上垫有近现代垃圾，应属最后一次河道南移形成堆积。

第21~39层为第二期河道淤土，分布于探沟中部约16~45米范围内，该期地层堆积从南部平

缓往北逐渐向上倾斜，在北部有聚合的倾向，上半部分已经交合。故由此可推断出该范围应为河道第一次变迁后的河道，而向上倾斜的部分应属该期河道的北岸。H18中的木桩将第34~39层打破，木桩应具有束沙坝的功能。

第40~53层为第一期河道淤土，分布于探沟北部，此段范围内地层堆积线较平缓，倾斜角度不大，该期河道堆积多与明"弘治拾年"砖石北岸相对应。

该探沟剖面显示，河道应经过两次大的变迁过程，可分为四期。第40~53层为早期河道淤积地层，第21~39层为河道第一次变迁后所形成的第二期淤土堆积，第4~20层为河道第二次变迁后所形成的第三期淤土堆积，第1~3层为现代耕土层及垫土层。另外，该探沟中部及北端上部均为现代扰层，形成年代与第1~3层相当或稍晚。

二　重要发现

对TG5的解剖，不仅了解了运河古河道的演变过程，还在河道北部发现了结构完整的木桩和挡板遗存，这类遗迹在TG4中同样存在。以下主要介绍H18中解剖的木桩和挡板遗存。

在H18下层发现的木桩遗迹，距北部明代"弘治拾年"砖石北岸（图三-12；彩图三-21，1）约14米，木桩北侧为一东西向横木挡板。木桩有三个，保存较好，从西向东依次编号为木桩1、木桩2、木桩3。

木桩1，直径14厘米，露出部分高18厘米。

木桩2，直径8厘米，露出部分高6厘米。

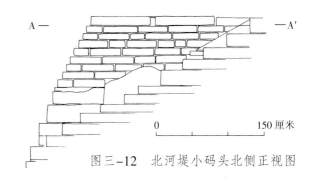

图三-12　北河堤小码头北侧正视图

木桩 3，直径 12 厘米，露出部分高 24 厘米。

从对 TG5 内木桩的解剖可知（图三-13；彩图三-21，2、3），北部横木挡板为三层，在其西部有一小段残木叠压在下半部一完整横木挡板之上，现存整体挡板较厚，但从其南侧剖面来看，现存挡板是由两层长方形横木叠压组成，两块木板接触面十分紧密，交接缝隙微小。相邻横木靠榫卯结构上下左右叠压接合连接，每层长方形木板厚20~25 厘米，一般是一端厚一端薄，呈楔形状。上下两块长方形挡板的连接是上面厚的部分叠压下面薄的部分，这样两块挡板连接后形成较规整的长条形挡板。在挡板平面上有 5 个长方形卯孔，卯口长约 10、宽约 6 厘米，深度不详，卯孔间距为 27 厘米。其中有的卯孔内残留有方形木榫，均为连接和固定挡板而作。H18 中仅存底部一层挡板，挡板之下为第 37 层黏土层。

紧贴挡板的南侧是一排木桩，木桩直径大小不一，木桩底部为一层坚硬的硬结面，推测应是人为加工而成。即下桩前在木桩底部用火烧烤，

然后再打入河道底部，这样碳化的木桩与河道底部泥沙中的矿物质发生化学反应而钙化，从而在木桩底部出现一层较厚的硬结面。在挡板上也有一层硬结面，其形成同木桩。为了深入了解木桩的结构，对 TG5 内木桩进行解剖的同时，在 TG5东侧沿该排木桩方向也清理了其他一些断面，从而对这排木桩的总体结构有了较为清晰的认识。

1. TG5 北端砖石河堤（自南向北）

2. TG5 木桩解剖状况

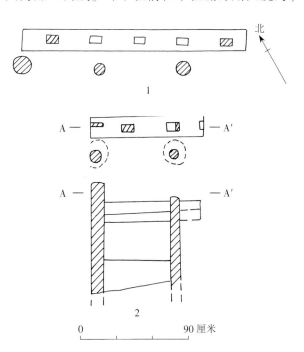

图三-13　TG5 两次发掘木桩及挡板平、剖面图

1. TG5 第一次发掘木桩及挡板平、剖面图
2. TG5 第二次发掘木桩及挡板平、剖面图

3. TG5 木桩解剖状况

彩图三-21　TG5 北端河堤及木桩解剖状况

通过解剖可知，该排木桩由单个木桩和单排横木组成，木桩紧贴横木南部。

H18 与 H13 相同，填土呈五花土色，土质较致密。从其中暴露的木桩打破第 34~39 层来看，其作用应该做束沙之用可能性较大。据《汶上县志》^①等有关的史料中记载，"南旺分水口汶河南北两岸的束水大坝后堆沙下塌。雍正六年（1728 年），于沙山下各建束沙坝（长 233~266 米），拦护塌沙。时议广泛修筑护沙崖，在临河面钉装厢板，崖板之间填土筑纤道，一举两用"。清代时期为了将河道中清出的淤泥束作堤坝，便在河道靠堤岸边挖坑下桩，使之巩固土堤。由此可以认为 H18 的成因应该与木桩和挡板有直接的关系，可能是当时下木桩和挡板时挖成的一排土沟。

第四节　河道附属设施

对于运河河道附属设施的发掘，主要包括一些相关闸、坝、斗门等遗址，本次主要对许建口闸遗址做了详细解剖。

许建口闸位于南旺镇许建口村东，戴村坝至南旺分水岭的小汶河西岸。

由于 20 世纪 60、70 年代农田水利基本建设中拆除了此闸部分石材，闸体残损。发掘中由于受道路及房屋等众多因素影响，外侧北燕翅无法全体发掘。以下叙述闸体结构尺寸皆为残存或暴露部分。

许建口残长 9.56、外侧残宽 5.84 米，内侧不详（彩图三–22）。方向 287°。闸口长 6.82、宽 3.25、残高 2.55 米。闸墙为石灰岩条石错缝砌筑，其条石用料不统一，长 42~103、宽 40~50、高 39~50 厘米。闸墙自下至上每层条石收分约 1 厘米，形成层阶状，用不规则的长条石料衬里，用碎石渣或三合土填充间隙，衬里料石长 60~160、宽 50~60、厚 29~45 厘米。所用石条间均有锔扣连接。闸墙设两道闸槽，东侧闸墙位于燕翅向西 1.82 米处，西侧闸槽位于燕翅外向东 1.75 米处，两闸槽间距 2.87 米，两闸槽皆宽 0.21 米。由于闸墙砌筑自最底层向上逐层收分 1 厘米，所以闸槽进深不一，最底层进深 0.25 米，残存最上一层进深 0.21 米。闸口有铺底木板，但大部分已被扰动，从发掘

彩图三–22　许建口闸解剖状况（自南向北）

① 山东省汶上县志编纂委员会编：《汶上县志》，中州古籍出版社，1996 年。

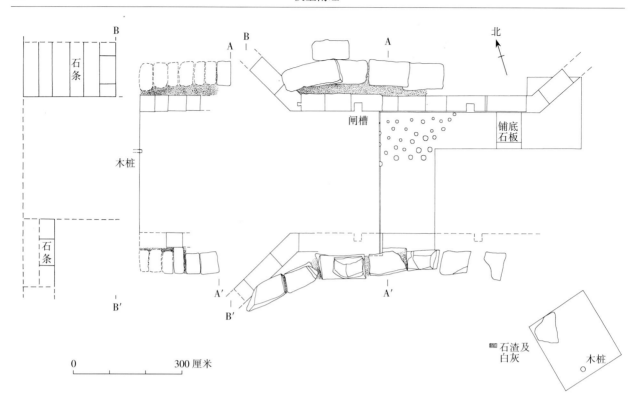

图三-14　许建口闸平、剖面及立面图

情况看，只残存一块铺底石板，长 0.89、宽 0.65、厚 0.22 米。在铺底木板下有杉木桩，应为起基础作用，木桩排列基本有序，大体上呈菱形排列，所有木桩粗细不均，从腐朽后的孔隙看，直径在 6~12 厘米之间，木桩所埋深度不详（图三-14）。

另据当地村民讲述，闸体条石下有木桩，当时拆除时，大部分已被拔出，里侧南部燕翅已全部无存。经探沟解剖，亦未发现南部燕翅，只在探沟内发现一块料石，此料石在生土（褐色黏土）上，并在料石东南角发现一根直径约 12 厘米的腐朽木桩，此处可能为闸体东南部燕翅遗迹，但若是东南部燕翅，则与东北部燕翅不对称，此处小汶河正好为一转弯处，且水势来时，正好直冲里部南侧堤岸，可能为起到保护此处堤岸的作用，此处燕翅只好修到堤岸处，故与北侧燕翅不对称。

通过发掘，许建口闸的布局结构基本明确，结合《汶上县志》、《南旺镇志》等文献记载，该闸应为明代修筑。

第五节　出土遗物

在运河古河道和小汶河河道中解剖的 8 条探沟中，共出土各类遗物 343 件，以瓷器为主，钱币次之。现以探沟为单位，分别选取标本介绍。

一　TG1 出土遗物

TG1 出土遗物较少。标本 TG1⑥:2（图三-15，1；彩图三-23，1），青花瓷杯 1 件，残，直口，圆唇，直壁。口径 6.5、残高 6.5、胎厚 0.3~0.6 厘米。器外表施花草文，具有 18 世纪乾隆时期外销瓷风格。

二　TG2 出土遗物

共出土各类器物 21 件，大多数为瓷器。其中，青花瓷器 6 件，其他陶瓷器 9 件，建筑构件 3 件，铁钉、铁镉扣、铁釜残件各 1 件。以下选

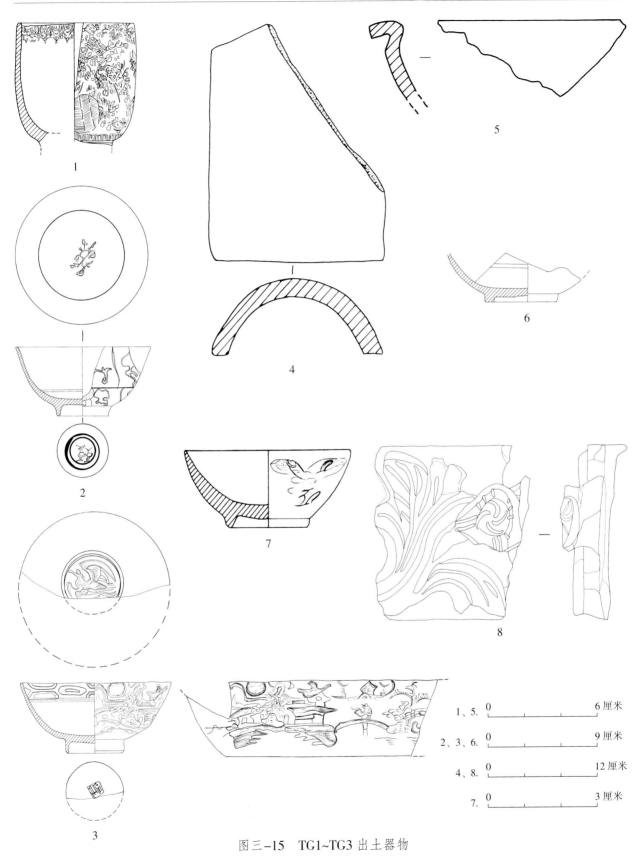

图三-15　TG1~TG3 出土器物

1. 青花瓷杯（标本 TG1⑥：2）　　2. 青花瓷碗（标本 TG2③a：1）　　3. 青花瓷碗（标本 TG2③h：1）　　4. 绿琉璃筒瓦
（标本 TG2⑥a：1）　　5. 绿釉陶盆口沿（标本 TG3⑤a：3）　　6. 白釉黑花大碗碗底（标本 TG3⑧：4）　　7. 白瓷盅（标本
TG3⑤b：1）　　8. 花形砖雕（标本 TG3⑧：6）

1. 青花瓷杯（标本 TG1⑥：2）

4. 白釉黑花大碗碗底（标本 TG3⑧：4）

2. 绿琉璃正吻残件（标本 TG2③g：1）

5. 白釉黑花大碗碗底（标本 TG3⑧：4）

3. 绿釉陶盆口沿（标本 TG3⑤a：3）

6. 白瓷盅（标本 TG3⑤b：1）

彩图三-23　TG1~TG3 出土器物

择部分标本说明。

标本 TG2③a：1（图三–15，2；彩图三–24，1~3），青花瓷碗。残，可复原。敞口，口沿微外折，圆唇，斜直壁，高圈足。器表施缠枝纹和蝴蝶纹，内侧腹下部施一道圆圈纹，底绘蝴蝶一只。圈足外底施花款。出土时圈足外底附着一

小片青花瓷片。口径 11.2、圈足外径 4.4、高 5.5、胎厚 0.2~0.5 厘米。出土于 TG2 河道淤土上层。

标本 TG2③h：1（图三–15，3；彩图三–24，4~6），青花瓷碗。敞口，波浪式圆唇，鼓弧腹，圈足。器表饰人物风景画，圈足底外有印记，器内侧口沿部施几何纹和两道圆圈线纹，底部施

1. 青花瓷碗（标本 TG2③a：1）

4. 青花瓷碗（标本 TG2③h：1）

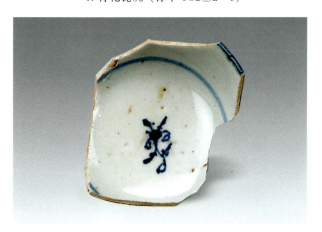

2. 青花瓷碗（标本 TG2③a：1）

5. 青花瓷碗（标本 TG2③h：1）

3. 青花瓷碗（标本 TG2③a：1）

6. 青花瓷碗（标本 TG2③h：1）

彩图三–24 TG2 出土器物

两道圆圈线纹，内绘凤鸟一只。高 5.6、口径 12.3、胎厚 0.2~0.5 厘米。出土于 TG2 河道淤土中。

标本 TG2⑥a：1（图三-15，4），绿琉璃筒瓦。残损。残长 25.6、宽 19.1、厚 2 厘米。出土于 TG2 石砌岸堆积中。

标本 TG2③g：1（彩图三-23，2），绿琉璃正吻残件。泥质红陶胎，残存兽左眼及卷翼前部。残长 7.5、残高 17、厚 4.6 厘米。出土于 TG2 内河道黑淤土内。

三　TG3 出土遗物

共出土遗物 8 件。其中，瓷器 4 件，有釉陶器 1 件，铜钱 1 枚，玉烟嘴 1 件，砖雕建筑构件 1 件。以下选择部分标本说明。

标本 TG3⑤a：3（图三-15，5；彩图三-23，3），绿釉陶盆口沿。泥质红陶胎。方唇，平折沿，微鼓腹。内外壁均施绿釉，外壁绿釉剥落严重，露出红色泥胎。残高 4.4、口径约 40 厘米。

标本 TG3⑧：4（图三-15，6；彩图三-23，4、5），白釉黑花大碗底。弧壁，矮圈足。腹部内外壁各施黑色旋纹两道。残高 3.6、圈足高 0.5、直径 6.2 厘米。

标本 TG3⑤b：1（图三-15，7；彩图三-23，6），白瓷盅。可复原。敞口，尖圆唇，斜壁微弧，矮圈足。釉部分剥落。通高 5、口径 4.2、圈足高 0.3、直径 1.8 厘米。

标本 TG3⑪a：5（彩图三-25，1、2），"乾隆通宝"铜钱。1 枚，圆形方孔。正面楷书"乾隆通宝"繁体，背面方孔两侧书满文两字，直径 2.4、中间方孔边长 0.5、厚 0.1 厘米。出土于探沟河道淤土内乱石堆中。

标本 TG3⑧：6（图三-15，8；彩图三-25，3），花形砖雕。微残，灰陶质。正面镂空雕刻花卉图案，背面有两道纵向突脊的残留，砖表面附着有石灰残痕，应是建筑正脊上的装饰物。

1、2. "乾隆通宝"铜钱（标本 TG3⑪a：5）

3. 花形砖雕（标本 TG3⑧：6）

4. 青花瓷碗（标本 TG4⑱：1）

彩图三-25　TG3、TG4 出土器物

砖雕高 18.5、宽 17.6、厚 7.5 厘米。

四　TG4 出土遗物

TG4 出土器物 7 件，均为瓷器，器形除一件青花瓷盘外，其余均为碗。以下选择 2 件说明。

标本 TG4⑱：1（图三-16，1；彩图三-

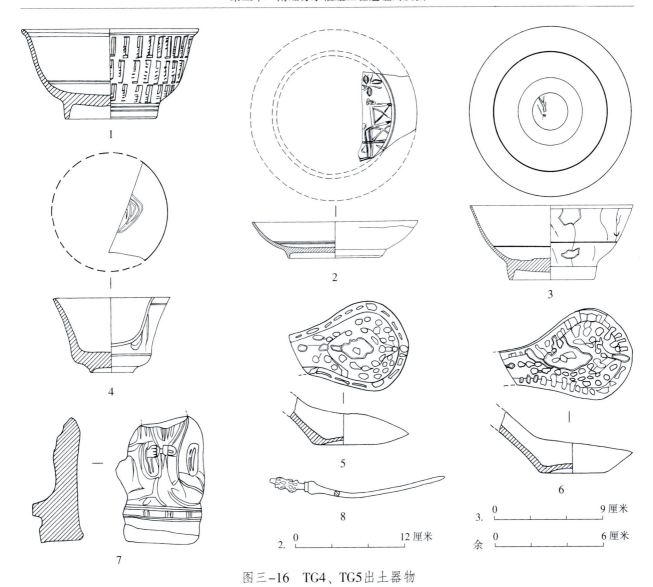

图三-16 TG4、TG5出土器物

1. 青花瓷碗（标本TG4⑱：1） 2. 青花瓷盘（标本TG4⑬：7） 3. 青花瓷碗（标本TG5㉒：1） 4. 青花瓷杯（标本TG5⑳：5） 5. 青花瓷勺（标本TG5㉒：2） 6. 青花瓷勺（标本TG5㉒：3） 7. 三彩佛像（标本TG5：12） 8. 铜簪（标本TG5：9）

1. 盘外底

2. 盘内底

彩图三-26 TG4出土青花瓷盘（标本 TG4⑬：7）

25，4），青花瓷碗。仅存碗体一半，可复原。圆唇，侈口，直壁，腹底斜收，圈足微外张。壁外饰上中下三列变体六字真言纹，碗口内沿饰两周线纹，内底饰两周线纹。口径 9.8、底径 5、高 4.8、胎厚 0.2~0.55 厘米。

标本 TG4⑬：7（图三-16，2；彩图三-26），青花瓷盘。圆唇，敞口，腹微倾斜，盘内底部饰暗青花。口径 18.4、高 3.9、胎厚 0.3~0.5、底径 10.3 厘米。

五　TG5 出土遗物

TG5 出土器物共 12 件，以瓷器为主，器类主要有碗、勺、瓷杯、瓷盆，其中又以瓷碗较多，

另有铜簪和三彩佛像各 1 件。以下选择部分标本说明。

标本 TG5㉒：1（图三-16，3；彩图三-27，1），青花瓷碗。口部微残。尖唇，敞口，弧壁腹部微鼓，大圈足。外饰暗青花纹，由斑点和线条纹饰组成，腹中部有一周线纹。口径 13.7、底径 7.2、高 5.9、胎厚 0.2~1.1 厘米。

标本 TG5⑳：5（图三-16，4），青花瓷杯。圆唇，敞口，腹内收，小圈足底。口沿外及腹底饰一周线纹，杯体饰回纹。口径 6.5、底径 2.5、高 4、胎厚 0.2~0.8 厘米。

标本 TG5㉒：2（图三-16，5；彩图三-27，3、4），青花瓷勺。柄残。勺部外宽内窄，内饰青色

1. 青花瓷碗（标本 TG5㉒：1）

3. 青花瓷勺（标本 TG5㉒：2）

2. 三彩佛像（标本 TG5：12）

4. 青花瓷勺（标本 TG5㉒：2）

彩图三-27　TG5 出土器物

斑点纹，勺体边缘外饰线纹。残长 6.6、宽 4.8、残高 2.7、厚 0.2~0.4 厘米。

标本 TG5㉒:3（图三-16，6），青花瓷勺。柄残。勺部呈弧状，勺内饰青花斑点纹。残长 7.5、宽 4.9、残高 3.3、厚 0.2~0.4 厘米。

标本 TG5:12（图三-16，7；彩图三-27，2），三彩佛像 1 尊。头部残失。佛身饰绿、青、黄釉，圆台座，佛体褒衣，左腿呈半跪姿态，左手持一直口杯，右手伸掌于胸前。残高 6.9、宽 5、胎厚 1~2.5 厘米。

标本 TG5:9（图三-16，8），铜簪。残断，锡青铜质，质地较脆。簪头呈莲花状，与簪体连接处有一鼓出部分相接。长 9.7、直径 0.2~0.7 厘米。

六　TG51 出土遗物

TG51 共出土遗物 15 件，全部为瓷器，以青花瓷器为主。以下选择部分标本说明。

标本 TG51:1（图三-17，1；彩图三-28，1），青花瓷碗。可复原。敞口，圆唇，鼓腹，平底，矮圈足，口沿处饰回环纹，腹部饰树枝纹，近圈足处有两道弦纹。口径 11.5、底径 7.5、通高 7.3、胎厚 0.3~0.5 厘米。

标本 TG51:2（图三-17，2；彩图三-28，2），青瓷碗。白胎酱釉，可复原。敞口圆唇，斜直腹，平底，矮圈足。口径 16.6、底径 6、通高 6 厘米。

标本 TG51:3（图三-17，4；彩图三-29，1~3），青花瓷碗。可复原。敞口圆唇，矮圈足，腹外壁饰花草纹，器底内壁饰花草，并饰弦纹两道。口径 11.5、圈足直径 4.5、通高 5.7、胎厚 0.25~0.6 厘米。

标本 TG51:4（图三-17，5；彩图三-28，3、4），白瓷盘。可复原。敞口，沿微外折，尖唇，斜弧腹，平底，矮圈足，器内壁饰"五福捧寿"

1. 青花瓷碗（标本 TG51:1）

3. 白瓷盘（标本 TG51:4）

2. 青瓷碗（标本 TG51:2）

4. 白瓷盘（标本 TG51:4）

彩图三-28　TG51 出土瓷器

图三-17　TG51 出土瓷器

1. 青花瓷碗（标本 TG51：1）　　2. 青瓷碗（标本 TG51：2）　　3. 紫砂器盖（标本 TG51：5）　　4. 青花瓷碗（标本 TG51：3）
5. 白瓷盘（标本 TG51：4）　　6. 青瓷盘（标本 TG51：9）　　7. 青花瓷碗底（标本 TG51：8）　　8. 青花瓷碗（标本 TG51：6）

粉彩图案。口径 14.9、底径 8.5、高 2.6、胎厚 0.25 厘米。

　　标本 TG51：5（图三-17，3；彩图三-29，4），紫砂器盖。可复原。圆纽，子母口。直径 7.9、通高 4.1、胎厚 0.3~0.5 厘米。

　　标本 TG51：6（图三-17，8；彩图三-30，1~3），青花瓷碗。残。鼓腹，矮圈足，器表饰数道弦纹和花草纹，器底有残款识，不可识读。底径 4.6、残高 4、胎厚 0.3 厘米。

　　标本 TG51：8（图三-17，7；彩图三-30，4~

1. 青花瓷碗（标本 TG51：3）

4. 紫砂器盖（标本 TG51：5）

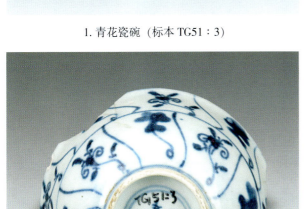

2. 青花瓷碗（标本 TG51：3）

5. 青瓷盘（标本 TG51：9）

3. 青花瓷碗（标本 TG51：3）

6. 青瓷盘（标本 TG51：9）

彩图三-29　TG51 出土瓷器

6），青花瓷碗底。内底饰放射状莲花瓣，外壁饰圆圈，器外底施向外环绕的螺旋纹，自内向外渐次变细。残高 3.2、圈足直径 7、胎厚 0.3 厘米。

标本 TG51：9（图三-17，6；彩图三-29，5、6），青瓷盘。可复原。敞口圆唇，弧腹，平底，矮圈足，底有款，已残缺。豆青釉。底径 8.2、通高 2.9、胎厚 0.3 厘米。

标本 TG51：10（图三-18，1；彩图三-31，1），青花瓷碗。残。鼓腹，平底，圈足。器外表饰草叶纹。残高 5.2、底径 5、胎厚 0.3~0.6 厘米。

标本 TG51：12（图三-18，2；彩图三-31，2、3），青花瓷盘。敞口圆唇，斜直腹，平底，矮圈

1. 瓷碗（标本 TG51：6）

4. 瓷碗底（标本 TG51：8）

2. 瓷碗（标本 TG51：6）

5. 瓷碗底（标本 TG51：8）

3. 瓷碗（标本 TG51：6）

6. 瓷碗底（标本 TG51：8）

彩图三-30　TG51 出土青花瓷碗

足。内底饰花草卷云纹，口沿及圈足外壁各饰两道弦纹。口径 19、底径 11.5、通高 2.6、胎厚 0.3~0.6 厘米。

标本 TG51：15（图三-18，3；彩图三-31，4），青花瓷碗。可复原。敞口圆唇，鼓腹，平底，高圈足。腹外壁饰花草鸟纹，内底饰弦纹两道。口径 11.5、底径 6.4、通高 5.7、胎厚 0.2~0.4 厘米。

七　TG52 出土遗物

共出土器物 13 件，全为瓷器，除少量青瓷器外，绝大多数为青花瓷器，器形以碗为主。以下

图三-18　TG51、TG52 出土瓷器

1. 青花瓷碗（标本 TG51：10）　2. 青花瓷盘（标本 TG51：12）　3. 青花瓷碗（标本 TG51：15）　4. 青花瓷碗（标本 TG52：2）　5. 青瓷盅（标本 TG52：13）　6. 青花瓷盘（标本 TG52：4）　7. 青瓷器底（标本 TG52：7）　8. 天青釉碗（标本 TG52：3）　9. 青花瓷碗（标本 TG52：6）

选择部分标本说明。

标本 TG52：2（图三-18，4；彩图三-32，1~3），青花瓷碗。可复原。敞口圆唇，沿微外折，斜直腹，高圈足。外壁饰两层草叶纹，外底有方框斜线花款。口径 15.9、底径 7.2、通高 7.2、胎厚 0.3~0.8 厘米。

标本 TG52：3（图三-18，8；彩图三-31，5），天青釉碗。可复原。敞口，沿微外折，鼓腹，矮圈足，圈足内凹。器外表通体施天青釉。口径 11.7、底径 4.8、残高 5.2、胎厚 0.15~1.3 厘米。

标本 TG52：4（图三-18，6；彩图三-32，4~6），青花瓷盘。可复原。敞口圆唇，平底，矮圈

1. 青花瓷碗（标本 TG51：10）

4. 青花瓷碗（标本 TG51：15）

2. 青花瓷盘（标本 TG51：12）

5. 天青釉碗（标本 TG52：3）

3. 青花瓷盘（标本 TG51：12）

6. 青花瓷碗（标本 TG52：6）

彩图三-31　TG51、TG52 出土瓷器

足。器内表饰云龙纹。口径 15.8、底径 9.8、通高 2.8、胎厚 0.3 厘米。

标本 TG52：6（图三-18，9；彩图三-31，6），青花瓷碗。可复原。敞口，尖圆唇，外折沿，鼓腹，高圈足。器表花纹残断。口径 14.5、底径 6.5、通高 6.6、胎厚 0.3 厘米。

标本 TG52：7（图三-18，7），青花瓷碗底。斜直腹，假圈足。内外壁均施莲花纹。底径 6.7、残高 3.7、胎厚 0.3 厘米。

标本 TG52：13（图三-18，5），青瓷盅。可复原。侈口尖唇，斜直腹，高圈足。器外表饰花鸟纹。口径 5.2、底径 2.5、通高 3.7、胎厚 0.2~0.5 厘米。

1. 瓷碗（标本 TG52：2）

4. 瓷盘（标本 TG52：4）

2. 瓷碗（标本 TG52：2）

5. 瓷盘（标本 TG52：4）

3. 瓷碗（标本 TG52：2）

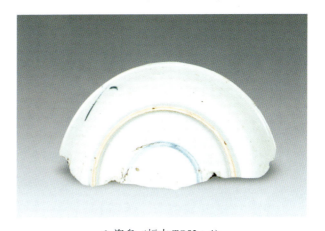

6. 瓷盘（标本 TG52：4）

彩图三-32　TG52 出土青花瓷器

八　TG53 出土遗物

共出土各类器物 258 件。其中，瓷器 12 件，以青花瓷器为主；建筑构件 3 件；钱币 177 枚；铁器 41 件；铜制品 10 件；石质器物 6 件（包括征集镇水石兽 1 尊）；其他 10 件。

（一）瓷器

器形有碗、盅、瓶等，全部出土于第 4 层黑淤土层。以下选择部分标本加以说明。

标本 TG53④：1（图三-19，1；彩图三-33，1~3），青花瓷碗。残，可复原。敞口圆唇，腹微鼓，弧底，圈足。外壁饰花草，内壁有弦纹

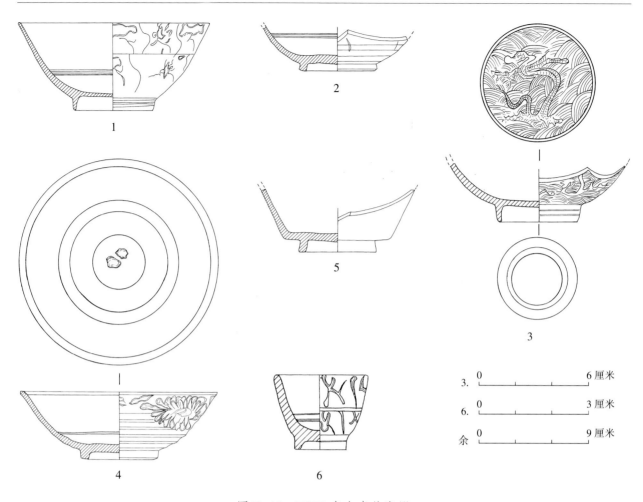

图三-19　TG53 出土青花瓷器

1. 瓷碗（标本 TG53④：1）　　2. 碗底（标本 TG53④：2）　　3. 瓷碗底（标本 TG53④：3）　　4. 瓷碗（标本 TG53④：4）
5. 碗底（标本 TG53④：9）　　6. 瓷盅（标本 TG53④：11）

两道，内底饰草叶纹，外底饰两道圆圈，内施有花款。通高 7、口径 15.9、底径 6.8、胎厚 0.3 厘米。

标本 TG53④：2（图三-19，2；彩图三-33，7、8），青瓷碗底。弧腹平底，矮圈足。圈足部分无釉，内壁饰两道弦纹，内底草书"福"字。残高 3.5、底径 6.5、胎厚 0.3 厘米。

标本 TG53④：3（图三-19，3；彩图三-33，4~6），青花瓷碗底。弧底圈足，内底有两道圆圈。内饰云龙纹，外壁饰云龙纹，外底两道圆圈内有民窑"大清雍正年制"草记款。残高 3、底径 4.4、胎厚 0.3 厘米。

标本 TG53④：4（图三-19，4；彩图三-34，1、2），青花瓷碗。残，可复原。敞口圆唇，

沿微外折，弧腹，矮圈足。圈足部分无釉，外壁饰花草纹，内壁口沿和腹部均饰一道弦纹。通高 5.4、口径 16.5、底径 6.4 厘米。

标本 TG53④：9（图三-19，5；彩图三-34，3），青瓷碗底。斜直腹，平底，圈足。器表施酱釉，内底无釉。残高 5、底径 6.5、胎厚 0.4 厘米。

标本 TG53④：11（图三-19，6），青花瓷盅。可复原。敞口，圆唇，微鼓腹，弧底，矮圈足。通高 2、口径 2.5、圈足直径 1.8、圈足高 0.3 厘米。

标本 TG53④：25（彩图三-34，4），白瓷瓶。直口方唇，扁鼓腹，假圈足。腹部两侧饰铜钱纹。通高 2.8、口径 0.8、腹宽 1.2、厚 0.8、圈足高 0.3 厘米。

1. 青花瓷碗（标本 TG53④：1）

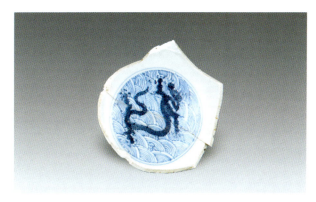

4. 青花瓷碗底（标本 TG53④：3）

2. 青花瓷碗（标本 TG53④：1）

5. 青花瓷碗底（标本 TG53④：3）

3. 青花瓷碗（标本 TG53④：1）

6. 青花瓷碗底（标本 TG53④：3）

7. 青瓷碗底（标本 TG53④：2）

8. 青瓷碗底（标本 TG53④：2）

彩图三–33　TG53 出土瓷器

1. 青花瓷碗（标本 TG53④：4）

2. 青花瓷碗（标本 TG53④：4）

3. 青瓷碗底（标本 TG53④：9）

4. 白瓷瓶（标本 TG53④：25）

彩图三-34　TG53 出土瓷器

（二）建筑构件

共 3 件。

标本 TG53：14（图三-20，1），正脊构件。灰陶质。长方体，中间隔成两个长方形脊兽基座，三个隔板中部各有一个镂孔，底部有两个镂孔。两个侧面有莲花浮雕。长 28.2、宽 23、高 19.5 厘米。出土于灰褐黏淤积土层底部。

标本 TG53：15（图三-20，2），建筑构件。泥质灰陶。长方体，中间隔成两个长方形脊兽基座，三个隔板中部各有一个镂孔，底部有两个镂孔。两个侧面有莲花浮雕。长 27.5、宽 20.5、高 21.5 厘米。出土于灰褐黏淤积土层底部。

标本 TG53④：16（图三-20，3），建筑残件。泥质灰陶。中间饰莲瓣纹。残长 10.5、残高 6.9 厘米。

（三）钱币

共 177 枚。宋、元、明铜钱 8 枚，清代铜钱 146 枚，中华民国开国纪念币 3 枚，其他铜钱 20 枚。

景□元宝，1 枚，标本 TG53：42（彩图三-35，1），圆形方孔。正面楷书"景□元宝"四字，背面磨损严重，不可辨识。直径 2.4、中间方孔边长 0.6、厚 0.1 厘米。

治平元宝，2 枚，均为圆形方孔，正面楷书"治平元宝"四字，背面磨损严重，不可辨识。标本 TG53：146（彩图三-35，2-1），微残，直径 2.4、厚 0.1、方孔边长 0.4 厘米。标本 TG53：147（彩图三-35，2-2），尺寸同前。

天□□宝，1 枚，标本 TG53：152（彩图三-35，3），圆形方孔，残，仅存一半，锈蚀较严重，正面书"天□□宝"，背面模糊不可辨识。直径

图三-20　TG53 出土建筑构件

1. 正脊构件（标本 TG53：14）　　2. 建筑构件（标本 TG53：15）
3. 建筑残件（标本 TG53④：16）

2.4、厚 0.1、方孔边长 0.7 厘米。

宽永通宝，1 枚，标本 TG53：154（彩图三-35，4），圆形方孔，正面楷书"宽永通宝"四字，背面锈蚀较严重。直径 2.3、厚 0.08、方孔边长 0.6 厘米。

景□通宝，1 枚，标本 TG53：155（彩图三-35，5），圆形方孔，边缘部分残缺，正面楷书

"景□通宝"四字，磨损严重，字迹模糊。直径 2.2、厚 0.02 厘米。

允□通宝，1 枚，标本 TG53：158（彩图三-35，6），圆形方孔，边缘略残，正面锈蚀较严重，可辨识"允□通宝"钱文，背面磨损较多。直径 2.3、厚 0.08、方孔边长 0.6 厘米。

万历通宝，1 枚，标本 TG53：153（彩图三-

1. 景□元宝（标本 TG53：42）

4. 宽永通宝（标本 TG53：154）

2-1. 治平元宝（标本 TG53：146）

5. 景□通宝（标本 TG53：155）

2-2. 治平元宝（标本 TG53：147）

6. 允□通宝（标本 TG53：158）

3. 天□□宝（标本 TG53：152）

7. 万历通宝（标本 TG53：153）

彩图三-35　TG53 出土铜钱

35，7），圆形方孔，边缘微残，正面书"万历通宝"四字，背面光滑。直径 2.5、厚 0.1、方孔边长 0.5 厘米。

　　顺治通宝，2 枚，圆形方孔，正面书"顺治通宝"四字，背面方孔两侧书满文两字，标本 TG53：68（彩图三-36，1），直径 2.7、厚 0.1、方

孔边长 0.5 厘米；标本 TG53:69（彩图三-36，2），直径 2.7、厚 0.1、方孔边长 0.6 厘米

　　康熙通宝，共 11 枚，大小规格不一，均为圆形方孔，部分残缺较严重，正面书"康熙通宝"四字，背面方孔两侧书满文两字，共分四种规格。

　　标本 TG53：135（彩图三-36，3），直径 2.8、

1. 顺治通宝（标本 TG53：68）

5. 康熙通宝（标本 TG53：137）

2. 顺治通宝（标本 TG53：69）

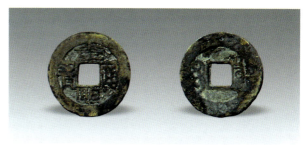

6. 康熙通宝（标本 TG53：138）

3. 康熙通宝（标本 TG53：135）

7. 雍正通宝（标本 TG53：148）

4. 康熙通宝（标本 TG53：136）

8. 雍正通宝（标本 TG53：149）

彩图三-36　TG53 出土铜钱

厚 0.05、方孔边长 0.5 厘米。

标本 TG53：136（彩图三-36，4），直径 2.4、厚 0.1、方孔边长 0.5 厘米。

标本 TG53：137（彩图三-36，5），直径 2.3、厚 0.1、方孔边长 0.5 厘米。

标本 TG53：138（彩图三-36，6），直径 2.1、厚 0.1、方孔边长 0.5 厘米。

雍正通宝，4 枚，有大小两种规格，均为圆形方孔，正面书"雍正通宝"四字，背面方孔两侧书满文两字。

标本 TG53：148（彩图三-36，7），直径 2.8、厚 0.1、方孔边长 0.6 厘米。

标本 TG53：149（彩图三-36，8），直径 2.5、厚 0.1、方孔边长 0.5 厘米。

1. 乾隆通宝（标本 TG53：70）

6. 乾隆通宝（标本 TG53：75）

2. 乾隆通宝（标本 TG53：71）

7. 乾隆通宝（标本 TG53：76）

3. 乾隆通宝（标本 TG53：72）

8. 乾隆通宝（标本 TG53：77）

4. 乾隆通宝（标本 TG53：73）

9. 乾隆通宝（标本 TG53：78）

乾隆通宝，65 枚，大小规格不一，部分残缺较严重，均为圆形方孔，正面书"乾隆通宝"四字，背面方孔两侧书满文两字，共分九种规格。

标本 TG53：70（彩图三–37，1），直径 2.6、厚 0.1、方孔边长 0.5 厘米。

标本 TG53：71（彩图三–37，2），直径 2.5、厚 0.1、方孔边长 0.6 厘米。

标本 TG53：72（彩图三–37，3），直径 2.4、

5. 乾隆通宝（标本 TG53：74）

彩图三–37　TG53 出土"乾隆通宝"铜钱

厚 0.1、方孔边长 0.5 厘米。

标本 TG53∶73（彩图三-37，4），直径 2.3、厚 0.1、方孔边长 0.5 厘米。

标本 TG53∶74（彩图三-37，5），直径 2.1、厚 0.1、方孔边长 0.6 厘米。

标本 TG53∶75（彩图三-37，6），直径 1.8、厚 0.04、方孔边长 0.6 厘米。

标本 TG53∶76（彩图三-37，7），直径 1.7、厚 0.03、方孔边长 0.65 厘米。

标本 TG53∶77（彩图三-37，8），直径 1.6、厚 0.04、方孔边长 0.5 厘米。

标本 TG53∶78（彩图三-37，9），直径 1.4、厚 0.03、方孔直径 0.6 厘米。

嘉庆通宝，31 枚，大小规格不等，部分残缺较严重，均为圆形方孔，正面书"嘉庆通宝"四字，背面方孔两侧书满文二字，共分六种规格。

标本 TG53∶160（彩图三-38，1），直径 2.5、厚 0.1、方孔边长 0.5 厘米。

标本 TG53∶161（彩图三-38，2），直径 2.4、厚 0.1、方孔边长 0.6 厘米。

标本 TG53∶162（彩图三-38，3），直径 2.3、厚 0.1、方孔边长 0.6 厘米。

标本 TG53∶163（彩图三-38，4），直径 2.2、厚 0.1、方孔边长 0.6 厘米。

标本 TG53∶164（彩图三-38，5），直径 2、厚 0.05、方孔边长 0.5 厘米。

标本 TG53∶165（彩图三-38，6），直径 1.9、厚 0.05、方孔边长 0.6 厘米。

1. 嘉庆通宝（标本 TG53∶160）

4. 嘉庆通宝（标本 TG53∶163）

2. 嘉庆通宝（标本 TG53∶161）

5. 嘉庆通宝（标本 TG53∶164）

3. 嘉庆通宝（标本 TG53∶162）

6. 嘉庆通宝（标本 TG53∶165）

彩图三-38　TG53 出土"嘉庆通宝"铜钱

道光通宝，25枚，大小规格不一，部分残缺较严重，均为圆形方孔，正面楷书"道光通宝"四字，背面方孔两侧书满文两字，规格共分六种。

标本 TG53：43（彩图三-39，1），直径2.4、厚0.1、方孔边长0.5厘米。

标本 TG53：44（彩图三-39，2），直径2.3、厚0.1、方孔边长0.6厘米。

标本 TG53：45（彩图三-39，3），直径2.2、厚0.15、方孔边长0.5厘米。

标本 TG53：46（彩图三-39，4），直径1.9、厚0.1、方孔边长0.7厘米。

标本 TG53：47（彩图三-39，5），直径1.7、厚0.05、方孔边长0.7厘米。

标本 TG53：48（彩图三-39，6），直径1.5、

厚0.05、方孔边长0.6厘米。

咸丰通宝，2枚，大小不一，均为圆形方孔，正面书"咸丰通宝"四字，背面方孔两侧书满文两字。标本 TG53：156（彩图三-40，1），直径2.4、厚0.15、方孔边长0.6厘米；标本 TG53：157（彩图三-40，2），直径2.2、厚0.15、方孔边长0.6厘米。

光绪元宝，3枚，圆形，正面中间有一道圆圈，内用楷书铸"光绪元宝"四字，正中有两字满文，圆圈外铸"甲辰江南省造每元当制钱十文"字样，背面圆圈内为一龙形图案，圈外铸"KIANG NAN TEN CASH"英文。标本 TG53：34~36（彩图三-41，1~3），直径2.8、厚0.15厘米。

大清铜币，3枚，有大小两种规格，均为圆形。大币1枚，标本 TG53：39（彩图三-41，4），

1. 道光通宝（标本 TG53：43）

4. 道光通宝（标本 TG53：46）

2. 道光通宝（标本 TG53：44）

5. 道光通宝（标本 TG53：47）

3. 道光通宝（标本 TG53：45）

6. 道光通宝（标本 TG53：48）

彩图三-39　TG53出土"道光通宝"铜钱

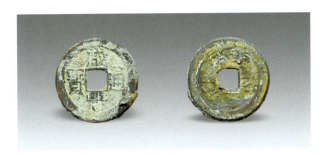

1. 咸丰通宝（标本 TG53：156）

2. 咸丰通宝（标本 TG53：157）

彩图三-40　TG53 出土铜钱

1. 光绪元宝（标本 TG53：34）

5. 大清铜币（标本 TG53：37）

2. 光绪元宝（标本 TG53：35）

6. 大清铜币（标本 TG53：38）

3. 光绪元宝（标本 TG53：36）

7. 中华民国开国纪念币（标本 TG53：40）

4. 大清铜币（标本 TG53：39）

8. 中华民国开国纪念币（标本 TG53：41）

彩图三-41　TG53 出土铜币

正面铸楷书"大清铜币"四字，其余已锈蚀不可辨，背面正中为一龙形图案，其余已锈蚀无法辨识，直径3.3、厚0.15厘米。小币2枚。标本TG53：37、38（彩图三-41，5、6），正面中间有一道圆圈，内用楷书铸"大清铜币"四字，圈外铸"丙午 户部 当制钱十文"字样，"丙午"两字间铸满文四字，背面圆圈内为一龙形图案，圈外刻楷书"光绪年造"四字，另有英文字母，模糊不可辨，直径2.8、厚0.15厘米。

中华民国开国纪念币，3枚，均为圆形。标本TG53：40、41（彩图三-41，7、8），正面中间有一道圆圈，圈内用楷书刻"十文"二字，两侧有花草图案环绕，圈外有"THE REPUBLIC OF CHINA TEN CASH"英文，背面中间为青天白日旗和五色旗，旗帜周围铸"中华民国开国纪念币"字样和紫荆花图案，直径2.8、厚0.1厘米。

其他铜钱，20枚，TG53：190-209，除一枚为圆形圆孔外，其余均为圆形方孔，部分铜钱残缺较多，大部分锈蚀严重，字迹模糊无法辨识。

（四）铁器

锔扣，2件，均出土于黑淤土层内。

标本TG53：32（图三-21，1；彩图三-42，1），铸铁，亚腰形，表面锈蚀较严重，为锁控石板所用，横截面为梯形，上窄下宽。宽面长17.6厘米，两端宽分别为10、10.5厘米，腰部宽4.5厘米；窄面长17.2厘米，两端宽分别为9.7、10厘米，腰部宽4.1厘米。标本TG53：33（图三-21，2；彩图三-42，2），四角端呈尖角，其余形制与尺寸同标本TG53：32。

锥形铁器，1件。

标本TG53：211（图三-21，3；彩图三-42，3），四棱锥形，尾部有断面呈方形的柱状榫头。锥形部分长6.5、厚0.3~2、榫头残长1.3、边长0.7厘米。

铁球，1件。出土于黑淤土层内。

标本TG53：212（彩图三-42，4），完整，表面光滑。直径1.8厘米。

铁环，2件。

标本TG53：252（彩图三-42，5），圆形，周身绕有细铜丝，环直径约2.4、断面直径0.3厘米。

标本TG53：253（彩图三-42，6），椭圆形，上窄下宽。长4、最宽处2.5、断面直径0.4厘米。

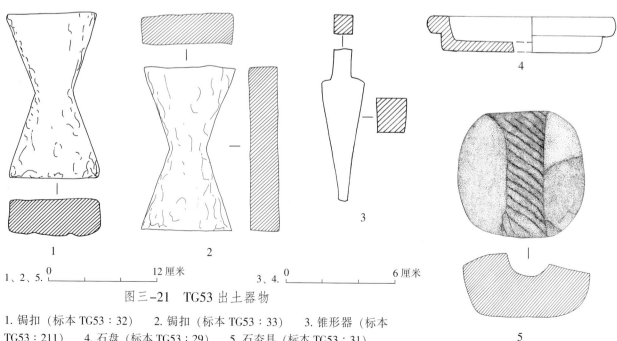

1、2、5   0 ____ 12厘米   3、4   0 ____ 6厘米

图三-21 TG53 出土器物

1. 锔扣（标本 TG53：32）　2. 锔扣（标本 TG53：33）　3. 锥形器（标本 TG53：211）　4. 石盘（标本 TG53：29）　5. 石夯具（标本 TG53：31）

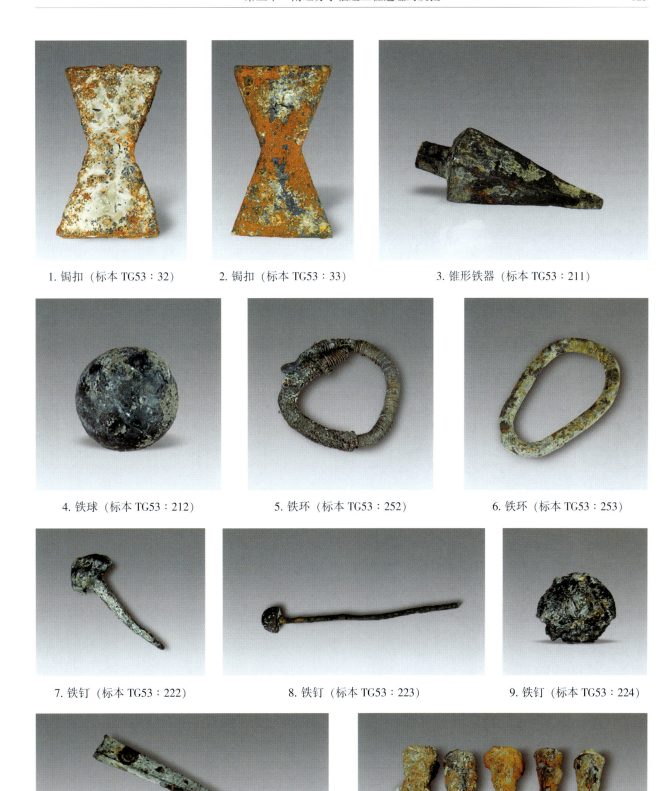

1. 锅扣（标本 TG53：32）　　2. 锅扣（标本 TG53：33）　　3. 锥形铁器（标本 TG53：211）

4. 铁球（标本 TG53：212）　　5. 铁环（标本 TG53：252）　　6. 铁环（标本 TG53：253）

7. 铁钉（标本 TG53：222）　　8. 铁钉（标本 TG53：223）　　9. 铁钉（标本 TG53：224）

10. 铁钉（标本 TG53：225）　　11. 地钉头部铸铁（标本 TG53：254~258）

彩图三-42　TG53 出土铁器

铁钉，30 件，形制大小不一，出土于黑淤土层内。

标本 TG53：222（彩图三-42，7），四棱锥头部，半球形帽。通长 5、帽部直径 2 厘米。

标本 TG53：223（彩图三-42，8），圆柱形头部，半球形帽。通长 7.6、帽部直径 0.9、头部直径 0.2 厘米。

标本 TG53：224（彩图三-42，9），残，残存圆饼形帽。帽部直径 2.5、厚 0.1、残长 1 厘米。

标本 TG53：225（彩图三-42，10），四棱锥形铁钉。长 6.6、尾部长 0.8、宽 0.4 厘米。

地钉头部铸铁，5 件，残，出土于黑淤土层内。

标本 TG53：254~258（彩图三-42，11），圆锥形，中空，内留有部分木桩，表面锈蚀严重。长 10.2、尾部直径 4.3 厘米。

（五）铜制品

铜饰件，2 件。

标本 TG53：210（彩图三-43，1），球形，残存半个，一面呈圆形略凹，有字但模糊不清。直径 1.6、残厚 0.2~0.5、直径 1.2 厘米。

标本 TG53：221（彩图三-43，2），残，半球形。直径 0.9 厘米。

铜簪子，3 件。

标本 TG53：214（彩图三-43，3），圆锥形，头部较尖，尾部残，身弯曲。残长 8.2、头部直径 0.3 厘米。

3. 簪子（标本 TG53：214）

4. 簪子（标本 TG53：215）

1. 球形铜饰件（标本 TG53：210）　　2. 半球形铜饰件（标本 TG53：221）

5. 烟袋锅（标本 TG53：216）

6. 烟袋锅（标本 TG53：217）

7. 烟袋锅（标本 TG53：218）

8. 烟袋锅（标本 TG53：219）

9. 烟袋锅（标本 TG53：220）

彩图三-43　TG3 出土铜器

标本 TG53：215（彩图三-43，4），圆锥形，头部较尖，尾部凿去一部分呈小圆饼，身稍弯曲。通长 9、尾部直径 0.5 厘米。

铜烟袋锅，5 件，形制基本相同，管身光滑，颈部弯曲，与烟叶锅相接。

标本 TG53：216（彩图三-43，5），烟叶锅缺失，管身表面刻有花草图案。头部直径 1.1、管孔直径 1.2、长 8.5 厘米。

标本 TG53：217（彩图三-43，6），烟叶锅。口径 2.1、管孔直径 1、长 8.8 厘米。

标本 TG53：218（彩图三-43，7），仅存烟叶锅。口径 1.4、残高 1 厘米。

标本 TG53：219（彩图三-43，8），烟叶锅。管部有残缺，口径 2、直径 1.2、长 8 厘米；

标本 TG53：220（彩图三-43，9），烟叶锅。口径 1.8、管孔直径 1.1、长 7 厘米。

（六）石质器物

石制片，1 件，出土于黑淤土层内。

标本 TG53：28（彩图三-44，1），边缘完整，中部有残缺，用途不详。残长 10.7、宽 2.8-5、厚 0.2 厘米。

石盘，1 件，出土于黑淤土层内。

标本 TG53：29（图三-21，4；彩图三-44，2），残，可复原，圆唇，宽折沿，斜直腹，平底。口径 10、腹径 8.5、高 2 厘米。

石夯具，2 件，出土于黑淤土层内。

标本 TG53：30（彩图三-44，3），青石质。残存一半，圆台体，中心开一圆孔，有凿痕。长 16、宽 15、残高 9、孔径 4.5 厘米。

标本 TG53：31（图三-21，5；彩图三-44，

1. 石制片（标本 TG53：28）

3. 夯具（标本 TG53：30）

2. 盘（标本 TG53：29）

4. 夯具（标本 TG53：31）

彩图三-44 TG53 出土石器

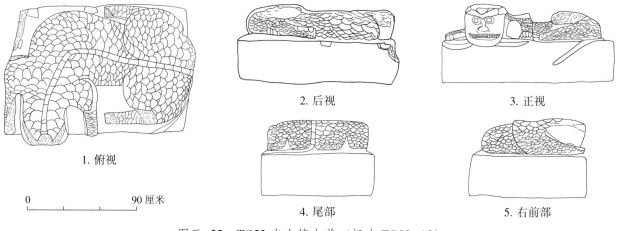

1. 俯视

0 ——————————— 90 厘米

2. 后视   3. 正视

4. 尾部   5. 右前部

图三-22 TG53 出土镇水兽（标本 TG53∶13）

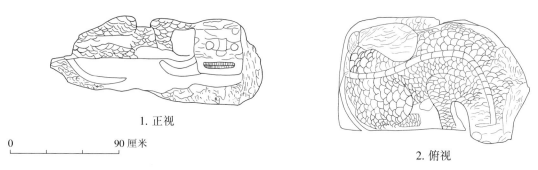

1. 正视

0 ——————————— 90 厘米

2. 俯视

图三-23 征集镇水兽

4），砂岩。残缺较多。圆台体，中心开一圆孔，有凿痕。残长 14、宽 11、残高 7、孔径 5 厘米。

镇水兽，2 尊。标本 TG53∶13（图三-22；彩图三-45，1、2），石质。长 142、宽 97、高 62 厘米。探沟西北侧现代垫土层下部出土。另一件镇水兽（图三-23；彩图三-45，3、4），原出土于分水龙王庙北侧运河古河道，后移至南旺镇政府保管。现均保存在南旺文物管理所。

（七）其他

烟袋嘴，4 件，均出土于黑淤土层内。

标本 TG53∶17（彩图三-46，1），玉石质。管状，一端有铜箍。通长 7.5、铜箍端直径 1.3、孔径 0.8、嘴子直径 0.9、孔径 0.2 厘米。

标本 TG53∶18（彩图三-46，2），玉石质。残。蘑菇状头部，喇叭形管身，中空。残长 3.7、头部直径 1.4、孔径 0.9、管身直径 0.8~1.4、孔径 0.2 厘米。

标本 TG53∶19（彩图三-46，3），玉石质。残。八棱柱状管身。残长 5.7、直径 1.1~1.7、孔径 0.2~0.7 厘米。

标本 TG53∶20（彩图三-46，4），玻璃质。残。管状。残长 4.1、直径 1.2、孔径 0.9 厘米。

玻璃扳指，1 件。

标本 TG53∶21（彩图三-47，1），残。表面饰白、棕、绿三色条纹。壁厚 0.4 厘米。

琉璃珠，1 件。出土于黑淤土层内。

标本 TG53∶22（彩图三-47，2），蓝色。直径 0.6、孔径 0.2、厚 0.3~0.5 厘米。

琉璃佩饰，1 件。

标本 TG53∶23（彩图三-47，3），蓝色。水滴状，穿孔残。残长 1.5、厚 0.3~0.5、孔径 0.4 厘米。

琉璃片饰，1 件。

标本 TG53④∶24（彩图三-47，4），绿色。残长 1.5、宽 0.9、厚 0.3 厘米。

圆蚌饰，1 件。

1. 镇水兽（标本 TG53：13）

3. 镇水兽（征集）

2. 镇水兽面部（标本 TG53：13）

4. 镇水兽面部（征集）

彩图三–45　TG53 出土及征集镇水兽

1. 标本 TG53：17

2. 标本 TG53：18

3. 标本 TG53：19

4. 标本 TG53：20

彩图三-46　TG53 出土烟嘴

1. 玻璃扳指（标本 TG53：21）

2. 琉璃珠（标本 TG53：22）

3. 琉璃佩饰（标本 TG53：23）

4. 琉璃片饰（标本 TG53④：24）

5. 圆蚌饰（标本 TG53④：26）

6. 蚌饰（标本 TG53④：27）

彩图三-47　TG53 出土器物

标本 TG53④：26（彩图三-47，5），完整。圆形，穿孔。直径 3.8、孔径 1.2、厚 0.3、肉宽 0.9~1.6 厘米。

蚌饰，1 件。

标本 TG53④：27（彩图三-47，6），头部为圆柱形，颈部有一道横向凹槽，器身呈犬牙状弯曲，

1. 瓷碗底（许建口：1）

2. 瓷碗底（许建口：1）

3. 瓷碗底（许建口：2）

4. 瓷碗底（许建口：2）

5. 瓷碗底（许建口：7）

6. 瓷碗底（许建口：7）

彩图三-48　许建口闸出土青花瓷碗

尾残。通高 4 厘米。

九　许建口闸出土遗物

共出土器物 8 件，全部为青花瓷器。以下选择部分标本说明。

许建口：1（图三-24，1；彩图三-48，1、2），青花瓷碗底。残，灰胎。鼓腹、平底、高圈足。

器表和内底均施草叶纹。底径 6.5、残高 3.3、胎厚 0.3 厘米。

许建口：2（图三-24，2；彩图三-48，3、4），青花瓷碗。残。圈足，内外壁均饰花草纹。残高 6.2、底径 6.8、胎厚 0.3 厘米。

许建口：7（图三-24，3；彩图三-48，5、6），青花瓷碗。残。内外壁均饰花草纹，外底有款识。

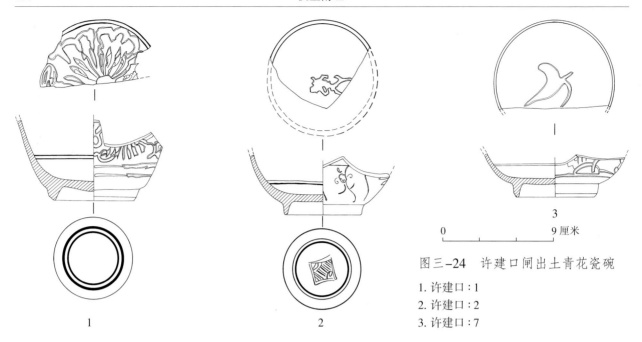

图三-24　许建口闸出土青花瓷碗

1. 许建口：1
2. 许建口：2
3. 许建口：7

残高 4.6、圈足直径 6.4、胎厚 0.3~0.7 厘米。

第六节　分水枢纽的水工成就和年代

　　通过对南旺分水枢纽工程遗迹、遗物的介绍，对其所反映的运河分水枢纽功能结构、水工技术成就和时代划分有了初步的认识。

　　汶运交汇区为小汶河入注运河的分水口，即分水枢纽工程的中心区域。通过对布置于龙王庙山门前、水明楼门前、祠宇院落门前及龙王庙西墙外五条探沟的解剖，从地层堆积、残存遗迹来看，基本上是对应的，探沟南部均暴露出分水龙王庙北侧临接的石砌岸遗迹，探沟北部均为运河古河道淤土堆积。在探沟南部距地表约 2~6 米均发现原分水砌岸内侧三合土夯筑堤岸及底部石块、木桩残件、柱洞等痕迹，这些遗迹在五条探沟内基本呈西北—东南走向分布，在正对小汶河口的水明楼前石砌岸遗迹有向河心凸出的弧形结构，这表明了利用石砌岸实现分水功能的结构及原理。

　　通过对 TG51 和 TG52 的发掘，基本明确了小汶河口的东西堤岸结构和宽度，了解了汶运交汇区的河道淤土堆积状况。通过对 TG4 和 TG5 的发掘，解剖了运河河道堆积，明晰了本段河道经历

两次自北向南移动的大变迁过程，并出土了成排木桩和明弘治拾年（1497 年）筑造的砖石北堤等重要遗迹，反映出了运河堤岸的砌筑用材、筑法、结构和清淤护堤的方式等水工技术问题。

　　对于闸、坝、斗门等运河河道附属设施遗址的发掘，主要通过对许建口闸遗址的详细解剖，基本明确了明清时期运河闸口的布局结构。

　　出土遗物中，瓷器以青花瓷为主，有部分北方青瓷，绝大多数为明清时期山东淄川、博山等地民窑产品；钱币多为清顺治至光绪时期，以乾隆、嘉庆铜钱占多数，也有极少量宋元时期铜钱，还出土有清光绪年铜币和中华民国开国纪念币等；建筑构件主要为散落于河道中的明清时期龙王庙建筑用脊兽残件和砖瓦件。另有石质镇水兽和少量铜扣、铁钉等。这说明龙王庙分水枢纽工程的沿用下限应在清光绪年间，和文献记载相吻合。

　　通过对分水石砌岸、运河古河道、小汶河河道交汇形成的引汶济运分水枢纽工程遗址中心区域的发掘，揭露了本段运河分水枢纽工程结构的基本面貌，明确了通过戴村坝截引小汶河水源和利用石砌岸工顶冲实现南北分流济运的水工技术成就，为研究运河水工技术和文化遗产提供了较为翔实的实物资料。

第四章　分水龙王庙古建筑群的发掘

第一节　概　述

南旺分水龙王庙作为随运河而兴衰的一处重要遗产，属具有祭祀和纪念功能的建筑群落，是运河遗产不可分割的一部分。经发掘，发现该建筑群整体坐南朝北，正对汶运交汇处，总体由东、中、西三路建筑组合而成，均为砖木结构的三进院落（彩图四-1、2）。其中，东路由牌坊、山门、戏楼、钟鼓楼、龙王大殿、关帝庙组成，以龙王大殿、关帝庙为中心；中路由水明楼、过厅、东西厢房、禹王殿、观音阁组成，以水明楼、禹王殿、观音阁为中心；西路由大门、六角亭、过厅、潘公祠、白公祠、宋公祠以及院墙组成，以宋公祠为中心。上述诸建筑基址分别呈中轴对称布局，组成三进院落，并由甬道和过门连通形成一有机整体（图四-1）。

2006 年，分水龙王庙古建筑群与京杭大运河一起被整体公布为第六批全国重点文物保护单位。该建筑群自明代永乐年间初创以来，明正德、清顺治、雍正、道光、光绪年间屡有修葺添建，最后终于形成一组古雅恢弘、功能齐全的建筑群。近百年来，随着京杭大运河的衰败，分水龙王庙古建筑群逐渐废弃，日见荒废。"文化大革命"期间，以龙王庙、水明楼、祠堂建筑群为代表的珍贵遗产从整体上遭到破坏，唯基础尚在。后来，此区又被辟为学校用地从而遭到进一步的破坏，这个过程一直持续到 21 世纪初期学校搬迁新址。

从保存现状来说，分水龙王庙建筑群可分两类：一类为地面尚存砖木构建筑，主要有关帝庙、禹王殿、观音阁、和尚禅室、宋公祠、文公祠、蚂蚱神庙等，未予发掘，不做介绍；另一类为掩埋地下的建筑基址遗存（彩图四-3），为此区发掘工作的重点，下文将详细介绍。

彩图四-1　分水龙王庙建筑群发掘前风景（自西向东）

彩图四-2　分水龙王庙建筑群发掘区鸟瞰图

北

禹王殿

宋公祠

龙王大殿

白公祠

字纸楼

东厢房

西厢房

钟楼

过厅

过厅

潘公祠

戏楼

鼓楼

山门

水明楼

砖墙

水明楼

假山

六角亭

石砌岸

石砌岸

院门

TG3

石砌岸

TG1

TG2

石砌岸

0   750 厘米

图四-1　分水龙王庙建筑群遗迹总平面图

1. 分水龙王庙建筑群基址全景（自东向西）

2. 分水龙王庙建筑群基址全景（自西向东）

彩图四–3　分水龙王庙建筑群基址全景

第二节　地层堆积

一　龙王庙建筑群地层堆积

龙王庙建筑群范围内的堆积由东向西倾斜，东部堆积较高，厚达1~1.2米，西部堆积较薄，厚0.4~0.5米，均可分两层。第1层为现代扰土，部分地方还叠压有现代小学校舍的建筑基址，该层呈黄褐色，基本为碎砖块、石灰和石子的混合土，第2层为建筑倒塌堆积，为黑色土，略泛黄，出土少量建筑构件和青花瓷片。

二　水明楼建筑群地层堆积

从清理的各建筑基址来看，普遍残存基础和部分墙体，院落和甬道地面铺砖保存较完整，西厢房南明间和次间基础部分均遭破坏，只保留基槽痕迹。基址内外堆积较单一，包含物较少。水明楼建筑群除水明楼的东西墩台部分暴露地表外，其余大部埋藏于深约0.1~0.3米的近现代扰土层下。除清理基址内外填土堆积外，基础部分堆砌均未做解剖。近现代扰土堆积可分四层，现以分布于水明楼南侧院落的T2622南壁为例作如下描述。

第1层，表土层，灰沙土，较疏松，夹杂大量现代砖瓦碎块和残瓷片。厚6~10厘米。

第2层，黄褐色垫土层，质地疏松，夹杂白灰渣，含大量砖瓦碎块和残瓷片。厚12~20厘米。

第3层，灰褐沙土层，质地较疏松，夹杂白灰渣，含大量砖瓦碎块。厚22~25厘米。

第4层，黄褐黏土层，较坚硬致密，夹杂少量灰烬。厚7~10厘米。

其下为院落铺地砖，未做解剖。该探方涉及水明楼和东西厢房之间的一进院落，南壁西部被一现代扰沟打破。整个堆积为"文化大革命"中建筑遗址遭废弃后形成的垫土。

三　祠堂建筑群地层堆积

祠堂建筑群除宋公祠地面尚存外，其余大部埋藏于距离地表0.01~0.6米的现代扰土层下。现代扰土层可以从整体上分为两类：一类为"文化大革命"时期龙王庙建筑群被整体破坏，以及修建、使用、废弃学校所形成的现代地层堆积，多为现代生活和建筑垃圾，可分层；一类为2006年规划部门为编制保护规划清理寻找建筑基址以及相关设施所回填垫土及建筑垃圾，形成大量沟状或片状堆积，不可分层。两类地层堆积之上都覆盖有厚薄不均的一层表土。

现以T2219、T2220两探方的西壁剖面（图四-2）为例做如下描述。

第1层，表土层，土质疏松，不纯净，夹杂较多建筑构件、碎砖块、石灰斑点及零星碎瓷片。厚约2~25厘米。

第2层，近现代扰乱层，厚度不一，呈沟状

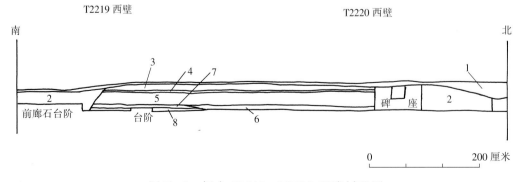

图四-2　探方T2219、T2220西壁剖面图

或片状堆积，为现代垫土，夹杂较多的建筑构件、碎砖乱石。

第3层，黄褐色土层，土质细腻，略呈沙质，含有碎砖块及石灰斑点。厚约10~15厘米。

第4层，黑色土层，分布均匀，质较纯净。厚约2厘米。

第5层，黑褐色土层，含有大量的碎砖、石灰及其他建筑垃圾，为建筑垃圾层。厚约15~20厘米。

第6层，黄褐色土层，分布不均匀，含有石灰斑点。厚约1~5厘米。

第7层，褐色土层，只分布在白公祠台阶前较小的区域。厚约2~4厘米。

第8层，黑褐色土层，沙土质，分布不均匀。厚约5厘米。

此层下为白公祠的前廊及台阶，未做进一步解剖。

第三节　三组建筑及其相关遗迹

一　龙王庙建筑群基址

龙王庙建筑群位于分水龙王庙建筑群的东部，是分水龙王庙建筑群中的庙宇建筑。从龙王庙院落内出土的碑刻内容和《南旺镇志》（1987年版）的有关记载来看，龙王庙建筑群始建于明代，其中以龙王大殿的建筑年代最早，可追溯至明洪武初年（1368年），后历经明清两朝多次修缮（仅碑文可考的就有康熙、乾隆和光绪年间三次），逐渐形成完整的寺庙布局。该组建筑除关帝庙外，大多毁于上世纪"文化大革命"时期。

该建筑群以院落内的甬道为中轴线对称分布（彩图四-4），自北向南依次为牌坊、山门、戏楼、

彩图四-4　分水龙王庙建筑群基址全景（自南向北）

钟楼、鼓楼、龙王大殿和关帝庙,其中除关帝庙框架结构大体尚存之外,其余建筑仅残存基址。另外以戏楼与龙王大殿之间的院落为中心,散落有明清时期的重要碑刻11通(图四-3)。

(一)山门及牌坊

山门作为出入龙王庙庙宇建筑的门户,是平日参与佛事活动、进庙游玩、观看戏曲的必经之地,也是龙王庙建筑群与运河的通道之一。中国传统寺庙建筑中山门的结构、布局和规模,在一定程度上代表了佛寺建筑的规模和等级。

据《南旺镇志》记载,龙王庙山门由三个圆门组成。红漆大门上钉着排列齐整的馒馒式大钉。正门楣上镶嵌着石刻"分水龙王庙"五个大字的壁匾。贴大门墙竖起两层木楼的大牌坊。顶覆绿瓦斜山,飞檐挑角,脊兽姿态活泼。四个大石座镶嵌有四根大木柱支撑牌坊。中间两根突出坊顶约10米,上顶蓬大锡帽。坊左右共六根斜撑的支柱,使坊十分牢固。坊正顶上悬挂书有"左右逢源"四个大字的匾额。左、右边门上分别悬挂清朝书法家刘韵珂题写的"海晏"、"河清"两个匾额。整个结构细致精巧,宏伟大方,气势轩昂。山门及牌坊始建于明代,毁于1967年。

山门现存北面的两块门槛石和一块作为门槛石间墙体基础的条石、东西山墙墙基和东山墙残存的一段墙体,基址南部东西两侧各有两块通往院落的台阶石。门前的牌坊仅存四个立柱中的一个磉墩,牌坊西侧有护坡一处,在收集的旧照片中还可以看到牌坊东侧有两座旗杆,现已无存。

牌坊磉墩坐南朝北,方向15°,平面为长方形,东西长0.7、南北宽0.8、残高0.36米。南部残存三层青砖,北部残存一层青砖,砖四周及底部均用三合土夯实。从解剖的情况看,其构筑方法为先在原生堆积上挖一近方形的深坑,灌入部分三合土夯实后,在三合土上错缝平砌青砖,再将砖四周用三合土夯实(图四-4;彩图四-5,1)。

山门西北侧有护坡一处,用碎石块垒成,中部向北微凸呈弧形,石块分为两层,层与层之间有细沙层铺垫,石块之间有夯实的三合土作黏合剂。向下未做解剖(图四-5;彩图四-5,2)。

山门方向与牌坊一致,平面呈长方形,东西长11.6、南北宽4.7米,面阔三间,进深一间,地上基础部分高出四周院落铺地砖0.45米。山门原有三个门洞,现尚存中间和西部两块门槛石和作为门槛石之间墙体基础的一块条石,均为长方形。正中间的门槛石长3.41、宽0.69、厚0.21米,中间有一道凸起的长方形石门槛,截面为梯形,部分残缺,但尚留痕迹,通长2.7、底宽0.14、面宽0.11、高0.04米,在石门槛东西两端各凿有一长方形门柱凹槽,凹槽长0.15、宽0.035、深0.02米(彩图四-6,1)。在门槛南侧、门槛石的两端各凿有一大一小两个圆形的门轴窝心,呈倒八字形分布,其中大孔直径0.1米,小孔直径0.08米。西侧门槛石形制大致相同,长2.26、宽0.7、厚0.21米;门槛长2.17、底宽0.14、面宽0.12、门柱凹槽长0.15、宽0.035、深0.02米,门槛石两端各有一个圆形门轴窝心,孔径0.09、深0.005米。两门槛石经过长期踏磨,表面十分光滑,部分磨损较厉害(彩图四-6,2)。两门槛石之间的长方形条石长1.06、宽0.67、厚0.21米。东侧门槛石已缺失,根据现存门槛石的情况,可以推测出东侧门槛石和中部门槛石之间也应有一块作为墙体基础的条石存在(图四-6;彩图四-7,1)。

通过对门槛石下基础部分的解剖,可以看到其结构为:最底下有一层平砌的条石,条石下为夯土,条石上错缝平砌有九层青砖,青砖上即是门槛石,因当地砖窑取土,已将山门前的原生堆积尽数破坏,并将砖窑垃圾堆砌到门槛石之下,并使门槛石偏移了其原来的位置,除此之外,未在其他部位进行解剖,因此其基槽部分尚不清楚

1. 山门及戏楼（自南向北）

2. 山门墙基解剖（自北向南）

彩图四-7　龙王庙山门及戏楼遗迹

段长 1.58 米的墙体，墙体两侧用长方形青砖收分 0.06 米砌成，边缘齐整，青砖的规格为 0.27×0.13×0.08 米（长×宽×厚，下同），墙体中间用碎砖块填充，用白石灰作黏合剂。

基址地面均用青砖铺地，较为平整，铺地砖的规格大小不一。铺地砖下为一层厚 0.11 米的夯土，其下又是一层铺地砖，应是经多次修缮所铺，该层铺地砖下结构未做解剖。

山门发掘范围内发现少量的建筑构件和青花瓷片。

山门南部东西两侧各有两层台阶与院落相通，未见门道痕迹，西侧上层台阶已缺失，东侧上层台阶面与东墙基础面的条石相平，长 1.4、宽 0.69、厚 0.18 米，下层台阶平铺于院落铺地砖之上，长 1.12、宽 0.42、厚 0.2 米。西侧下层台阶尺寸与东侧下层台阶尺寸相同。

为了保护建筑基址，未对山门基础部分做更详细的解剖，故铺地砖下情况尚不明了。另外，根据旧照片提供的信息，大致能复原山门昔日的外部框架结构，但内部的架梁和屋顶情况还无从知晓。

（二）戏楼

戏楼位于龙王庙建筑群中轴线中部偏北，北墙与山门相接，南面通过甬道与龙王大殿相通。

据《南旺镇志》记载，戏楼与大门建筑为一体。大门三间门楼即是戏台的化妆室。戏楼全是木柱扎架而起，顶覆灰瓦，亦是重梁起架，斜山挑角，角下挂有风铃。化妆室前面（舞台后背）和两边窗户均是精工巧制木质的花棂。舞台正中悬挂"大舞悬池"匾额。匾下是大月窗。舞台前场三面均有木质花棂栏杆，均有绘画。戏楼毁于 1966 年的"破四旧"运动中。

戏楼目前仅存四面墙基和地面铺地砖、部分柱础石的遗痕以及南面墙基前的台阶石一块。

戏楼基址坐北朝南，方向 195°，平面呈长方形，东西长 7.2、南北宽 3.75 米。基址高出四周院落铺地砖 0.47 米。通过对基址高出地面部分结构的观察，其墙基面上用长方形条石平铺，条石下错缝平砌有一层薄砖和一层厚砖，基址地下部分未做解剖，其结构尚不清楚（见四-6）。

戏楼基址上未发现柱础石，但在南部墙基东西两侧条石和北部墙基西侧残存的条石上各有两个黏结柱础石和墙基的石灰痕迹，两两对称分布，平面近正方形，边长 0.41 米，从中大致可以看出柱础石的平面形状和尺寸。

戏楼四面墙基面上均用长方形条石铺垫，北墙仅存西侧一块条石，长 2、宽 0.69、厚 0.16 米，其余三面墙基的条石保存完整，其中东山墙两块条石的规格分别为 1×0.69×0.17 米、2.08×0.68×0.16 米，西山墙两块条石的规格分别为 1×0.68×0.2 米、2.08×0.69×0.13 米，南墙东西两侧两块条石的规格为 2.30×0.69×0.18 米、1.96×0.7×0.16 米，中间为一长方形石台阶。戏楼四面的墙体部分已荡然无存。

基址地面用青砖错缝平砌，砖的规格大小不一，大致与四周墙基平齐，铺地砖下的结构未做解剖。

戏楼南墙有两层台阶与院落甬道相接，上层台阶面与南墙基础面的条石相平，长 2.92、宽 0.69、厚 0.16 米；下层台阶平铺于院落铺地砖之上，面与甬道铺地砖基本相平，长 1.1、宽 0.34、厚 0.2 米。

（三）钟楼及钟楼北小屋

钟楼位于龙王庙建筑群中轴线中部西侧，与鼓楼以戏楼和山门为中心东西两侧对称分布，西距山门 2.6、戏楼 5 米。现仅存北墙墙基、南墙基槽、东墙基槽、西墙部分墙基和基槽，其中北墙和部分西山墙残存一层石板。北小屋现存东西墙体和地面铺地砖。

钟楼坐西朝东，方向 104°。基址平面为正方形，边长 4.35 米。北墙和西山墙残存墙基高出周围院落铺地砖 0.5 米，墙基用两层石板间夹一层青砖平砌而成。其构造方法是直接在院落上层铺地砖上平地起砌，南墙西山墙和东山墙的部分墙基石板被破坏后各留下一道宽 1、深 0.12 米的基槽（图四-7；彩图四-8，1）。

基址范围内未发现柱础石和墙体遗迹，仅在

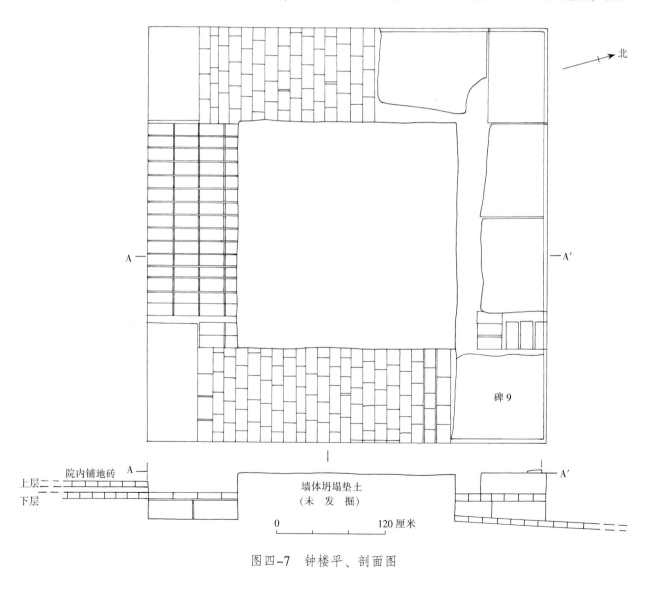

图四-7　钟楼平、剖面图

1. 钟楼基址（自东北往西南）

2. 钟楼北小屋基址（自东向西）

彩图四-8 龙王庙钟楼及北小屋基址

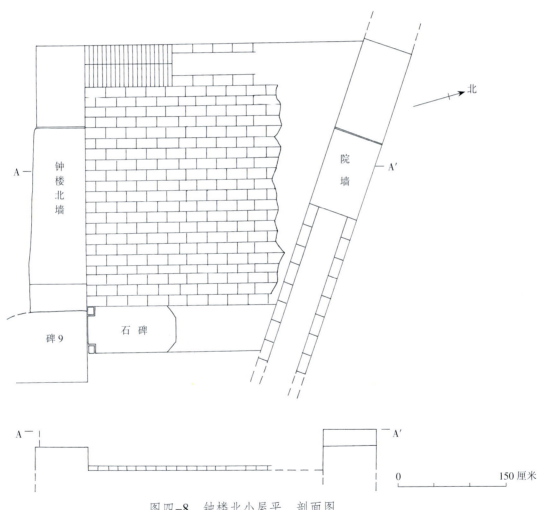

图四-8 钟楼北小屋平、剖面图

北墙和东山墙墙基面上发现部分白石灰黏合剂的痕迹。墙基保存不完整，加上墙基内的原生堆积已遭破坏，因此其地面情况已无法得知。

基址内堆积为近代扰土层，黑灰色，略泛黄，夹杂碎砖块和石子，包含物主要出土于北墙附近，以瓦当和青瓷残件为主。

钟楼北有小屋一间（图四-8；彩图四-8，2），东西山墙南端与钟楼东西山墙北端相接，直接在院落铺地砖上铺砌墙体，东山墙南段用一石碑平砌，宽 0.62、高 0.3 米，北段残存一层青砖，宽与南段相同，高 0.06 米。西山墙均用青砖铺砌，其中南段为两排竖砌的青砖，北段为两层青砖错缝平砌，墙宽 0.56、残高 0.14 米。地面均用青砖错缝平砌，砖的规格为 0.28×0.14×0.06 米。在该屋的堆积中发现大量的瓦当、滴水和瓷片。

根据张驭寰先生《中国佛教寺院建筑讲座》中所述，晚清时期钟鼓楼的位置移至山门两侧[1]，由此看来，现存钟楼的建筑年代当在晚清时期；另据《南旺镇志》载，1969 年钟楼被拆除。

（四）鼓楼

鼓楼位于龙王庙建筑群中轴线中部东侧，与钟楼以戏楼和山门为中心东西两侧对称分布，东距山门 3.3、戏楼 5.6 米。现仅存四面墙基部分，其中北墙、南墙、西山墙三面墙基保存两层石板和一层青砖，东山墙墙基保存有四层石板和三层青砖。

鼓楼坐东朝西，方向 284°。基址平面为正方形，边长 4.3 米。北墙、南墙、西山墙三面残存墙基高出周围院落铺地砖 0.32 米，东山墙残存墙基高出院落地面 0.9 米。墙基均用石板和青砖错层平砌而成（图四-9；彩图四-9，1）。

从解剖的情况看，北墙、南墙和西山墙的墙基最底下为夯土，夯土上平铺一层石板，石板上平砌一层青砖，再在青砖上平砌一层石板，东山墙墙基下部的构筑方法与此相同，但上部均用石板平砌，石板和青砖的大小规格都不统一，外侧边缘较齐整，内侧边缘则错落不一。值得注意的是，在北墙西部与西山墙连接处的墙基上平砌了一块明万历间的"圣旨"碑，部分残缺，但碑文内容基本可识。

基址范围内未发现门道和柱础石，也未发现

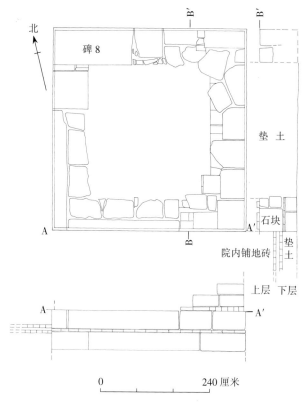

图四-9　鼓楼平、剖面图

墙体遗迹，仅在东山墙墙基面上发现部分白石灰黏合剂的痕迹。

鼓楼墙基保存不完整，加上墙基内的原生堆积已遭破坏，填充有现代垫土，因此其地面情况已无法得知。

鼓楼建筑年代应与钟楼同，另据《南旺镇志》记载，拆除鼓楼当在 1969 年。

（五）龙王大殿

龙王大殿是龙王庙庙宇建筑群的主要建筑，位于龙王庙庙宇建筑群中轴线南端，北部通过甬道与戏楼相连。

据《南旺镇志》载，龙王大殿始建于明代洪武初年，天顺年间重修，后又经多次修缮。大殿长 21、宽 15、高 13 米。大殿七楹五间，重檐九脊，歇山顶，飞檐挑角，彩绘斗拱。上下檐三斗四昂，斗拱交错。顶覆绿瓦脊兽。四个挑角尖端

① 张驭寰：《中国佛教寺院建筑讲座》，当代中国出版社，2008 年。

1. 鼓楼基址（自西南向东北）

2. 龙王大殿基址（自北向南）

彩图四-9　龙王庙鼓楼及龙王大殿基址

上各有一尊武士坐像，角下挂有风铃。重梁起架，雕梁画栋，20根大红圆柱竖立殿内。正中神龛两旁大红柱上盘塑有青、火二龙，其余为平雕。正中间上悬"广济分流"，下挂"输流利运"两匾。龙王塑像高约3米，两旁塑神像22尊，均神态自若，栩栩如生。整个殿内色调和谐，结构精巧，典雅肃穆。大殿正中檐下悬挂"劈流神勇"等三块大匾。前面是20扇屏门隔扇，外部有一层木栅护栏，三层青石台阶上有大红围墙，非常壮观。1969年拆除龙王大殿。

大殿现仅存夯土台基、铺地砖、四面墙基部分基础和两个柱础石。

大殿基址坐南朝北，方向14°。平面为长方形，面阔五间、进深一间，东西长19.7、南北宽12.8米，夯土台基高出北面院落铺地砖0.7米，高出南面院落铺地砖0.4米，通过对基址北部偏东部分的解剖，该基址铺地砖下即是夯土层（图四-10；彩图四-9，2）。

基址范围内未发现门道遗迹，在北部甬道南端有一长方形土坑，应是北台阶石所在。

基址南部西侧尚存柱础石两个，间距2.4米，西侧柱础石东西长1.2、宽0.94米，东侧柱础石东西长1.02、宽0.92米。上面均有圆形古镜，古镜直径0.6、厚0.06米。

龙王大殿基址四面墙基均遭破坏，仅剩部分基础，其中东、西、南三面基础最底下铺垫一层石板，北面基础底下铺垫两层青砖，石板和青砖的大小规格不等，但边缘齐整，石板和青砖下即是夯土，基础宽1.2~1.4米，残存部分均厚0.14米。墙体部分均已遭破坏。

基址地面铺有错缝平砌的方形青砖，部分地面的铺地砖已缺失，露出下层夯土，青砖边长0.34、厚0.07米。东部部分地面堆有大小不一的石块，一部分可能属于大殿墙基所用的石材。

龙王大殿是龙王庙建筑群的核心建筑，是供佛、拜佛的场所，至今每逢农历每月初一、十五，当地村民还在该大殿基址上烧香拜佛。

（六）院落及附属建筑字纸楼

戏楼与龙王大殿之间为龙王庙建筑群的院落部分。发掘区内院落存有北、东院墙，西院墙即为水明楼的东院墙，上述墙基完好，残留部分墙体；甬道除两侧用于加固的条石缺失严重之外，其余较完整；字纸楼基本完好；石地漏完整；排水口略残；院内各处散落明清碑刻11通，都有残缺和断裂现象，在碑座附近出土大量建筑构件。

1. 东院墙

龙王庙院落东墙北部紧接鼓楼东山墙，以鼓

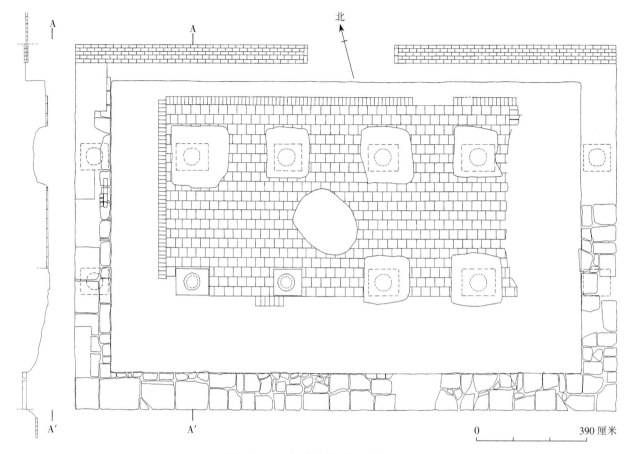

图四-10　龙王大殿平、剖面图

楼东山墙作为院墙的一部分，鼓楼南侧的院墙部分尚存高近 0.8、宽 0.5 米的墙体，墙体以青砖和瓦片砌成，残留部分从上至下依次为错缝平砌两层青砖、竖砌一层青砖、错缝平砌六层青砖和一层瓦片，墙基部分最上为一层条石或大块青砖，中间错缝平砌一层青砖，再砌错缝平砌两层青砖或竖砌一层青砖，最底层为夯土。青砖的规格大小不一。东院墙中部向东凸出一块，构造方式基本与北段院墙相同，墙体残留高度 0.1~0.6 米不等，该段院墙墙体中砌有一块石碑，首题"万善题名"，上刻有为修缮龙王庙捐赠财物的人员名单和所属卫所等。东院墙南部、龙王大殿东侧有两道院墙，内侧为砖墙，构造与中北部院墙相同，部分墙体仅存一层平砌的青砖，高出院落铺地砖 0.06 米。外侧院墙残留部分为四层条石错缝平砌而成，高 1.2、宽 0.95~1 米，从位置和结构看，石墙应是

后来为加固内侧的砖墙而建（图四-11、12）。

2. 北院墙

龙王庙山门东西两侧原各有一段院墙，现仅存西段院墙的部分墙体和墙基。北院墙西段长 8.75、宽 0.65 米，西接水明楼基址东北角，东连山门基址西北角，呈西北—东南走向。墙体残留部分高 0.25~0.5 米，上层为条石，中间为二层错缝平砌的青砖和一层竖砌的青砖，墙基部分为三层错缝平砌的青砖，砖的规格大小不等（图四-13）。

3. 西院墙

龙王庙院落的西院墙即为水明楼院落的东院墙，北接水明楼基址的东南角，南连东厢房的东北角。墙体长 6、宽 0.63、残高 0.1 米，墙体尚存一层错缝平砌的青砖，中部有一道通往水明楼院落的门，门道遗迹基本不存，仅遗留门道前的一块台阶石，长 2.38、宽 0.80 米，高出院落铺地砖 0.05 米。

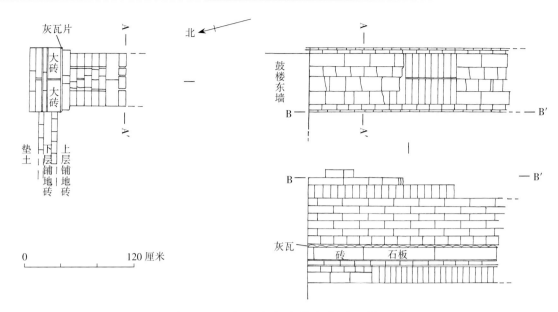

图四-11　龙王庙东院墙中段平、剖面图

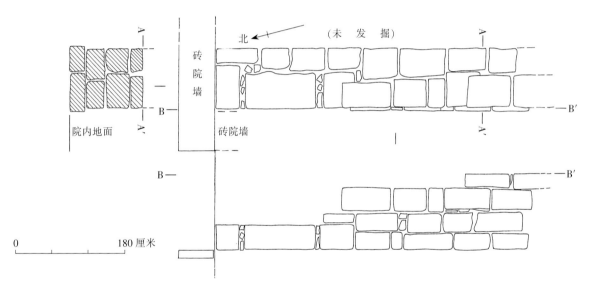

图四-12　龙王庙东院墙南段平、剖面图

4. 甬道

戏楼南台阶与龙王大殿北台阶之间有南北向中心甬道一条，南北长 8 米，由两层铺地砖错缝平砌而成，中间铺有一层厚约 0.08 米的沙土，上层残宽 3.7、下层宽 4.7 米，整体高出院落铺地砖 0.35 米，东西两侧各铺有一排南北向细条石用于加固，形成两级台阶，除甬道下层西侧尚保留三块残缺的条石外，其余条石已荡然无存，其中较完整的一块条石规格为 1.2×0.32×0.2 米。甬道南北两端各有台阶与戏楼和龙王大殿相连，其中龙

王大殿北台阶石已缺失，戏楼南台阶基本与上层铺地砖平齐（见图四-6；彩图四-10，1）。

5. 字纸楼

位于东院墙北段西侧，西距东院墙 0.7 米，南距鼓楼 2.6 米，坐东朝西，方向 283°，正方形台基，边长 1.9 米，台基高出四周院落铺地砖 0.37 米，四边墙基面上用条石铺垫，条石下、院落铺地砖上用青砖铺垫，台基中间以青砖和石板平砌填实，东墙基残存有高 0.22 米的墙体，系用三层青砖错缝平砌而成。台基东部存有一层错缝

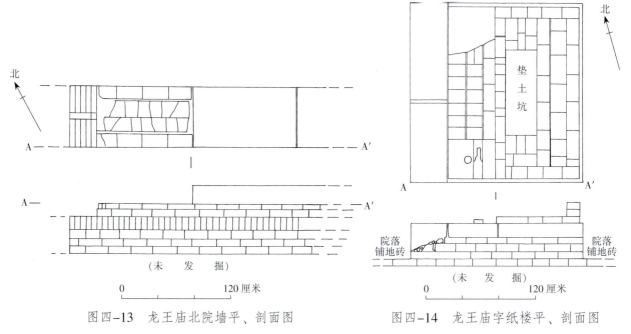

图四-13　龙王庙北院墙平、剖面图　　　　　图四-14　龙王庙字纸楼平、剖面图

1. 戏楼南甬道（自北向南）

2. 字纸楼基址（自东向西）

彩图四-10　龙王庙戏楼南甬道及字纸楼遗迹

平砌的青砖，中部留有一道凹槽，长0.9、宽0.35、深0.08米，内部有灰烬堆积（图四-14；彩图四-10，2）。

　　另外，在禹王殿中发现一块长方形石刻，上书"敬惜字纸"四字，应属于字纸楼的一部分。

　　6. 石地漏

　　位于山门基址东北角外侧约1.5米处、紧靠北院墙东段墙基内侧有一完整石地漏，以青石凿成，平面呈正方形，边长0.40、厚0.12~0.13厘米，正中有正方形浅凹槽一个，凹槽中间镂雕外圆内菱形漏水孔，圆孔直径0.26米，中间菱形孔径0.09米，菱形孔与郭边之间夹有四个梭形孔，

长0.15米，石地漏西侧还有一块不规则形状的挡水石，院墙外侧对应的位置有一排水口，排水口残缺较多，残留部分上为一拱形石块，两侧各竖砌一道青砖，底下平铺一层青砖，口径0.25米（图四-15；彩图四-11，1）。

　　7. 排水坑

　　鼓楼南墙与院东墙连接处有一排水坑，东西长1.15、南北宽1.2、深0.45米，坑内堆积上层为生活垃圾，下层为黑灰色淤泥。坑的南壁和西壁上可见院落的两层铺地砖。两层铺地砖之间用黄色的沙土填充。在该坑的南部有三块呈南北向排列的不规则石块，外侧边缘较齐整，可能是挡

水石，与东院墙隔成一道排水沟。

8. 院内地面

院内地面均用青砖错缝平砌，砖的规格大小不一。通过对鼓楼南侧排水坑西、南壁的观察和东西两侧部分铺地砖下结构的解剖，可发现院落的铺地砖有上下两层，两层铺地砖之间有黄色沙土层铺垫。另外，在东院墙内侧出土建筑壁画残块一片，草拌泥墁地，白石灰地仗，绘黑、白、红三色图案（彩图四-11，2）。

9. 碑刻

龙王庙院落各处散落明清时期碑刻 11 通，年代最早者为明万历十六年（1588 年），最晚为清光绪十九年（1893 年）。碑文内容大多与龙王庙的修缮有关（详见碑刻部分的介绍）。

从院落内铺地砖的层数和东院墙南段的构造来看，该院落至少经历过两次修缮。据庙内石碑所记，相传庙的建筑年代最早可追溯至明永乐年间（1403~1424 年），后经多次修缮，现存建筑极有可能是光绪年间（1875~1908 年）最后一次修缮所留。

二　水明楼建筑群基址

以水明楼为中心的建筑群为分水龙王庙建筑群自东向西分布的第二路建筑。据《汶上县志》等文献记载，水明楼建筑群始建于清代乾隆年间（1736~1795 年），文化大革命期间遭到不同程度的破坏①。从过厅北墙的一段修缮加固青砖墙体来看，水明楼建筑群即在清代晚期和民国年间曾经修缮过。从晚近学校的校舍布局来看，在水明楼基址上曾修建过大面积的校舍和操场等设施。

水明楼建筑基址从现存各组成单元来看，自北向南依次为水明楼、过厅、东西厢房、禹王殿和观音阁，其中禹王殿和观音阁整体框架结构尚存，其余建筑均仅存基址部分。从整体布局来看，

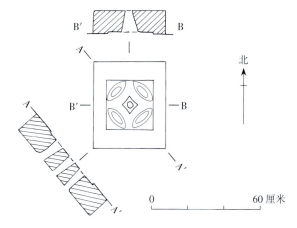

图四-15　石地漏平、剖面图

1. 石地漏

2. 东院墙内侧壁画残片

彩图四-11　龙王庙建筑群遗迹

以水明楼过道为中轴线分布，方向北偏东 11°（图四-16；彩图四-12）。现依自北向南的排列顺序，以水明楼门楼过道南北中心线为主轴，分别对水明楼、院落、过厅和东西厢房基址做如下描述。

---

① 《汶上县志》编辑委员会：《汶上县志》，中州古籍出版社，1996 年。

（一）水明楼

1. 分布位置及与相邻遗迹的关系

水明楼位于龙王庙建筑群中路建筑的北端，坐南朝北，中轴线北偏东11°，为龙王庙的标志性砖木结构门楼式建筑，其南有一进院落及东西门道与过厅和龙王庙、祠堂院落相通。东北角有砖石墙体与龙王庙前院墙及山门相连，西北角有砖墙与祠堂北部院墙相连，形成完整的院落体系（彩图四-13，1）。

2. 布局与结构

水明楼原为两层楼阁式建筑，现仅存基础。过道南北两端有石条台阶和门槛石，过道和水明楼南院落均为青砖铺地，错缝平砌。水明楼东西两台的南北两角各有砖砌礅墩两处。四面墙基用条石做基础，条石下有青砖三层，条石之上现存三至五层青砖，收分0.06米，用白石灰做黏合剂，错缝平砌（图四-17）。

水明楼南院落平面呈长方形，东西各有条石台阶、门槛，院墙西侧有通往水明楼二楼的踏步和梯道，均为条石和青砖铺砌。梯道南端有通往

宋公祠和禹王殿中间的过门的廊道，西厢房北次间后墙下有过道一处。

3. 台阶、门槛、门道及门轴的结构及尺寸

水明楼中轴线南北各有石条台阶两级。其中北门石台阶东西长3.2、南北宽0.5米。第二级即为石门槛及门轴，门槛石长2.6、宽0.6米，两端各雕凿有门轴窝心。南北门之间为通道，平面长方形，青砖错缝平砌地面，通道南北长9、东西宽2.6米。

4. 基础平面形状、构筑方法、面阔及进深

水明楼整体面阔16、进深9米，门道东西两侧各有一长方形基础，规格相同，均为南北长6.4、东西宽2.7米，四周基础为下层平铺五层青砖，中层平砌规整条石一层，上层收分0.06米平砌青砖，错缝填心平砌而成，基础墙体宽1.3~1.8、残高0.38~0.75米。东西两墩台砖墙内填充沙土、碎石块和碎砖等混合物，在门道中部西墙下发现铜钱一枚。

5. 角墩

水明楼基础上未发现柱础，但在东西墩台的山墙内南北有青砖包碎砖、石块平砌的长方形角

彩图四-12 水明楼建筑群基址全景（自北向南）

墩（或称磉墩）各两处，应为承重所设。平面长1.5、宽0.9~1、残高0.14~0.28米（彩图四-13，2）。

6. 墙体

残存四周墙体即东西两墩台的基础部分，为白石灰作黏合剂、青砖错缝平铺，边缘规整，内心填充碎砖块。墙宽及残高同前述基础部分。在东西两墩台的四角条石之上，凿有长条形凹槽，为镶嵌转角石之用，现存西墩台西北角有一块竖砌石板，墙面无加工痕迹，为青砖自然面（彩图四-13，3）。

7. 居住面、屋内堆积及包含物

东西两墩台现存地面为白灰色土夹杂碎石残砖及碎瓦片填充物，质地较为坚硬，无明显活动面和铺地砖，也无其他遗迹，遗物中包含有少量青瓷片。在东基址内出土"大观通宝"铜钱一枚，在过道内出土满汉文"道光通宝"铜钱一枚。

8. 基址附近堆积、遗迹及包含物

水明楼四周墙体外均为灰黑色土堆积，无砖石铺砌的散水结构和其他堆积。在西墩台北部发现土墙一段，夯土版筑，土质纯净致密，应为石础岸上抵挡洪水的拦土墙，南距水明楼北墙0.95米。土墙外侧为向北倾斜结构，南高北低，呈斜坡状，残存部分东西长约3、宽1.5、残高0.3~0.32米，向北延伸的宽度尚存，东端距水明楼石台阶1.5米（彩图四-13，4）。水明楼西楼梯处前有一高台，用砖、碎瓦等铺成，与楼梯前台阶相连，西部有一石台阶及铺砖路与西院落相通，南部有两级石台阶与向南铺的青砖路相通，向东有一台阶与前院落相连。此高台长3.2、宽2.44、残高约35厘米。在西墩西侧，有平面长方形的登阶基础，南北长8.2、东西宽1.9~2.48米，青砖错缝平砌。南端有石台阶和门墩石两块，应为自南登临水明楼二层楼台的阶梯道。

（二）院落遗迹

在水明楼南墙与过厅北墙中间，为水明楼建筑群的一进院落。平面呈长方形，东西长12.75、

1. 水明楼基址（自南向北）

2. 水明楼东北角墩（自西向东）

3. 水明楼西北角墙体及阶梯遗迹细部（自北向南）

4. 水明楼北侧版筑土墙遗迹（自东向西）

彩图四-13　水明楼建筑群基址

南北宽5米，地面青砖错缝平砌，东西两端中部各残留树坑两处，直径0.8~0.9米，未做解剖。院落东西两端各有石台阶门道一处，分别与龙王庙院落和祠堂院落相连。其中，西门与祠堂东墙和水明楼西侧登阶门道构成南北向通廊，与南端禹王殿西侧过门相通。院落南部中间有石台阶与过厅相接（见图四-16）。在院落东南角出土灰陶质佛像头一尊，在院落西南角出土"福"字纹瓦当一件，在院落西北角与水明楼梯道一带出土数件青瓷和青花瓷器残片，可辨器形有碗底、口沿等。

（三）过厅

原为连接水明楼和东西厢房、禹王殿的南北穿堂式过厅，平面长方形，东西长6.8、南北宽4.4米（图四-18；彩图四-14，1）。墙体为白石灰作黏合剂，青砖错缝平砌而成。墙宽0.6、残高0.3~0.36米，其中，北墙外侧后期加砌一道宽高与原墙相同的砖墙，下垫三合土。过厅内除中部有用长0.6、宽0.65米见方的青砖平砌而成的方台之外，无其他地面加工痕迹。填土内夹杂有沙土碎砖、瓦砾等。从过厅内填土和南侧甬道的高度来看，其基础高于院落地面。

（四）东西厢房及甬道遗迹

过厅东西山墙外和甬道东西，呈中轴线对称布局，有东、西厢房各三间，均为青砖错缝平砌

墙基和墙体。基址内无地面修整现象，均为夹杂瓦砾、碎砖等的填土，包含少量脊兽等建筑构件和青瓷片。

东厢房坐东朝西，面阔三间，进深一间，基础南北长15.4、东西宽4~5米。其中北间除与门前引路同宽部分可见外，其余部分均分布于过厅东山墙外，与过厅东山墙共用砖墙体。面阔6.6、进深4米。南二间结构为明间一间，南次间一间，明间门前有引路与甬道相通，明间面阔5.9、进深3.5米，南次间应与明间南墙有门道相通，面阔3、进深3.5米。东厢房墙体宽0.6~0.8、残高0.34~0.5米，均为外侧青砖错缝平砌，较规整，内部碎砖和少量石块填充。北间偏南门前铺有一条砖路与甬道相通，门前台阶已被破坏，留有一长方形坑。路长约3.5、宽约2.2米。南间中部门前也铺有一条砖路，两边砌有石块，路长约2.75、宽约2.65米，门前石台阶已被破坏，残留一长方形坑（图四-19；彩图四-14，2）。另外，在东厢房两引路中间空地出土一残泥质红陶缸，残存部分腹径0.5米。出土白瓷碗、青瓷碟、青花瓷碗底等残片和瓦当、脊兽等建筑构件。

西厢房坐西朝东，结构布局同东厢房，现仅存北间和引路，明间和南次间基础均遭破坏，残存墙体基槽，宽0.8、深0.36~0.5米。西厢房北间

1. 过厅与东西厢房基址（自北向南）

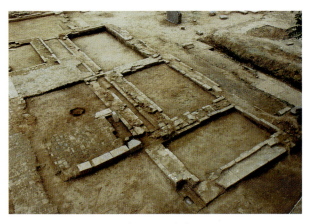

2. 东厢房基址（由南往北）

彩图四-14　水明楼过厅与厢房基址

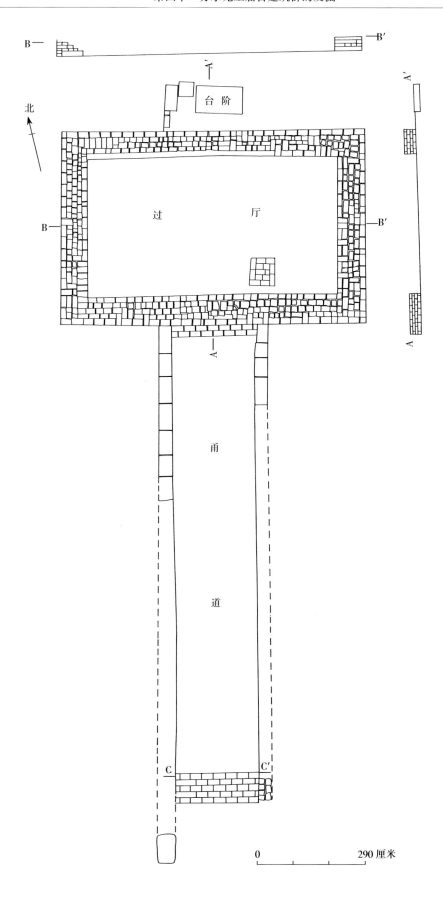

图四-18　水明楼过厅及甬道平、剖面图

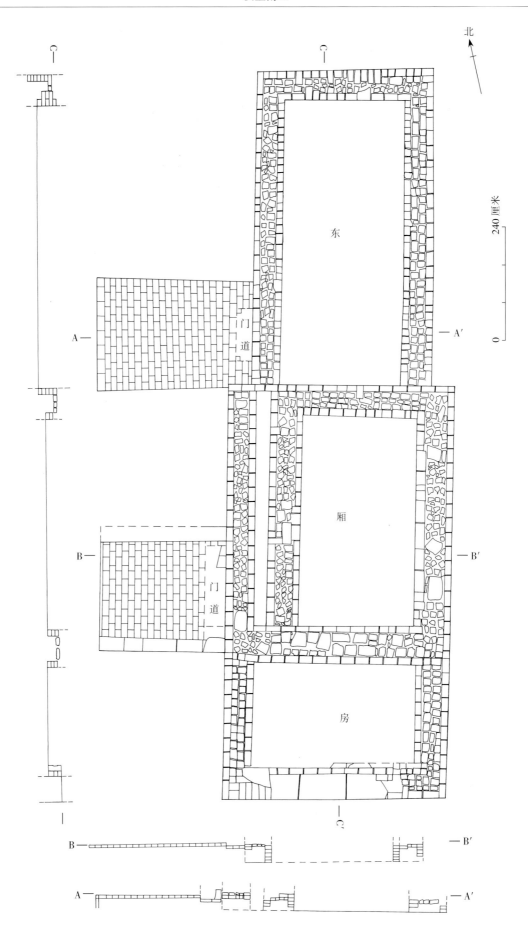

图四-19　永明楼东厢房平、剖面图

1. 水明楼西厢房基址（由北往南）

2. 水明楼东西厢房、甬道及引路（自南向北）

彩图四-15　水明楼南部基址

门前残留台阶石一块，前为砖铺路，长 3.4、宽 2.2 米；西厢房南间门前石台阶已被破坏，残留一长方形坑，砖路被一晚期坑打破，残长 2.6、宽 2 米。在西厢房北间出土"嘉庆通宝"铜钱一枚，另出土有青花瓷残片和大量灰砖雕脊兽等建筑构件（图四-20；彩图四-15，1）。

在过厅南墙和东西厢房之间有南北向甬道一条，与禹王殿台阶相连（彩图四-15，2）。在东西厢房北间和明间各有两条引路与甬道呈十字交叉形。甬道南端有向西分出的一支，与禹王殿西侧和宋公祠中间的过门相通。引路和甬道中间略呈弧形拱起，均为青砖错缝平砌，两侧竖砌牙子砖。

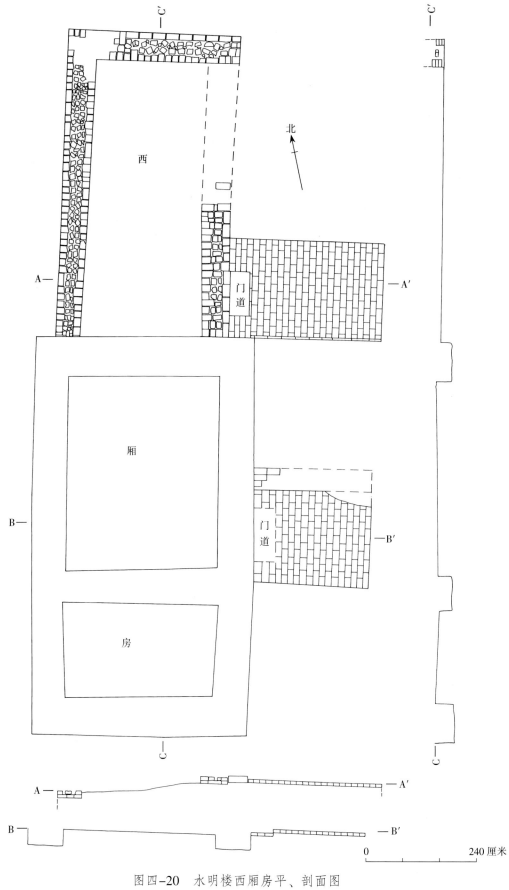

图四-20　水明楼西厢房平、剖面图

彩图四-16　水明楼原貌（1964年）

甬道宽 2.8、南北残长约 12 米，引路东西长 2.6~3.5、南北宽 2~2.75 米。甬道和北间引路相接处，东西各有南北向铺砌的条石一块。

（五）年代推断及用途推测

根据《汶上县志》和相关碑文记载，水明楼建筑群各组成单元为清代乾隆年间始建，此后略有修葺，如过厅北墙的青砖加固即是一例，"文革"时遭到破坏。水明楼从整体建筑布局来看，属于登高观景并与运河连接的主要通道。过厅为通往东西厢房和禹王殿的联络中心，与东西厢房一起成为日常接待和生活用房，俗称接官厅。水明楼从其所处的中心位置来看，应为观赏运河及小汶河水景和观测水涨水落而建，也为通过门道从运河取水、上下船只和装卸货物而建，为分水龙王庙建筑群的主要组成部分之一。

（六）存在问题及建议

水明楼除东山墙外侧基础已清理外，其余北墙和西山墙基础未做清理，石条层下青砖及三合土地基不明，北门台阶及与水明楼的关系还不甚明晰，应开展更进一步的工作。另外，从旧照片提供的信息来看，二层楼阁式砖木结构建筑有复原的可能性，但屋顶与架梁结构依据还不充分（彩图四-16）。

除水明楼依据旧照片所示信息和残留基址基本可以复原外，其余建筑如过厅、东西厢房只残留基础部分，其屋顶和架梁结构不明，基址内外填土中出土建筑构件极少，无法复原其本来面貌。

三　祠堂建筑群基址

通过对地层及建筑基址间平面位置关系，结合部分出土物分析，如果以白公祠、潘公祠、过厅一组建筑为基准，基本可将祠堂建筑群（宋公祠[①]地面尚存，未予发掘）发掘区的遗迹分为早晚有别的三组：早期遗迹，主要包括早期房屋及

---

① 据《创建宋尚书祠堂记》碑文记载：宋公祠是为纪念著名水利专家宋礼而建，其竣工于明正德十一年（1516 年），是祠宇建筑群中时代最早的建筑。

院落遗迹、北门基址、甬道遗迹及其相关附属构筑物；中期遗迹，主要包括白公祠、潘公祠、过厅、院墙及其连接甬道以及其他相关遗迹；晚期遗迹，主要包括灶、灰坑及白公祠东、北两侧的晚期甬道遗迹（图四-21；彩图四-17，1）。

早期房屋及院落遗迹、北门基址、甬道基址及其相关附属构筑物为此次发掘的早期遗存。根据《创建宋尚书祠堂记》碑文的记载，宋公祠建成于明代正德十一年（1516年）；根据过厅西侧早期东西向甬道旁所出"万历通宝"铜钱，以及相关地层叠压和打破关系推测，早期院落遗迹的

时代不早于万历年间。因此，祠堂建筑群早期遗迹要晚于宋公祠的建成年代。白公祠、潘公祠、过厅、院墙、六角亭、假山、北墙院门诸遗迹属于中期。根据光绪十九年（1893年）《重修分水龙王庙、宋大王庙、白大王专祠堂，新修鉴远亭》碑文："我朝顺治三年修立，雍正四年修之，道光八年又修之"的记录，不但可大体明确其建造年代，也可说明其经历的维修过程。关于修葺也可在发掘过程中有所体现，如白公祠、潘公祠的檐廊部分、相关甬道上下两层青砖铺道的情况等。而根据六角亭被北院墙大门打破的事实，还可进

1. 祠堂建筑群基址全景（自西向东）

2. 祠堂建筑群早期房屋基址（自西北至东南）

彩图四-17　祠堂建筑群基址

一步确定北墙院门的修建要晚于六角亭、假山遗迹而与东院墙约略同时。由此推测，祠堂建筑群院墙，尤其是东院墙应是伴随着水明楼建筑群的修建而修建并由此使祠堂建筑群逐渐形成一个相对独立的院落系统。

通过发掘，祠堂建筑群中的白公祠、潘公祠及北墙院门等保留墙基及部分墙体，结构尚较明晰；甬道布局犹在，只是青砖铺面剥落比较严重；过厅基础与墙体荡然无存，厅内垫土台犹在；东、西、北三面院墙存高不多；六角亭、假山遗迹也已遭严重破坏，尤其假山遗迹已很难分析其具体结构和样态。经分析，在祠堂建筑群发掘区内析出早期院落一进，因后期扰动、破坏，并受发掘面积的限制，其结构断断续续，保存状况较差。

以下，对各建筑基址及遗迹分别叙述。

（一）早期遗迹

通过对地层以及建筑遗迹间平面结构分析，确定在以白公祠、潘公祠、过厅等为主体构成的院落形成之前，还存在一较其为早的院落系统（需要说明的是，宋公祠建成时间为明正德十一年，属于此院落最早建成的建筑，然地面尚存，未予发掘，除非借以说明其他建筑的平面组合关系，一般不予介绍）。主要由早期房屋及院落遗迹、北门基址、甬道及其他相关附属构筑物组成（图四-22）。

1. 早期房屋基址

门址已无存，但从房屋基址与北门遗迹相整合的平面位置关系推测，该房屋基址应为坐南朝

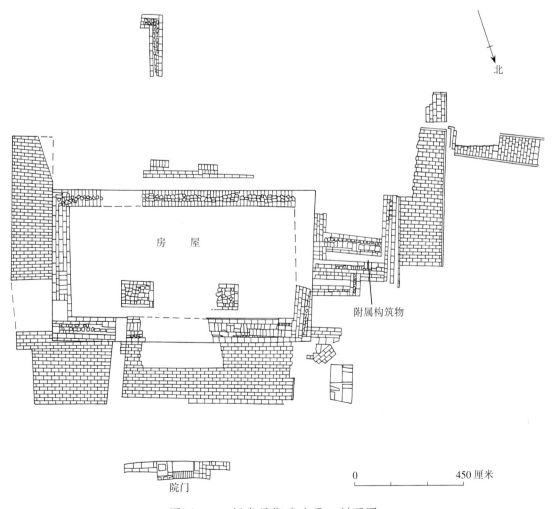

图四-22　祠堂早期遗迹平、剖面图

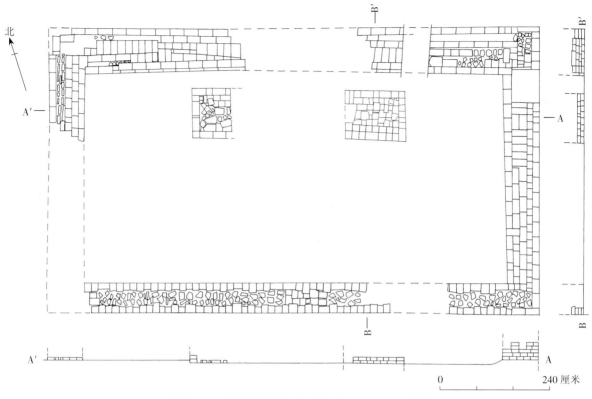

图四-23　祠堂早期遗迹单体房址平、剖面图

北。其总体保存状况不好，从断断续续残存的墙体可见其平面呈长方形，南北长 6、东西宽 10.74 米。南墙厚约 0.8、东墙厚约 0.8、西墙厚约 0.76、北墙厚约 1.1、墙体存高 0~0.4 米。东、西、南墙墙体内外两侧皆以青砖错缝平砌，青砖规格为 0.28×0.13×0.065 米，以略呈青灰色（白石灰掺杂煤渣灰）的黏合剂黏合加固，中间以碎砖或整砖（东墙）填心干砌而成。通过对东墙、北墙转角处观察，其墙体构筑方式为：首先以三合土夯筑地基，东墙自墙体内侧向室内延伸约 0.43 米（墙下及墙外未解剖），北墙自墙体内侧向室内延伸约 0.2 米（墙下及墙外未解剖），三合土未做解剖，具体不详；三合土基础之上直接起砌青砖墙体，未见条石基础。其中，北墙墙体砌筑较为特别：墙体自下而上砌至第三层青砖收分约 0.08 米；墙体内侧夯土基础之上铺垫厚约 0.16 米的土层，在土层之上沿北墙立砌一排青砖，青砖规格为 0.275×0.135×0.06 米，正与北墙收分所成台面平

齐；最后于立砖面和收分台面之上，错缝平砌墙体。基址内部居中偏北位置发现磉墩遗迹两个，间距约 2.5 米。右（东）侧磉墩距离东墙约 2.14 米，略成方形，东西 1.3、南北 1.02 米，残存青砖两层，高约 0.14 米；左（西）侧磉墩距离西墙 2.4 米，亦成方形，东西残长 0.85、南北长 1.06 米，残存青砖两层，高约 0.16 米。砌筑方式皆为：周边以整砖首尾相衔，错缝平铺，中间以碎砖、半砖填充而成，青砖规格为 0.28×0.13×0.07 米。青砖磉墩以下未做解剖，不详（图四-23；彩图四-17，2）。

2. 院门及墙体遗迹

院门遗迹北距房屋基址 6.8 米，基本位于房屋基址的中轴线上。此门址残留过门石一块，规格为 1.52×0.33×0.14 米。过门石两端雕凿有两个方形凹槽，凹槽规格为 0.34×0.3×0.03 米，用于放置门柱。过门石凹槽内部填充白石灰，并以长条形铁块填塞边缘，铁块锈蚀严重（彩图四-18）。

彩图四—18　祠堂早期北院门基址（自东向西）

过门石两侧残存青砖墙体各一段，西侧长1.13、东侧长1.3、墙体厚约0.27米。

3. 甬道遗迹

早期甬道遗迹破坏严重，分布零散，为方便叙述，以早期房屋基址为基准分为西区和东区两个部分。

西区

此区甬道位于房屋基址西侧，由东西向和南北向等三条甬道组成。

南北向甬道的南端被中期院落的过厅打破，且破坏面积较大，其暴露长度为5.5、宽1.8米，青砖错缝平铺，周边用青砖镶嵌砖牙子，牙子砖规格为0.28×0.13×0.07米。据观察，此南北向甬道跟宋公祠、潘公祠基址的平面位置关系不整合，成夹角分布。

东西向甬道位于南北向甬道之西，潘公祠基址北山墙之北，并与宋公祠西院墙相接。其西端

被西院墙叠压，两者结合处的墙体上置石材一块，规格为0.83×0.5×0.24米。此甬道长1.50、宽1.1米，西高东低，青砖错缝平铺，略成一缓坡。南、北、东三侧用青砖镶嵌砖牙子，牙子砖规格为0.27×0.13×0.06米。其东端隔过水沟与南北向甬道相连。在发掘过程中，于此甬道北侧发现"万历通宝"铜钱一枚。

第二条东西向甬道位于南北向甬道南边，中间以过水沟相隔离，过水沟宽0.17米。甬道南北宽1.15、东西残长0.84米，其余全被过厅所破坏。从残存甬道遗迹看，其以青砖南北向错缝平铺，南、北、西三面以青砖镶嵌砖牙子，牙子砖规格为0.29×0.14×0.07米。

需要说明的是，西区甬道铺砌路面所用青砖规格不一，不再赘述。

东区

东区甬道位于房屋基址遗迹的北侧和东侧。

北侧甬道长10.7、宽1.6米，以青砖错缝平铺，青砖规格为0.28×0.13×0.07米。甬道西侧以青砖镶嵌砖牙子，牙子砖规格为0.27×0.13×0.065米，青砖褥子面保存状况不好，剥落较为严重。北侧甬道的东段被中期院落的东院墙叠压，并向东延伸至水明楼建筑群过厅西侧（楼梯口）院门前，其方向与水明楼建筑群的平面位置关系不整合，成夹角状分布。甬道南缘与房址北墙相连，结合部位下以碎砖、石灰填充整平，上再平铺青砖。

东侧甬道为青砖错缝平铺的青砖褥子面，南北走向，宽1.62米。其南端被晚期的路面及垫土叠压，其北端被水明楼西厢房与宋公祠东院墙间的晚期过门叠压。路面平整，保存状况较好，未做进一步解剖。据观察，此东侧甬道与北侧甬道东段相连通。青砖规格为0.28×0.135×0.07米，未见镶嵌牙子砖。

4. 附属构筑物遗迹

早期房屋基址西侧，南北向甬道东侧附属构

筑物。

此构筑物位于早期房屋基址西侧，隔过水沟与南北向甬道相邻。紧邻房址西墙，东西向砌筑短墙三条，每条皆长 2.7、存高约 0.25 米。短墙砌筑方法是，首先以青砖错缝铺砌宽 0.74 米的砖台，其上收分 0.25 米后起砌墙体，墙体宽 0.49 米，墙体两侧以青砖错缝平砌，中间以碎砖填心干砌，然后用青砖将其东端封口，青砖规格为 0.28×0.13×0.7 米。在此构筑物西侧还有短墙一堵，因未完全揭露，长度不详，宽 0.56 米，青砖两侧错缝平砌，中间碎砖填心，与南北向甬道隔过水沟平行整合。用途不详。

早期房屋基址南侧构筑物遗迹。

南距早期房址南墙约 0.5 米。其北侧经过两次收分，收分皆为 0.14 米，其南侧砖壁齐整，残长 4.67、台明宽 0.44 米，青砖规格为 0.285×0.135×0.07 米。其东端未尽，没入宋公祠东院墙，未做进一步解剖。

白公祠北山墙外构筑物遗迹。

白公祠北山墙外正对金墙位置，残留墙体拐角遗迹一处。墙厚 0.52 米，青砖两侧错缝平砌，中间以碎砖填心干砌，青砖规格为 0.27×0.13×0.065 米。其东向墙体叠压在宋公祠东院墙下，此墙体拐角遗迹与东院墙、白公祠的关系也不整合，

成夹角分布。

（二）中期遗迹

中期遗迹主要指以白公祠、潘公祠、过厅等为主的祠堂建筑群。其位于水明楼建筑群的西侧，主体布局为一坐南朝北的长方形院落，周围砌筑院墙，以北墙院门至宋公祠的甬道为中轴线对称分布。宋公祠为该组建筑的中心建筑，潘公祠、白公祠分别位于宋公祠前左右两侧，并通过引路与中心甬道相连，成十字交叉状。

在祠堂建筑群的中轴线上共分布有坐南朝北的两进院落。宋公祠、潘公祠、白公祠、过厅等四座建筑组成一进院落；过厅、北墙院门、东西院墙以及其他遗迹组成另一进院落。其中，经过发掘的主要有：白公祠基址、潘公祠基址、过厅基址、甬道遗迹、院墙遗迹、大门遗迹以及其他遗迹（见图四–21）。

1. 白公祠基址遗迹

白公祠基址位于宋公祠右前方，坐东朝西。经发掘，白公祠基址主要由殿面、前廊（或前檐廊）、墙体及墙基、台阶等部分组成，分别叙述如下（图四–24；彩图四–19，1）。

殿面 经发掘，白公祠殿面南北面阔 7.5、东西进深 4.73 米，室内地面高出院落原地平 0.2 米。室内地面以青砖错缝平铺，青砖规格比较统一，

1. 白公祠基址（自西向东）

2. 白公祠供台基础（自西向东）

彩图四–19　祠堂建筑群白公祠基址

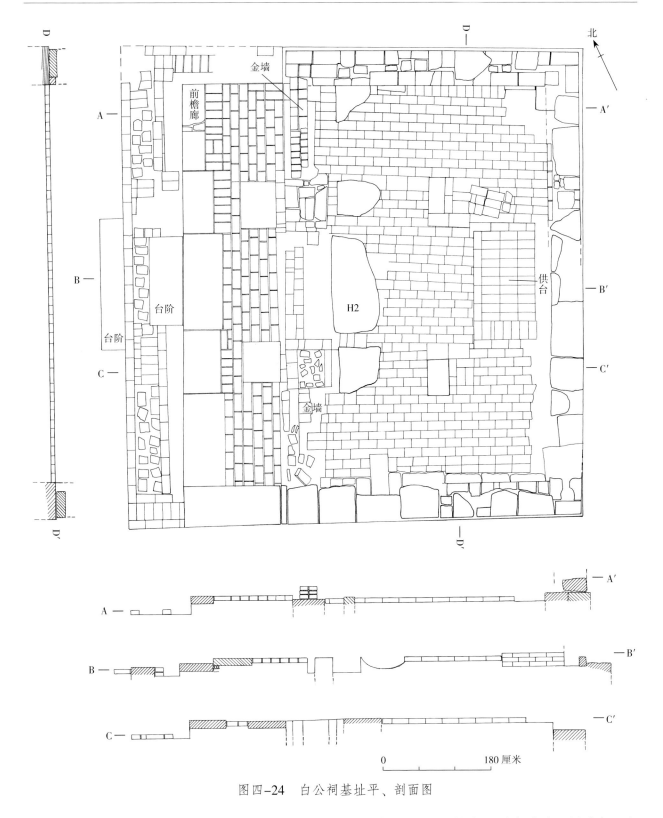

图四-24 白公祠基址平、剖面图

多为 0.27×0.14×0.07 米，用半砖、立砖补充填缝。地面保存较为完整，但青砖表面剥落严重。在白公祠后墙下居中位置有一供台遗迹，长 2.01、残宽 1 米（应宽 1.22 米，靠近后墙的一排青砖，因后墙墙基的破坏而缺失），尚保存有一层砖台，边缘一周以青砖首尾相衔，平铺而成，青砖规格为 0.285×0.125×0.06 米；中间以青砖或横向，或竖向平铺填心而成，青砖规格为 0.285×0.13×0.06 米。

供台基础低于室内砖铺地面，未做详细解剖（彩图四-19，2）。在祠内地面前方距离南山墙、北山墙分别1.43、1.55米处各有不规则青石块柱础一方，其上留有白石灰印痕，柱位明确。

前檐廊　前檐廊台面与祠内地面平，南北长7.66、南北宽1.8米，由"金墙"隔开，形成两个相对独立的空间。檐廊前缘及左右两缘由青条石铺砌而成，石材缺角部分以碎砖补砌，石材之下用薄砖或灰瓦片垫平找齐，青条石规格不一，其中前缘居中条石规格为1.53×0.645×0.095米，作为一步台阶使用。前缘踏步石左右两侧条石规格分别为0.97×0.595×0.105米、0.98×0.5×0.13米，曾作柱础使用，间距2.33米，柱位清楚，残留圆形白石灰残痕直径约为0.25米。此外，在檐廊内缘也砌有规格为0.64×0.585×0.1米、0.74×0.59×0.1米的两方柱础，间距2.3米，上留有直径约为0.3米的圆形白石灰印痕，北侧柱础距离北墙不详（因北侧檐廊基础及其上面铺砌的条石破坏），南侧柱础距离南墙2米。檐廊其余部分为青砖平行铺砌而成，青砖规格多为0.28×0.13×0.06米。经解剖，檐廊台基都经夯打，夯土由土、碎砖、白石灰等组成，夯层通厚约0.4米。其夯筑程序为：先以青砖加固内外（内：祠内；外：檐廊内侧）两对柱础，并于檐廊内缘、金墙外侧砌筑挡土墙，然后用土夯高约0.4米；檐廊内侧两柱础之间部位略低，以厚约0.09米的细沙层填充铺平，最后整体以厚约0.05米的夯土夯实墁平。

墙体及墙基　发掘表明，白公祠墙体可分为"普通墙体"和"金墙"两类。"普通墙体"主要指后墙、南北山墙；"金墙"主要指祠内空间与檐廊间的隔墙，体较薄。白公祠的南山墙、后墙墙体已破坏殆尽，仅余墙基，北山墙尚留存内外两侧用白石灰浆黏合错缝平砌，中间以碎砖乱石填心干砌的青砖墙体两层，墙厚0.54米。从檐廊南北两侧条石所留砌墙石灰印痕分析，南北山墙

遗址砌筑延伸至檐廊前缘。青砖规格主要有0.45×0.22×0.075米、0.34×0.165×0.07米、0.275×0.13×0.07米三种。金墙破坏比较严重，只有靠近北山墙处尚存错缝平砌的青砖墙一段，墙厚0.265、残长1.65米。经解剖，金墙墙基，用碎砖铺垫，上面用土填充，其上铺砌厚约0.1米的青石板，青石板之西侧皆有挡土墙一条，自北墙基一直延伸到南墙基，厚约0.26米。青石板之上用灰瓦跟白石灰铺平黏实，而后错缝平砌砖墙。经发掘，在金墙基础内发现柱础磉墩遗迹两个，间距1.7米。北侧磉墩南北长0.8、东西宽0.75、出露深度0.25米；南侧磉墩南北长0.86、东西宽0.75、出露深度0.25米。后墙及南北山墙保存基本完好，仅后墙墙基破坏较为严重，但轮廓尚在。从其断面观察，此墙基由不规则青石块砌筑，以断砖、碎砖填缝补充，并用白石灰黏合其间，以保证墙基规整、安稳，墙基厚度基本为0.54米（彩图四-20）。

台阶　白公祠西侧存留台阶两步。自下而上，第一步为青石板，规格为1.4×0.59×0.09米，第二步即为前檐廊居中位置的条石。两步台阶高差0.06米。台阶之基础未做解剖。

此外，在白公祠金墙内发现有灰坑遗迹一处（编号H2）。H2与白公祠内后墙下供台相对，推测应具有功能上的联系。经发掘，其形状规整略

彩图四-20　白公祠金墙基础（自南向北）

1. 白公祠内 H2（自东向西）

2. 白公祠内地面堆积彩绘壁画残片

彩图四-21 白公祠 H2 及彩绘壁画遗迹

呈圆角方形，坑壁斜收，无加工迹象，坑底略平，长约 1.56、宽约 0.90、深约 0.17 米。坑内堆积基本可以分为两层。一层堆积灰黑色，土质疏松，厚约 0.07~0.08 米，包含物主要有大量的木炭渣、煤渣、铁钉、铁块、玻璃等；二层堆积为黑色或黑褐色，土质疏松，厚约 0.1 米，包含物主要有黑色的煤炭渣、铁块等（彩图四-21，1）。

从总体结构及布局看，白公祠平面呈长方形，祠门开在金墙之上，应与供台相对，门向 295°。需要提及的是白公祠祠内地面的废弃堆积。概括来讲，废弃堆积主要分两层：下层厚约 0.01 米，分布不均匀，色质黑硬，比较光滑；上层厚约 0.02 米，色质黑软，并见有红蓝黑彩绘图案和木

材腐朽的痕迹，应是房屋废弃后墙皮、梁柱漆皮脱落所致（彩图四-21，2）。

2. 潘公祠基址遗迹

潘公祠基址位于宋公祠左前方，坐西朝东，门开于金墙之上，宽 1.17 米，方向 120°。从发掘结果分析，潘公祠基址主要由祠内殿面、前檐廊、墙基及墙体、台阶等部分组成，分别叙述如下（图四-25；彩图四-22，1）。

祠内殿面 潘公祠祠内殿面南北面阔 7.5、东西进深 4.73 米，室内地面高出院落原地平 0.25 米。地面以青砖铺砌，主要有 0.345×0.355×0.045 米、0.485×0.25×0.145 米、0.35×0.16×0.08 米、0.425×0.19×0.08 米等四种规格的青砖，其中以第一种规格最为常见。在潘公祠后墙下居中位置有一供台遗迹（彩图四-22，2），长 1.99、宽 1.25 米，高度不详，保存状况不好，现仅有东北两侧断砖残存，砌筑方法与白公祠同。墙体内侧共有两层装饰，底层为泥浆，厚约 0.003 米；外层为白灰浆挂面，厚约 0.002 米。

前檐廊 檐廊与祠内地面持平，由金墙隔开，成为两个独立的空间。檐廊左右、前缘由 12 块条石铺砌而成，条石之下有的用青砖铺衬找平。条石规格不一，其中檐廊前缘居中条石规格为 2.165×0.455×0.2 米，作为一步台阶使用。其他部分由青砖铺砌，居中青砖平行铺砌，两侧青砖错缝平铺，青砖规格为 0.25×0.12×0.055 米。未做详细解剖，推测其构筑方法应与白公祠同。

墙体及墙基 发掘表明，潘公祠墙体也可分为"普通墙体"和"金墙"两类。"普通墙体"是指后墙及南北山墙；"金墙"是指祠内地面与檐廊间的隔墙，较薄。潘公祠的后墙及南北山墙保存较好，残高 0.24~0.6、厚约 0.49 米。墙体两侧青砖以白石灰黏合，错缝平砌，中间以碎砖石填心干砌，从檐廊南北两侧条石所留石灰印痕分析，南北山墙一直砌筑延伸至檐廊前缘，青砖规

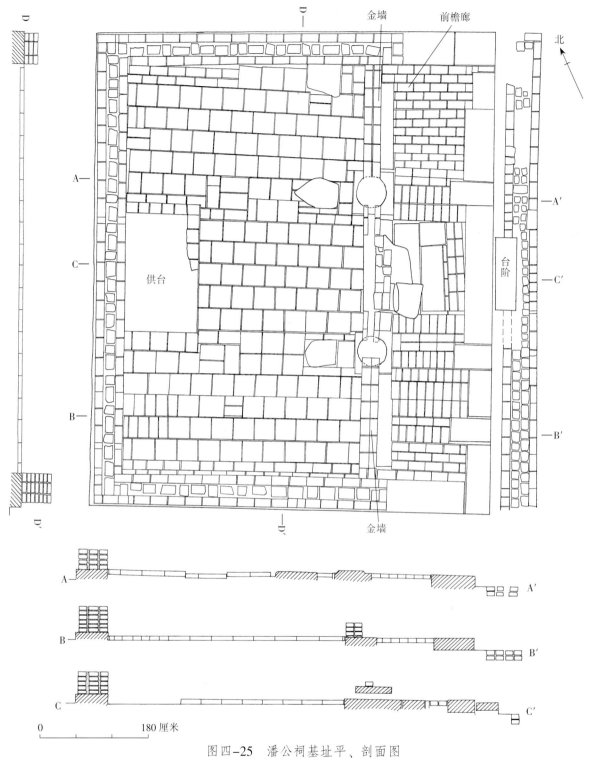

图四-25　潘公祠基址平、剖面图

格主要有 0.26×0.13×0.07 米、0.28×0.135×0.065 米
两种。金墙保存较好，残高 0.145~0.21 米，未做
解剖，砌筑方法应与白公祠同。后墙及南北山墙
墙基保存完好，未做解剖。

　　台阶　潘公祠东侧存留台阶两步。自下而上，

第一步为青石板，规格为 1.2×0.36×0.11 米，第二
步即为前檐廊居中位置的条石。两步高差 0.04 米。

　　从总体结构及布局看，潘公祠平面呈长方形，
祠门开于金墙之上，门向 65°，宽约 1.17 米，与
供台相对，此门被用石块、青砖封堵（彩图四-

1. 潘公祠基址（自西向东）

2. 潘公祠供台（自东向西）

3. 潘公祠门道（自东向西）

彩图四–22 潘公祠基址

22，3）。潘公祠废弃堆积主要分两层：下层厚约 0.02 米，分布不均匀，色质黑硬，比较光滑；上层厚约 0.03 米，色质黑软，并见有红蓝黑彩绘图案和木材腐朽的痕迹，为房屋废弃后墙皮、屋顶脱落所致。另外，潘公祠基址内发现的柱础可分东西两排 6 方。两方位于檐廊前缘踏步左右两侧，为青石条，间距 2.3 米；两方镶嵌在金墙之内，

间距 1.84 米，规格 0.64×0.64×？（厚度不详，未做解剖）米，古镜直径 0.48、高 0.06 米；两方位于祠堂之内，间距 2.27 米，为不规则的青石板，但柱位清楚。

3. 过厅基址遗迹

过厅基址位于白、潘两祠北侧的甬道中轴线上。过厅、宋公祠、北院墙位于一条直线之上，

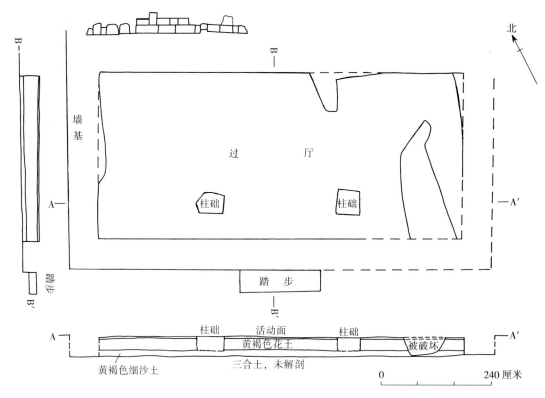

图四-26 祠堂过厅遗迹平、剖面图

1. 过厅土台（自北向南）

2. 宋公祠至过厅甬道（自南向北）

彩图四-23 祠堂建筑群过厅及甬道基址

过厅与宋公祠通过中心甬道连接（图四-26）。

过厅墙体墙基荡然无存，残留沟槽。从沟槽土壁残留印痕观察，最下层为条石，厚约 0.135 米，上砌筑青砖。其平面呈长方形，厅内垫土周缘保存状况不好，尤其是其东区南北两侧皆被后期扰沟破坏。垫土台东西长 7.88、南北宽 3.54、厚约 0.4 米，共分四层：第 1 层为活动面，厚约 0.03~0.04 米；第 2 层为黄褐色花土，质地较硬，厚约 0.24 米；第 3 层为黄褐细沙土，较纯净，厚约 0.12 米；第 4 层为夯土层，未解剖，深度不

详。经解剖，过厅西侧沟槽，下有两个夯层，自下而上夯层厚分别为 0.08、0.18 米，夯层两侧都较沟槽略有延展，宽约 1.05 米。过厅垫土台之北侧外缘，夯土层与第一层垫土之间平铺青砖一排，与垫土台壁齐平（彩图四-23，1）。

过厅垫土台之南半部残留柱础石两方，间距 2.44 米。西侧柱础石为不规整多边形，长边 0.6、短边 0.4 米；东侧柱础石较规整，略呈方形，长边 0.52、短边 0.48 米。过厅南侧沟槽外缘，残留阶条石一步，规格为 1.77×0.455×0.13 米。阶条石

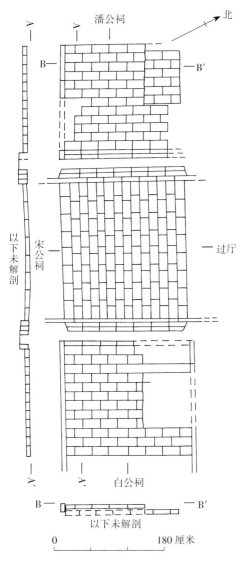

图四-27　宋公祠前中心甬道平、剖面图

东西两侧各有碑座一个。东侧碑座长 1.33、宽 0.735、厚 0.435 米，中间榫窝尺寸为 0.41×0.23×0.075 米，碑座南侧浅雕垂幔纹；过厅西侧碑座长 1.205、宽 0.7 米，因埋在地下厚度不详，中间榫窝尺寸为 0.405×0.26×0.15 米，此碑座整体埋于地下，与东侧碑座相比，高差约 0.44 米，其旁边的《创建宋尚书祠堂记》碑榫头尺寸为 0.29×0.23×0.16 米。过厅之北部偏西残留砖构物一条，残长 3.5、残宽 0.33 米，青砖规格为 0.28×0.13×0.07 米。

4. 甬道遗迹

宋公祠至过厅间甬道（或称中心甬道）（图四-27；彩图四-23，2）。

此甬道为院落中轴线，被过水沟分割成为两段。甬道南段未经完全发掘，暴露长度为 8.25、宽 2.3 米；北段长 1.2 米。为青砖错缝平铺的青砖墁子面，青砖规格为 0.27×0.13×0.065 米；周边以青砖镶嵌砖牙子，牙子砖规格为 0.27×0.13×0.07 米，其中在与分别通往白公祠、潘公祠的连接处镶嵌砖牙子多达三层。

此甬道南通宋公祠，北达过厅；东可连白公祠，西可接潘公祠。还可以通过分支甬道与禹王殿方向的甬道连通，是整个宋公祠院落内部，以及对外交通的中心甬道。

白公祠、潘公祠前甬道

白公祠、潘公祠台阶之前皆有一段通往中心甬道的甬道，并与其成十字交叉状，其中引路与中心甬道交接处各有过水沟一条，宽 0.14 米。白公祠前甬道长 2.55、宽 2.12 米，青砖错缝平铺而成，青砖规格为 0.24×0.13×0.06 米，甬道中间略成弧状拱起，西、南、北三面皆以青砖镶嵌砖牙子，牙子砖规格为 0.265×0.13×0.065 米。经发掘，此甬道西段北侧位置被一略成方形的灰坑状（编号 H3）堆积打破，疑其曾为植树坑，后被进一步破坏；H3 对面有一植树坑遗迹（编号 SK2），圆口直壁，直径 0.34、深 0.22 米，内有腐朽树根残迹。因白公祠前甬道被 H3 打破所成的断面，可见此甬道青砖墁子面下还有青砖铺道一层，上下两层青砖墁子面之间有厚约 0.02 米的垫土层，其中下层青砖铺道的情况由于未做进一步的解剖。潘公祠前甬道残长 2.09、宽 2.11 米，青砖错缝平铺而成，青砖规格为 0.27×0.135×0.065 米，甬道中间略呈弧状拱起。东、南、北三面皆以青砖镶嵌砖牙子，牙子砖规格为 0.27×0.13×0.065 米。经发掘，在潘公祠前甬道东段南侧位置发现有一个植树坑遗迹（编号 SK1）。此甬道西端北侧已遭破坏，从断面观察，其下还有青砖铺道一条，两条甬道之间有厚 0.02 米的垫土，下层青砖铺道的具体情况由于未做进一步的解剖尚不清楚。

白公祠南侧甬道

南距白公祠南墙墙基约 0.9 米的地方发现甬道遗迹一处，与白公祠成平行关系。长度因为未做全部揭露，宽 1.54 米。系青砖错缝平铺，中间略呈弧状拱起的青砖褥子面，青砖规格为 0.27×0.13×0.07 米。甬道南北两侧及东端皆以青砖镶嵌有砖牙子，牙子砖规格为 0.27×0.13×0.07 米。其东端牙子砖之上叠压踩踏石一块，但以位于发掘区以外，具体不详。通过对此甬道破损处的观察，此甬道下也见有青砖铺道一层，两层青砖中间有厚约 0.02 米的垫土层，下层青砖铺道未做进一步的解剖。

在发掘的过程中，于此甬道北侧发现"乾隆通宝"铜钱一枚，说明上层青砖甬道最早可追溯到清乾隆年间，而下层青砖铺道的年代较其略早。

5. 北墙院门遗迹

北院门遗迹位于祠堂建筑群中心甬道的北端，东距东院墙 3.35、西距西院墙 7.93、南距过厅 14.4 米。经发掘，院门基础为夯土，南北长 4.4、东西宽 3.66 米，夯土层未做解剖，据观察主要由白石灰、土及碎砖块掺和夯筑而成，厚度可达 0.3 米以上。夯土台基之东西两侧以青砖错缝平砌，中间以碎砖填充的砌筑方法起砌三层砖墙，青砖规格为 0.27×0.13×0.065 米；砖上铺砌条石，条石规格不一。院门南北两侧各残留台阶二步，阶底皆用青砖铺砌，上压阶条石（今已不存）。院门之台面其下以石灰、素土搅合，略经夯打，上铺青砖，青砖规格不一，台面高出夯土台约 0.36 米（图四–28；彩图四–24，1）。

6. 院墙遗迹

宋公祠、白公祠、潘公祠、过厅诸建筑皆由院墙组合在一个封闭的院落系统内，并通过过门等与其他院落保持连通。下面分东墙、西墙、北墙三个部分叙述。

东墙　长 25.5、宽 0.5 米。除局部残断外，基

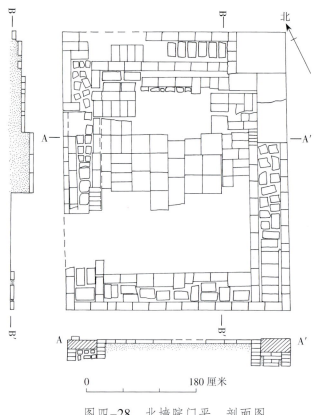

0 ———— 180 厘米

图四–28　北墙院门平、剖面图

1. 北墙院门基址（自南向北）

2. 六角亭基础（自东向西）

彩图四–24　祠堂建筑群北墙院门及六角亭基础

1. 假山遗迹（由西往东）

2. Z1、Z3、H1 遗迹（由南往北）

彩图四-25　祠堂建筑群假山及灰坑灶炕遗迹

本保存完好。墙基略经夯打，然后平铺厚重青砖一层，中间以碎砖填心砌筑，其上立砌青砖三排，再砌筑青砖墙体，墙体内外两侧用青砖错缝平砌，中间以碎砖、半砖填心砌筑而成。青砖不甚规整，有 0.44×0.2×0.09 米、0.32×0.18×0.07 米等几种规格。

西墙　未完全揭露，其北半部分仅经探掘。从暴露的部分观察，墙基及部分墙体保存完好。墙体砌筑方式可分两种。

第一种：自潘公祠北墙始，2.93 米长度内，正好跟早期甬道遗迹相接。构筑方式基本同于东墙，大概有平铺青砖→立砌青砖→再平铺青砖→再立砌青砖几个环节。

第二种：早期甬道以北段落。墙基部分略经夯打，然后错缝平砌三层青砖，未见石灰黏合剂，所用泥浆也未经修整，保留青砖自然面，这三层

砖面略高于早期甬道遗迹；三层砖面收分 0.045 米后，错缝平砌青砖墙体，青砖规格多为 0.26×0.12×0.07 米。

北墙　比较来看，北院墙的砌筑方式最为讲究。墙基经过夯打，夯层较厚（未做进一步解剖），上铺石条，再砌青砖。青砖错缝平砌，以白石灰黏合，中间以碎砖石填心干砌，青砖规格为 0.28×0.135×0.07 米。以北墙院门为界，北院墙可以分为东西两段，院门以西段、院门、院门以东段三者并不共线，平面关系不甚整合。

7. 六角亭遗迹

位于北墙院门东侧，南靠早期过门遗迹。从发掘情况看，其基础平面形状成六角形，其西侧被院门打破，仅余东侧三角之三层青砖基础。该亭基础的对角线长 2.52、边长 1.6 米。六个边缘用整砖砌筑整齐边缘，中间以碎砖填实整平，青砖规格为 0.28×0.13×0.07 米（彩图四-24，2）。基础未作解剖。根据打破关系，六角亭早于北墙院门。

8. 假山遗迹

祠堂建筑群的假山遗迹已基本不成形状，主要保留有两处。一处位于宋公祠北院门右前方，石材一块，表面粗糙，未经打磨，平面略呈三角形，长 1.6、较长的宽边 1.5、较短的宽边 0.6、厚约 0.4 米。另一处位于宋公祠院落东院墙北端，六角亭遗迹以东，残留石材三块，貌似倒塌堆积状，自东向西石材尺寸分别为：1×0.58×0.23、1.40×0.5×0.3、0.53×0.5×0.21 米（彩图四-25，1）。

（三）晚期遗迹

晚期遗迹主要包括甬道及灶、灰坑两类。

1. 甬道

白公祠北侧东西向甬道　北距白公祠北墙 5.3 米，长 3.25、宽 1.10 米。用青砖竖向错缝平铺褥子面，青砖规格为 0.27×0.13×0.07 米；南、北、东三缘用青砖镶嵌砖牙子，牙子砖规格为 0.27×0.13×0.07 米。其东端隔过水沟与南北向甬道相连通。其

西端有石材一块，石材规格为 0.6×0.45×0.15 米。

白公祠后墙（东墙）外甬道　西贴白公祠房基东北角，与白公祠后墙约成 15 度夹角，与水明楼西厢房的平面关系也不整合。东接水明楼西厢房之基槽长 9、宽 1.03 米，白公祠后墙部分由于用青砖横向铺砌而成楔形，最宽处可达 1.75 米。用青砖竖向平铺青砖褥子面，青砖规格为 0.27×0.13×0.07 米。仅甬道西侧镶嵌有砖牙子，牙子砖规格为 0.27×0.13×0.07。南端有踩踏石一块，规格为 0.86×0.55×? 米（厚度未做解剖），北端被破坏，从破坏所成剖面观察，此甬道叠压在早期房屋遗迹东侧甬道之上。

2. 灶

灶的遗迹集中分布在白公祠北墙与晚期遗迹中的东西向甬道所构成的闭合范围内。共有三个，分别编号为 Z1、Z2、Z3。Z1、Z2 皆开口于表土层下（彩图四-25，2）。

Z1 火塘剖面略呈袋形，烟道与火道间长 1.64 米；火塘平面略呈圆形，直径约 0.84、深 0.54 米；坑内的堆积可分三层：一层填土，二

层红烧土堆积，三层灰烬层。其中在第二层红烧土堆积中含有陶瓷等残片（图四-29，1）。发掘表明，Z1 之下还叠压一个灶（编号 Z3），未做解剖。

Z2 火塘直壁平底，烟道与火道间长 1.66 米；火塘平面略呈圆形，直径约 0.80 米，深 0.4 米；Z2 坑内堆积状况与 Z1 同（图四-29，2）。

3. 灰坑

晚期灰坑发现一个，编号 H1（图四-29，3；见彩图四-25，2）。位于 Z1 西侧，打破 Z1。不甚规则圆形锅底状，长径约 1.3、深约 0.3 米，底部东侧较西部略低。内填青沙、碎砖等物。

（四）年代推断及依据

1. 宋公祠

现存建筑，根据《创建宋尚书祠堂记》碑文，建成于明代正德十一年（1516 年）。虽然未经发掘，由于它是祠堂建筑群的主体，又是建成最早的建筑，在此特别提及。

2. 早期院落遗迹

地层依据　与早期房屋遗迹同时的过厅西侧

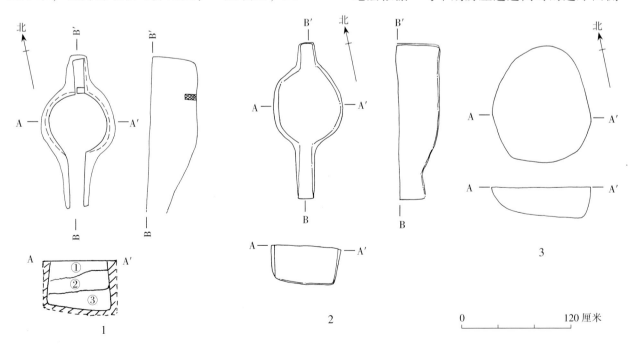

图四-29　祠堂建筑群晚期遗迹

1. Z1 平、剖面图　2. Z2 平、剖面图　3. H1 平、剖面图

甬道遗迹被过厅打破，说明过厅晚于甬道，晚于早期房址；祠堂建筑群的东院墙叠压早期房屋遗迹和房屋北侧甬道遗迹，说明东院墙晚于甬道和早期房屋遗迹；六角亭被北墙院门打破，说明北墙院门晚于六角亭；H1、Z1、Z2以及白公祠北侧东西向甬道皆开口于表土层下，时代最晚。

平面位置关系依据　白公祠、潘公祠、宋公祠、过厅的平面位置关系相整合，而与早期房屋基址平面关系整合的甬道与白公祠、潘公祠的平面位置关系不整合，形成夹角，可以推论潘公祠、白公祠等甬道（宋公祠除外）的时代；根据平面位置关系的分析，还可将发掘区中部以及中部偏北的零散构筑物归纳成一个整体，并在整体上给予年代分析，从而利用这种平面整合关系将其归于早期院落遗迹范围内。

出土物依据　根据所出"万历通宝"铜钱，早期院落遗迹最早可追溯到万历年间（1573~1620年）；根据白公祠金墙基础内所出"嘉庆通宝"铜钱，可以确定白公祠的某次维修最早可追溯到嘉庆年间（1796~1820年）；根据白公祠南侧甬道第一层青砖铺道旁边所出"乾隆通宝"铜钱，此甬道最近的一次维修最早可追溯到乾隆年间（1736~1795年）。

综上，祠堂建筑群中，宋公祠的建成年代最早，早期院落遗迹最早可到明万历年间；以潘公祠、白公祠、过厅、院墙等为代表的院落主体，其年代最早约为清乾嘉时期；而H1、Z1、Z2以及白公祠北侧东西向甬道的时代则更晚。

（五）存在问题及建议

地层扰乱、遗迹破坏均比较严重，加之部分区域未能全部揭露，在一定程度上影响了对某些建筑物性质和功能的判断，如早期院落遗迹就存在此类问题。要完全解决上述问题还需要做进一步的工作。

四　小结

本节收获可概括如下。

（一）对分水龙王庙建筑群遗址进行了较为全面的揭露，基本弄清了其平面布局和位置关系。发掘表明，分水龙王庙建筑群遗址自东往西系由龙王庙建筑群、水明楼建筑群、祠堂建筑群三组院落构成，它们既相互独立又有机连通。

（二）结合出土碑刻资料及相关文献记载，基本弄清了分水龙王庙建筑群的时代变迁。龙王大殿、宋公祠、祠堂建筑群的早期院落遗迹属于该建筑群中较早的一批建筑（主要集中在明洪武、永乐、正德三朝），而水明楼则属该建筑群中年代最晚的建筑（清乾隆）。分水龙王庙建筑群的三个院落未经统一规划，而是在屡次修葺添建的基础上，随着水明楼的出现逐渐独立出来的，而水明楼则成为观汶分水的重要建筑。

（三）分水龙王庙建筑群发现、出土了大批遗迹遗物，其中包括陶瓷器、建筑构件、明清碑刻等，为分水龙王庙及京杭大运河的相关研究提供了珍贵的考古材料。

（四）南旺分水龙王庙作为全国重点文物保护单位，是京杭大运河沿岸一处重要的文化遗产，应该深入挖掘其历史、价值，并将其切实保存、保护、利用、管理起来。而本次发掘无论对保护规划的编制还是保护措施的实施都将会提供科学的依据。

第四节　遗　物

分水龙王庙建筑群发掘出土以及采集的遗物有建筑构件、砖、瓦、瓦当、滴水、脊兽、柱础石、瓷器及其他类，共计256件（不包括35通/方碑刻）。其中以建筑构件和瓷器为主。

一　建筑构件

共计 141 件，包括琉璃件和砖雕件两大类，其中大量为砖雕件，脊兽类有垂兽、走兽、仙人骑凤等，另有少量屋脊套兽和基座。瓦类有板瓦、筒瓦、瓦当和滴水，大多为灰瓦，也有少量绿琉璃筒瓦。现择要介绍于下。

（一）琉璃件

共 28 件，其中灰瓦件 11 件，脊兽 17 件。

1. 灰瓦件

共 11 件，分板瓦、筒瓦、瓦当和滴水四类。

（1）板瓦

2 件，全为绿琉璃质。

标本 T2819②：2（彩图四-26，1），泥质红陶

1. 板瓦（T2819②：2）

2. 板瓦（T2819②：3）

3. 筒瓦（T3021①：1）

4. 筒瓦（T3220②：1）

5. 瓦当（T3219①：1）

6. 滴水（T2421②：2）

彩图四-26　分水龙王庙建筑群出土绿琉璃建筑构件

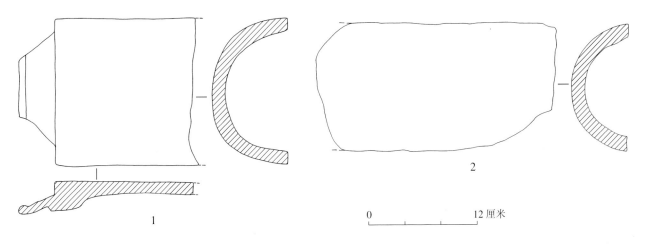

图四-30 分水龙王庙建筑群出土筒瓦

1. 绿琉璃筒瓦（T3021①：1）　2. 绿琉璃筒瓦（T3220②：1）

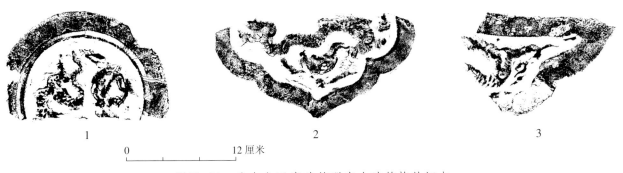

图四-31 分水龙王庙建筑群出土建筑构件拓本

1. 绿琉璃瓦当拓本（T3219①：1）　2. 绿琉璃滴水拓本（T2421②：2）　3. 黄琉璃滴水拓本（T3221②：3）

胎，两翼残缺，另两侧完好，中间微鼓，釉色脱落严重。残长14.3、残宽11.6、厚1.8~2厘米。出土于龙王大殿西墙基附近。

标本T2819②：3（彩图四-26，2），圆饼状，半体缺失，中间微凸，弧边缘形。残长13.5、残宽11、厚2.2厘米。出土于龙王大殿西墙基附近。

（2）筒瓦

3件，全为绿琉璃质。

标本T3021①：1（图四-30，1；彩图四-26，3），琉璃剥落严重，泥质红陶。截面为半圆形。残长19.9、宽15.5、厚1.6厘米。出土于戏楼基址垫土中。

标本T3220②：1（图四-30，2；彩图四-26，4），琉璃剥落严重，泥质红陶胎。一端断裂，截面为半圆形，背部中间有两道划痕，其余有布

痕。残长26.2、残宽13.6、残高6.2厘米。出土于鼓楼南侧院落填土中。

（3）瓦当

2件，全为绿琉璃质。

标本T3219①：1（图四-31，1；彩图四-26，5），釉色大部分已剥落，泥质红陶胎。仅存半个当面，正面中间有一圆形凹槽，内刻龙纹浮雕，截面近梯形。当面径13.5、厚1.6厘米。出土于院落东墙中部。

（4）滴水

4件，黄、绿琉璃质各两件，均饰龙纹。

标本T2421②：2（图四-31，2；彩图四-26，6），绿琉璃滴水。残存头部，龙纹。头部面宽21.8、残高10.7、厚1.9厘米。出土于水明楼西厢房北间填土内。

1. 黄琉璃滴水（T2421②：3）

4. 绿琉璃正脊兽座（T3220②：4）

2. 黄琉璃滴水（T3221②：3）

5. 绿琉璃正脊兽座（T3220②：4）

3. 绿琉璃滴水（T3221②：7）

6. 绿琉璃正脊残件（T3220②：5）

彩图四-27　分水龙王庙建筑群出土建筑构件

标本 T2421②：3（彩图四-27，1），黄琉璃滴水。残存勾头部，龙纹。头部残宽 9、残高 8、厚 1.6 厘米。出土于水明楼西厢房北间填土内。

标本 T3221②：3（图四-31，3；彩图四-27，2），黄琉璃滴水，泥质红陶。仅存半个勾头，

饰龙纹浮雕。残长 13、残宽 8、厚 2 厘米。出土于鼓楼与戏楼间院落填土中。

标本 T3221②：7（彩图四-27，3），绿琉璃滴水。通体施釉，甚残，正面饰龙纹浮雕，背面有三道交叉状划痕。残长 7.8、残宽 7.4、厚 2 厘米。

出土于鼓楼与戏楼间院落填土中。

2. 脊兽

共计 17 件。可辨器形者有正脊、走兽、仙人骑凤、正吻等。

(1) 正脊

标本 T3220②：4（图四-32，1；彩图四-27，4、5），绿琉璃兽座。下部残缺，正面中间有椭圆形插口一个，孔一侧有"一十三"字样铭文。残长 24、宽 17.2、残高 17 厘米。出土于鼓楼南侧院落填土中。

标本 T3220②：5（图四-32，2；彩图四-27，6），绿琉璃正脊残件，泥质红陶胎。一侧较完好，正面中间有一道截面为半圆形的凸起和一道截面为长方形的凸棱，背面有划痕。残长 8.5、残宽15.5、厚 2.5~5.2 厘米。出土于鼓楼南侧院落填土中。

(2) 走兽

标本 T3120②：2（图四-32，3；彩图四-28，1），绿琉璃走兽残件，泥质红陶胎。釉色剥落严重，仅存部分兽身，两面对称饰有须状纹饰，似为凤鸟的尾部。残长 23、残宽 12.7、残高 17.2 厘米。

(3) 仙人骑凤

标本 T3120②：3（图四-33，1；彩图四-28，2），绿琉璃凤，泥质红陶胎。残存头部、颈部和身体的一部分。残长 21、残高 14、残厚7.5 厘米。

标本 T3221②：9（图四-33，2；彩图四-28，3），绿琉璃凤。仅存尾部，略残，尾部末梢上卷。残长 23、残宽 15、厚 2.5~7.5 厘米。出土于鼓楼与戏楼间院落填土中。

(4) 正吻

标本 T3120②：6（图四-33，3；彩图四-28，4、5），绿琉璃正吻，泥质红陶胎。似牛头，残存鼻子和上颌部分，釉色剥落较多。残长 23.4、残宽 13.5、残厚 12 厘米。

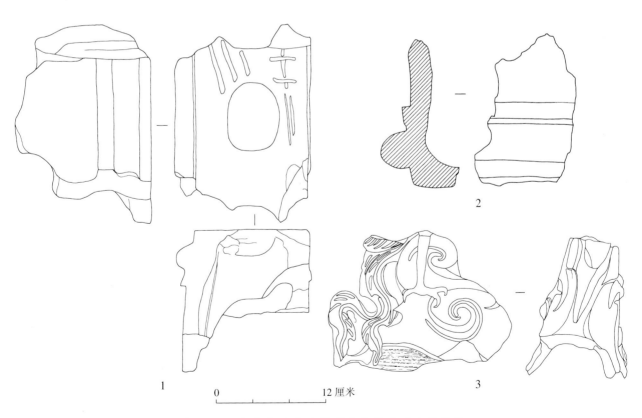

0　　　　　　　　12 厘米

图四-32　分水龙王庙建筑群出土绿琉璃建筑构件

1. 正脊兽座（T3220②：4）　　2. 正脊残件（T3220②：5）　　3. 走兽残件（T3120②：2）

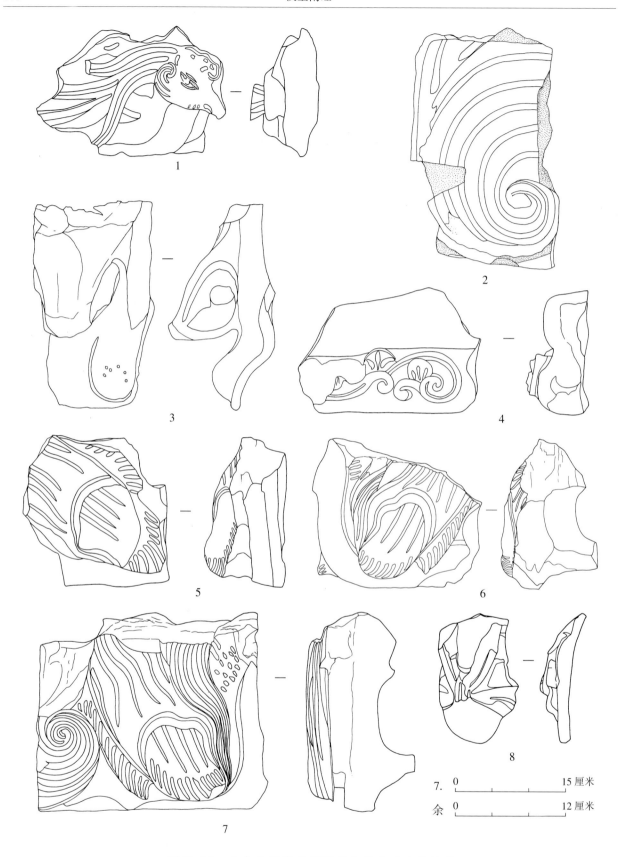

图四-33　分水龙王庙建筑群出土绿琉璃建筑构件

1. 仙人骑凤（T3120②：3）　　2. 仙人骑凤（T3221②：9）　　3. 正吻（T3120②：6）　　4. 挂檐板（T2022②：1）　　5. 兽耳（T3220②：11）　　6. 兽耳（T3120②：7）　　7. 兽耳（T3220②：2）　　8. 脊兽残件（T3120②：10）

1. 走兽残件（T3120②：2）

4. 正吻（T3120②：6）

2. 仙人骑凤（T3120②：3）

5. 正吻（T3120②：6）

3. 仙人骑凤（T3221②：9）

6. 挂檐板（T2022②：1）

彩图四-28　分水龙王庙建筑群出土绿琉璃建筑构件

（5）挂檐板

标本 T2022②：1（图四-33，4；彩图四-
28，6），绿琉璃挂檐板，红陶胎质。残断，琉璃

大部分剥落。残长 19.5、残宽 12.5、厚 4.5 厘米。

（7）其他

共计 11 件，大多为脊兽残件。

标本 T3220②：11（图四－33，5；彩图四－29，1），绿琉璃兽耳，为垂兽残件。圆形耳窝，耳侧有一道弧形刻画纹，其余饰多道须状纹饰。残长 16.2、残高 16、残宽 9 厘米。出土于鼓楼南侧院落填土中。

标本 T3120②：7（图四－33，7；彩图四－

29，2），绿琉璃兽耳，泥质红陶胎。圆形耳窝，耳侧有一道弧形凹槽，四周装饰有须状花纹，背面有一条凸棱。残长 22.5、残宽 13、残高 19 厘米。

标本 T3220②：2（图四－33，6；彩图四－29，3），绿琉璃兽耳。三面断裂，一面完好，圆形耳窝，耳侧有弧形刻画纹，上部有卷须状纹饰，

1. 兽耳（T3220②：11）

4. 脊兽残件（T3120②：10）

2. 兽耳（T3120②：7）

5. 脊兽残件（T3120②：11）

3. 兽耳（T3220②：2）

6. 龙首残件（T3219②：2）

彩图四－29 分水龙王庙建筑群出土绿琉璃建筑构件

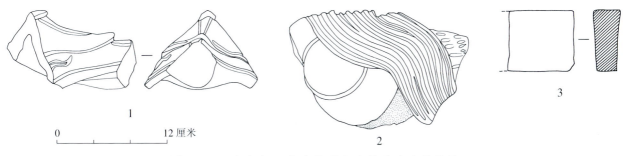

图四-34　分水龙王庙建筑群出土绿琉璃建筑构件

1. 脊兽残件（T3120②：11）　　2. 龙首残件（T3219②：2）　　3. 砖（T2819②：4）

其余饰须状花纹，完好一侧有白灰残留，背面有条形凸棱两道。残长 25.7、残宽 21、厚 12.1 厘米。出土于鼓楼南侧院落填土中。

标本 T3120②：10（图四-33，8；彩图四-29，4），绿琉璃脊兽残件，泥质红陶胎。面饰蝴蝶结状浮雕纹饰。残长 13.8、宽 8.8、残厚 3.3 厘米。

标本 T3120②：11（图四-34，1；彩图四-29，5），绿琉璃兽脊残件，泥质红陶胎。似兽的脊背，两端断裂，浮雕纹饰似兽的鳞片。残长 14.2、残宽 12.4、高 8.5 厘米。

标本 T3219②：2（图四-34，2；彩图四-29，6），绿琉璃龙首残件。仅存眼部和部分龙须，背面有指印。残长 22、残宽 14.2 厘米。

标本 T2819②：4（图四-34，3；彩图四-30，1），绿琉璃砖，仅在一侧施釉，泥质红陶胎。长方形，残存板块。残长 7.2、宽 6.3、厚 2.4 厘米。出土于龙王大殿西墙基附近。

标本 T3221②：8（彩图四-30，2），绿琉璃陀螺形器，圆锥形。仅存半个，表面阴刻弧线纹饰，顶部有乳丁状突起，釉色脱落严重，应为柱头。高 6、底径 8、厚 1.2 厘米。出土于戏楼与鼓楼间院落填土中。

标本 T3120②：8（彩图四-30，3），绿琉璃兽足，残断，仅存兽爪和小腿部分。残长 15、残宽 5.5、厚 3~5 厘米。

（二）砖雕件

共计 101 件。灰瓦件 56 件，脊兽 45 件。

1. 砖（T2819 ②：4）

2. 陀螺形器（T3221②：8）

3. 兽足（T3120②：8）

彩图四-30　分水龙王庙建筑群出土绿琉璃建筑构件

1. 灰瓦件

(1) 瓦当

共计32件。均为圆形，泥质灰陶。

标本 T3219②：1 (图四–35，1；彩图四–31，1)，圆形，泥质灰陶。当面完整，近边缘处有一圈凸弦纹，中间雕刻草书"福"字。当面径10.8、厚 1.2~1.5 厘米。

标本 T2121①：1 (图四–35，2；彩图四–31，2)，瓦身后端残断，勾头较完整。正面装饰"福"字纹，表面有白灰残迹。瓦当直径9.5、厚

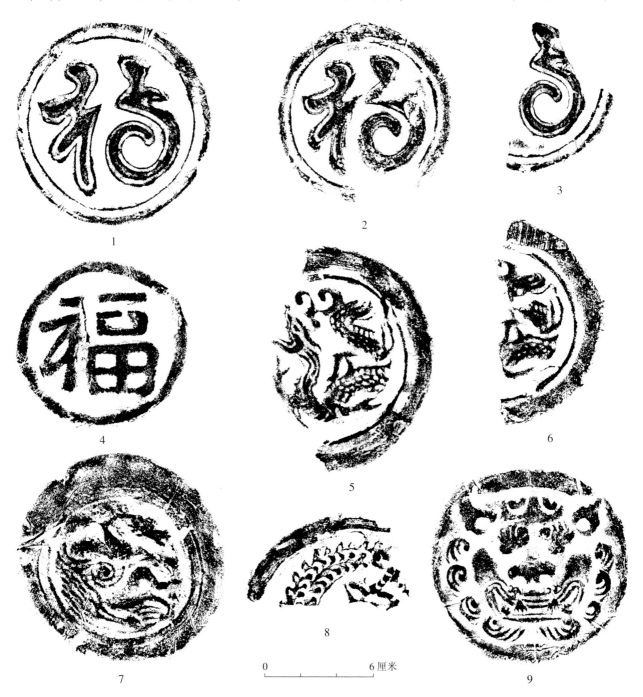

图四–35　分水龙王庙建筑群出土瓦当拓本

1. "福"字纹瓦当拓本 (T3219②：1)　2. "福"字纹瓦当拓本 (T2121①：1)　3. "福"字纹瓦当拓本 (T3221②：5)
4. "福"字纹瓦当拓本 (T2522②：1)　5. 龙纹瓦当拓本 (T2921②：2)　6. 龙纹瓦当拓本 (T3220②：12)　7. 龙纹瓦当拓本 (T2221①：4)　8. 龙纹瓦当拓本 (T2222②：2)　9. 兽面纹瓦当拓本 (T2823②：3)

1. "福"字纹瓦当（T3219②：1）

5. 龙纹瓦当（T2921②：2）

2. "福"字纹瓦当（T2121①：1）

6. 龙纹瓦当（T2420②：10）

3. "福"字纹瓦当（T2522②：1）

7. 龙纹瓦当（T3220②：12）

4. "福"字纹瓦当（T3221②：5）

8. 龙纹瓦当（T2221①：4）

彩图四-31　分水龙王庙建筑群出土瓦当

约1厘米。出土于祠堂建筑群过厅北基槽外侧。

标本T2522②:1（图四-35,4；彩图四-31,3），泥质灰陶。瓦身残断，勾头圆形，饰行书"福"字纹。残长9.5、厚1.4、勾头直径10厘米。出土于水明楼西台基与院落间填土内。

标本T3221②:5（图四-35,3；彩图四-31,4），泥质灰陶。仅存当面右半部分，近边缘处有一圈凸弦纹，中间残存"福"字浮雕的右半部分。当面径12、厚1.2厘米。出土于鼓楼与戏楼间院落填土中。

标本T2921②:2（图四-35,5；彩图四-31,5），泥质灰陶。仅存大半个当面，近边缘处有一圈凸弦纹，中间饰龙纹浮雕。当面径12、厚1.1~2厘米。出土于戏楼西侧院落填土中。

标本T2420②:10（彩图四-31,6），瓦筒及勾头左上侧残断，饰龙纹。高11、厚1.3厘米。出土于水明楼西厢房北间南侧。

标本T3220②:12（图四-35,6；彩图四-31,7），泥质灰陶。仅存半个当面，近边缘处有一圈凸弦纹，中间饰龙纹浮雕。当面径12、厚1.1~2.1厘米。出土于鼓楼南侧院落填土中。

标本T2221①:4（图四-35,7；彩图四-31,8），勾头较为完整，瓦身残断。灰色，正面饰云龙纹，背面有布纹痕迹。瓦当直径11.5、厚1.5厘米。

标本T2222②:2（图四-35,8；彩图四-32,1），残，正面饰减地鱼鳞纹（可能为龙纹）。背面经打磨，较光滑。残长9、最宽处残宽4.8、厚约1.4厘米，半径不详。

标本T2823②:3（图四-35,9；彩图四-32,2），圆形，泥质灰陶。中间厚，边缘较薄，饰兽面纹，当面完整，瓦筒断裂。当面径11.8、残厚1.2~3厘米。出土于钟楼北小屋内。

标本T2823②:8（彩图四-32,3），圆形，泥质灰陶。当面边缘残损，中间微凸，近边缘处有两圈凸弦纹，中间饰兽面纹。当面径11、厚1~

1. 龙纹瓦当（T2222②:2）

2. 兽面纹瓦当（T2823②:3）

3. 兽面纹瓦当（T2823②:8）

彩图四-32　分水龙王庙建筑群出土瓦当

1.6厘米。出土于钟楼北小屋内。

标本T2021②:11（图四-36,1；彩图四-33,1），勾头缺失。正面饰大兽面纹，双目圆睁突出，龇牙咧嘴，虬髯满腮。直径约11.5、厚约1厘米。

标本T1921①:1（图四-36,2；彩图四-33,2），勾头残。上面装饰兽面纹，兽面外侧饰两重

1. 兽面纹瓦当（T2021②：11）

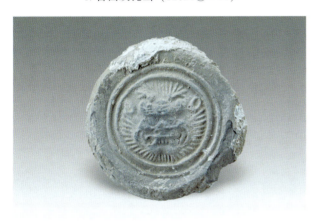

2. 兽面纹瓦当（T1921①：1）

3. 兽面纹瓦当（T2119④：2）

彩图四-33　分水龙王庙建筑群出土瓦当

1

2

3

0　　　3　　　6厘米

图四-36　分水龙王庙建筑群出土瓦当拓本

1. 兽面纹瓦当拓本（T2021②：11）　2. 兽面纹瓦当拓本（T1921①：1）　3. 兽面纹瓦当拓本（T2119④：2）

环纹，表面有白灰残迹。瓦当直径10、厚1.4厘米。

标本 T2119④：2（图四-36，3；彩图四-33，3），完整。由勾头和瓦当两个部分组成，瓦当正面饰兽面纹。通长18.5、通高9.5、瓦当直径9.2、厚约1厘米。

标本 T2221①：3（图四-37，1；彩图四-

34，1），勾头残缺，正面饰兽面纹。瓦当直径10、厚0.9厘米。

标本 T2323②：2（图四-37，2；彩图四-34，2），残，勾头残缺，正面饰兽面纹。直径11.5、厚约1.5厘米。

标本 T2323②：3（图四-37，3；彩图四-

1

2

3

4

0   6厘米

图四-37　分水龙王庙建筑群出土瓦当拓本

1. 兽面纹瓦当拓本（T2221①∶3）　　2. 兽面纹瓦当拓本
（T2323②∶2）　　3. 兽面纹瓦当拓本（T2323②∶3）
4. 莲花纹瓦当拓本（T2823②∶7）

1. 兽面纹瓦当（T2221①∶3）

2. 兽面纹瓦当（T2323②∶2）

3. 兽面纹瓦当（T2323②∶3）

4. 莲花纹瓦当（T2823②∶7）

彩图四-34　分水龙王庙建筑群出土瓦当

4，3)，残缺较为严重，正面饰兽面纹。厚约1厘米。

标本 T2823②：7（图四-37，7；彩图四-34，4），圆形，泥质灰陶。仅剩大半个当面，当面近边缘处有一圈凸弦纹，中间雕刻有莲花纹。当面径10.4、厚0.5~1.5厘米。出土于钟楼北小屋内。

（3）滴水

共计24件。

标本 T2719②：7（图四-38，1；彩图四-35，1)，瓦筒及勾头下端残，饰莲花纹。残长5.6、残高8、厚1.2厘米。出土于水明楼东厢房南间填土内。

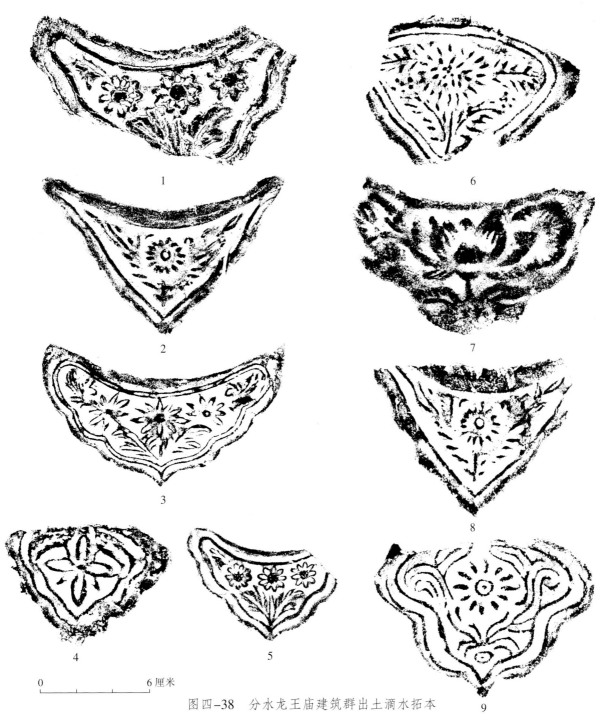

图四-38　分水龙王庙建筑群出土滴水拓本

1. 滴水拓本（T2719②：7）　　2. 滴水拓本（T2719②：4）　　3. 滴水拓本（T2423②：1）　　4. 滴水拓本（T3221②：4）
5. 滴水拓本（T2225①：1）　　6. 滴水拓本（T3221②：1）　　7. 滴水拓本（T2823②：11）　　8. 滴水拓本（T2119③：1）
9. 滴水拓本（T2222②：3）

1. 滴水（T2719②：7）

4. 滴水（T2719②：5）

2. 滴水（T2719②：4）

5. 滴水（T3221②：4）

3. 滴水（T2423②：1）

6. 滴水（T3221②：2）

彩图四-35　分水龙王庙建筑群出土滴水

标本 T2719②：4（图四-38，2；彩图四-35，2），完整。瓦筒呈板瓦形，勾头呈弧边三角形，饰莲花纹。通长 13.7、宽 16、高 8.5、厚 1.1厘米。出土于水明楼东厢房南间填土内。

标本 T2423②：1（图四-38，3；彩图四-35，3），瓦筒部残，勾头完好，饰莲纹。残长11、勾头长 16.5、高 7.5、厚 1.3 厘米。出土于水明楼西侧填土内。

标本 T2719②：5（彩图四-35，4），瓦筒左半部残，勾头饰莲花纹。通长 13.7、残宽 15、高 2.5、

1. 滴水（T3221②：1）

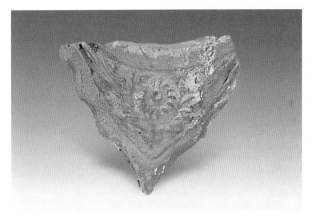

4. 滴水（T2119③：1）

2. 滴水（T2420②：11）

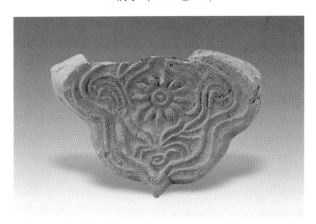

5. 滴水（T2222②：3）

3. 滴水（T2823②：11）

6. 滴水（T2225①：1）

彩图四-36　分水龙王庙建筑群出土滴水

厚 1.1 厘米。出土于水明楼东厢房南间填土内。

标本 T3221②：4（图四-38，4；彩图四-35，5），泥质灰陶。仅存勾头大部，饰浮雕花纹。残长 13.2、残宽 9.2、厚 1~2.2 厘米。出土于鼓楼与戏楼间院落填土中。

标本 T3221②：2（彩图四-35，6），泥质灰陶。仅存勾头中间部分，饰花形浮雕，上厚下薄。残长 10、残宽 8、厚 0.8~3.3 厘米。出土与鼓楼与戏楼间院落填土中。

标本 T3221②：1（图四-38，6；彩图四-36，1），

泥质灰陶，仅存勾头，左半部残缺，饰花形浮雕，花纹周围有凸弦纹两周。残长12、残宽8、厚0.8~1.6厘米。出土于鼓楼与戏楼间院落填土中。

标本T2420②：11（彩图四-36，2），瓦筒残断，勾头饰莲纹。残宽15.5厘米，残高8.7厘米，厚1.1厘米。出土于水明楼西厢房北间南侧。

标本T2823②：11（图四-38，7；彩图四-36，3），泥质灰陶。勾头完好，瓦筒断裂。面饰浮雕莲花纹。宽15、高8.5、厚1~2.4厘米。出土于钟楼北小屋内。

标本T2119③：1（图四-38，8；彩图四-36，4），瓦筒部残，莲纹。残长11、厚1~1.7厘米。

标本T2222②：3（图四-38，9；彩图四-36，5），瓦筒部残，莲花纹。残高85、厚09~24厘米。

标本T2225①：1（图四-38，5；彩图四-36，6），瓦筒部残，勾头较为完整，正面饰菊纹。残长约10、通高约6、厚0.5~1.5厘米。出土于祠堂建筑群北院墙旁。

2. 脊兽

共计45件。

（1）套兽

标本T2423②：3（图四-39，1；彩图四-37，1），套兽，砖雕。灰色，大半残缺，仅存右半部，鼻、口残。残长21、残宽15、残厚5.6厘米。出土于水明楼西侧围墙垫土内。

标本T2021②：10（图四-39，2；彩图四-37，2），套兽残件。上有白灰残迹，残高13.5、残宽10.5、残高14.5厘米。

标本T2122②：4（图四-39，3；彩图四-37，3），套兽基座。灰色，仅存基座，雕塑龙爪纹。残长17.2、残宽11.2、体厚3.5厘米。

（2）垂兽

标本T2722②：1（图四-40，1；彩图四-37，4），垂兽，砖雕。灰色，长角及尾部断裂，须部微残。通长31.2、宽12、高28.9厘米。出土于水明楼东台基南墙外侧。

标本T2920②：5（彩图四-37，5），龙首残件，泥质灰陶。龙首略残，眼部完好，耳部和龙须明显，上颌略残，下颌完整，牙齿清晰。残长25、宽18、厚6~14厘米。

标本T2222②：4（图四-40，2；彩图四-37，6），螭首，正面完整，砖雕。灰色，中空。螭首双目突出，成球形，牙齿出露，额头有钻孔。残长21.5、残高15.6、残宽10.2、壁厚约2.5厘米。

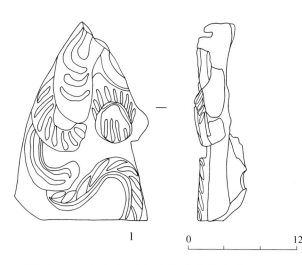

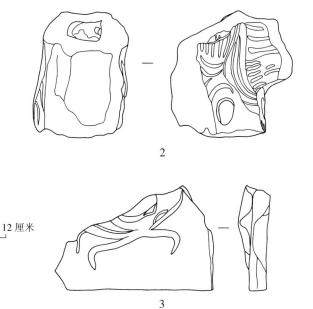

0　　　　　　　　12厘米

图四-39　分水龙王庙建筑群出土套兽

1. 套兽（T2423②：3）　　2. 套兽残件（T2021②：10）
3. 套兽基座（T2122②：4）

1. 套兽 (T2423②：3)

5. 龙首残件 (T2920②：5)

2. 套兽残件 (T2021②：10)

6. 螭首残件 (T2222②：4)

3. 套兽基座 (T2122②：4)

7. 螭首残件 (H3：1)

4. 垂兽 (T2722②：1)

8. 龙首残件 (T3220②：7)

彩图四-37　分水龙王庙建筑群出土建筑构件

图四-40　分水龙王庙建筑群出土建筑构件

1. 垂兽（T2722②：1）　　2. 螭首残件（T2222②：4）　　3. 螭首残件（H3：1）　　4. 龙首残件（T3220②：7）

标本 H3:1（图四-40，3；彩图四-37，7），螭首残件。残长 19.5、残高 15.5、体厚 11 厘米。

标本 T3220②:7（图四-40，4；彩图四-37，8），龙首残件，泥质灰陶。仅存龙眼和上颌部分，头部正中有"又小"字样铭文。残长 13、宽 9.5、残高 9.7 厘米。出土于字纸楼南侧填土中。

（3）走兽

标本 T2423②:7（图四-41，1；彩图四-38，1~3），海狮，砖雕。灰色，由一头站立的海狮和瓦当组成，海狮蹲立在一瓦筒背脊上，海狮面、头、尾部残断，瓦当完整，饰兽面纹。残高 20.4、残长 19.5、残宽 10.3 厘米。出土于水明楼西侧围墙填土内。

标本 T2719②:3（图四-41，2；彩图四-38，4），海马，砖雕。灰色，残存海马头及颈部，面部残。残长 12、残宽 6、残高 9 厘米。出土于水明楼东厢房南间填土内。

标本 T2424②:8（图四-41，3；彩图四-38，5、6），斗牛，砖雕。灰色，残存牛鼻及头中下部，头顶及后下部残缺。残高 13.8、面宽 13.2、厚约 11.7 厘米。出土于水明楼西侧院墙里侧。

标本 T2021②:9（图四-41，4；彩图四-

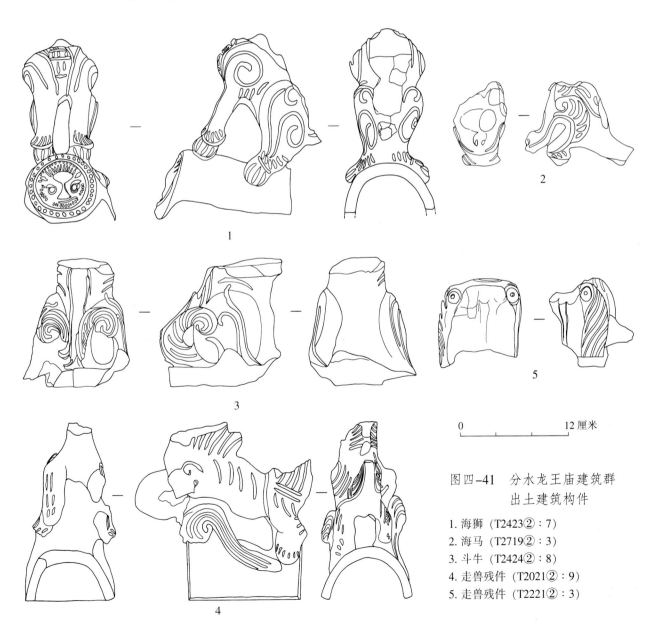

0　　　　　　　　　12 厘米

图四-41　分水龙王庙建筑群
　　　　　出土建筑构件

1. 海狮（T2423②:7）
2. 海马（T2719②:3）
3. 斗牛（T2424②:8）
4. 走兽残件（T2021②:9）
5. 走兽残件（T2221②:3）

1. 海狮（T2423②：7）

4. 海马（T2719②：3）

2. 海狮（T2423②：7）

5. 斗牛（T2424②：8）

3. 海狮（T2423②：7）

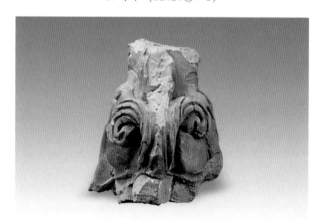

6. 斗牛（T2424②：8）

彩图四-38　分水龙王庙建筑群出土建筑构件

39，1、2），走兽残件，砖雕。头尾具残，一前腿残。残长 19.5、残高 19、宽 10 厘米。

标本 T1921①：2（彩图四-39，3、4），走兽残件。兽身已残，仅余兽身底部，兽座较完整，表面附着白灰残迹。残高约 10、体宽 10、壁厚

1.5 厘米。

标本 T2221②：3（图四-41，5；彩图四-39，5、6），走兽残件。灰色，砖雕。残宽 9.2、残厚 9.3、残高 9.5 厘米。

标本 T2019①：2（图四-42，1；彩图四-

1. 走兽残件（T2021②：9）　　　　　　　　2. 走兽残件（T2021②：9）

3. 走兽残件（T1921①：2）　　　　　　　　4. 走兽残件（T1921①：2）

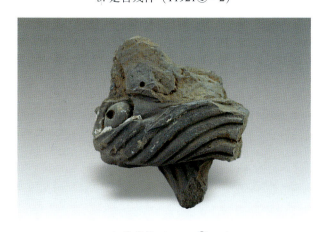

5. 走兽残件（T2221②：3）　　　　　　　　6. 走兽残件（T2221②：3）

彩图四-39　分水龙王庙建筑群出土建筑构件

40，1~3），走兽残件。兽身残缺，仅剩尾部，兽身下套筒部分较完整。残长 16、残高 9.5、残厚约 7.5 厘米。出土于潘公祠前廊台阶前垫土内。

（4）仙人骑凤

标本 T3120①：5（图四-42，2；彩图四-

40，4），凤，泥质灰陶。仅存尾部，表面施多道弧形凹槽，另饰鳞片纹。残长 23.2、残高 14、厚 10.3 厘米。

标本 T2118②：2（图四-42，3；彩图四-41，1），仙人骑凤，残。灰色砖雕，凤眼珠缺失

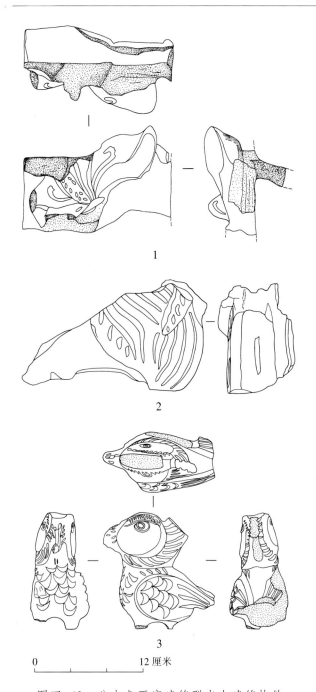

1. 走兽残件（T2019①：2）

2. 走兽残件（T2019①：2）　　3. 走兽残件（T2019①：2）

0　　　　　　　　12 厘米

图四-42　分水龙王庙建筑群出土建筑构件

1. 走兽残件（T2019①：2）　　2. 仙人骑凤（T3120①：5）
3. 仙人骑凤（T2118②：2）

4. 仙人骑凤（T3120①：5）

彩图四-40　分水龙王庙建筑群出土建筑构件

成孔状，雕刻有羽毛。通长 12.5、残高 12.5 厘米。

（5）正吻

标本 T2021②：7（图四-43，1；彩图四-41，2），灰色砖雕。中空，表面有白灰残迹。残长约 28.2、残高约 15、残宽约 9.2 厘米。

标本 T2118②：1（图四-

42，1），只剩卷尾，中空。残长 15.3、残高 11.3、厚约 5.5~8 厘米。

标本 T2419②：2（图四-43，3；彩图四-42，2），砖雕。灰色，残存兽头，卷尾及下颚部残断。残长 40、残宽 28.4、残高 39 厘米。出土于水明楼西厢房南间东墙基槽内。

1. 仙人骑凤（T2118②：2）　　　　　　2. 正吻（T2021②：7）

彩图四-41　分水龙王庙建筑群出土建筑构件

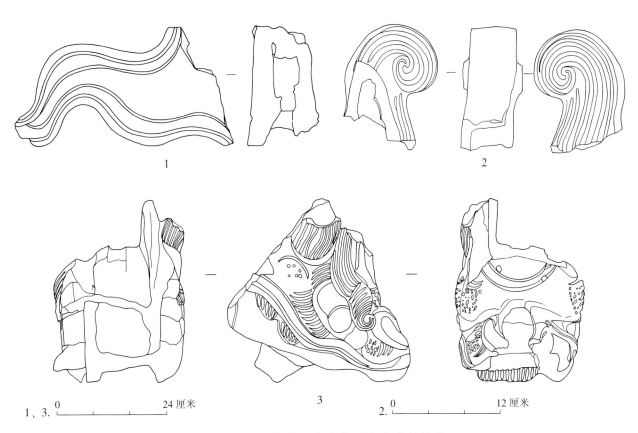

1　　　　　　　　　　　　　　　　2

1、3. ├─────────────┤ 　　　3　　　　2. ├─────────────┤
　　　0　　　24厘米　　　　　　　　　　　　　　0　　　12厘米

图四-43　分水龙王庙建筑群出土建筑构件

1. 正吻（T2021②：7）　　2. 正吻（T2118②：1）　　3. 正吻（T2419②：2）

标本 T3220②：10（图四-44，1；彩图四-42，3），砖雕，龙首，尾部稍残，中空，头部正中有一圆孔。残长29、高20.5、厚13、圆孔径2厘米。出土于鼓楼南侧院落填土中。

标本 T2019①：1（图四-44，2；彩图四-42，5~7），头尾皆残，灰色中空。残长30、残高15、体厚10厘米。出土于潘公祠前廊台阶前垫土。

（6）挂檐板

标本 T2225①：3（彩图四-42，4），挂檐板残件，砖雕。灰色，龙纹残断。残长12、残宽7.5、

1. 正吻（T2118②：1）

2. 正吻（T2419②：2）

3. 正吻（T3220②：10）

4. 挂檐板残件（T2225①：3）

5. 正吻（T2019①：1）

6. 正吻（T2019①：1）

7. 正吻（T2019①：1）

彩图四-42　分水龙王庙建筑群出土建筑构件

厚1.5~3厘米。出土于祠堂建筑群北院墙填土内。

（7）其他

标本T2420②：12（图四-45，1；彩图四-43，1），陶鱼，砖雕。灰色，鱼尾及脊部残断，

身部上翘，作飞动状，嘴、眼生动传神，鱼鳞清晰。残长16.5、残高17.2、宽7.2厘米。出土于水明楼西厢房北间南侧。

标本T2423②：10（图四-45，2；彩图四-

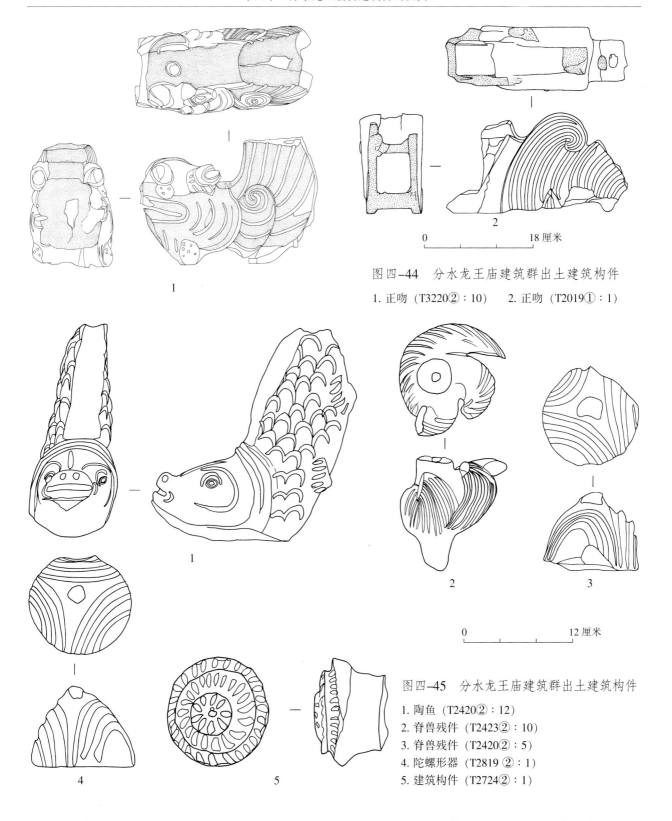

图四-44　分水龙王庙建筑群出土建筑构件
1. 正吻（T3220②：10）　2. 正吻（T2019①：1）

图四-45　分水龙王庙建筑群出土建筑构件

1. 陶鱼（T2420②：12）
2. 脊兽残件（T2423②：10）
3. 脊兽残件（T2420②：5）
4. 陀螺形器（T2819②：1）
5. 建筑构件（T2724②：1）

43，2），脊兽残件，砖雕类。灰色，为脊兽类顶部构件之一，表面饰螺旋纹，底部有一穿孔的榫窝。残高6.1、宽6厘米。出土于水明楼西侧围墙填土内。

标本T2420②：5（图四-45，3；彩图四-43，3），脊兽残件，砖雕。底残，灰色，呈陀螺状博山式，由三道半圆形凹槽组成的三部分平均划分表面，底部有一圆孔。高6.3、底径8、圆孔

1. 陶鱼（T2420②：12）

4. 陀螺形器（T2819②：1）

2. 脊兽残件（T2423②：10）

5. 建筑构件（T2724②：1）

3. 脊兽残件（T2420②：5）

6. 建筑构件（T2724②：1）

彩图四-43　分水龙王庙建筑群出土建筑构件

径 2.2 厘米。出土于水明楼西厢房中间填土。

　　标本 T2819②：1（图四-45，4；彩图四-43，4），陀螺形器，泥质灰陶。基本完好，整体为圆锥形，似陀螺状，顶部有乳丁状突起，面上刻多道弧形凹槽，底面中间有一圆孔，似柱头。

高 6.5、底径 8.5、圆孔直径 2.6 厘米。出土于龙王大殿西墙基外北部。

　　标本 T2724②：1（图四-45，5；彩图四-43，5、6），建筑构件，砖雕。灰色，下部残断，上部为柱形，顶部为三层放射状花蕊，应为莲花

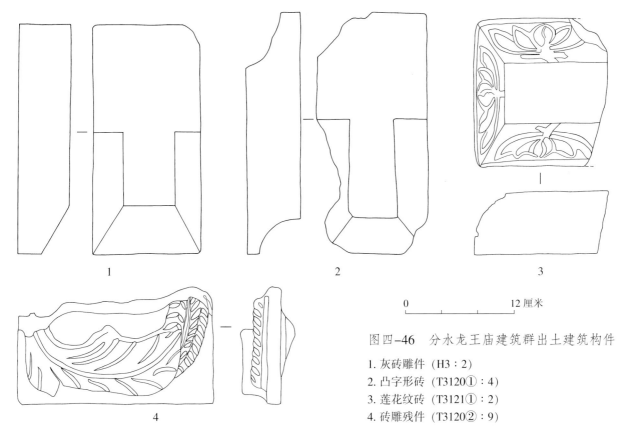

图四-46　分水龙王庙建筑群出土建筑构件

1. 灰砖雕件（H3：2）
2. 凸字形砖（T3120①：4）
3. 莲花纹砖（T3121①：2）
4. 砖雕残件（T3120②：9）

花芯。残厚4、径长5.8厘米。出土于水明楼北分水驳岸堆积内。

3. 砖雕

建筑用砖全部为青灰砖类，基本分两类，一类为长条形，一类为方形，其中长条形又有厚薄之分。以下只介绍部分砖雕件和铭文残砖。

标本H3:2（图四-46，1；彩图四-44，1、2），灰砖雕件。完整，砖的二分之一被雕琢削减呈三面斜坡状。通长25.6、通宽12.5、厚6厘米。

标本T3120①：4（图四-46，2；彩图四-44，3），凸字形砖，泥质灰陶。基本完好，长方形底，面部雕成"凸"字形，表面多有白灰痕迹，底两侧有小三角形装饰。残长27、宽12.8、厚6.3厘米。

标本T3121①：2（图四-46，3；彩图四-44，4、5），莲花纹砖，泥质灰陶。长方形，残存半块，截面为椭圆形，正面中间凸起一长方形台

面，侧面均阳刻莲花纹图案，背面光洁。残长15、宽15.6、厚6.6厘米。出土于戏楼基址垫土中。

标本T3120②：9（图四-46，4；彩图四-44，6），砖雕，泥质灰陶。长方形，仅存半块，正面雕刻花草纹，侧面有白灰残留。残长21.5、残宽12.5、厚1.4~6厘米。

标本T2920②：1（图四-47，1；彩图四-45，1），"西"字铭文砖构残件，泥质灰陶。呈不规则五边形，左侧残留圆孔的小部分，正面阴刻"西"字，表面抹痕明显。残长8.1、残宽6.2、厚1.6厘米。

标本T2920①：3（图四-47，3；彩图四-45，2），"南"字铭文砖构残件，泥质灰陶。左右两侧各残留有圆孔的一部分，正面中间阴刻"南"字，整体近菱形。残长13、残宽9、厚2~2.7厘米。

标本T2920①：2（图四-47，2；彩图四-45，3），"北"字铭文砖构残件，泥质灰陶。残

1. 灰砖雕件（H3：2）

4. 莲花纹砖（T3121①：2）

2. 灰砖雕件（H3：2）

5. 莲花纹砖（T3121①：2）

3. 凸字形砖（T3120①：4）

6. 砖雕残件（T3120②：9）

彩图四-44　分水龙王庙建筑群出土建筑构件

甚，正面微内凹，刻有"北"字，仅存字的左下半部。残长9.8、残宽7、厚1.6厘米。

标本T2920②：4（彩图四-45，4），铭文砖构残件，泥质灰陶。残甚，正面阴刻"又大"字样铭文，表面有抹痕。残长6、残宽5.7、厚1.6~2.5厘米。

（三）其他构件

共计4件，有兽座、牌九牌等。

标本T2423②：4（图四-48，1；彩图四-46，1），兽座（望柱头），砖雕。下部微方形基座，上部骤缩为方柱形，方柱上部残断。通体中心开一圆形穿孔，基座四侧面及底附着有白灰及三合土。残高15、孔径2.5厘米。出土于水明楼西侧围墙填土内。

标本T2823②：5（图四-48，2；彩图四-46，2），牌九牌，残，泥质灰陶。长方形，正面

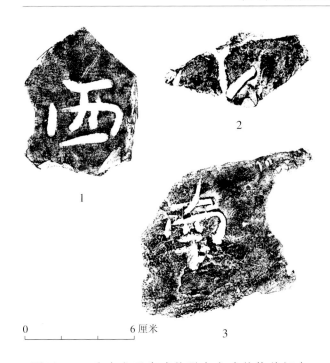

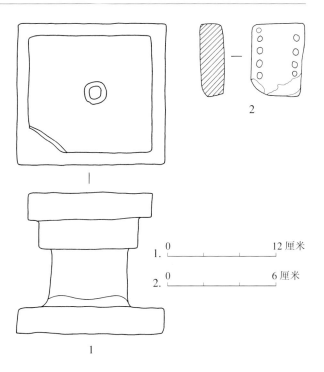

图四-47 分水龙王庙建筑群出土建筑构件拓本

1. 砖构残件拓本（T2920②：1） 2. 砖构残件拓本
（T2920①：2） 3. 砖构残件拓本（T2920①：3）

图四-48 分水龙王庙建筑群出土建筑构件

1. 兽座（T2423②：4） 2. 牌九牌（T2823②：5）

1. 砖构残件（T2920②：1）

2. 砖构残件（T2920①：3）

3. 砖构残件（T2920①：2）

4. 砖构残件（T2920②：4）

彩图四-45 分水龙王庙建筑群出土建筑构件

1. 兽座（T2423②：4）

2. 牌九牌（T2823②：5）

3. 柱础石（龙王大殿）

4. 柱础石（白公祠）

5. 柱础石（白公祠）

6. 柱础石（潘公祠）

彩图四-46　分水龙王庙建筑群出土建筑构件

左侧有四个圆孔，右侧有五个圆孔。残长 3.8、宽 2.9、厚 1.3、圆孔直径 0.3~0.4 厘米不等。出土于钟楼北小屋内。

（四）柱础石

在龙王大殿和潘公祠、白公祠基址内暴露有

青石质柱础石，考虑保存建筑基址原状，故未做全部清理（彩图四-46，3~6）。

二　陶瓷器

共计 98 件。主要为瓷器，另发现有个别紫砂器和少量泥质红陶盆、罐等。

（一）瓷器

共计75件。瓷器有青瓷和青花瓷两类，以青花瓷为主，可辨器形有碗底、杯沿、碟、盏等，青瓷器有碗、缸等。另有少量红、绿釉瓷器。

青瓷器

标本 T2421②：8（图四-49，1；彩图四-47，1），瓶。残存颈及肩部，束颈，斜平肩，灰胎，北方酱釉。残长 3.7、残高 5.6、胎厚 0.4 厘米。出土于水明楼西厢房北间填土内。

标本 T2721③：1（图四-49，2；彩图四-47，2、3），碗底，橘黄色胎。矮圈足。内侧附着有朱砂等颜料残迹，应为当时庙宇建筑彩绘颜料盛具。残高 2.5、胎厚 0.2~0.7、底径 6 厘米。出土于水明楼西侧梯道填土内。

标本 T2724②：4（图四-49，3；彩图四-47，4），罐口沿，橘黄胎，灰褐釉。直口，圆唇，矮颈，斜平肩，外表颈部施三道旋纹，肩部施鱼鳞纹，均为黑褐色，内侧通施黑褐釉。口径 20、残高 4.2、胎厚 1.0~1.3 厘米。出土于水明楼北侧。

标本 T2322②：2（图四-49，4；彩图四-47，5、6），碗底，浅色酱釉。器内侧釉色深，外侧浅；器内侧腹、底间饰一道凸弦纹，有涩圈；矮圈足，圈足内部中心装饰一阳文款识。残高 2.5、胎厚 0.4~0.5、底径 6 厘米。

标本 T2719②：10（图四-49，5；彩图四-48，1），碟，上部残，橘黄色胎，酱釉。斜直腹，平底，矮圈足。有涩圈。残高 3、胎厚 0.2~0.7、底径 5.8 厘米。出土于水明楼东厢房南间填土内。

标本 T2719②：11（图四-49，6；彩图四-

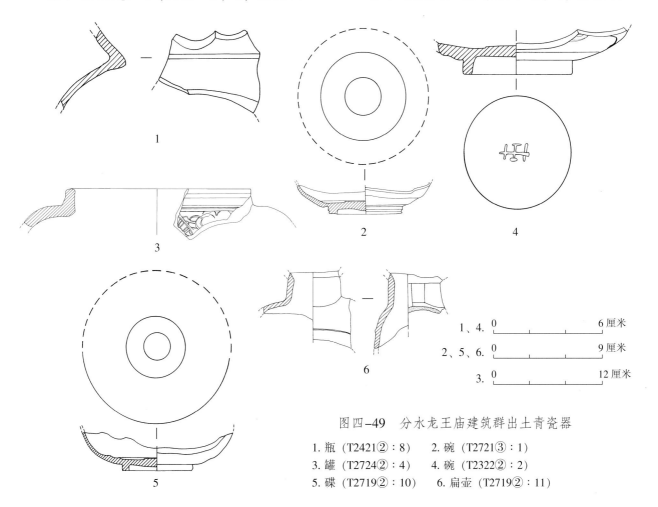

图四-49　分水龙王庙建筑群出土青瓷器

1. 瓶（T2421②：8）　　2. 碗（T2721③：1）
3. 罐（T2724②：4）　　4. 碗（T2322②：2）
5. 碟（T2719②：10）　　6. 扁壶（T2719②：11）

48，2），扁壶，灰胎，棕黄釉。残存颈及肩部，肩及侧面有凸棱。残高6.2、残长7.2、残宽5.9厘米。出土于水明楼东厢房南间填土内。

标本 T2921①：1（图四-50，1；彩图四-48，5），钵，通体施青灰色釉。敛口，圆唇，微束颈，鼓腹，底残，腹外壁施覆式莲瓣状黑色弧

线，内壁有一圈凸弦纹。口径3.6、残高2.6、胎厚0.2厘米。出土于戏楼西侧院落填土中。

青花瓷器

碗

标本 T2221①：7（图四-50，2；彩图四-48，3、4），碗底，青釉。平底，矮圈足，器外表

1. 瓶（T2421②：8）

4. 罐（T2724②：4）

2. 碗（T2721③：1）

5. 碗（T2322②：2）

3. 碗（T2721③：1）

6. 碗（T2322②：2）

彩图四-47　分水龙王庙建筑群出土青瓷器

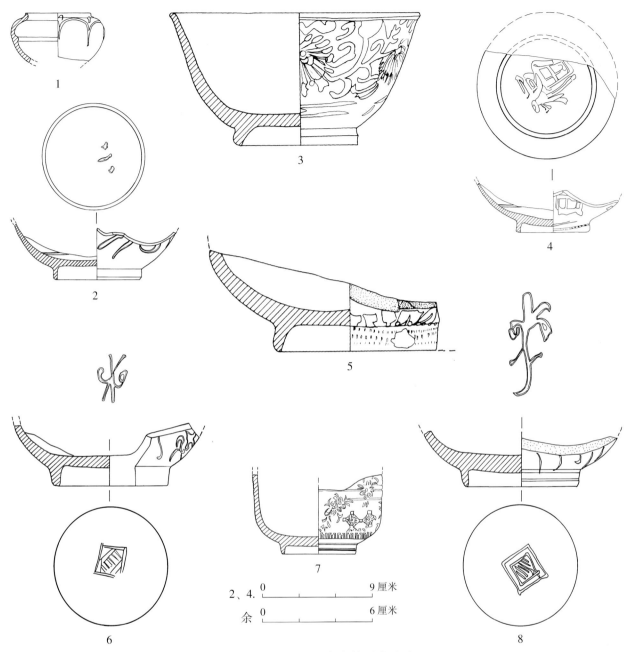

图四-50　分水龙王庙建筑群出土瓷器

1. 青瓷钵（T2921①：1）　　2. 青花瓷碗（T2221①：7）　　3. 青花瓷碗（T2721②：1）　　4. 青花瓷碗（T2419②：1）
5. 青花瓷碗（T2823②：13）　6. 青花瓷碗（T2120①：1）　7. 青花瓷盅（T2724②：5）　8. 青花瓷碗（T3118①：1）

饰草叶纹，器内侧底部饰一周环纹。残高4.3、胎厚0.25~0.7、底径7.1厘米。出土于潘公祠北院墙填土内。

标本T2721②：1（图四-50，3；彩图四-48，6、7），敞口，微折沿，斜直腹，平底，高圈足。口沿内外饰圆圈纹和点纹，器表通体饰放射状多瓣花蕊和缠枝纹，器底饰两道圆圈纹。器内

侧腹下部饰两道同心圆圈，内侧器底饰放射状多瓣菊花和简体缠枝纹。高7.7、口径14.4、圈足外直径7、圈足高1.1厘米。出土于水明楼东厢房北间填土内。

标本T2419②：1（图四-50，4；彩图四-48，8），器身上半部残，碗口不可辨，矮圈足。腹下部器表面有青花纹或字样，器内侧近底部有

1. 青瓷碟（T2719②：10）

5. 青瓷钵（T2921①：1）

2. 青瓷扁壶（T2719②：11）

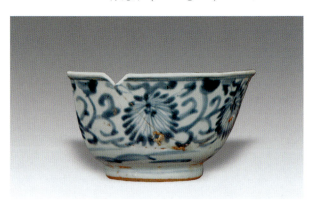

6. 青花瓷碗（T2721②：1）

3. 青花瓷碗（T2221①：7）

7. 青花瓷碗（T2721②：1）

4. 青花瓷碗（T2221①：7）

8. 青花瓷碗（T2419②：1）

彩图四-48　分水龙王庙建筑群出土瓷器

1. 碗（T3118①：1）

4. 碗（T2823②：13）

2. 碗（T3118①：1）

5. 碗（T2823②：13）

3. 碗（T3118①：1）

6. 碗（T2823②：13）

彩图四-49　分水龙王庙建筑群出土青花瓷器

两道圆圈线纹，内部行书一"福"字。残高 4、胎厚 0.2~0.5、底径 6.2 厘米。出土于水明楼西厢房南间填土内。

标本 T3118①：1（图四-50，8；彩图四-49，1~3），碗底。矮圈足，底内壁和腹外壁饰草叶纹，器底施一方形花款。残高 2.9、胎厚 0.5~0.9、底径 6.5 厘米。出土于龙王大殿与院东墙间过道北部。

标本 T2823②:13（图四-50，5；彩图四-49，4~6），碗底。弧壁，高圈足。腹下部外壁有放射状青花莲瓣纹，碗底内壁有细旋纹两道，中间饰草叶纹，外底有花款识。残高 4.8、圈足直径 8.2 厘米。

标本 T2120①：1（图四-50，6；彩图四-50，1~3），瓷碗底。残，弧腹，圈足，器腹部及内底饰草叶纹，器底有一方框斜线形花款。残高 3.4、胎厚 0.6~0.7、底径 6.6 厘米。

1. 碗 (T2120①：1)

4. 盅 (T2724②：5)

2. 碗 (T2120①：1)

5. 碟 (T2719②：1)

3. 碗 (T2120①：1)

6. 碟 (T2719②：1)

彩图四-50　分水龙王庙建筑群出土青花瓷器

杯、盅

标本 T2724②：5（图四-50，7；彩图四-50，4），盅。残，直壁、平底、矮圈足，器表腹部施梅花纹，下腹及近底处施回环纹，圈足外施两道旋纹，器内壁素面。残高 4.2、胎厚 0.3~0.5、底径 4.1 厘米。出土于水明楼北侧。

碟、盏

标本 T2719②：1（图四-51，1；彩图四-50，5、6），碟。直口微敛，斜弧腹，近平底，矮圈足。外表口沿饰两道圆圈纹，上腹部饰少量纽带纹，器内侧口沿部饰回纹和圆圈纹，器底两道圆圈纹内通体饰三只飞鸟纹和云纹。高 4.4、口径

图四-51 分水龙王庙建筑群出土瓷器

1. 青花瓷碟（T2719②：1）　2. 青花瓷盏（T2320H1：1）　3. 五彩碗底（T2823②：6）　4. 五彩瓷盘（T2420②：14）
5. 粉彩瓷碗（T2021②：4）　6. 白瓷碗（T2823②：15）　7. 白瓷碗（T2420②：7）　8. 白瓷碗（T2420②：1）　9. 白地黑花瓷碗（T3222②：1）　10. 红釉瓷器底（T2724②：3）　11. 贴花绿釉盉(T2421②：6)　12. 红釉瓷碗底（T2221②：2）
13. 绿釉陶罐口沿（T2222②：1）　14. 紫砂壶盖（T1920⑥：1）

13.3、胎厚 0.2~0.6、底径 6.1 厘米。出土于水明楼东厢房填土内。

标本 T2320H1：1（图四-51，2；彩图四-

51，1），盏。残，青花，圆唇，弧腹，矮圈足，腹部施有龙纹，龙纹上下边缘各有一道线纹，圈足外底饰有花款。口径 5.7、高 3.3、底径 2.5、胎

1. 青花瓷盏（T2320H1：1）

2. 五彩碗底（T2823②：6）

3. 五彩瓷盘（T2420②：14）

4. 五彩瓷盘（T2420②：14）

5. 粉彩瓷碗（T2021②：4）

6. 粉彩瓷碗（T2021②：4）

7. 粉彩瓷碗（T2021②：4）

彩图四-51　分水龙王庙建筑群出土瓷器

厚 0.1~0.3 厘米。

五彩瓷

标本 T2823②：6（图四-51，3；彩图四-51，2），碗底。弧壁，矮圈足。腹部外壁残存部

分红彩花纹，碗底内壁饰三色粉彩草叶纹，外底饰篆书"□□□制"残缺款识。残高 2、圈足高0.8、直径 4 厘米。出土于钟楼北小屋内。

标本 T2420②：14（图四-51，4；彩图四-

1. 白瓷碗 (T2823②：15)

4. 白瓷碗 (T2420②：1)

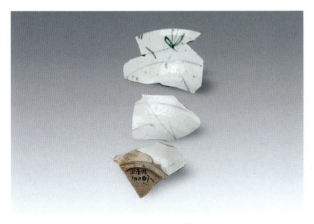

2. 白瓷碗 (T2420②：7)

5. 白瓷碗 (T2420②：1)

3. 白瓷碗 (T2420②：7)

6. 白地黑花瓷碗 (T3222②：1)

彩图四-52 分水龙王庙建筑群出土瓷器

51，3、4），盘底。釉上素三彩，白胎，青灰釉。平底，矮圈足，内侧底施黄、绿色花纹，外底有红彩款识。残宽 8.5、残高 1.3、圈足高 0.7 厘米。出土于水明楼西厢房北间南侧。

标本 T2021②：4（图四-51，5；彩图四-51，5~7），碗底。圈足，碗内底部饰草叶纹粉彩，圈足

内有红色题款，外表下腹部装饰有一圈红彩"寿"字纹。残高 2、胎厚 0.2~0.5、底径 4.4 厘米。

白瓷器

标本 T2823②：15（图四-51，6；彩图四-52，1），碗底。弧壁，圈足完好，微外撇。残高 2.8、圈足高 0.8、直径 4.6 厘米。出土于钟楼北小

屋内。

标本 T2420②：7（图四-51，7；彩图四-52，2、3），碗残片。敞口，外折沿，圆唇，鼓腹，平底，矮圈足，白釉，器表内外均饰绿彩花草纹。口径 13.4、高约 6.4、胎厚 0.3~0.7 厘米。出土于水明楼西厢房中间填土内。

标本 T2420②：1（图四-51，8；彩图四-52，4、5），碗，残，可复原。敞口，斜外折沿，斜直腹，平底，高圈足。白胎质，玻璃釉，釉体呈细微龟裂开片，圈足内呈黑色。器外表饰云纹。高 6.5、口径 16、圈足直径 6.4、圈足高 1 厘米。出土于水明楼西厢房填土内。

标本 T3222②：1（图四-51，9；彩图四-52，6），白地黑花瓷碗，可复原。大敞口，尖唇，弧壁，矮圈足。口部内壁施黑色旋纹两道，外壁施黑色旋纹一道，腹部外壁饰云纹。口径 16、腹径 14、高 7、圈足高 0.8、直径 6.6 厘米。出土于鼓楼北墙外。

红釉瓷器

标本 T2724②：3（图四-51，10；彩图四-53，1、2），器底。白胎，红釉。高圈足，外表施红釉，内侧玻璃釉，圈足外底有"□长发造"印记。残高 2.2、胎厚 0.4、底径 6.2 厘米。

标本 T2221②：2（图四-51，12；彩图四-53，3、4），碗底。白胎。腹部饰红彩，圈足；圈足外底饰一网格花款。残高 2.6、胎厚 0.3~0.5、底径 4 厘米。

绿釉瓷器

标本 T2421②：6（图四-51，11；彩图四-54，1），贴花绿釉盂，灰胎，绿釉。残存口沿，

1. 器底（T2724②：3）

3. 碗底（T2221②：2）

2. 器底（T2724②：3）

4. 碗底（T2221②：2）

彩图四-53　分水龙王庙建筑群出土红釉瓷器

1. 贴花绿釉盂（T2421②：6）

4. 绿釉陶罐口沿（T2222②：1）

2. 绿釉陶小缸（T2420②：13）

5. 紫砂壶盖（T1920⑥：1）

6. 紫砂壶盖（T1920⑥：1）

3. 人头像（T2722②：2）

7. 紫砂壶盖（T1920⑥：1）

彩图四-54　分水龙王庙建筑群出土遗物

敛口，平沿，圆唇，外壁模印兽面纹。残宽7.8、残高5.9、胎厚0.5~1.8厘米。出土于水明楼西厢房北间填土内。

标本T2420②：13（彩图四-54，2），釉陶小缸，绿釉，泥质红胎。残存口沿及腹部，敛口，内折沿，尖圆唇，鼓腹，外沿与肩之间釉一道宽凹槽。残高5、残宽8.5、厚0.6厘米。出土于水明楼西厢房北间南侧。

标本T2222②：1（图四-51，13；彩图四-54，4），釉陶罐口沿。残，盘口，矮束颈，黄胎，绿釉。口径11.8、残高4.5、胎厚0.4~1.6厘米。

（二）紫砂器

1件。标本T1920⑥：1（图四-51，14；彩图四-54，5~7），紫砂壶盖，残。圆唇，平沿内凹，直壁，平底，盖顶面饰刻划草叶纹。口径9.6、高1.5、胎厚0.4厘米。出土于潘公祠内地面堆积。

三　其他遗物

共计16件，包括人头像、铜钱及残铁器等，其中人头像1尊，铜钱8枚。

（一）人像头

标本T2722②：2（图四-52，1；彩图四-54，3），残存人像头，1尊，灰陶质，雕塑。束髻，面容略带微笑，表明残存白色颜料。残高8、面部宽5厘米。出土于水明楼东厢房内。

（二）铜钱

在水明楼、戏楼、潘公祠、白公祠等主要建筑遗址中发现宋、明、清代铜钱共8枚，其中，大观通宝1枚、万历通宝1枚、乾隆通宝1枚、嘉庆通宝2枚、道光通宝1枚等。

标本T2723②：1（彩图四-55，1），"大观通宝"。圆形方孔，廓线部分明显，阳面有钱文。通体锈蚀严重。钱文字体为宋徽宗所倡导的瘦金体，背面装饰和文字不可辨。直径2.5、方孔边长0.6、

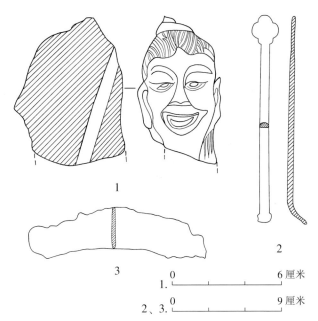

图四-52　分水龙王庙建筑群出土遗物

1. 人头像（T2722②：2）　2. 铜勺柄（T1920⑥：3）
3. 铁镰刀（T1920⑥：6）

廓宽0.15、厚0.1厘米。出土于水明楼基址东台填土内。

标本T2021③：2（彩图四-55，2），"万历通宝"，锈蚀严重，破碎，可拼接完整。圆形方孔，通体锈蚀严重，正面"万历通宝"字迹可辨，背面不清。直径2.5、方孔边长0.5、廓宽0.25、厚0.1厘米。出土于潘公祠北侧甬道边。

标本T2823②：12（彩图四-55，4），"乾隆通宝"。圆形方孔。正面楷书"乾隆通宝"繁体，背面方孔两侧书满文两字。直径2.4、方孔边长0.5、廓宽0.3、厚0.1厘米。出土于钟楼北小屋内。

标本T2218⑥：1（彩图四-55，3），"乾隆通宝"，完整。圆形方孔，锈蚀较严重，正面"乾隆通宝"字迹可辨，背面不清。直径2.6、方孔边长0.5、廓宽0.3、厚0.1厘米。出土于白公祠南侧甬道旁。

标本T2421②：1（彩图四-55，5），"嘉庆通宝"，通体完整，锈蚀较重。圆形方孔，廓线稍宽，正面楷书钱文"嘉庆通宝"，背面方孔左右出满文二字。直径2.2、方孔边长0.6、廓宽0.2、厚

1. 大观通宝（T2723②：1）　　　　　　　　5. 嘉庆通宝（T2421②：1）

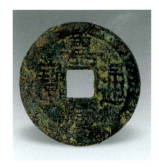

2. 万历通宝（T2021③：2）　3. 乾隆通宝（T2218⑥：1）　　6. 嘉庆通宝（T2219⑥：1）　7. 小铜钱（T2120③：2）

4. 乾隆通宝（T2823②：12）　　　　　　　　8. 道光通宝（T2523②：1）

彩图四-55　分水龙王庙建筑群出土铜钱

0.15 厘米。出土于水明楼西厢房北间填土中。

标本 T2219⑥：1（彩图四-55，6），"嘉庆通宝"，完整。圆形方孔，锈蚀，正面"嘉庆通宝"字迹可辨，背面不清。直径 2.4、方孔边长 0.6、廓宽 0.3、厚 0.1 厘米。出土于白公祠金墙基础内。

标本 T2523②：1（彩图四-55，8），"道光通宝"。圆形方孔，廓线匀称，肉薄，正面楷书，背面方孔左右出满文二字。铜锈甚微，残破成两半。正面廓线窄，背面廓线宽，黄铜质。直径 2、方孔边长 0.6、正面廓宽 0.2、背面廓宽 0.3、厚 0.1

厘米。出土于水明楼西台东北角与过道间填土内。

标本 T2120③：2（彩图四-55，7），小铜钱，完整。锈蚀严重，圆形方孔，似剪轮钱。直径 1.6、方孔边长 0.8、肉和廓通宽 0.35、厚 0.05 厘米。出土于祠堂建筑群过厅南侧。

（三）铜、铁器

标本 T1920⑥：3（图四-52，2；彩图四-56，1、2），铜勺柄，锈蚀。勺柄之端形似花瓣。残长 16.4、厚约 0.3~0.5 厘米。出土于潘公祠内地面堆积。

标本 T1920⑥：4（彩图四-56，3），铁柱形

1. 铜勺柄（T1920⑥：3）

2. 铜勺柄（T1920⑥：3）

3. 铁柱形器（T1920⑥：4）

4. 铁钉（左 T1920⑥：5，右 T2020②：3）

5. 铁镰刀（T1920⑥：6）

彩图四-56　分水龙王庙建筑群出土铜、铁器

器，锈蚀。残长约 15.5 厘米。出土于潘公祠内地面堆积。

标本 T1920⑥：5、T2020②：3（彩图四-56，4），铁钉 2 枚，锈蚀严重。

标本 T1920⑥：6（图四-52，3；彩图四-56，5），铁镰刀，锈蚀严重。呈半月形，残长14.5、最宽处约 3.3 厘米。出土于潘公祠内地面堆积。

四　采（征）集遗物

分水龙王庙建筑群共采集、征集相关遗物 23件，其中建筑构件 21 件，瓷器 2 件，现择要简介如下。

（一）建筑构件

分灰瓦件和琉璃件两类。

1. 灰瓦件

采集 1（图四-53，1；彩图四-57，1、2），正脊侧面残件。施莲花纹，花瓣、花蕊完整。残长 18.5、残宽 16.5、残高 7.5 厘米。采集于分水龙王庙建筑群遗址。

采集 2（图四-53，2；彩图四-57，3），脊兽残件。纹饰羽毛状，似鸟类翅膀。残长 25.5、残宽 21、厚约 8 厘米。采集于分水龙王庙建筑群遗址。

采集 3（图四-53，3；彩图四-57，5、6），脊兽残件。整体呈鱼形，其中鱼眼部、鱼鳍、鱼鳞较为完整，鱼尾缺失。残长 24、残宽 16.4、厚 2.5~9.2 厘米。采集于分水龙王庙建筑群遗址。

采集 10（图四-53，4；彩图四-57，4），脊兽残件。整体呈鱼形，残存鱼身中间部位，鱼头、

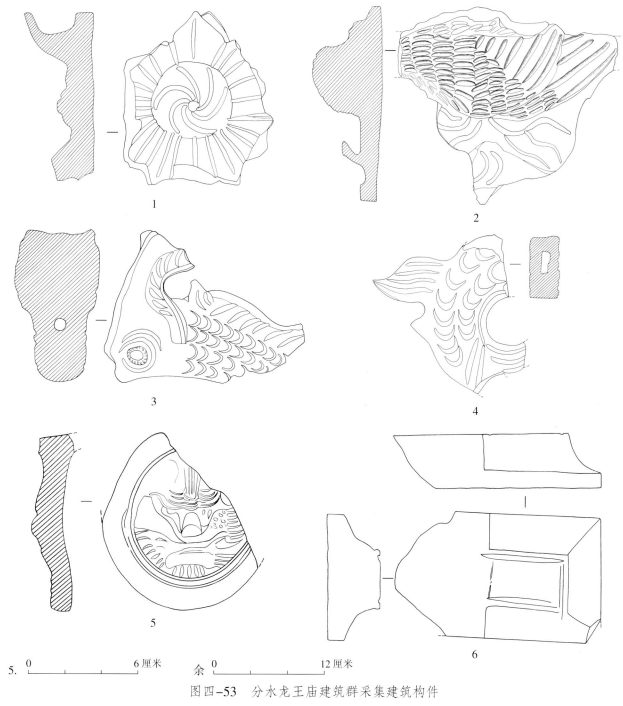

图四-53　分水龙王庙建筑群采集建筑构件

1. 正脊残件（采集 1）　　2. 脊兽残件（采集 2）　　3. 脊兽残件（采集 3）　　4. 脊兽残件（采集 10）
5. 瓦当（采集 9）　　6. 砖构件（采集 5）

鱼尾缺失，鱼鳍、鱼鳞等装饰清晰。残长 16.7、残宽 15、厚约 3.4 厘米。采集于分水龙王庙建筑群遗址。

采集 11（图四-54，1；彩图四-58，1），套兽残件。残长 32、残宽 20、厚 1.6~4 厘米。采集

于分水龙王庙建筑群遗址。

采集 9（图四-53，5；彩图四-59，1），瓦当。残，饰兽面纹。径长 9.4、厚 1.1~2 厘米。采集于分水龙王庙建筑群遗址。

采集 5（图四-53，6；彩图四-58，2、3），

1. 正脊残件（采集 1）

2. 正脊残件（采集 1）

3. 脊兽残件（采集 2）

4. 脊兽残件（采集 10）

5. 脊兽残件（采集 3）

6. 脊兽残件（采集 3）

彩图四-57　分水龙王庙建筑群采集建筑构件

砖构件。其二分之一加工成三面坡，平面呈凸字
形。残长 23.1、残宽 13.4、厚约 5.8 厘米。采集
于分水龙王庙建筑群遗址。

2. 琉璃件

采集 7（图四-54，2；彩图四-59，2），绿琉
璃滴水残件。饰莲花纹。高约 17.5、残宽 14、厚

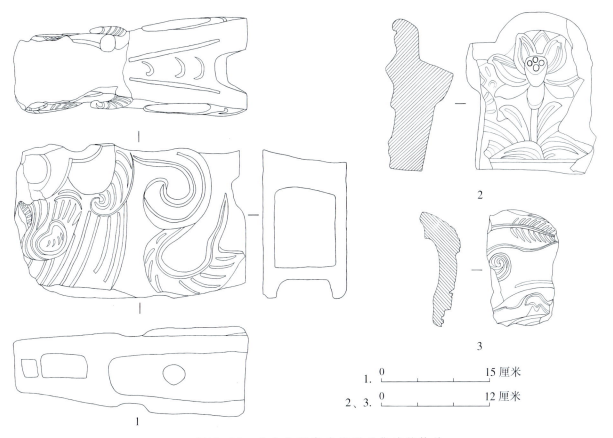

图四-54 分水龙王庙建筑群采集建筑构件

1. 套兽残件（采集 11） 2. 滴水残件（采集 7） 3. 绿琉璃残件（采集 8）

1. 套兽残件（采集 11）

2. 砖构件（采集 5）

3. 砖构件（采集 5）

彩图四-58 分水龙王庙建筑群采集建筑构件

1. 瓦当（采集 9）

4. 绿琉璃筒瓦（采集 12）

2. 滴水残件（采集 7）

5. 绿琉璃筒瓦（采集 13）

3. 绿琉璃残件（采集 8）

6. 绿琉璃筒瓦（采集 12）

7. 绿琉璃筒瓦（采集 13）

彩图四-59　分水龙王庙建筑群采集建筑构件

3.5~7.5 厘米。采集于分水龙王庙建筑群遗址。

采集 8（图四-54，3；彩图四-59，3），绿琉璃残件。饰草叶纹、卷云纹等。残长 12.2、残宽

8、厚 1~2.5 厘米。采集于分水龙王庙建筑群遗址。

采集 12（图四-55，1、2；彩图四-59，4、6），绿琉璃筒瓦。残，表面有白灰残迹。阴面阴

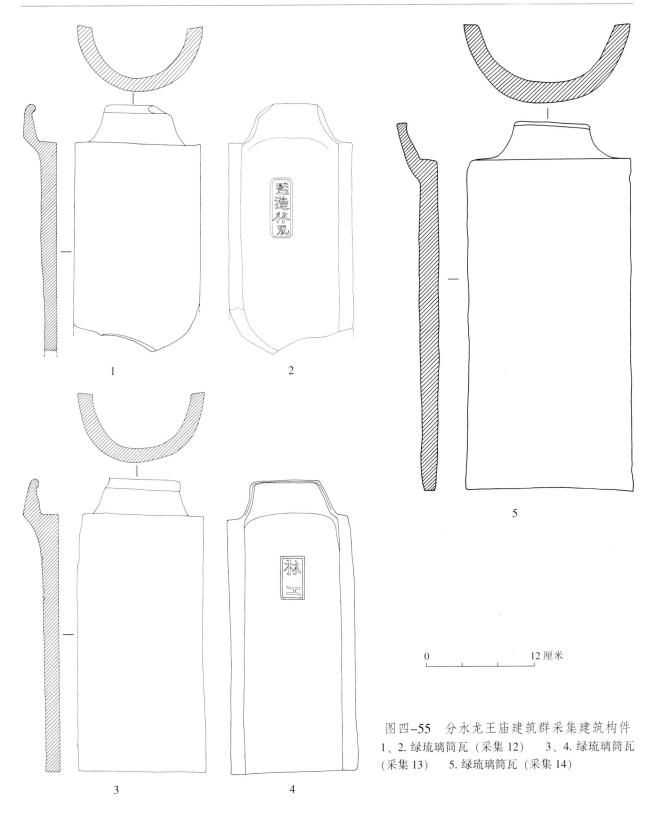

图四-55　分水龙王庙建筑群采集建筑构件
1、2. 绿琉璃筒瓦（采集 12）　　3、4. 绿琉璃筒瓦
（采集 13）　　5. 绿琉璃筒瓦（采集 14）

刻楷书"监造林瓦"款记。残长 26.5、残宽 13.8、厚 1.4~1.7 厘米。征集。

采集 13（图四-55，3、4；彩图四-59，5、7），绿琉璃筒瓦，完整。阴面阴刻楷书"林工"款记。长 31、宽 14.2、厚 1.4~2.2 厘米。征集。

采集 14（图四-55，5；彩图四-60，1），绿琉璃筒瓦，完整。表面有白灰残迹。长 40.9、宽 18.5、厚 1.3~2 厘米。征集。

1. 绿琉璃筒瓦（采集 14）

5. 绿琉璃筒瓦（采集 15）

2. 绿琉璃筒瓦（采集 16）

6. 绿琉璃正脊构件（采集 19）

3. 绿琉璃板瓦（采集 17）

7. 绿琉璃正脊构件（采集 19）

4. 绿琉璃板瓦（采集 17）

8. 绿琉璃正脊构件（采集 19）

彩图四-60　分水龙王庙建筑群采集建筑构件

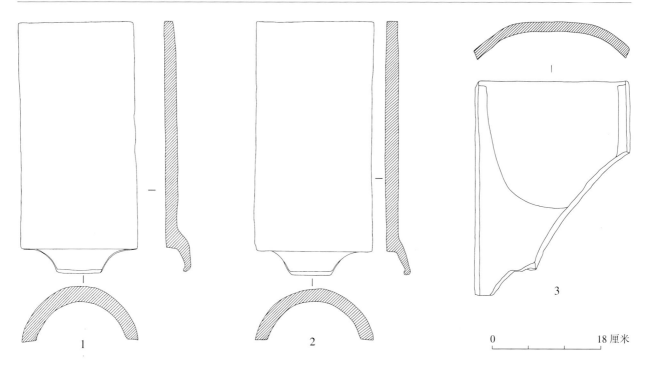

图四-56　分水龙王庙建筑群采集建筑构件

1.绿琉璃筒瓦（采集 15）　2.绿琉璃筒瓦（采集 16）　3.绿琉璃板瓦（采集 17）

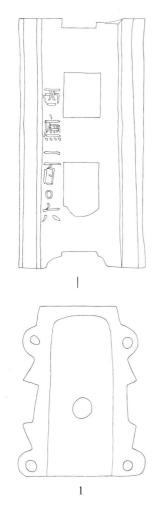

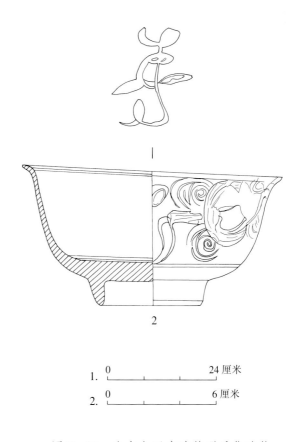

图四-57　分水龙王庙建筑群采集遗物

1.绿琉璃正脊构件（采集 19）　2.青花瓷碗（采集 20）

彩图四-61　分水龙王庙建筑群采集青花瓷碗
（采集 20）

采集 15（图四-56，1；彩图四-60，5），绿琉璃筒瓦，完整。表面有白灰残迹。长 39.9、宽 19、厚 2~3.8 厘米。征集。

采集 16（图四-56，2；彩图四-60，2），绿琉璃筒瓦，完整。表面有白灰残迹。长 40、宽 19.2、厚 2~2.2 厘米。征集。

采集 17（图四-56，3；彩图四-60、3、4），绿琉璃板瓦，残。残长 33、残宽 25.5 厘米。采集于分水龙王庙建筑群遗址。

采集 19（图四-57，1；彩图四-60，6~8），正脊构件，绿琉璃，完整，中空，底部阴刻行书"西庑一百〇六"款记。长 53、宽 28、高 36、厚 2~3 厘米。征集。

（二）瓷器

采集 20（图四-57，2；彩图四-61，1、2），青花瓷碗，可复原。侈口、圆唇、鼓腹、圈足。

器腹内上饰一周带纹，下饰两周带纹，碗底装饰草书"寿"字。器腹外侧上下各饰带纹，中间以卷云纹填充。口径 14.6、高 7.4、胎厚 0.2~1、底径 5.7 厘米。采集于分水龙王庙古建筑群遗址。

第五节　碑　碣

一　概述

明清碑刻是分水龙王庙发掘区的重要收获之一，据统计，总量达 35 通/方。碑刻主要成两个群落分布，一为戏楼、钟鼓楼、龙王庙建筑群，二是祠堂建筑群之宋公祠内，另有个别零散分布于文公祠、观音阁、汶上县博物馆等地。前者基本为发掘品（含《宋尚书祠堂记》碑），后者基本为调查采集品。在发掘出土和部分采集的碑碣当中，有石碑 22 通，题刻 7 方，残石、碑座界石等其他类 6 件（拓片见附录一）。龙王大殿与戏楼间的院落内残存明万历十六年（1588 年）《圣旨》碑、清光绪十四年（1888 年）《汶邑西南南旺镇分水》碑等 12 通；在潘公祠左前方清理出明正德十三年（1518 年）《宋尚书祠堂记》碑 1 通；通过调查清理，收集拓印了《乾隆御碑》、《皇明宋尚书像赞》等明清时期碑刻及墙壁题刻 10 余通/方。碑刻的内容主要有圣旨、御笔、记事、功德、图示及其他等几类，多与宋礼治河、南旺分水、龙王庙建筑相关。其中明正德十三年（1518 年）的《宋尚书祠堂记》碑、清康熙五十五年（1716 年）的《重修分水龙王庙记》碑、乾隆三年（1738 年）的《重修南旺庙记》碑、光绪十四年（1888 年）的《汶邑西南南旺镇分水》碑、光绪十九年（1893 年）的《重修分水龙王庙、宋大王庙、白大王专祠、新修鉴远亭》碑对研究分水龙王庙的修葺添建、南旺分水枢纽甚至京杭大运河的演变等相关问题提供了珍贵的史料。

二　简介

以下按石碑、题刻、其他（界石等）三大类分别介绍（部分残损碑刻名称依据碑文内容而定）。

（一）石碑

碑 1　分水龙王庙"万恭致祭"残碑

出土于戏楼西南、甬道西侧。青石质。龟趺座。碑身与碑座连接处断裂，碑身上部残。碑身正面四围饰龙纹和云纹。碑座宽 206、厚 92 厘米，露出四周铺地砖部分高 5.5 厘米；碑身残高 106~140、宽 92、厚 34 厘米。碑文楷书，残存共 5 行，计 46 字。依残存碑文内容看，记述了都御史万恭（1515~1592 年）致祭运河、乞求储运永康无疆的活动（碑文释录见附录二，下同）（彩图四-62）。

碑 2　"重修南旺庙记"碑

出土于戏楼西南、甬道西侧、碑 1 东侧。青石质。长方形座。碑首残，正面阴刻双龙戏珠图案。碑身下部断裂，正面两侧饰龙纹，背面四周饰阴刻卷云纹。碑残高 230~248、座宽 156、厚 68 厘米，露出四周铺地砖部分高 13 厘米；碑首宽 94、碑身宽 92、厚 32 厘米。乾隆三年（1738 年）钟子宸撰刻，白钟山、史法敏立石。正面额题篆书"重修南旺庙记"，碑文楷书，共 34 行，计 726 字。碑文记述了白钟山、史法敏重修南旺分水龙王庙之事，并追述了宋礼（1359~1422 年）等修筑南旺分水龙王庙运河枢纽工程的丰功伟绩。背面计 7 行，共 108 字，全为重修分水龙王庙的监修和承修者的属地、官职、姓名（彩图四-63）。

碑 3　"重修分水龙王庙、宋大王庙、白大王专祠，新修鉴远亭"碑

出土于龙王庙甬道东侧。青石质。碑身与座连接处断裂。碑首正背两面均刻双龙戏珠浮雕；碑身正面两侧饰龙纹，下为波浪纹，背面两侧饰

彩图四-62　分水龙王庙"万恭致祭"残碑（碑 1）

彩图四-63　"重修南旺庙记"碑（碑 2）

蕙草和悬鱼纹，下为简化的波浪纹；碑座为浮雕案几形，正面和背面中部各有一倒三角形平面，上刻浅浮雕图案，正面为仙鹤、背面为麒麟。碑首高 88、宽 85、厚 30 厘米；碑身高 200、宽 80、厚 24 厘米。座宽 128、厚 72、高 40 厘米。正面额题篆书"大清"，侧面分刻"日"、"月"二字，首题"重修分水龙王庙宋大王庙、白大王专祠新修鉴远亭"碑文。碑文楷书，共 16 行，计 709

彩图四-64　"重修分水龙王庙、宋大王庙、
白大王专祠，新修鉴远亭"碑（碑3）

彩图四-65　"重修分水龙王庙记"碑（碑4）

字，记述了重修分水龙王庙宋大王（宋礼，1359~
1422年）庙白大王（白英，1363~1419年）专祠
新修鉴远亭之事。背面共88行，计1060字，记
录了捐资修庙者的官职、姓名和捐银数量，并记
载了督修机构、监工者等（彩图四-64）。

碑4　"重修分水龙王庙记"碑

出土于龙王庙甬道东侧、碑3东侧。青石质。
碑身下部略残，碑身与座连接处断裂。碑首阴线
雕刻双龙戏珠图案，碑文两侧饰有龙纹，龙形座。
碑身高282、宽98.5、厚38.5厘米。座宽160、
厚128厘米，露出地面部分高7厘米。额题篆书
"大清"，首题"重修分水龙王庙记"。碑文楷书，
共17行，计636字，记述了重修分水龙王庙之事
和灵异故事。蒋陈锡撰文，康熙五十五年（1716
年）立石（彩图四-65）。

碑5　"汶邑西南南旺镇分水"碑

立于龙王庙东院墙中段西侧。青石质。碑首
佚，残存碑身与碑首间石榫头，长方形须弥座。
碑文四周饰窗棂花草和盆景图案。碑残高193、
宽78、厚25厘米。碑座宽126、高74、厚35厘
米。首题"汶邑西南南旺镇分水"，碑文楷书，共
12行，计569字，记述了清代光绪年间修复分水
龙王庙石峣岸之事。嘉邑壬午科岁贡生候选训导
梁仙洲撰文，汶上县丞葛鸿如书丹，清光绪十四
年（1888年）住持僧佛聚立石（彩图四-66）。

碑6　"玉皇阁分水龙王庙重修"碑

竖砌于龙王庙东院墙中部。青石质。碑座佚，
碑文四周饰卷草纹。通高168、宽86、厚17厘
米。额题行书"万善题名"，首题"玉皇阁分水龙
王庙重修碑记"，碑文楷书，计23列，共有卫名
56个，所名14个，人名834个，记载了为重修
玉皇阁分水龙王庙捐资的各卫、所及人名单（彩
图四-67）。

碑7　"圣旨"碑

平砌于鼓楼北墙基转角处。青石质。碑首残，
座佚。残高168、宽69、厚32厘米。碑文楷书，
共13行，计322字，记述了明万历十六年（1588
年）督河道提督军务都察院右都御史潘为奉圣旨
宣布的关于运河挑浚和漕运船只来往的相关规定
（彩图四-68）。

彩图四-66　"汶邑西南南旺镇分水"碑（碑5）

彩图四-67　"玉皇阁分水龙王庙重修碑记"（碑6）

碑8　"分水龙王庙"赞残碑

平砌于钟楼东墙基转角处。青石质。碑身上部和右侧部分残缺，座佚。残高97~104、残宽81~95、厚26厘米。碑文楷书，共15行，计393字。从残存的碑文来看，为赞颂分水龙王庙繁华的历史面貌和极为重要的运河地位（彩图四-69）。

碑9　"龙王庙旗竿揽头"残碑

平砌于钟楼北小屋东山墙东南角。青石质。碑座佚，碑身和石榫头完好，长110、宽63、厚15厘米。碑文漫漶不清，仅可辨识数十字。额题楷书"大清"二字，碑文楷书，共22行，计77字，记载了清光绪年间分水龙王庙旗竿揽头的人名（彩图四-70）。

碑10　"为详明汶坝积土章程公籲"残碑

龙王庙建筑群采集品。石灰岩质。仅存碑身上半部，上端两侧为长方形斜角，碑首阴刻双龙戏珠图案，碑文两侧饰卷草纹。残高62~72、宽65、厚14厘米。清乾隆三十八年（1773年）立石。额题"大清"二字，首题"为详明汶坝积土章程公籲"，碑文楷书，仅存17行，计230字，记载了清乾隆三十八年（1773年）公布的关于汶坝积土情况的详细章程和授予功劳者级别的实录

彩图四-68 "圣旨"碑（碑7）

彩图四-70 "龙王庙旗竿揽头"残碑（碑9）

彩图四-69 "分水龙王庙"赞残碑（碑8）

彩图四-71 "为详明汶坝积土章程公籲"
残碑（碑10）

（彩图四-71）。

碑11 "济清"残碑

龙王庙建筑群采集品。青石质。仅残存碑身的下半部分和与座相连的石榫头，碑文周围饰龙纹和云纹。残高24~44、宽64、厚21厘米。济清

立石。碑文楷书，残存13行，计99字，赞颂了修筑运河水利工程的精湛技术和严谨态度（彩图四-72）。

碑12 "创建宋尚书祠堂记"碑

出土于潘公祠基址左前方，作卧倒状，与潘

彩图四-72　"济清"残碑（碑11）

彩图四-73　"创建宋尚书祠堂记"碑
（碑12）

公祠外地面齐平。青石质。碑首雕刻有双龙戏珠图案。碑身保存完好，石榫头断去一角，方座、碑座具体形制由于未做进一步清理，其下部不详。

高293、宽89、厚29厘米。碑文清晰，保存状况良好。额题篆书"宋尚书祠堂记"，赐进士第通议大夫工部右侍郎安福赵璜篆额。首题"创建宋尚书祠堂记"，碑文楷书，共23行，计875字。赐进士第通议大夫工部左侍郎固安刘永书丹，赐进士第光禄大夫柱国太子太保工部尚书汤阴李镂撰刻，明正德十三年（1518年）戊寅九月主事缙云李瑜立石。碑文记述了水利专家宋礼对于运河治理的丰功伟绩，说明了为其创建宋尚书祠堂的经过（彩图四-73）。

碑13　"皇明宋尚书像赞"碑

现立于宋公祠内。青石质。碑首部分转角圆钝，线刻有双凤卷、云纹。碑身高93.5、宽45、厚11厘米。碑身书画内容分上下两部分，上部为文字，共21行，行计7~22字不等，下部为宋礼线刻画像。碑座因未清理，具体形制不详。张文凤撰书，明嘉靖庚子（1540年）夏四月立石。首题"皇明宋尚书像赞"，碑文楷书，共21行，计346字，记述了宋礼对运河治理的先进思想和所取得的重大成就，并为之刻像立石（彩图四-74）。

碑14　"祭文"碑

倒卧于宋公祠内。青石质。碑首浅浮雕卷云纹。碑通高140、宽71、厚20厘米。额题篆书"祭文"二字，碑文楷书，共14行，每行3~63字数不等，共计413字，为明正德十一年（1516年）河道工部郎中杨淳奉召祭奠工部尚书宋礼的祭文，记述了宋礼治理运河的杰出功绩和重要水利思想。明正德十一年（1516年）立石（彩图四-75）。

碑15　"重修分水龙王庙"碑

放置于宋公祠内。青石质。碑通高288、宽97、厚23厘米。碑首及碑身两边浅浮雕双龙戏珠纹。额题"重修分水龙王庙碑"，篆书；首题"重修分水龙王庙记"；碑文楷书，共21行，每行2~50余字不等，文字漫漶不清，记载了重修分水龙

彩图四-74 "皇明宋尚书像赞"碑(碑13)

彩图四-75 "祭文"碑(碑14)

王庙的史实。清道光十年(1830年)立石。

碑16 "大学士宁阳许彬分水龙王庙记略"碑①

现存于关帝庙西墙处,曾被作为柱础使用,其上部中间位置被修理改造过,致使文字缺失。青石质。残高114、宽88.5厘米。碑文楷书,残存19行,上下漫患不清,每行字数不明,残存碑文记载了南旺湖段运河治理和所取得的成就。篆额、撰文、书丹者不详,立石年月亦不可辨(彩图四-76)。

碑17 "保康刘猛将军庙"碑

现存于文公祠内。青石质。高96.5、宽46、厚21厘米。碑身上下两边饰减地刻划连枝花瓣纹,右侧饰减地刻划菊花插瓶纹,左侧饰减地刻

划梅花插瓶纹。碑文楷书,每行20~40余字不等,共计717字,主要是关于蝗灾与政治关系的记载。清咸丰八年(1858年)立石(彩图四-77)。

碑18 "隆庆六年万恭致祭"碑

现存于宋公祠内东侧。青石质。高276、宽83、厚34厘米。碑文楷书,部分漫漶,计8行,行计1~30字不等,为明隆庆六年(1572年)总理河道兼提督军务兵部左侍郎万恭(1515~1592年)祭拜工部尚书宋礼的祭文,刑部侍郎金纯、都督府都督周长谨题。

碑19 "寄沙囊"碑

现存于宋公祠内东山墙下。青石质。通高243、宽84、厚25厘米。碑文中间行书"寄沙

① 碑名据山东省汶上县南旺镇编纂办公室:《南旺镇志》,山东省济宁市新闻出版局,1987年,229页。

彩图四-76　　"大学士宁阳许彬分水龙王庙
记略"碑（碑16）

彩图四-77　　"保康刘猛将军庙"碑（碑17）

囊"三字，两侧楷书。清康熙十八年（1679年）
立石（彩图四-78）。

碑20　"汶上小坝口重建文昌阁记"碑

现存于汶上县博物馆。青石质。碑通高228、
宽73、厚23厘米。碑阳面四周阴刻"卐"字纹。
碑文楷书，共15行，每行50余字，共计675字。
首题"汶上小坝口重建文昌阁记"，清道光戊戌年
（1838年）嘉庆癸酉科举人曲阜孔昭焜撰文，嘉
庆癸酉科举人刑部郎中刘韵珂书丹。碑文记述了
清道光十八年（1838年）在汶上小坝口重建文昌
阁的原委和经过。

碑21　乾隆御碑

原立于南旺分水龙王庙内，现存于汶上县博
物馆。青石质。通高196、宽75、厚23厘米。碑
阳、碑阴及左右两侧面都有刻字。碑阳四周线刻
有云龙纹。碑之四面共钤有八枚印章，碑阳面为
"乾隆宸翰"、"陶冶性灵"二印，碑阴"惟精惟
一"、"乾隆宸翰"二印，左侧面为"恒宝惟贤"、
"乾隆御笔"二印，右侧面为"乾"（乾卦符号）、
"隆"二印。石碑四面各撰刻一首七言律诗，碑文
行书，共21行，计285字，乾隆皇帝御笔，为分
水龙王庙所题，全为乾隆皇帝南巡时赞颂南旺分
水龙王庙一带引汶水南北济运和运河沿岸的繁华
景象。乾隆皇帝御题年代分别为乙酉年（1765

彩图四-78　　"寄沙囊"碑（碑19）

彩图四-79　乾隆御碑（碑21）

年）、辛卯年（1771年）、丙申年（1776年）、庚子年（1780年）（彩图四-79）。

碑22　运河图碑

原立于南旺分水龙王庙内。1978年移至汶上县文化馆，今存汶上县博物馆。青石质。残高95、宽86、厚28厘米。刻石为上下两部分，上部残断遗失，可辨碑文仅存"里"、"为"、"祖"等楷书几字，文意不详。下部为阴线刻《运河图》①，全图幅外有长方形线刻围框，清晰可辨。详细刻绘了以南旺汶运交汇处和分水龙王

庙为中心，上自开河、下至大店子运河故道及运河分水枢纽工程详图（包括南旺分水、三湖水柜及有关各闸和周围山水地形），是一件十分珍贵的历史文献资料。碑刻年代不详，但据新编《汶上县志》（505~506页）记载，疑为明正德年间（1506~1521年）刊刻②，与宋公祠和白公祠同建。另据《京杭运河史》该碑刻年代有二说③，其一为明弘治十三年（1500年）通政使韩鼎立《南旺图说碑》，其二为明嘉靖二十三年（1544年）刊刻的《南旺湖图说》，并立于宋礼祠。从图碑所刊刻的白老人祠、分水口、望湖亭、土地庙的位置和南旺上、下闸等名称的变化来看，该图碑应早于以水明楼为中心的建筑群年代（彩图四-80）。

（二）题刻

题刻1　"拜尚书宋公祠"题刻

镶嵌于宋公祠内正面墙壁，为西数第一块题刻。青石质。长93.5、宽45、厚11厘米。首题"拜尚书宋公祠"，题文行书，共8行，每行4~12字不等，描述了当年运河漕运的美好景致和历史地位。明正德十二年（1517年）新安唐皋撰刻（彩图四-81）。

题刻2　"明正德十四年"残石刻

镶嵌于宋公祠内正面墙壁，为西数第二块题刻。青石质。长90、宽43、厚18厘米。刻石破损严重，文字漫漶不清，文意不详，从所剩文字来看，属草书，应为五言律诗一首。明正德十四年（1519年）题刻（彩图四-82）。

题刻3　"康熙辛未年"题刻

镶嵌于宋公祠内正面墙壁，为西数第三块题刻。青石质。长103.7、宽52.5、厚10厘米。题首钤有椭圆形印章一，文曰"四桂堂"；落款处有方形印章三，为"韩作栋印"、"□□公堂"、

① 新编《汶上县志》，中州古籍出版社，1996年。

② 新编《汶上县志》，中州古籍出版社，1996年。

③ 姚汉源：《京杭运河史》，中国水利水电出版社，1998年，184、188页。

彩图四-80　运河图碑（碑22）

彩图四-81　"拜尚书宋公祠"题刻（题刻1）

彩图四-82　"明正德十四年"残石刻
（题刻2）

"崧庵"。题文行书，共15行，行计6~17字不等，赞颂了宋礼主持设计和修筑南旺分水枢纽工程的伟大功绩，并表述了其因地制宜地创立引水济运以及南北分水的水利思想。清康熙辛未年（1691年）金明韩作栋撰刻（彩图四-83）。

题刻4　"阅南旺湖有感题宋尚书庙"题刻

镶嵌于宋公祠内正面墙壁，为西数第四块题刻。青石质。长92、宽44、厚17.5厘米。题刻行书，共15行，行计2~20字不等。首题"阅南旺湖有感题"；落款为"晚学张文凤"，题刻抒发了张文凤游览南旺湖的深刻感受，并为宋尚书庙所用（彩图四-84）。

题刻5　"杨淳、朱寅"题刻

镶嵌于宋公祠内正面墙壁，为西数第五块题刻。青石质。长50、宽92、厚12.5厘米。题刻行书，共13行，行计4~20字，为歌颂水利专家宋礼的七言律诗两首，落款分别为关中郎中杨淳和常熟主事朱寅（彩图四-85）。

题刻6　"郡邑士商既为"题刻

现存于观音阁内。青石质。刻石四周边浅浮雕云龙纹。长95、宽41厘米。题刻楷书，记载了各地郡邑士商为商山先生建祠塑像而捐助所短缺银两的义举，分上下两排题刻了共计70位捐助者的官衔和姓名，以示纪念。清道光十一年（1831年）镌刻。

题刻7　"南旺湖通黑马沟"题刻

现存于禹王殿内。青石质。长94、高50、厚12厘米。碑文草书，共24行，每行6~22字不等，七律诗一首，记录了歌咏宋礼等人治理运河的南旺分水枢纽工程，并说明了该律诗形成和流传过程，述说了治理运河的艰辛。律诗题刻于明正德元年（1506年），附记题写于明嘉靖年间（1522~1566年）（彩图四-86）。

（三）其他

"张秋"残石

平砌于龙王大殿西墙基北部。青石质。碑身残缺，碑文左侧饰蕙草纹，残长12、宽19、厚约10厘米。碑文楷书，共4行，完整可识的有9字，即"……□□……寅嘉平□……□身奉政□……□张秋等□……"（彩图四-87）。

彩图四-83 "康熙辛未年"题刻（题刻3）

彩图四-86 "南旺湖通黑马沟"题刻（题刻7）

彩图四-84 "阅南旺湖有感题宋尚书
庙用"题刻（题刻4）

彩图四-87 "张秋"残石

彩图四-85 "杨淳、朱寅"题刻
（题刻5）

彩图四-88 "水可"残石

"水可"残石

标本 T2822②：5。石碑残块，阴刻楷书"……水可……月神……"四字。残长12、宽9、厚9.5厘米。出土于钟楼西侧填土中（彩图四-88）。

无字碑

青石质。高215、宽93、厚30厘米。碑面无文字，但在碑身下部侧方和正方各有一个"腰铁"窝，推测此碑曾作为石材使用。现存于宋公祠内（彩图四-89）。

彩图四-89　无字碑及腰铁窝细部痕迹

彩图四-90
"湖田局丈"界石

彩图四-91
"宋氏祀田"界石

碑座

仅剩长方形碑座。宽159、厚70厘米，露出地面部分高25厘米。

"湖田局丈"界石

正面"湖田局丈"，侧面"宋氏祀田西南界"，楷书。青石质，四棱柱形。高90、宽21.5、厚21.5厘米（彩图四-90）。

"宋氏祀田界石"

楷书。青石质，四棱柱形。高51、宽19、厚19厘米（彩图四-91）。

三　碑碣的价值及意义

分水龙王庙建筑群基址发掘出土和采集记录的石碑、题刻、残石共计35通/方，不论是从其记载反映的历史事实，还是从其展现的碑刻书法艺术，它们都是珍贵的资料和遗产，具有极其重

要的史料价值和审美价值。尤其对研究明清时期京杭大运河南旺分水枢纽工程及分水龙王庙的历史、功用、演变等问题具有极高的参考意义。《皇明宋尚书像赞碑》（碑13）、《汶邑西南镇分水碑》（碑5）、《创建宋尚书祠堂记碑》（碑12）、《重修分水龙王庙、宋大王庙、白大王专祠，新修鉴远亭》（碑3）等碑刻资料对于明初"河决原武……漕河塞四百里……舟不可行"不得不借助海运的现实，对于宋礼采纳白英计策"作坝于戴村"的治河方略，乃至对于"漕河成，海运废"的历史过程都有详细的记载，这对于研究南旺分水枢纽的设计思想和分水原理，乃至京杭大运河的发展变迁都具有重要的意义。同时，对于南旺的地理位置、分水龙王庙的时代变迁、结构布局、修建修葺等若干重要问题也有不同程度的记载。《运河图碑》（碑22）、《南旺湖通黑

马沟》题刻（题刻7）等对南旺分水枢纽所涉及的运河、小汶河、上下闸、水柜、斗门、黑马沟等的位置及安排都有详细的展现和记载，为研究者提供了一幅引汶济运、南北分水的宏观图景。《乾隆御碑》（碑21）、《"寄沙囊"碑》（碑19）、《君邑士商既为》题刻（题刻6）、《湖田局丈》界石（其他5）等不但体现了政府对于漕运的重视，对于运河挑淤、清代"湖田"、卫所闸官浅夫设置等具体细节都有体现。当然，上述各类碑刻、题刻、界石所载内容并不能截然分开，其所涉及的内容比较广泛，往往互有关联，还需要进一步的专题研究，以便将其史料价值发挥到最大。

第六节　时　代

在地层关系（含平面位置关系）上，分水龙王庙建筑群基址的堆积基本属于清末以后，尤其是"文化大革命"以来形成的，比较相近、单一。然而各建筑基址的相互叠压和打破关系却较为复杂，同时诸建筑（群）之间的平面位置关系的整合程度也是判断分水龙王庙建筑群基址年代的重要依据，这在祠堂建筑群中早、中、晚三组建筑的区分及其与水明楼早晚关系的判断上有具体的体现。从出土的大量建筑构件和瓷器来看，绝大多数属于明清时期遗物，偶见零星金元时期的陶瓷器残件。分水龙王庙出土遗物时代分布的这种态势也从一个侧面说明了明清两朝是分水龙王庙最为兴盛的时期。清朝末年，随着漕运之法的逐渐废除，分水龙王庙就逐渐废弃了。

此次发掘出土的明清碑刻资料对于分水龙王庙时代变迁的判断起到了重要作用。清光绪十四年（1888年）《汶邑西南南旺镇分水》碑文记载，"龙王庙门首为分水，入运顶冲之区，旧有石砌岸工，相传永乐年间与庙同建者也。数百年来虽有

前人屡次补苴，从未彻底拆修，绵延至今，坍塌十之八九，庙宇逼临砌岸，每遇汛水涨发，僧人时悚惧"；光绪十九年《重修分水龙王庙、宋大王庙、白大王专祠，新修鉴远亭》碑文也记载，"南旺分水之要冲，龙神庙屹立其上，而宋康惠公之庙、白永济老人神亦并昭垂于祀……立祀建庙固宜馨香，俎豆飨祭千秋。我朝顺治三年修立，雍正四年修之，道光八年又修之，迄今又数十年矣，风霜剥落，榱栋倾圮，丹青黯淡，榛莽荒芜，官斯土者与有者焉"；而《创建宋尚书祠堂记》碑文则明确说明宋公祠是为纪念治水功臣宋礼于明正德十三年（1518年）创建的。这与《汶上县志》、《南旺镇志》的记载也多有契合之处，但更为明确可靠。

由上可见，在分水龙王庙古建筑群中，龙王庙创建时代或可早至明永乐年间，宋公祠的创建发生在明正德十三年，水明楼最晚，为清康熙十九年（1680年）建造的。于是，在运河岸边逐渐形成了龙王庙、祠堂群、水明楼三组古雅恢宏的古代建筑群。由于历史上的分水龙王庙经过多次修葺添建，某些时代细节难以确指，然而可大体推断分水龙王庙的变迁过程：最早有的一批建筑应该包括龙王大殿和宋公祠，祠堂群的早期院落遗迹可能稍晚于此。在水明楼建立以前，水明楼位置应该为一空阔地带，通过早期的甬道遗迹，祠堂群的早期院落遗迹可跟龙王大殿相互交通。入清以后，水明楼建成，并成为观汶分水的一个重要高地（可能具有水文观测的部分功能），位置逐渐突出。于是，随着院墙的修建和院门的凿通，分水龙王庙逐渐演变成既相互独立又有机连通的三个院落系统。近百年来，随着京杭大运河的日益衰败，并在文化大革命期间遭受严重破坏，分水龙王庙古建筑群常年失修，日晒雨淋，便成"风霜剥落，榱栋倾圮，丹青黯淡，榛莽荒芜"的景象了。

第五章　相关空间信息技术的应用

全球定位系统（GPS）、地理信息系统（GIS）、遥感(RS) 等为空间信息技术的主要内容。近些年来，空间信息技术得到长足发展，应用到各个行业。为了发展空间信息技术在文化遗产保护领域的应用，科技部、国家文物局启动了"空间信息技术在大遗址保护中的应用研究（以京杭大运河为例)"大型科技支撑课题（2006BAK30B01）。

2008 年 3 月，经国家文物局批准，山东省文物考古研究所与中国文化遗产研究院合作，对南旺分水枢纽工程和分水龙王庙遗址进行了考古调查和发掘。在发掘期间，我们邀请中国科学院遥感应用研究所利用航空遥感技术判释了水柜大致范围，并结合考古手段进行了地面确认；邀请清华大学建筑学院利用精密 GPS 对河道和水柜进行测绘；邀请中国水利水电科学研究院利用探地雷达对南旺分水枢纽工程进行地下探测。在这次考古调查和发掘中，遥感技术、探测雷达、精密 GPS 测量和地理信息系统等空间信息技术的充分利用和联合攻关，发挥了极大作用，取得了许多可喜的成绩。

第一节　遥感技术的应用

遥感考古学是探讨如何应用现代遥感和信息科学的理论、技术和方法来解决文物考古问题。具体地说，它是利用地学遥感手段获得田野考古信息，并结合地面田野考古方法、经验和成果对所获得的信息进行处理和分析，从而进行考古研究的一门学科[①]。

遥感考古学非常适用于大遗址的考古调查研究工作。南旺分水枢纽工程自元代开始修建，历经明清时期的发展完善，到 19 世纪初的荒废，很多遗迹现象已经消失，且其分布范围近 400 平方千米。利用遥感考古学的方法开展南旺分水枢纽工程的调查是最为有效的方法。实践工作证明，遥感技术的应用为全面了解其分布范围、保存状况等起到了关键性的作用。该项工作主要分为四个步骤：内业勘测、初步建立信息系统、田野考古调查、信息系统的综合分析和利用（图五-1）。

一　内业勘测

（一）资料收集

南旺分水枢纽工程遗址荒废后，遭受了人类生产活动的极大破坏，大多数地表遗迹已经无迹可寻。本次调查工作主要是搞清其水柜的范围以及相关水利工程设施的保存现状。

在明确这一工作目的后，便着手准备与其相关的资料，并对现有资料进行全面调查、收集、整理和分析。收集的资料主要包括文献资料、遥感资料和地学资料。文献资料主要是有关水利史、地方志等；遥感资料是指测绘和遥感部门库存的

---

① 山东省文物考古研究所：《中国临淄文物考古遥感影像图集》，山东省地图出版社，2000 年，8 页。

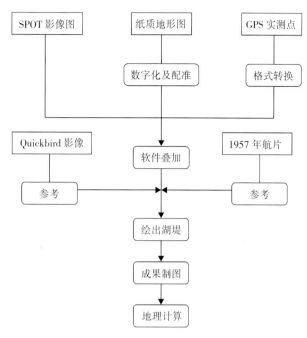

图五-1　利用遥感技术进行南旺分水枢纽调查
技术路线

航片；地学资料主要是指地形图和专题地图。

1. 文献资料

南旺分水枢纽工程调查项目有多家科研单位
参加，为收集相关的文献资料提供了方便。收集
的文献资料主要有：《山东运河备览》、《河防一
览》、《居济一得》、《九省运河泉源水利情形
图》、《京杭运河史》、《山东运河历史地理问题
初探》、《明清时期京杭运河的南旺枢纽》和地方
水利史等；地方文献资料主要有《汶上县志》、
《南旺镇志》、《南旺镇发展规划》等。

2. 遥感影像资料

利用遥感技术开展大遗址的调查工作，收集
不同时期的遥感影像资料是必须的，也能为多时
相研究其发展变迁提供基础资料和主要依据。本
着这一目的，我们和多家测绘部门联系，主要收
集了 1954 年航片资料（见彩图二-12）、2003 年
SPOT 5 图像（见彩图二-13）和 2003 年 Quickbird
影像（见彩图二-14）。

3.地形图与舆图

开展遥感技术应用，必须配以合适比例尺的地

形图，才能建立有效的信息系统，且能在田野调查
过程中提供记录的载体。根据南旺分水枢纽工程遗
址的分布范围，认为五万分之一地形图最为合适。
因此，我们收集到了由山东省测绘局于 1969 年航
拍、1970 年调绘的五万分之一地形图，同时也收集
了清乾隆时期、光绪时期的历史舆图（见图一-4）。

（二）判释图谱的建立

将收集的相关资料进行了梳理、分析，尽可能
的挖掘每一份资料的最大信息量，整合各种资料的
优势，为项目的顺利进行提供基础资料。历史舆图
能够提供基本的南旺分水枢纽的地望，文献资料能
够提供各个遗迹点的基本历史背景。五万分之一地
形图为项目的开展提供了基础地理数据。

内业勘测着重分析了三个时期的遥感影像资料，
了解和掌握了南旺分水枢纽地区的自然环境；根据
目前已经掌握的遗迹地表现状，分析其在影像图上
的成像规律，建立了南旺分水枢纽工程各种遗迹现
象的考古"判释标志"和"判释图谱"；在此基础上
开展全面系统的航片判释，寻觅新的遗迹，研究遗
迹的分布规律，进而指导下一步的田野调查工作。

航片判释步骤一般是根据判释目的、已经掌
握的信息、判释目标的大小和地理位置以及判释
人员的判释经验等因素设定。南旺分水枢纽工程
遗址主要由水柜和各个相关的水工设施组成。要
调查水柜（南旺湖、马踏湖、蜀山湖）分布范围，
最为有效的办法是分析其湖堤的迹象。在分析以
上文献资料的基础上，结合当地文物、水利部门
对南旺分水枢纽工程目前状况的掌握，以及我们
小范围的实地考察，得知水柜湖堤在现存地面或
多或少还保留着一些痕迹，应属于地上遗存。另
外，水柜内多年的积水在航片上也应有不同的标
识，属于地下遗存的范围。

利用航片来寻找地上、地下遗存所采用的方
法是不同的。对于地上遗存，就是利用遗存直接
暴露在地表面部分而在某些特定情况下所显现的

迹象；而勘察地下遗存则是利用地下遗存通过一些中间媒介间接显露到地表面的各种踪迹。勘察地上遗存一般用阴影标志、霜雪标志和洪水标志。勘察地下遗存通常用土壤标志、霜雪标志、潮湿标志和植被标志。

　　阴影标志是勘察地上遗迹的主要方法，应用非常广泛。太阳斜射大地时，高出地面的地物都会在其背光一面投下阴影。地上遗存只要在地面还保留有一些凸起或凹陷的痕迹，那么通过阴影就能反映出其空间位置、形状、大小等方面的特征，这就是阴影标志。土壤标志是指遗迹上面的土壤颜色有别于周围土壤所产生的迹象，可以用

来勘察地上和地下遗迹。潮湿标志是地上或地下遗迹通过土壤潮湿程度的差异所反映出来的形迹。植被标志是地下遗存影响其上面地表植物的生长，造成植物从颜色或长势高低上有别于周围植物，而显露出来的遗存形迹。

　　通过初步的野外调查，再结合影像资料，我们主要利用了阴影标志、洪水标志、土壤标志等，并建立了行之有效的判释图谱。使用最多的是阴影标志，如蜀山湖曹村东的湖堤。洪水标志主要是针对1954年航片上当时三湖有水时形成的影像。土壤标志主要是在2003年Quickbird影像上湖区内外的土壤差别（彩图五-1）。判释图谱的建

1. 阴影标志

3. 土壤标志（湖区内土壤）

2. 阴影及洪水标志

4. 土壤标志（湖区外土壤）

彩图五-1　水柜在航片中各种不同的判释图谱

立对内业勘察起到关键性的作用，也为野外调查提供了指南。

二　初步建立信息系统

初步建立信息系统是为了更好地融合文献、影像图、地形图等收集到的资料。1970 年的地形图和 2003 年 SPOT5 的数据覆盖三个水柜的全部范围，因此选取二者作为信息系统的底图。通过扫描仪将 1970 年版本的南旺地区地形图（1:50000）数字化，并且与 2003 年南旺地区 SPOT5 影像图在 ENVI 平台下进行配准（配准精度在一个像元以内），使地形图和 SPOT 数据均具有地理信息，然后在 ArcGIS 软件平台下，将已经具有相同地理信息的 SPOT5 影像图、数字化的地形图进行叠合，最后将初步判释的结果输入信息系统。

三　田野考古调查

为了验证室内初步判释的结果，必须进行野外考古调查和勘探。针对南旺分水枢纽工程遗址的实际情况，制定了"以点带线、沿线追踪"的工作方法，即选择遗迹的关键点，如湖堤与运河的交接点和有地理特征的村庄地名（如临湖集、大堤头、湖口村等）入手，根据湖堤线性的特征，进行沿线调查。具体来讲主要有室内准备、外业调查、内业资料整理研究、确定第二天的调查目的等工作流程。

室内准备主要是明确调查目的，选择调查地点，计划调查路线，准备携带的物资和设备。首选的调查地点是一些村庄，准备该区域的影像、地形图资料、文献资料，记录本、手持 GPS 定位仪、照相机、录像机和录音笔等。

外业的调查是按照已计划好的路线进行踏探，将航片与实地进行对比，调查分析周围的地理环境和地形特点。因湖堤消失的时间较晚，当地年长者多少有些印象，向当地群众询问情况是主要

1. 同荣庙村民王庆生访谈

2. 蜀山湖湖堤勘探

彩图五-2　田野考古调查

方法（彩图五-2，1）。把现场调查的结果直接标注在地形图的复印件上，同时进行文字记录，摄影拍照，重要遗迹绘制草图，必要的区域进行勘探（彩图五-2，2）。

内业资料整理研究是指将全天调查的结果进行整理并分析研究。首先将实测的 GPS 数据转换成 Arc GIS 软件支持的数据格式（Shape File 格式）。整理调查录音和笔记，绘制草图。根据分析研究的结果，确定第二天的调查目标，并做好准备工作。

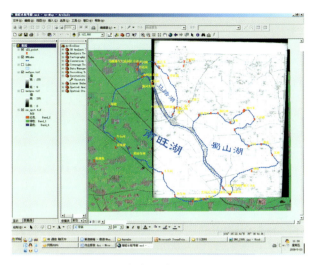

1. 在 Arc GIS 软件平台上绘制水柜范围

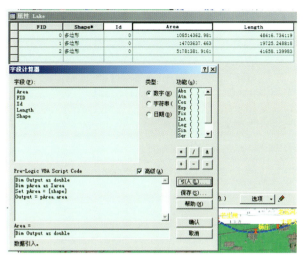

2. 南旺分水枢纽工程水柜面积及周长计算截图

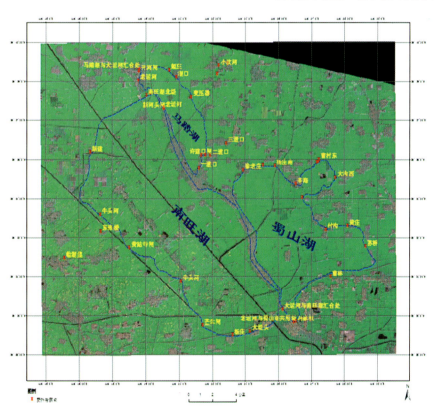

3. 南旺分水枢纽考察成果图

彩图五-3　文物考古信息系统及运用

四　文物考古信息系统完善及运用

　　南旺分水枢纽工程遗址信息系统是将有关地理资料和田野调查资料按照地理坐标或空间坐标位置进行编辑、存储更新、测量运算、制图等进行空间管理的系统。完成田野考古调查之后，完全建立起信息系统，为下一步分析利用。

（一）三湖范围的确定

　　根据野外调查的结果，综合各种信息源能提供的信息，并参考 1954 年航片以及 Quickbird 影像图，通过 Arc GIS 软件平台上的绘图功能圈出三个湖的湖堤（彩图五-3，1）。

（二）三湖面积及周长

利用地理信息系统的地理计算功能，计算出三湖湖堤的周长和面积（彩图五-3，2）。南旺湖面积 108.51 平方千米，周长 48.416 千米；马踏湖面积 14.70 平方千米，周长 19.725 千米；蜀山湖面积 51.78 平方千米，周长 41.658 千米。

（三）绘制考察成果图

根据逐步完善的信息系统，绘制了南旺分水枢纽工程遗址考察成果图（彩图五-3，3）。

五　小结

在充分研究与南旺分水枢纽工程遗址相关的文献和既往研究资料的基础上，利用多光谱、多时相遥感资料，结合实地踏探，基本廓清了该遗址的分布范围、结构布局、保存状况，且准确计算出了南旺湖、蜀山湖、马踏湖三湖的周长和面积，为下一步对南旺分水枢纽工程遗址的保护提供了基础资料。

从调查结果来看，本次工作技术路线是可行的，具有可操作性，是遥感技术在大遗址调查应用方面的成功案例。其工作模式能为今后大遗址调查工作，尤其是为类似于南旺分水枢纽工程遗址的调查工作提供技术路线参考。

第二节　南旺分水枢纽工程遗址精密 GPS 测量

为了更好的掌握和理清南旺分水枢纽工程与相关水工设施分布范围及其保存现状，若采用传统调查测量手段耗费时间长，人员投资大，测量精度受人员素质影响较大，并且要求测量点具备通视条件，遇有复杂的地形时，测量较为困难。因此，需要采用先进的空间信息技术来解决复杂的文化遗产测绘工作。

作为"空间信息技术在大遗址保护中的应用研究（以京杭大运河为例）"的一个微观面型示范

点，结合实际的考古发掘工作，开展了南旺分水枢纽工程遗址的精密 GPS 测绘工作。

一　测量范围

结合运河考古调查与发掘的实际需求，本次调查测量对象主要有十里闸至柳林闸段运河河道，杨家高顶村南至分水龙王庙河道内石砌岸、木桩，蜀山湖曹村东残存湖堤，金口坝、戴村坝、堽城坝以及分水龙王庙古建筑群等（图五-2）。

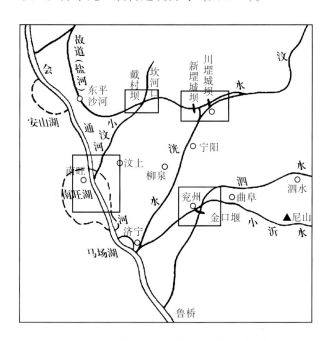

图五-2　精密 GPS 测量范围示意图

二　测量设备、依据及技术路线

（一）测量设备

本次测量采用 Thales Navigation 公司生产的 Z-Max 测量系统是专门为地形学和建筑学领域而设计的高精度全球定位系统（彩图五-4，1）。该设备具有优越的 RTK 性能，其创新的设计以及完备的应用软件，使 Z-Max 可以满足各种精度定位的需求。优越的 RTK 性能和软件能对日本索佳电子全站仪测量数据进行兼容和处理（彩图五-4，2）。

（二）测量依据

本次测量工作在测前、测中和测后阶段，按

1. 精密 GPS 设备

2. 日本索佳电子全站仪

彩图五-4　测量设备

照有关测量要求参考了以下标准和规范。

（1）中华人民共和国建设部标准《全球定位系统城市测量技术规程》。

（2）国家测绘局颁布的《全球定位系统（GPS）测量规范》（CH2001-92）。

（3）CH1002-95《测绘产品检查验收规定》。

（4）CH1003-95《测绘产品检查评定标准》。

根据已有总参绘制的 1:5 万地形图（1970 年版）及现有 GPS 控制点（三等点一个）（见彩图五-4，1），本次测量以 WGS-84 坐标系作为基准，地方坐标系采用北京 54 坐标系，高程系统采用 GPS 拟合高程。

（三）技术路线

本次调查测量以厘米级精密 GPS（Z-MAX）进行大范围内的综合现状测量。测量过程中，以 1:5000 矢量图、1:1 万矢量图、1：5 万矢量图和 SPOT5 影像图及 0.6 米快鸟影像图为底图进行修补测，在 GPS 信号或电台信号较薄弱地段采用了精密 GPS 与全站仪相结合的方式。在测量前，由于没有已知控制点或已知水准点，采用了静态测量和快速静态测量的方法确定了控制网并应用基站-流动站方式进行精密测量。详细技术路线如下。

1. 控制网的布设：依据国家测绘局颁布的《全球定位系统（GPS）测量规范》（CH2001-92）标准布置控制点，根据南旺分水枢纽工程遗址的实际情况布设控制网。

2. 控制点的测绘：使用静态 GPS 测量方法测绘控制点的坐标，建立完善控制网。

3. RTK 测绘和电子全站仪的测绘：针对不同的测量对象采用 RTK 测量，或者结合电子全站仪进行测量。

4. 测量成果整理与应用：完成野外测量后，将测绘成果全部纳入大运河保护规划辅助系统，根据工作的实际需要制图。

三　具体实施测量

（一）控制网的布设

1. 控制点的设计

在实地考察测绘范围的基础上，考虑到运

彩图五-5 控制点的设计

河线性的分布特点，将控制点选择在运河沿线2千米的范围内。对于水柜残存湖堤（如曹村和苏桥附近的蜀山湖残留湖堤）等特殊对象测绘时，设计的控制点分布范围达到7.5千米（彩图五-5）。

2.静态测量的技术要求

控制网布设依GPS测量方法实施，主要技术指标如下表所示（表五-1）。

将GPS静态测量数据导入计算机，用Solution软件按同步观测时段为单位进行基线解算。按多基线解时，每个时段必须提供一组独立基线向量及完全的方差—协方差阵；按单基线解时，须提供每条基线分量及其方差—协方差阵。基线解算完成后，需要对数据进行检核，数据检核的基本要求如下。

（1）同一时段观测值的数据剔除率，其值宜小于10%。

（2）B级基线外业预处理和C级以下各级GPS网基线处理，复测基线的长度较差d_s，两两比较应满足下式的规定。

$$d_s \leq 2\sqrt{2}\,\sigma \qquad ①$$

式中 σ——相应级别规定的精度（按实际平均边长计算）。

（3）各级GPS网同步环闭合差，不宜超过以下规定。

三边同步环中只有两个同步边成果可以视为独立的成果，第三边成果应为其余两边的代数和。由于模型误差和处理软件的内在缺陷，第三边处理结果与前两边的代数和常不为零，其插值应小于下列数值。

$$
\begin{aligned}
W_x &\leq \frac{\sqrt{3}}{5}\sigma \\
W_y &\leq \frac{\sqrt{3}}{5}\sigma \qquad ② \\
W_z &\leq \frac{\sqrt{3}}{5}\sigma
\end{aligned}
$$

式中 σ——相应级别规定的精度（按实际平均边长计算）。

对于四站以上同步观测时段，在处理完各边观测值后，应检查一切可能的三边环闭合差。

（4）C级以下各级网及B级GPS网外业基线预处理结果，其独立闭合环或符合路线坐标闭合差应满足：

$$
\begin{aligned}
W_X &\leq 3\sqrt{n}\,\sigma \\
W_Y &\leq 3\sqrt{n}\,\sigma \\
W_Z &\leq 3\sqrt{n}\,\sigma \qquad ③ \\
W_S &\leq 3\sqrt{n}\,\sigma
\end{aligned}
$$

表五-1 GPS测量主要技术指标

观测方法	卫星高度角（°）	有效观测卫星数	平均重复设站数	时段长度（min）	数据采样间隔（sec）	PDOP
静态	≥10	≥4	≥1.6	≥30	5	< 6
快速静态	≥10	≥5	≥1.6	≥10	5	< 6

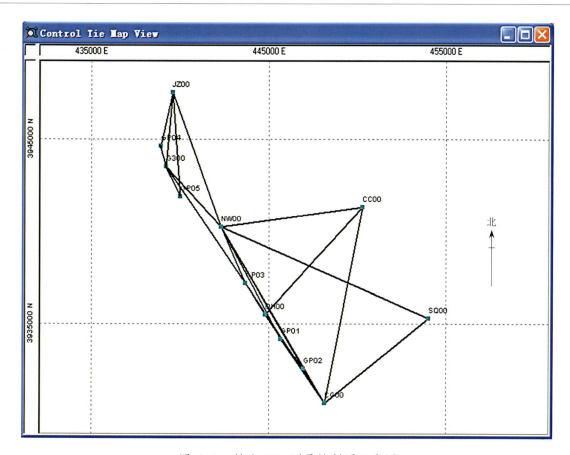

图五-3　精密 GPS 测量控制网示意图

式中 n——闭合环边数；

　　　σ——相应级别规定的精度（按实际平均边长计算）。

$$W_s=\sqrt{W^2_X+W^2_Y+W^2_Z}$$

经过初步检核，所有的基线和闭合环均满足规范要求。再经过自由网平差和约束平差，得到 GPS 控制点的大地坐标和北京 54 坐标系下的坐标。

3. 控制点的测量

为了尽快建立控制网，要对事先设计的控制点进行静态测量，并将测量结果输入信息系统，验证控制网是否能够满足测绘要求。采用钢钉帽的中心点为控制点标志，其编号为地名的第一个大写字母拼音。采用快速静态的控制点编号以 GP 开头加两位自然序号，从 GP01 开始（彩图五-6，1）。

根据静态测量技术要求，在长沟至开河段运河沿线进行了控制点测量，共测得 12 个控制点

（表五-2），利用精密 GPS 设备按测量规范进行测量并依据数据处理要求进行一系列的数据处理，得出了相应控制网的坐标（图五-3）。经验证，该控制网能满足本次 RTK 测绘要求，为顺利开展既定的测绘目标奠定了基础。

（二）RTK 测量

建立控制网后，对运河河道及关键水利工程设施进行了 RTK 测量。GPS-RTK（Real-Time-Kinematic）实时载波相位差分技术是一种将 GPS 与数据传输相结合的技术，通过实时解算差分改正值，并进行数据处理，能够在 1~2 秒内获得高精度位置信息。它通过基准站和流动站接收机同时接受 GPS 卫星信号，前者将获得的观测值与已知位置进行比较，得到 GPS 差分改正值，利用无线电传输设备，将改正值实时传递给共视卫星的流动站，精化 GPS 观测值。RTK 水平、垂向精度均可达到厘米级。

1. 控制点的测量

4. 运河河道测量场景

2. 分水龙王庙建筑基址测量场景

5. 戴村坝测量场景

3. 蜀山湖湖堤测量场景

6. 堽城坝测量场景

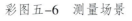

彩图五-6　测量场景

本次工作经过基准站、流动站的设置和投影解算后，对测区进行了大范围和细节内容的测量（彩图五-6，2~6），测量项目如下表所示（表五-3）。

（三）电子全站仪测量

在测绘十里闸至柳林闸河道期间，发现河道上种植了密集的树木，四五月间正值树叶茂密，严重影响并干扰了精密 GPS 的信号，因此在不能使用精密 GPS 进行测绘的区域，改为使用电子全站仪进行测量。在测量过程中，注意了电子全站仪的基点选择完全纳入精密 GPS 所构建的测量控制网内。将电子全站仪测量结果

表五－2　相应控制点的测量数据

编号	控制点编号	控制点坐标（WGS－84）			控制点坐标（北京54）		
		北纬	东经	海拔	北纬	东经	海拔
1	NW00	35°35′21.66005″	116°21′48.58126″	45.639	3940232.686	442312.922	55.569
2	G300	35°37′07.07986″	116°19′44.99478″	45.749	3943502.502	439223.703	55.816
3	GP01	35°32′05.12920″	116°24′03.45361″	43.698	3934154.146	445671.578	53.474
4	GP03	35°33′42.42949″	116°22′44.00916″	43.492	3937165.400	443689.064	53.358
5	JZ00	35°39′18.97528″	116°19′59.53921″	43.568	3947565.200	439617.301	53.624
6	GP04	35°37′44.10148″	116°19′33.03283″	43.159	3944645.612	438930.483	53.241
7	GP05	35°36′15.89271″	116°20′17.22066″	44.975	3941919.362	440024.102	55.006
8	QH00	35°32′48.11364″	116°23′28.59947″	45.644	3935484.335	444801.692	55.460
9	GP02	35°31′12.74781″	116°24′55.21824″	43.330	3932531.892	446966.092	53.046
10	CG00	35°30′13.20685″	116°25′43.63852″	43.640	3930689.662	448175.517	53.299
11	CC00	35°35′59.19305″	116°27′05.18303″	45.370	3941341.512	450289.988	54.948
12	SQ00	35°32′42.85725″	116°29′33.45684″	44.654	3935270.289	453991.190	54.054

表五－3　本次测量项目

序号	测量内容	所属类型	备注
1	十里闸至柳林闸运河河道	运河河道	
2	南旺分水龙王庙处河道木桩	运河河道设施	
3	邢通斗门处引水河道	运河河道引水河道	
4	堽城坝	坝	
5	戴村坝	坝	
6	金口坝	坝	
7	南旺分水龙王庙基址	古建筑遗址	
8	曹村处蜀山湖湖堤	水利工程	
9	苏桥处蜀山湖湖堤	水利工程	

及时输入精密GPS所使用的计算机系统（见彩图五-4，2）。

四　南旺分水枢纽测量成果与应用

经过一系列数据处理和地图匹配，将测量数据绘制成图并与各种基础地理数据和多源遥感数据进行叠加配准，形成了京杭大运河南旺地区精确详细的矢量图，为南旺分水枢纽工程遗址保护规划及保护范围的划定提供了基础数据资料。下面将重要区域测量结果截图如下。

（一）十里闸至柳林闸段运河河道

据初步考察，十里闸至柳林闸段河道保存状况较为理想，且暴露许多堤工设施，为全面了解这些水工设施的分布，对该段河道进行了详细的测绘。此段河道的测绘工作采取了精密GPS和电子全站仪相结合的方法。我们将电子全站仪测量结果导入精密GPS能支撑的信息系统中，绘制了河道分布图（彩图五-7，1），且绘制了带有海拔

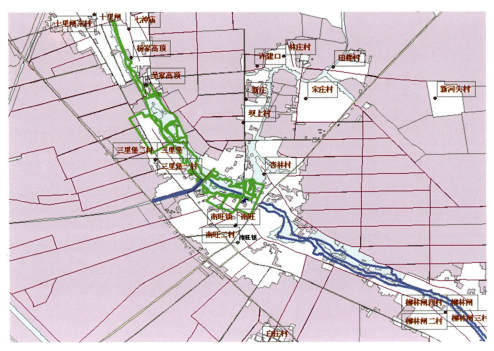

1. 十里闸至柳林闸段运河河道测绘图

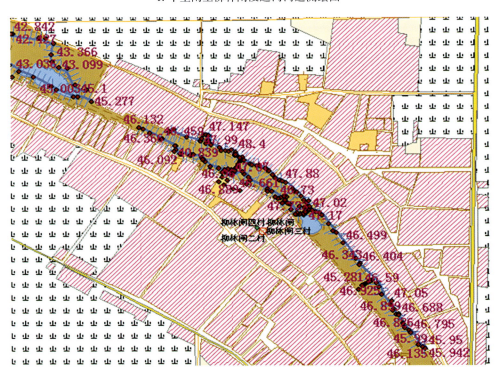

2. 具有高程值的柳林闸段运河

彩图五-7　柳林闸段运河

高程的一段河道分布图（彩图五-7，2）。

（二）分水龙王庙附近河道木桩分布

分水龙王庙北侧的河道中暴露和发掘出若干处砖石堤岸和木桩，为全面了解其分布状况，我

们对这段河道进行了详细的测绘工作，绘制出了详细的木桩分布图（彩图五-8，1）。

（三）分水龙王庙建筑群基址

全面掌握分水龙王庙建筑群的分布状况，尤

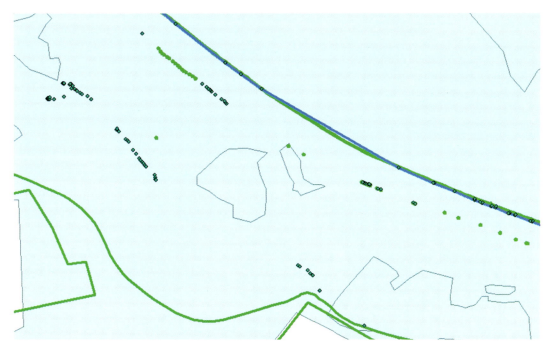

1. 分水龙王庙附近河道木桩分布图

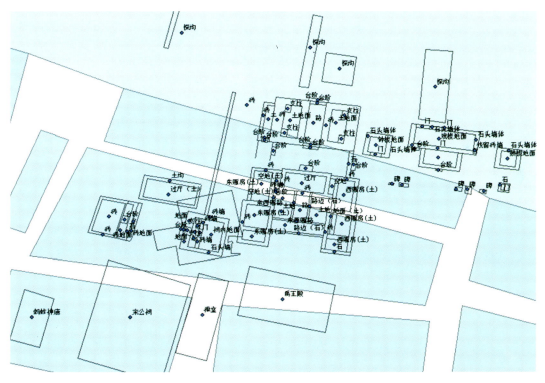

2. 分水龙王庙建筑基址测绘图

彩图五-8　分水龙王庙附近河道木桩及建筑基址

其是已经倒塌建筑的结构布局尤为重要，由此开
展了该建筑群现存及新发掘出土基址的测绘工作
（彩图五-8，2），并将测量结果纳入大运河保护辅
助规划系统（彩图五-9，1）。

（四）蜀山湖湖堤的测绘

水柜在分水枢纽工程中占有重要地位，目前水
柜的堤工大多已被夷平，地表尚存的湖堤尤为重要。
因此我们对曹村东和苏桥南尚存的蜀山湖湖堤进行

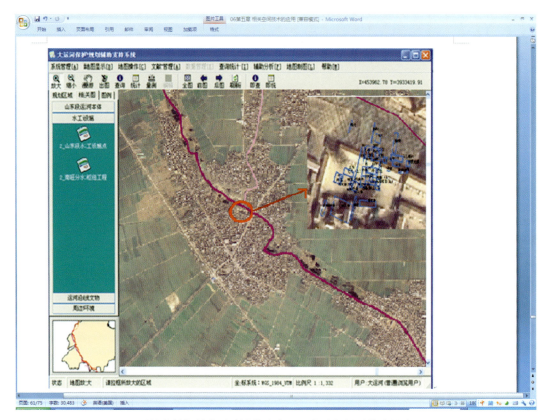

1. 测量的数据结合遥感影像在大运河辅助规划系统中的应用

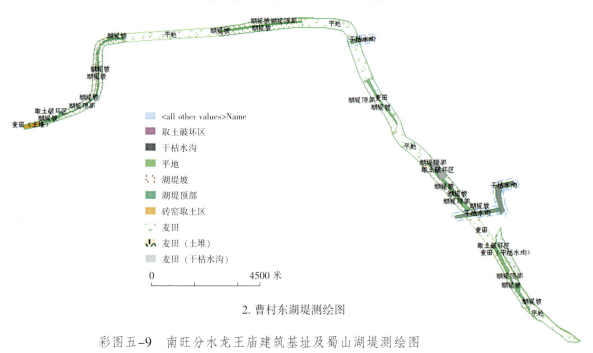

2. 曹村东湖堤测绘图

彩图五-9　南旺分水龙王庙建筑基址及蜀山湖堤测绘图

了详细的测绘（彩图五-9，2；彩图五-10，1）。

（五）戴村坝、堽城坝、金口坝测绘

　　戴村坝、堽城坝、金口坝是不同时期大运河上重要的水源工程，了解它们的分布范围、保存状况极其重要。因此，对三坝进行了详细的测绘工作（彩图五-10，2；彩图五-11）。

（六）关键遗存点的数据

　　在测量过程中我们非常注意一些关键遗存点

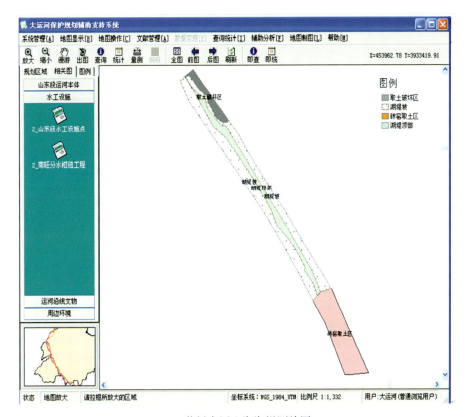

1. 苏桥南蜀山湖湖堤测绘图

2. 金口坝测绘图与 SPOT 影像的结合

彩图五—10　蜀山湖堤及金口坝测绘

的地理数据采集和整理，如南旺小汶河与运河交汇处 GPS 基点高程比戴村坝碑处低 14.666 米；曹村蜀山湖湖堤角高出南旺 GPS 基点 1.139 米；十里闸至柳林闸段的河道长度 5.78 千米；柳林闸北 150 米处河道精确宽度 50.35 米，河深 5.3 米。这些都为大运河保护规划的制定提供了基础数据。

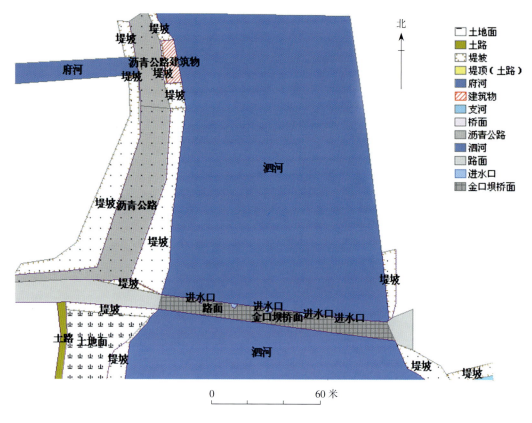

彩图五-11　金口坝测绘图

五　小结

精密 GPS 在测绘行业中应用已经很久了，也非常广泛，但在大遗址测绘中应用不多，南旺分水枢纽工程遗址的精密 GPS 测绘工作具有一定开拓性。本次测绘工作是在充分调研测绘对象的基础上，严格按照精密 GPS 测绘技术要求，提出了切实可行的技术路线和工作方法，才得以顺利地完成了测绘任务。主要有以下几个方面的收获。

（一）在最初的调研过程中，曾查阅到测绘部门在南旺区域有一个三等点，但实地踏探发现该测绘点不可用。在没有参照的情况下，根据南旺段运河遗产的分布特征，按照精密 GPS 的技术要求，设计控制点，并利用静态测量方法测得控制点的真实坐标，以此构筑测控网，为保证测绘工作顺利进行奠定了基础。该工作方法能为其他类似大遗址的测绘工作提供参考。

（二）南旺分水枢纽工程遗址涉及范围大，水工设施复杂，河道保存现状较差，需要借助现代空间信息技术的支持，从当时的水位、水源、河道等方面进行全方位的历史变迁过程的宏观把握和综合分析。本次精密 GPS 测绘结果准确定位了发现的南旺分水枢纽工程遗址运河河道及其周边环境，以及三水柜的边界等大量宏观的矢量数据，特别是宏观了解了十里闸至柳林闸南旺段运河河道的保存现状，而且还精确测量出了该段运河的部分河道长度、宽度及断面高程信息，为该遗址保护范围的划定、大运河保护规划辅助支持系统及考古信息系统的建设提供了基础数据资料。

（三）戴村坝引汶工程和三大水柜的设置是南旺分水枢纽工程的重要组成部分，这些水利工程之间水源关系随年代而变化，历史变迁过程较为复杂。在精密 GPS 测量并进行矢量化过程中，充分考虑了河道及水柜的相对高程变化，使精密GPS设备、GIS

和遥感技术相结合，对古河道和重要水利工程设施进行了精确测量与实地验证，补充了以往文献史料、矢量数据、地形数据及多源遥感解译的不足。

第三节 探地雷达的应用

京杭大运河部分河道废弃后，许多水工设施掩埋于地下，南旺分水枢纽工程也不例外。据文献记载和实地调查研究发现，在南旺分水口运河南岸、龙王庙前有长约200、宽约10米的分水碹岸，以及分水口附近许多水工设施多数已经掩埋地下。为了搞清南旺分水口的水工设施及相关遗物的地下分布状况，在发掘期间对该区域进行了探地雷达探测工作。

一 探测目的和内容

此次利用探地雷达进行探测的目的主要是寻找南旺分水枢纽及上下游河道的古代水利工程和与之相关的水工文物（如镇水兽），根据探测结果进一步掌握分水枢纽遗址区域古代水利工程的平面布局及文物的分布情况，为进一步的考古发掘提供参考，同时，也为古代水利工程遗址的保护提供支持。

探测的主要内容有：

（一）分水石碹岸遗址的埋藏位置。

（二）分水枢纽区域运河的堤岸位置。

（三）可能埋藏于河床淤土中的水工文物。

（四）埋藏于分水龙王庙建筑基址的水工文物。

二 探地雷达工作原理

本次探测采用地质雷达法（Ground Penetrating Radar Method），是利用雷达发射天线向建筑物发射高频脉冲电磁波，由接收天线接收目的体的反射电磁波，并探测目的体分布的一种勘测方法，其实质是根据介质等对电磁波的反射特性，而对介质内部的构造和缺陷（或其他不均匀体）进行探测的一种方法。

地质雷达（Ground Penetrating Radar，简称GPR）是近年来一种新兴的无损探测技术，是利用宽频带高频电磁波信号探测介质结构分布的非破坏性探测仪器。具有探测范围广，分辨率高，可对实时数据进行处理和信号增强及进行连续透视扫描等特点。它通过雷达天线向地下发射宽频带高频电磁波，电磁波信号在介质内部传播，当遇到介电差异较大的介质界面时，发生反射、透射和折射。两种介质的介电常数差异越大，反射的电磁波能量也越大；反射回的电磁波被与发射天线同步移动的接收天线接收，并由雷达主机精确记录下反射回的电磁波的运动特征，再经过对信号的处理，形成全断面的扫描图；最后，由工程技术人员对雷达图像进行解读，判断地下目标物的实际结构情况（图五-4）。地质雷达主要利用宽带高频时域电磁脉冲波的反射探测目的体（图五-5），根据公式

$$t=(4z^2+x^2)0.5/v$$

雷达根据测得的雷达波旅行时间，自动求出反射物的深度z和范围（图五-6）。

电磁波的传播取决于物体的电性，物体的电性主要有电导率μ和介电常数ε，前者主要影响电磁波的穿透（探测）深度，在电导率适中的情况下，后者决定电磁波在该物体中的传播速度，因此，所谓电性介面也就是电磁波传播的速度介面。不同的地质体（物体）具有不同的电性，因此，在不同电性的地质体的分界面上，都会产生回波(图五-7)。

地质雷达在勘查中的基本参数描述如下。

1. 电磁脉冲波旅行时

$$t=\sqrt{4z^2+x^2}/v\approx2z/v$$

式中 z——勘查目标体的埋深；

　　　x——发射、接收天线的距离（式中因z>x,故x可忽略）；

　　　v——电磁波在介质中的传播速度。

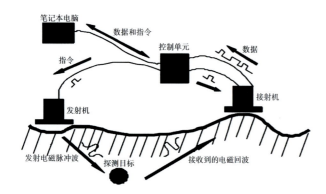

图五-4　地质雷达工作示意图

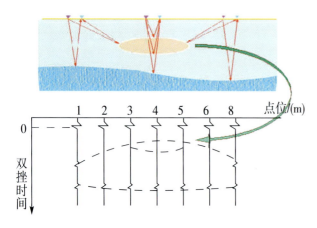

图五-5　地质雷达工作原理

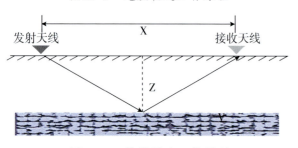

图五-6　地质雷达工作原理

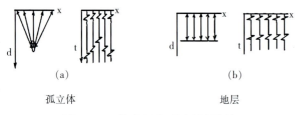

图五-7　基本目标体探测原理

2. 电磁波在介质中的传播速度

$$v=c/\sqrt{\varepsilon_r\mu_r}\approx c/\sqrt{\varepsilon_r}$$

式中 c——电磁波在真空中的传播速度

　　　　（0.29979m/ns）；

　　　 ε_r——介质的相对介电常数；

μ_r——介质的相对磁导率（一般）。

3. 电磁波的反射系数

电磁波在介质传播过程中，当遇到相对介电常数明显变化的地质现象时（表五-4），电磁波将产生反射及透射现象，其反射和透射能量的分配主要与异常变化界面的电磁波反射系数有关：

$$r=\left(\sqrt{\varepsilon_2\mu_2}-\sqrt{\varepsilon_1\mu_1}\right)^2\left(\sqrt{\varepsilon_2\mu_2}+\sqrt{\varepsilon_1\mu_1}\right)^2\approx$$

$$\frac{\left(\sqrt{\varepsilon_2}-\sqrt{\varepsilon_1}\right)^2}{\sqrt{\varepsilon_2}+\sqrt{\varepsilon_1}\right)^2}$$

式中 r——界面电磁波反射系数；

　　　 ε_1——第一层介质的相对介电常数；

　　　 ε_2——第二层介质的相对介电常数。

4. 地质雷达记录时间和勘查深度的关系

$$z=\frac{1}{2}vt=\frac{1}{2}\cdot\frac{c}{\sqrt{\varepsilon r}}\cdot t$$

式中 z——勘查目标体的深度；

　　　 t——雷达记录时间。

三　测线布置与探测方案

（一）测线布置

南旺分水枢纽段的运河河道基本呈西北至东南方向，分水石砌岸与运河平行，小汶河基本沿东南方向流入分水口处，分水龙王庙位于运河西岸石砌岸的中心位置。根据分水枢纽处的河道平面位置分布特点和对此处可能埋藏的古代水利工程的研究基础，认为在河道上布置多条横断面和纵断面，在龙王庙内局部位置多次进行网状探测比较有效，具体布置如探测路线布置图所示（图五-8）。测线1布置在原分水石砌岸上，即运河的西岸，并且尽量向西北延伸，根据实地观察，测线1还穿过若干处出露地表的木桩。测线2布置在运河的东岸，根据实地观察，已经有大量砖堤出露，布置此条线，可以观察运河东堤的埋藏情况，借以研究河道演变。考虑到分水口处可能有古代水利工程和水工文物，在小汶河入口处布置了若干测线（表五-5）。

表五-4　介质的介电常数和波速表

介质	ε_r	v/m·ns^{-1}	介质	ε_r	v/m·ns^{-1}
花岗岩	4	0.15	土壤	4~40	0.05~0.15
安山岩	2	0.21	空气	1	3.3
玄武岩	4	0.15	水	81	0.033
凝灰岩	6	0.12	沥青	3~5	0.13~0.18
沙岩	4	0.15	混凝土	6.4	0.12

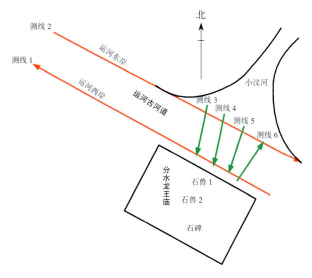

图五-8　探测路线布置图

（二）探测方案

利用探地雷达进行探测时，需要根据实际测量物体进行试测，并配置不同的天线。不同频率天线的测深能力不同，频率越低，探测深度越大，但是分辨率会降低，频率越高，探测深度越浅，但是分辨率会增大。此次研究采用了瑞典 MALA 公司的 ProEx 最新型雷达主机，分别选用了 50 兆、100 兆和 500 兆屏蔽天线。

在运河河道内，选用了 50 兆超强地面耦合天线，探测了测线 1 和测线 2。探测的参数设置为：采样频率 466MHz，样点数 512，时间窗 1098ns，选用点测方式，道间距为 0.5 米（彩图五-12，1）。选用 100 兆屏蔽天线，探测了 3~6 四个测线。探测的参数设置为：采样频率 929MHz，样点数 512，时间窗 551ns，选用点测方式，道间距为 0.5 米（彩图五-12，2）。在龙王庙内，根据对当地村民的咨询和

调查，初步设定了测点位置，对局部地区进行网格探测。选用 500 兆屏蔽天线探测了两尊石镇水兽和一通石碑。探测的参数设置为：采样频率 6796MHz，样点数 520，时间窗 77ns，选用测距轮距离触发方式，道间距为 0.02 米（彩图五-12，3）。

四　数据解释及检测结果

（一）数据解释

探测的雷达图形常以脉冲反射波的波形形式记录，以波形或灰度显示探测雷达剖面图。地质雷达探测资料的解释包括两部分内容：一为数据处理，二为图像解释。由于地下介质相当于一个复杂的滤波器，介质对波的不同程度的吸收以及介质的不均匀性质，使得脉冲到达接收天线时，波幅减小，波形变得与原始发射波形有较大的差异。另外，不同程度的各种随机噪声和干扰，也影响实测数据。因此，必须对接收信号实施适当的处理，以改善资料的信噪比，便于进一步解释提供清晰可变的图像。对于异常的识别应结合已知到未知，从而为识别现场探测中遇到的有限目的体引起的异常以及对各类图像进行解释提供了依据。

图像处理包括消除随机噪声压制干扰，改善背景；进行自动时变增益或控制增益以补偿介质吸收和抑制杂波，进行滤波处理除去高频，突出目的体，降低背景噪声和余振影响。

图像解释是识别异常，这是一个经验积累的过程，一方面基于地质雷达图像的正演结果，另一方面由于工程实践成果获得。只有获得高质量

表五－5　测线经纬度信息表

测线或测点	位　　置	经纬度信息	
		经度	纬度
测线1	运河西岸	116°21.839′E	35°35.317′N
		116°21.841′E	35°35.315′N
		116°21.836′E	35°35.319′N
		116°21.822′E	35°35.324′N
		116°21.800′E	35°35.332′N
		116°21.766′E	35°35.341′N
		116°21.729′E	35°35.353′N
		116°21.673′E	35°35.373′N
		116°21.731′E	35°35.352′N
		116°21.619′E	35°35.399′N
测线2	运河东岸	116°21.613′E	35°35.412′N
		116°21.684′E	35°35.380′N
		116°21.790′E	35°35.347′N
		116°21.825′E	35°35.337′N
		116°21.844′E	35°35.331′N
		116°21.808′E	35°35.334′N
测线3	龙王庙前运河河道横断面	116°21.807′E	35°35.354′N
		116°21.798′E	35°35.334′N
测线4	龙王庙前运河河道横断面	116°21.818′E	35°35.352′N
		116°21.809′E	35°35.329′N
测线5	龙王庙前运河河道横断面	116°21.813′E	35°35.329′N
		116°21.823′E	35°35.347′N
测线6	龙王庙前运河河道横断面	116°21.835′E	35°35.343′N
		116°21.823′E	35°35.323′N
测点1	石镇水兽1	116°21.809′E	35°35.319′N
测点2	石镇水兽2	116°21.815′E	35°35.324′N
测点3	龙王庙内倒塌石碑	116°21.798′E	35°35.302′N

的地质雷达图像并能正确的判别异常才能获得可靠、准确的地质解释结果。

识别干扰波及目标体的地质雷达图像特征是进行地质雷达图像解释的核心内容。地质雷达在地质和地表条件理想的情况下，可得到清晰、易于解释的雷达记录，但在条件较差的情况下，地质雷达在接收有效信号的同时，也不可避免地接收到各种干扰信号。产生干扰信号的原因很多，结构检测常见的干扰有结构内部的电缆、导管、金属物体等以及天线耦合不好的情况，干扰波一般都有特殊形状，易于辨别和确认。

（二）检测结果

1. 用50兆超强地面耦合天线沿运河河道探测

（1）测线1探测剖面

1. 选用 50 兆超强地面耦合天线探测

2. 选用 100 兆屏蔽天线探测

3. 选用 500 兆屏蔽天线探测

彩图五–12　探测方案

从剖面图上可以看出，在 47~62 米处，地下有强烈的反射信号，说明该处地下有埋藏物存在。根据实际研究和现场考察资料推断，此处应该是石砌岸或者防浪墙用的条石。根据对当地实际情况的调研，石砌岸条石已基本被当地村民搬走，用作建筑材料。但从图像看，此处目前应该还有条石存在。

在图像的 350 米处，以及 360~371 米处也有强烈的反射信号，该处地下可能还埋有条石等物体。实际上，此处为运河北岸，从地表可以看到出露的木桩，因此下面可能有条石等埋藏物存在。

从剖面上看不出较大的变化，基本没有埋藏物存在（彩图五–13）。

（2）测线 2 剖面

仍然为 50 兆超强地面耦合天线，该剖面的方向与测线 1 相反，即在北岸河堤地表由西往东进行探测，从图中可以清晰看到，在起始点到 300 米处，地表下约 2 米处有一个明显的层位存在，根据文献资料和现场保存情况，可以判断出它是砖砌河堤。

从 300 米处往东，该层消失。经向当地村民询问，得知该区域原来是石砌河堤，后被挖走，现已无存（彩图五–14，1）。

值得说明的是，这两个剖面如果从雷达探测的角度，应该采用 100 兆或 250 兆屏蔽天线，分辨率将会高很多，但由于河床被扰动得严重不平，无法选用上述天线进行探测。

2. 用 100 兆屏蔽天线探测 3~6 断面

选用 100 兆屏蔽天线探测了 3~6 断面，剖面图分别如下。

（1）测线 3 剖面：测线 3 地表保存状况较好，基本为最初的河床，没有遇到新近开挖的地方等。从剖面的 36 米处到最南端（红框圈定区域）的图像与左边差异较大，原因是该区域为原石砌岸横断面（彩图五–14，2）。

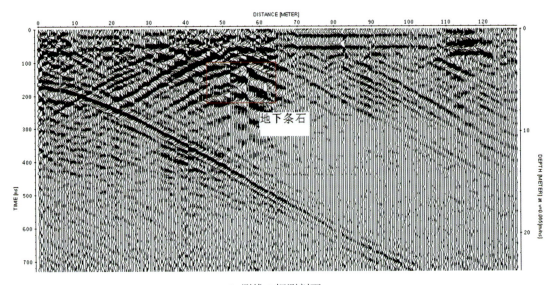

1. 测线 1 探测剖面

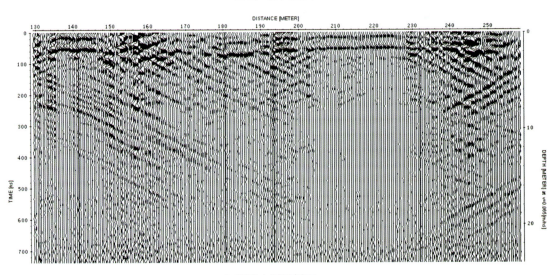

2. 测线 1 探测剖面

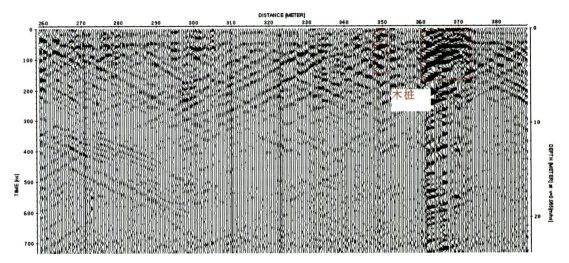

3. 测线 1 探测剖面

彩图五-13　检测结果

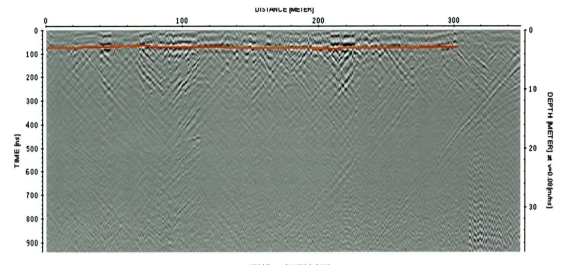

1. 测线 2 探测剖面

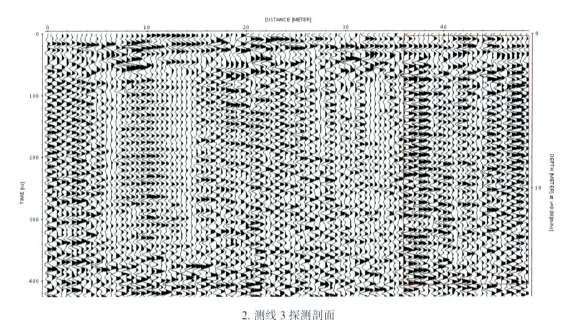

2. 测线 3 探测剖面

彩图五-14 检测结果

（2）测线 4 剖面：该测线地表保存状况较差，并且地下已经被全部挖掘。因此，已经无法分辨石砌岸断面，但可以肯定的是剖面下方已经不存在条石（彩图五-15，1）。

（3）测线 5 剖面：与测线 4 基本相同，地下已经被全部挖掘，因此，无法分辨石砌岸断面。该剖面下方也不存在条石（彩图五-15，2）。

测线 6 与测线 4 和测线 5 基本相同，没有条石存在。

3.选用 500 兆屏蔽天线在龙王庙内进行探测

（1）在龙王庙内寻找石镇水兽一

从雷达剖面图（彩图五-16，1）中可以看出，红框处可能是石镇水兽的位置，蓝框处为地下埋藏的其它物体。

（2）在龙王庙内寻找石镇水兽二

从雷达剖面图（彩图五-15，3）中可以看出，图中红框内可能是石镇水兽埋藏位置。

（3）用 500 兆屏蔽天线在龙王庙内寻找石碑

从雷达剖面图（彩图五-16，2）中可以看出，图中红框区域可能是石碑埋藏位置，蓝框的五个

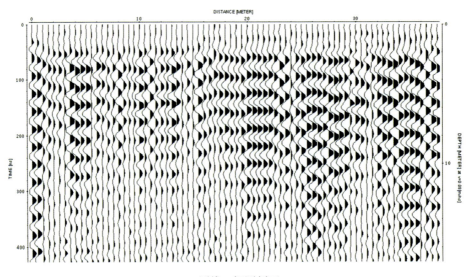

1. 测线 4 探测剖面

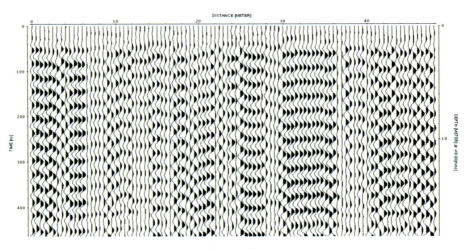

2. 测线 5 探测剖面

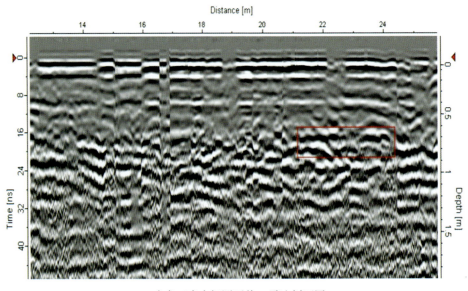

3. 在龙王庙内探测石兽二雷达剖面图

彩图五-15　检测结果

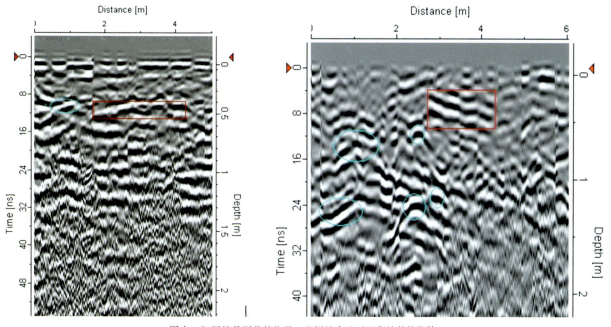

图中，红框处是石兽的位置，蓝框处为地下埋藏的其他物体。

1. 龙王庙内探测石兽一雷达剖面图   2. 在龙王庙内探测石碑雷达剖面图

彩图五-16 检测结果

区域是埋藏的其他物体。

由于龙王庙内地表凹凸不平，给探测和准确定位造成了一定困难。如果需要对龙王庙内地下埋藏物做全面系统的探测，建议将地表基本平整，这样可以用雷达在现场将地下埋藏物准确定位，以方便考古发掘。

五 结论

根据探地雷达在现场做的剖面，可以得出以下结论。

（1）用 50 兆超强地面耦合天线，沿南岸从东向西做的剖面中，除了在 47~62 米处及 350、360~371 米处，地下埋有条石外，其他区域的石桩及条石均已被挖出。

（2）用 50 兆超强地面耦合天线，沿北岸从西向东做的剖面中，前面 350 米处地下有砖砌墙，深度约 2 米；350 米后已经没有砖墙或石墙。

（3）用 100 兆屏蔽天线从运河北岸向南岸做的几条剖面中，第一个剖面中由于地表没有被挖掘，

从图像中可以看出原来挡浪墙和河床的分界面。这几个剖面中均未发现地下埋藏的木桩、条石等。

（4）用 500 兆屏蔽天线在龙王庙院内找到了两尊石镇水兽和一通石碑的位置。如果将院内地面平整好，就可以对地下埋藏物进行准确定位。

第四节 小 结

汲取多学科技术手段应用于考古学研究，是现代考古学的发展趋势。空间信息技术（GPS/GIS/RS）应用于大遗址保护始于上世纪 80 年代。近些年来，随着空间信息技术的不断发展，在大遗址保护应用中日益显现其优势，并更有针对性，技术更加成熟。空间信息技术的应用，可以提高考古学工作效率，获取更多信息，深化研究水平。

本次南旺分水枢纽工程遗址调查、发掘，恰逢科技部、国家文物局启动了国家科技支撑项目"空间信息技术在大遗址保护中的应用研究（以京杭大运河为例）"课题，且将南旺分水枢纽工程遗

址作为空间信息技术在大运河文化遗产调查应用的一个微观面型示范点。因此，在南旺分水枢纽工程遗址调查中应用了遥感技术、精密 GPS 测绘和探地雷达等空间信息技术。

南旺分水枢纽工程遗址分布在近 400 平方千米的范围内，仅凭传统的考古调查，很难在短时间内完成，而且很难覆盖到所有相关遗迹点。通过应用遥感技术基本廓清了该遗址的分布范围、结构布局、保存状况，且较为准确地计算出了南旺湖、蜀山湖、马踏湖三湖的周长和面积。

本次精密 GPS 调查测量主要对南旺分水龙王庙至柳林闸段河道及其河道内木桩、邢通斗门、金口坝、戴村坝、埕城坝、蜀山湖残留湖堤（曹村与苏桥附近）、小汶河以及分水龙王庙古建筑群基址进行了精密测量。通过本次测绘，精确地测出了南旺分水口和戴村坝的高差为 14.666 米，纠正了以往对两者高差不甚准确的传统测量数据和文献记载的谬误。将精密 GPS 设备、GIS 和遥感技术相结合，为南旺段运河资源调查提供了准确的位置信息、微观矢量数据等，建立起了大运河保护规划辅助支持系统（以南旺为例），将南旺发掘区的建筑基址和新发现河道即时矢量化并录入南旺大运河保护规划辅助支持系统中，实现文献管理与南旺分水龙王庙建筑基址的时空展示、属性图像管理和综合建筑物统计查询。

利用探地雷达进行探测的目的主要是寻找已掩埋于地下的南旺分水枢纽及上下游河道的古代水利工程和与之相关的水工文物（如镇水兽）。通过不同区域的测线布设和不同频率天线的选用，分别对运河河堤、木桩和建筑基址及文物的地下埋藏状况有比较明显的探知作用。以上这些探测和分析研究成果，为下一步的南旺分水枢纽工程遗址的保护提供了基础资料。

在南旺分水枢纽工程遗址调查中采用了相关的空间信息技术，解决了传统考古学调查中的不足之处，发挥了其优势。不仅能从运河遗址分布范围宽广的宏观角度提供相应的技术手段，而且从遗迹埋藏布局结构的微观层面提供了参考。相关空间信息技术的应用，扩大了运河遗存研究范围和关注对象，能够解决南旺分水枢纽工程遗址多处遗迹点间的空间关系，为获取更多的科技信息提供了技术支撑，达到时间与空间以及文化遗产与环境问题的有机结合和统一。该项研究为类似的大遗址研究工作提供了技术路线参考。

通过这次南旺分水枢纽遗址的田野考古调查、勘探、发掘工作中与相关空间信息技术的配合和应用实践来看，虽然空间信息技术在大遗址保护中具有一定的优势，但可能因学科的不同，也存在着一些不足之处。例如，本项目中探地雷达对有些地下遗物的准确位置判断有出入；精密 GPS 测量技术对微观细节，诸如房屋基址、灶、灰坑等一些具体遗迹的测量结果并不十分准确，同时也因受到当地植被的影响，从而造成影响精密 GPS 的信号和测量结果。因此，在实际工作中，需要双方在专业技术需求和理解上的紧密沟通、密切配合、相互验证，才能使空间信息技术在田野考古工作中发挥更好的作用。

第六章　汶上南旺大运河保护暨公众考古学实践

第一节　什么是公众考古学

一　国外的公众考古学

"我们已经强调过，整个一部考古学史，就是一个不断拓展研究领域的历史。在这一过程中，新问题的提出和对新的研究方法的获取，较之田野中的考古新发现，更加重要。考古事业的发展与进步，关键取决于我们学会如何提出恰当的问题，并寻求切实有效的方法对这些问题加以解答。"[1] 正如英国著名考古学家科林·伦福儒所言，现代考古学自诞生以来不断提出新问题，在尝试回答和解决问题的过程中获得新方法和新理论，考古学就在这样的提问、回答、再提问的过程中不断发展，保持活力。

自 20 世纪 50~60 年代开始，如何有效地保护考古遗产是考古学面临的新问题和新要求，很多人逐渐意识到只凭考古学家的力量无法保障分布广泛、数量巨大的考古遗址不受盗墓、土地开发等各种形式的破坏，于是他们将目光投向了"最广大的人民群众"。

1972 年，在面对美国大量需要保护的考古遗产受到盗掘、城市建设等种种问题威胁的情况下，美国考古学家、遗址保护专家 Charles R. McGimsey 以急迫的心情撰写出版了一本专著，提出了一套由国家支持的考古遗产保护项目，他将书名定为 *Public Archaeology*，意为公众的考古学或社会大众的考古学，强调考古学不是个人的或某个专业小团体的考古学，而是与普通大众密切相关的，考古遗址中保护也无法依靠个人或者某个专业小团体，公众对考古学的了解和参与对于考古遗产的保护以及考古学自身发展都具有重要意义。该书开篇即写到 "世上没有私人考古一说（There is no such thing as 'private archaeology'）。他还特别提到在写作此书时 "脑海中有两个受众……（一个是）考古行业的同事们……（一个是）数量逐渐增加的立法者们和其他越来越关心保护自己国家考古遗产的市民们"[2]。从这个意义上说，通过依靠社会公众的支持以说服立法者和开发商赞同考古遗址需要保护，并且大多数工作由非考古专业人士承担的美国文化资源管理项目（Cultural Resource Management）就是 "公众考古" [3]。这里的 Public Archaeology 当指公众的、普通大众的考古学，这个词开始在学界内得到认知，并不断扩充其内涵。

另一方面，公众对于考古学的兴趣在电影（如好莱坞的印第安纳琼斯系列电影）、电视（如英国数量众多的历史剧）、新闻报道、流行小说等媒体中保持热情，公众对于考古学者也提出了要求，希望能够更多地了解考古学、分享考古成果。这样的要求在客观上也推动了考古工作者或主动

---

[1] 【英】科林·伦福儒、保罗·巴恩著：《考古学：理论、方法与实践》，文物出版社，2004 年，503 页。
[2] McGimsey, C.R., 1972. *Public Archaeology*. P. XIII. London: Seminar Press.
[3] McGimsey, C.R., 1972. *Public Archaeology*. P. XIII. London: Seminar Press.

或被动地给予回应，特别是在以美国为代表的一些国家，由于考古发掘和研究的经费来源于社会公众，客观上促使这些国家的考古学家积极奔走，通过一切可能的手段让资金的提供者——社会组织和社会公众能够了解、理解甚至喜爱考古，支持他们的工作。最初由古物爱好者和探险者等群体的个人雅趣发展起来的考古学，经过近百年不断的专业化、权威化甚至垄断化，终于在社会公众和考古学自身的双向需求下提出了公众考古学的概念。"我们生活的这个不断变化的世界，参与和开放，本该如此。"① 考古学当然也不能例外，而参与和开放带来的将是学科发展和公众素质提高的互利双赢，特别是"未来的考古学者们将从（对考古学）有兴趣且博学多识的公众那里获益"②。终于，"公众对考古不断增长的兴趣和参与要求使考古学、遗产和公众的关系成为被研究的课题"③。

此外，随着民族独立运动发展、第三世界国家崛起、女权主义运动等更复杂、更微妙的世界大趋势的到来，考古学伦理的、道德的、学术的、政治的甚至经济的问题也被一些考古学者、遗产学者挖掘出来进行探讨和研究，比如美国印第安人、澳大利亚土著人要求研究机构归还其祖先遗骸、遗物，考古研究中对女性问题的忽视甚至压制，考古学是否如某些纯粹论者所言是纯粹的学问而不受政治、经济、意识形态的影响等。这些新视角、新问题扩展了这个词所包含的内容和意义，公众考古学逐渐成为考古学一个新的分支学科，得到了很大发展。

有关公众考古学的讨论成为国际研讨会、学术杂志上常见的话题，比如 2003 年 6 月在华盛顿召开的第五届世界考古大会（World Archaeology Congress），半数以上的议题都与公众考古学相关；有的考古学者还创办了国际性的学术季刊《公众考古学》（Public Archaeology），提供一个专门探讨公众考古学的平台。可以说，公众考古学已经逐渐成为考古学新的分支，英国、美国等国家和地区的一些大学在考古院系或遗产管理院系已经开设了公众考古学课程，甚至设立公众考古学硕士学位，开始"从理论和实践两方面探讨公众和考古学的关系"④。

如果说"公众考古学关心一切能够或者可能与公众彼此影响的各个领域的考古活动"⑤，这样包含一切、过于笼统含糊的定义不能令人满意，那么《Public Archaeology》杂志主编 Ascherson 先生在杂志开篇的话中应该给出了更好的对于公众考古学的概括。他说："《Public Archaeology》是一本新的国际杂志，其目的是分析和报道与政治、种族、政府、社会问题、教育、管理、经济和哲学等更广阔世界相关联的考古学和遗产问题。杂志涉及的话题包括以下方向。考古政治：国际、国家和地区；教育和考古学；政治和考古学；考古学和古董市场；种族关系和考古学；公众参与考古；考古学和法律；考古学的经济问题；文化旅游和考古学。"⑥

由此，什么是公众考古学可见一斑。

在理论探讨的同时，各个国家的考古工作者、考古教育者还广泛尝试公众性的考古活动，采用多种多样的方式力图拉近专业考古学与普通大众的距离。比如在考古发掘现场及时张贴发掘成果信息（彩图六-1，1），考古工地有比较重要的发现时登报公布并举行发掘情况说明会，邀请当地群众到考古工地参观，举办大规模"考古日"活

① T. Schadla-Hall, Editorial: Public Archaeology, in European Journal of Archaeology Vol.2.2, Saga Publications 1999.

② B. Cunliffe, Introduction: *The Public Face of the Past*, in *Antiquities and Man: Essays in Honour of Glyn Daniel*, Thames and Hudson Ltd. 1981.

③ N. Merriman, Introduction: *Diversity and Dissonance in Public Archaeology*, in Nick Merriman （Ed）Public Archaeology Routedge Press 2004.

④ T. Schadla-Hall, *Overview of the Course*, in Public Archaeology Course Handbook 2005-2006.

⑤ T. Schadla-Hall, Editorial: Public Archaeology, in European Journal of Archaeology Vol.2.2, Saga Publications 1999.

⑥ N. Ascherson, Editorial, in Public Archaeology Vol.1, James & James （Science Publishers）Ltd 2000.

1. 考古工地海报内容（英国伦敦）　　　　　　　2. 学生模拟考古活动（英国）

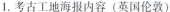

彩图六-1　英国公众考古

动，成立考古学爱好者的社会组织，出版科普性的考古学刊物，举办有关考古发掘和研究的科普性讲座、通过模拟考古让学生亲自参加考古发掘（彩图六-1，2），组织儿童参与出土文物整理等。这些公众性、社会性、公益性的活动吸引了大量兴趣盎然、具有不同年龄、具有不同文化背景的参与者，既是公众考古理念的实践，又为有关公众考古理论的探讨和研究提供了案例支持。

二　公众考古学在中国

改革开放之后，随着国门打开和学术的相对自由，西方考古学的发展再一次吸引了国人的眼光，与众多对于国内学者来说较为新颖的考古学概念一道，Public Archaeology 译作"公众考古学"被引入国内，并开始了其在国内的发展。从 20 世纪 80、90 年代开始，部分文物考古工作者通过撰写、翻译文章向国内学界介绍国际上热门的公众考古学理论，描述很多吸引人的国外公众考古案例，并发出了"中国亟需构建公众考古学"的呼声①。随之，此话题得到了公众、媒体和社会的广泛关注，《读书》杂志两次组织关于"考古学与当代人文知识"问题的专题座谈，邀请了相关专

① 相关文章见：

曹兵武：《考古学的形式——美国考古中心访问印象》，载曹兵武著《考古与文化》，文物出版社，1999 年。

曹兵武：《低头看地与抬头看天——关于考古科普的一点感想》，载中国文物报社编《大考古》，济南出版社，2004 年。

曹兵武：《考古学——追寻人类遗失的过去》，学苑出版社，2004 年。

曹兵武：《考古发掘与考古发现》，载《江汉考古》2004 年 1 期。

曹兵武：《考古学与公众》，载《中华读书报》2003 年 9 月 3 日。

陈洪波：《考古学和公众的距离到底有多远——关于公众考古学的思考》，载《中国文物报》2005 年 8 月 12 日。

崔玉范：《美国的公众考古教育——实现文化遗产保护目的的一个途径》，载《南京社会科学》2007 年 8 期。

戴劲松、李延丽：《考古成果怎样走出深闺》，载《市场报》2003 年 1 月 21 日。

郭立新、魏敏：《初论公众考古学》，载《东南文化》2006 年 4 期。

李春华：《博物馆与公众考古学》，载《中国文物报》2005 年 8 月 12 日。

莫慧旋：《发挥考古遗址博物馆的优势，拉近考古学与公众的距离》，载《中国文物报》2006 年 11 月 24 日。

周毅：《考古与公众——李学勤先生答记者问》，载《文汇报》2000 年 10 月 6 日。

《考古图书：持续刺激公众想象力》，载《文汇报》2000 年 10 月 6 日。

曹兵武：《考古学与公众知识的契合点》，载《中华读书报》2003 年 9 月 3 日。

曹兵武：《中国亟须建构"公众考古学"》，载《中华读书报》2003 年 9 月 3 日。

家学者参与讨论；2002 年，在杭州召开的"全国十大考古新发现颁证与学术研讨会"上，第一次将"考古学与公众——考古知识的普及问题"作为会议的主题；2003 年 3 月，北京大学中国考古学研究中心、科学出版社等单位联合举办"新世纪中国考古学传播学术研讨会"，探讨关于考古学科普和知识传播的问题。一些科研院校和机构也成立了专门的公众考古部门或机构，比如北京大学考古文博学院设立了北京大学公众考古与艺术中心，中国社会科学院考古研究所成立了公共考古中心。理论探讨的同时，很多活动实际上已经贯彻了公众考古理念，从不同的途径和角度加强公众和考古学的沟通。考古学者编写科普文章、图书，考古发掘邀请大众媒体适当报道，考古学者配合拍摄《探索发现》、《考古中国》等考古类电视节目，历史、考古类博物馆加强与观众的互动，建设考古遗址公园向公众开放等。

然而，虽然国家文物局在 2007 年的"文化遗产日"向社会公布今后将适当向公众开放有条件的考古工地，却鲜有考古工作者对正在发掘的考古项目主动策划、组织有系统的公众参与活动，特别是针对青少年学生的教育活动，可以说这个领域仍是我国公众考古学理论研究和实践的薄弱环节。这种状况既不利于社会公众对考古学以及考古工作的理解，也不利于文化遗产的保护，亟需一次新的尝试和探索。

第二节　汶上南旺大运河保护暨公众考古学实践报告

鉴于我国公众考古学在考古发掘现场缺少实践的情况，南旺考古队决定在京杭大运河南旺发掘工地开展一次公众参与考古的活动。在国家科技支撑计划课题"空间信息技术在大遗址保护中的应用研究——以京杭大运河为例"及山东省各级地方政府的大力支持下，山东省文物考古研究所、中国文化遗产研究院联合策划、组织了题为"汶上南旺大运河保护暨公众考古学实践"活动，该活动从 2008 年 5 月 7 日开始，至 5 月 12 日结束，历时 6 天。

在考古发掘工地现场，由考古工作者主动构思、精心策划的公众考古活动在我国还处于摸索阶段，没有现成的经验可供参考。因此，此次活动是带有实验性的探索。希望通过我们的实验和报告，引起更多的人重视公众考古相关问题的探讨，重视公众考古在考古学发展和文化遗产保护中的重要作用。

一　活动准备

活动开展前，进行了前期调研、活动策划、人员培训、场地布置等前期准备工作。

（一）前期调研

在活动开展之前，考古队特别安排遗址管理公众考古的专业人员，集中考察遗址状况，并与地方政府、学校、当地村民等进行沟通、协调，重点落实了经费来源、活动场地、工作人员、活动参与者等基本问题，让"汶上南旺大运河保护暨公众考古学实践"活动的开展有了可操作性。

1. 活动场地

现场调查时，南旺分水龙王庙建筑群基址及运河河道的发掘已经取得重要进展。分水龙王庙建筑群已经基本清理出东、中、西三路相互独立又有机连通的建筑基址，并出土了大量瓷器、铜钱、碑刻等重要实物资料，发掘者对分水龙王庙的空间布局、时代变迁等重要问题已形成阶段性观点。运河河道也已揭露出一段保存状况良好的堤岸遗迹，砌筑堤岸砖上还有铭文，较具观赏性，能够激发公众参观和了解的兴趣。此外，与遗迹复杂、可读性较差的史前时期土遗址以及需要向地下深挖的古代墓葬遗迹相比，南旺运河分水枢纽及分水龙王庙时代较晚，文化层堆积较浅，危险性较小；而且遗址多为砖石结构，出土遗物也多有碑刻、砖石瓦片等，可读性较强且组织人数较多的现场参观也不会对文物造成太大危害。同时，龙王大殿遗址南侧有一处空地，平时多有当地村民聚集在这里，是很好的布展、活动场地。

2. 工作人员

此次发掘获得国家科技支撑计划项目"空间信息技术在大遗址保护中的应用研究——以京杭大运河为例"的支持，由山东省文物考古研究所、中国文化遗产研究院联合进行，并与清华大学、中国科学院遥感所、中国水利水电科学研究院、国家博物馆等多家单位进行了良好的合作，有十几名各个专业的工作人员常驻工地。当地政府、汶上县文物局等也给予大力支持，派来包括 3 名专业讲解员在内的多位工作人员协助工作，并配备了专业的便携式讲解扩音器。因此，无论从人员数量、专业构成还是技术、设备等都比较充分，能够支持活动的开展。

3. 活动参加者

分水龙王庙位于人口密集的镇政府驻地，自发掘伊始，考古工地周围每天都聚集有不少充满好奇的当地村民。此外，南旺镇上有中学、小学 3 所，学生人数达千人，通过与学校领导、老师的沟通，每天参加活动的班级和人数得到确认。这些都保证了在南旺开展公众考古活动会有相当数量的参与者，完全不用担心活动期间现场无人参与的尴尬。

总之，无论从遗址本身、活动参加者的安全性，还是从可欣赏性、空间场地、活动参加者等角度考虑，南旺分水枢纽及龙王庙建筑群遗址都比较适宜进行人数较多的现场活动。

（二）活动策划

鉴于工地条件、资金数量等客观情况，此次活动设计了三个环节。一是在龙王庙发掘工地边缘设立宣传展板，讲解员配合详细讲解，并发放宣传单页；二是组织群众走进发掘工地参观包括分水龙王庙古建筑群和北侧古运河北岸护堤两处遗址；三是向群众征集文物和文物线索。三个环节各自独立又互相联系和支撑，全部面向当地群众，鼓励群众自由参与，并特别组织南旺第一中学的学生参加。

1. 展板和单页宣传

旨在用简单、直观的方式向公众传达最多的信息。

编写和制作宣传展板 12 块，在南旺分水龙王庙考古工地南侧沿探方边缘顺序放置，并配有 4 名讲解员。这样，一方面给群众提供可看可读可讨论的内容，让群众可以聚集在此围绕大运河、南旺等内容开展自发的讨论，了解一些故事的老人能够给其他人讲述，给当地村民一个交流的平台；另外，客观上展板的设置对发掘工地起到围栏作用，可以阻挡私自进入工地参观的行为，有利于保障考古工地的有序和安全。

展板内容主要分为三个部分，首先是"大运河和南旺的故事"，简要介绍了京杭大运河历史、南旺镇在运河沿线的特殊地位以及有关南旺分水枢纽和分水龙王庙的历史知识、典故，旨在让当地人更好的了解家乡与运河有关的历史；第二部分是"考古学家和考古学"，用比较通俗、风趣的语言介绍考古学基本理论，设计这个部分主要为了向群众宣传科学的考古发掘与盗墓等行为是根本不同的，考古学是一门科学这两个要点；第三部分是"保护我们的大运河"，这部分通过介绍龙王庙古建筑群从县文物保护单位到全国重点文物保护单位的过程以及《中华人民共和国文物保护法》和大运河整体申报世界文化遗产的情况，教育感召当地群众自觉承担保护文物的责任和义务，自发主动地保护大运河遗产。三个部分的设计既独立成章，又彼此联系，按照逻辑顺序排列。

此外，由于展板空间有限，不能使用大量文字，于是又设计制作了与展板内容相结合但内容更为丰富详细的宣传单页与之配合，在活动现场免费发送（宣传单页内容见文本举例之例一）。

2. 考古现场参观活动

本活动旨在让公众亲自走进考古工地，与正在进行考古发掘的考古工作者面对面交流，使公众能直观、真实、生动地了解考古学、了解田野考古的基本方法，通过观看真实的考古发掘过程，区别科学发掘与盗墓等不法行为的本质区别，从而达到考古学科普和文物保护教育的目的。

根据南旺考古工地现有的发掘成果和工地目前的进展情况，充分考虑遗址的可参观性，设计考古工地现场参观路线。根据工地现场参观宣传展板群众人数情况，临时调度组织，一般以 10~15 人为一组，在引导讲解员的带领下进入工地，按照设计安排好的路线参观发掘工地，引导讲解员随时给予讲解。在实际活动进行中，这个环节要灵活应变，既保证参观群众和文物的安全，还不能影响考古工地的正常工作和工地秩序。

3. 运河文物线索征集活动

本活动旨在配合第三次文物普查工作，通过文物保护的宣传教育，提高群众觉悟，激发群众捐赠运河文物、保护家乡文物的热情。

在宣传展板旁边安置文物线索征集现场办公桌，由地方政府安排工作人员现场办公，向群众发放"汶上县文物保护联系卡"，欢迎群众随时捐赠与运河相关的砖、瓦、石条、碑刻等文物或者提供相关文物线索（联系卡内容见文本举例之例二）。

活动全部结束后，以地方政府名义，在镇上张贴红榜表彰归还运河文物积极分子，在全镇形成"爱运河、爱文物"的良好风气。

4. 活动效果分析

对于一次实验来说，重要的是分析效果、获得相关结论。为了能够客观地分析此次活动的效果，我们策划通过焦点群体访谈法（Focus Group Interview）与问卷调查（Survey Questionnaire）相结合的方法[①]，并在活动开始即做了相应安排。

第一步，根据本次活动的目的、特别是宣传教育的主要知识点，设计焦点群体访谈内容和调查问卷。

第二步，挑选 8 名学生进行焦点群体访谈，学生们在工作人员的引导之下自由讨论本次活动的知识点，并完成调查问卷。通过学生们的谈话和问卷反馈，了解学生对于主要知识点的认知水平情况。

第三步，根据焦点群体访谈的结果，对调查问卷进行调整。修正由于问卷设计的问题造成学生对题目误解的细节，学生们普遍熟知的问题予以取消等。并将问卷发展为 A、B 两份，有关知识点的问题和答案在两份问卷中完全一致，而收集主观观点的开放性问题相应改变（调查问卷 A、B 内容见文本举例之例三、例四）。

第四步，选取三个班的学生作为问卷调查对象，在其参加活动前发放调查问卷 A。

第五步，学生参加活动，在活动中接触到所有知识点。

---

①　"焦点群体访谈"（Focus Group Interviewing）即通常所谓的"焦点群体研究"。这种方法采用小组座谈的形式，围绕中心议题进行讨论，常常用来测试需要调查的问题，确定具体的调查内容应该是什么，作为先期研究，是产生大规模调查所用问卷的基础。

第六步，同样的三个班学生在参加完活动后完成调查问卷 B。

第七步，整理两套问卷数据，获得反馈信息。

（三）人员培训

由于大部分考古工作者、特别是田野考古工作者没有组织、参加此类活动的经验，而且本次活动强调考古人员按照平时的程序正常工作，群众来到现场能够看到遗址、文物以及真实的考古工作情况，因此对于考古工作人员的简单培训是必要的。在工地领队佟佩华的支持下，活动前召开了全体工作人员会议，详细宣讲此次活动的目的、意义以及具体策划，并安排考古人员与专业讲解员相互配合、互动，给参加活动的群众、特别是青少年学生讲授考古学基础知识及基本田野考古操作规程，以增加现场参观活动的知识性和趣味性。

由于地方文物局派来的讲解员没有接受过专业的考古培训，对于活动中涉及的知识点了解较少，在活动开始前对他们的培训是一项重要工作，包括熟悉宣传展板内容、了解遗址、学习一些简单的考古学基础知识、了解如何与参加活动者互动、如何根据参加活动者的反映灵活调整讲解内容等细节问题。

（四）场地布置

合理的场地布置不但能够为活动提供支持，有助于活动目的的实现，也能在现场制造很好的活动氛围。本次活动设有三处场地，一处是龙王庙建筑群遗址的南侧空地，一处是龙王庙建筑群发掘工地，另一处是运河河道发掘工地。为保证场地布置具有合理性和有序性，首先在龙王庙建筑群遗址南侧空地利用脚手架将设计、制作好的 12 块展板进行悬挂展示，并在展板上部半米处悬挂题有"汶上南旺大运河保护暨公众考古学实践"的横幅，作为利用宣传展板重点讲解的区域，也是活动参加人员进入考古工

1. 龙王大殿东南侧宣传展板和活动横幅

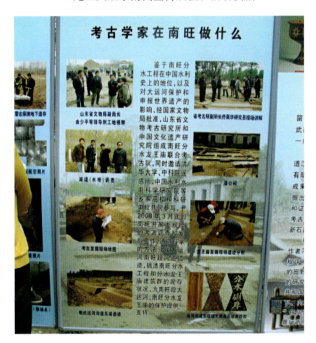

2. 宣传展板

彩图六-2　南旺公众考古现场

地的入口（彩图六-2）。根据工地实际情况，考古队还利用细竹竿、塑料绳在探方隔梁上规定出参观路线，既保障遗址、文物和参观者的安全，也有利于规范活动参与者更好地遵守考古工地的秩序。

二　活动效果

（一）直观效果

活动一开始就受到当地群众的热烈欢迎，12 块展板前一直聚集大量人群。他们认真阅读，彼此间还热烈讨论，不识字的人就一直跟着讲解员听（彩图六-3，1、2）。有位老人为了能一直保存

这些信息，把展板上的内容一字不差地抄录下来（彩图六-2，3）。在了解了考古工作的性质、目的后，一些年长的村民特地到工地向考古人员提供与大运河和南旺分水枢纽相关的发掘线索，还送来了铜扣、琉璃建筑构件等文物，表达了希望将龙王庙保护好的愿望。最让工作人员感动的是，一位住在龙王庙古建筑群附近的村民，根据自己的回忆和家中一本《南旺地方志》记载的内容，将与南旺分水枢纽工程有关的重要信息用铅笔认真地抄录在纸上，送到活动现场，希望能为讲解员提供更多有用信息。考古现场举办公众参与活动的消息传得很快，周边村镇的村民也闻讯赶来。汶上县第四高中30多名学生在老师带领下利用周日休息时间自发来到发掘工地，积极要求参加活动。在活动期间，考古队先后组织、接待了500多名师生到工地现场参观、学习，反响强烈（彩图六-3，4；彩图六-4）。此外，周边几个学校语文考试的作文题目在那段时间也多与大运河有关。我们认识到，当地人对自己家乡的历史怀有天然的关心，而一旦提供了这样一个彼此交流的平台和机会，这种感情将会得到加倍的释放，他们将自发参与对家乡历史文化遗产的保护，"文化遗产人人保护，保护成果人人共享"，这将是文化遗产保护和利用的最理想模式。

（二）数据分析

调查问卷A、B各收得有效卷87份，根据两份问卷答案的统计和对比（如表六-1），能够看出只有A卷第4题（即B卷第2题）、A卷第5题（即B卷第3题）的答案正确率下降，A卷第14题（即B卷第10题）的答案正确率一致，其余13道问题的答案正确数量都明显增加，参加活动后学生回答问题的正确率明显提高。通过参加活动他们更多地了解了关于南旺大运河知识、考古学基础知识和文化遗产保护常识，学生们关于开放性问答题的回答也反映

1. 群众积极参与活动

2. 群众积极参与活动及讲解

3. 群众积极参与活动

4. 学生参加活动

彩图六-3 南旺公众考古现场

彩图六-4　公众考古活动后学生与工作人员合影

了他们对于考古学、考古发掘、公众参与考古等问题的看法，值得我们反思（具体内容见文本举例之例五）。

三　活动总结

（一）开展此类活动需要坚持的原则

文物保护永远是第一要义，同时人员安全也坚决不能忽视。开展公众考古活动的最终目的是让更多的社会大众提高文化遗产保护意识，能够更好的承担起文物保护的责任，如果在活动过程中发生破坏文物的事情则与初衷背道而驰。因此，活动策划前必须进行周密全面的前期调研。要全面、深入调查了解遗址情况，明确遗址的性

质和参观承载量、可能存在的安全问题、参观路线（可控性和可欣赏性）等基本问题。同时，在考虑遗址本身安全的同时，在活动策划中还要考虑好应对措施以保证参观者在遗址上的人身安全，活动现场要及时提醒、教育公众注意自我保护，既保证活动效果，又可减少不必要的纠纷和麻烦。

（二）筹备此类活动应该注意的问题

活动策划是保证活动完整、科学、顺利、有效的前提，没有好的前期策划很难有成功的公众活动。在策划考古发掘现场公众考古活动时需要注意以下问题。

第一，要有鲜明的目的性。考古发掘现场公

表六-1　两份答卷问案的统计和对比

	南旺大运河知识								考古学基础知识					文化遗产保护常识		
A卷题号	3	4	5	6	7	8	9	10	13	14	15	16	17	18	19	20
B卷题号	1	2	3	4	5	6	7	8	9	10	11	12	13	14	15	16
A卷正确数	22	83	74	37	25	33	51	12	12	37	80	24	74	83	17	52
B卷正确数	36	82	69	66	52	76	74	54	29	37	87	72	85	85	53	82

众考古活动的目的必须明确，是在分析整理考古发掘、遗址保护面临"问题"的基础上形成的具体、有针对性的一系列想法、观点、事实。这些"问题"或误解举其要者有：考古就是挖宝、干考古的一定会鉴定文物、考古研究和文物保护徒费钱财跟现代生活无关、我挖到的东西（文物）归我所有、考古发掘工地可以随意踩踏等等。这些问题反映了公众对考古学和考古工作者的误解。因此，在活动的具体过程中，在恰当的环节采取适当的手段予以讲解、澄清是必不可少的。当然，不同的遗址现场会有不同的具体情况，这就要具体问题具体分析，但不管怎样在设计活动环节、组织活动形式、商定文字内容等细节时必须紧扣活动目的。

第二，要注意策划的整体性。一场活动一般由多个部分组成，这些环节彼此独立又相互联系。策划时要将活动作为一个整体全盘考虑，特别注意不同环节之间的衔接问题及细节问题，如场地工作人员形象的塑造、针对不同人群讲解内容、讲解节奏的调整、场地环境的布置等等，以活动气氛自始至终连贯顺畅、公众参与投入认真为最好的活动效果。在策划南旺公众考古活动时，就考虑到统一的工作人员服装会给人专业、统一的感觉，特别设计了工作服加强活动效果。

第三，要注重活动形式及其效果。考古现场公众考古活动可采用的形式很多，然而选择何种形式，追求何种效果，关键在于策划中对于细节的考虑和把握。以邀请公众亲自参与发掘为例，这种形式在其他国家应用很广泛，一般可分为两种不同形式，一种让公众真正与考古工作者一起发掘真正的即将需要发掘的遗址，在美国、英国等国家考古发掘有很成熟的志愿者机制，就是此种方式的体现。另一种一般称作模拟考古，即设置假的发掘场地，提前将"文物"埋入场地中，让公众、特别是孩子体验发掘并找到东西的乐趣，国外很多博物馆、遗址公园都设置有这样的游戏设施。在国内，北京大葆台汉墓博物馆较早采用模拟考古的活动形式，田螺山遗址博物馆也曾进行相同的尝试。对于模拟考古的评价褒贬不一，赞同者多认为它能够通过让公众特别是青少年体验考古发掘的乐趣以调动他们对考古的兴趣，抵触者多担心这样种形式满足了公众的好奇心却误导他们以为考古即挖宝。这两种观点都有合理性，因此活动策划时就要从不同角度全面分析其优势和缺点，并针对缺点设计整套补充措施，在活动过程中真正做到寓教于乐。这对现场工作人员的要求很高，活动前需要进行有针对性的培训。

（三）关于展板的内容和形式

宣传展板是最便捷、最常见的信息发布方式。在考古发掘现场，根据实际情况，一张海报、一块小黑板甚至一张 A4 打印纸都可以作为宣传展板使用。首先，展板的内容要与活动目的相对应。第二，毕竟展板空间有限，其内容要紧扣知识点，努力利用有限的空间传递尽量多的信息。第三，设计制作展板一定要注意图文并茂，做到内容精准且简单易懂。第四，展板的设计要与工作人员的讲解紧密结合。最重要的，要将展板图文内容合理的组织在一个逻辑框架内，既不能照本宣科密密麻麻的罗列一大堆文字，也不能过于花哨，展板内容应该按照一定的规则、要求、顺序有效关联起来，从而向公众传递一套有逻辑、有秩序的信息。

四　文本举例

在筹备此次公众考古活动的过程中，我们配合使用了一些表格、问卷等材料，收到了较好的效果。现举例如下。

例一　宣传小手册

京杭大运河和南旺的故事

京杭大运河是世界上跨度最长、历史最悠久的人工水道，北起北京、南到杭州，贯通北京、天津、河北、山东、江苏、浙江、河南、安徽等八省、市。它曾经在我国历史上扮演非常重要的角色，是连接我国政治、经济中心的主要通道，是南北经济、文化交流的大动脉，为维系国家稳定、政治统一发挥了巨大作用。

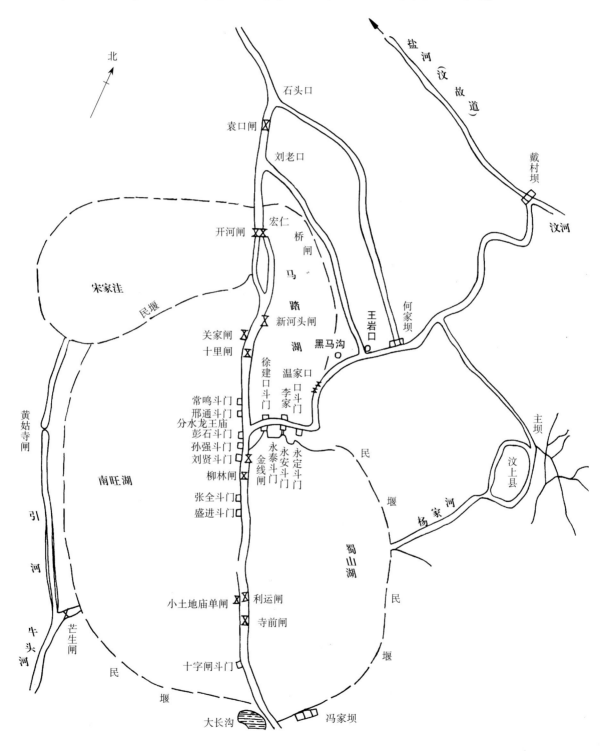

宣传小手册上南旺分水枢纽工程示意图

如果京杭大运河与长城并称我国最伟大的两项工程，那么位于山东省济宁市汶上县南旺镇的南旺分水枢纽就是京杭大运河水利工程体系中最耀眼的一颗明珠，是运河全线科技含量最高的工程，可以和四川的都江堰媲美。由于南旺在大运河全程中地势最高，是运河的"水脊"之地，造成河道常断流无水，船只也因此搁浅，影响南北漕运。明代永乐皇帝任命工部尚书宋礼负责治理运河，在汶上老河工白英的协助下，修建南旺分水枢纽系统工程。

通过勘察，他们发现只有汶上县北部大汶河的坎河口比南旺高三百多尺，就在坎河口东平戴村修建戴村坝，截流大汶河水，并疏通大汶河的下游支流小汶河，使河水经小汶河在南旺汇入运河，又在汶水入运河处南岸修建分水石矶岸，让水自然南北分流。

在运河主河道上修建多处水闸、斗门来控制水位。南旺以北17座，以十里闸最为著名；南旺以南21座，以柳林闸最为著名。

利用运河两侧南旺湖、蜀山湖、马踏湖等作为"水柜"，为大运河蓄水，丰水季节把水储存在水柜中，枯水季节就开闸向大运河补充水流。

此外，还在汶上县东北寻找多处泉眼，将泉水汇流入运河，以补充水源，留下了白英点泉的传说故事。通过上面一系列工程，科学地解决运河断水难题，保障明、清两代500多年运河南北畅通，漕运繁荣。

分水工程修好后，永乐皇帝又下令在汶水入运河处石矶岸南侧修建分水龙王庙，经过明、清多次扩建逐渐形成规模宏大、雄伟壮观的南旺分水龙王庙建筑群。东西长约250、南北约220米，占地5万多平方米。主体建筑是龙王大殿，另有禹王殿、水明楼、宋公祠、白公祠等，院落错综、碑碣林立、布局协调。但因年久失修、人为破坏，目前仅存宋公祠、禹王殿等，但也已失去原貌，

亟待保护。

鉴于其突出价值，国家文物局单霁翔局长两次到南旺考察，特别批示将南旺分水龙王庙建筑群纳入国家文物局"十一五"期间重点抢救保护工程之一。省、市、县、镇各级政府也将保护运河遗产纳入工作重点。在山东省文化厅、文物局的组织、协调下，山东省文物考古研究所、中国文化遗产研究院组成联合考古队，会同清华大学、中国社会科学院遥感所、中国水利水电科学研究院等多家科研单位到南旺开展运河遗迹考古工作。

那什么是考古呢？

为什么我们会知道很久以前发生的事情？我们如何知道汉朝人穿什么衣服，唐朝人住什么房子？一是因为有明确的文字记载；二就是因为有考古学上的发现和研究成果。简单来说，考古学是通过调查、发掘古代人类活动遗留下来的各种遗迹、遗物来研究人类过往社会的一门科学。

人类的各种活动痕迹在经历了岁月沧桑后往往都掩埋于地下，成为历史遗存。考古学家们利用科学手段和方法把这些记录大量历史信息的遗迹、遗物发掘出来，通过科学研究分析，能为我们回答上面的问题提供参考和证据。特别是没有文字记载的历史，几乎完全依靠考古学发现、复原。于是我们知道人类还走过旧石器时代和新石器时代……

《中华人民共和国文物保护法》规定："中华人民共和国境内地下、内水和领海中遗存的一切文物，属于国家所有。"只有经过国家文物局批准许可，由具备资格的考古学家采用科学的田野调查和发掘方法才能开展考古发掘工作。任何滥挖和盗墓都是对文物的破坏，是违法犯罪行为。

保护文物，保护大运河

京杭大运河已经被国务院评为全国重点文物保护单位，大运河申报世界文化遗产的工作也已经全面展开。考古学家们来到南旺，就是要利用

各种高科技的设备和手段，科学地调查和发掘南旺段运河河道、南旺分水枢纽工程和分水龙王庙建筑群的情况，为进一步保护这些宝贵的运河遗产提供科学、可靠的依据。京杭大运河是中华民族的骄傲，保护运河文物是每个人的责任和义务。在大家的共同努力下，南旺将成为运河沿线最吸引人的亮点。

保护大运河，人人都有责。运河保护好，代代受恩泽！

例二　汶上文物保护联系卡

汶上县文物保护联系卡

亲爱的朋友：

您好！我们山东汶上历史悠久、文化丰富，保留有大量历史文物古迹，如宝相寺、鲁九公墓、蚩尤冢、南旺分水龙王庙等都是汶上人的骄傲，我们每个人都有责任保护好这些文化遗产。目前，第三次全国文物普查工作已经开始，为了调查清楚汶上文物分布情况，为进一步保护提供依据，希望大家积极参与文物保护工作。如果您想捐献文物或您想了解一些文物线索，请及时与我们联系，为汶上文物保护作出自己的贡献。感谢您的支持和参与！

汶上县文物管理局

地址：汶上县尚书路隔首东 100 米汶上县文物管理局

电话：7223507

保护文物，人人有责！

例三　调查问卷 A 卷

同学们：

你们好！我是大运河南旺考古队的工作人员，我们正在南旺对大运河古河道、南旺分水枢纽工程和分水龙王庙古建筑群进行考古调查和发掘。在学校的支持下，将组织大家到分水龙王庙古建筑群考古发掘现场参观，了解大运河和南旺、了解考古学。活动开始前，先请大家完成这份不记名调查问卷，在每个你认为是正确答案的字母上打勾，标注"可多选"的题目为多选题，其余为单选题。

感谢大家支持，我们龙王庙考古工地见。

学校：　　　　　班级：
年龄：　　　　　性别：

1. 你听说过大运河或京杭大运河吗？
A. 听说过　　　　　B. 没有听说过

2. 如果你听说过大运河或京杭大运河，你通过什么途径听说的？（可多选）
A. 老师上课讲　　　　B. 看电视
C. 听家里大人说　　　D. 看书
E. 上网

3. 京杭大运河是或者曾经是：（可多选）
A. 人工修凿的水道
B. 世界上跨度最长、历史最悠久的运河
C. 我国南北经济、文化交流的大动脉
D. 我国南北货物运输的重要航道

4. 什么时候开通了以洛阳为中心，北到北京、南到杭州的大运河？
A. 唐代　　B. 汉代　　C. 元代　　D. 隋代

5. 大运河全线连通了哪五大水系？
A. 海河、黄河、淮河、长江、钱塘江
B. 海河、黄河、淮河、长江、松花江
C. 辽河、黄河、珠江、长江、钱塘江
D. 辽河、黄河、淮河、珠江、钱塘江

6. 京杭大运河全线的制高点是在：
A. 北京通县　　　　　B. 浙江杭州
C. 山东南旺　　　　　D. 江苏南京

7. 南旺分水枢纽工程是在哪个朝代，哪个皇帝执政时期修建的？

　　A. 明朝，洪武　　　　　B. 明朝，永乐

　　C. 清朝，康熙　　　　　D. 清朝，乾隆

8. 负责设计、修建南旺分水枢纽工程，从而使大运河贯通的是：

　　A. 宋礼和白英　　　　　B. 宋礼和大和尚

　　C. 白英和大和尚　　　　D. 白英和潘叔正

9. 古代的治河专家们通过引哪条河的水在南旺汇入运河，从而使运河南北贯通？

　　A. 汶河　　　　　　　　B. 大渡河

　　C. 汴水　　　　　　　　D. 潮白河

10. 分水龙王庙古建筑群中，下列哪个建筑保留至今？

　　A. 白公祠　　　　　　　B. 水明楼

　　C. 龙王大殿　　　　　　D. 禹王殿

11. 你听说过考古学吗？

　　A. 听说过　　　　　　　B. 没有听说过

12. 如果你听说过考古学，你是通过什么途径？（可多选）

　　A. 老师上课讲　　　　　B. 看电视

　　C. 听家里大人说　　　　D. 看书

　　E. 上网

13. 考古学是什么：（可多选）

　　A. 一门科学

　　B. 以古代人类活动遗留下来的各种遗迹、遗物为研究对象

　　C. 以研究人类社会为目的

　　D. 一门可以发现和复原历史的学问

14. 通过考古发掘和研究，我们能：（可多选）

　　A. 发现很多地下埋藏的文物

　　B. 发现和复原历史

　　C. 研究古代社会

　　D. 寻找人类起源

15. 考古发掘和挖宝、盗墓一样吗？

　　A. 一样　　　　　　　　B. 不一样

16. 中华人民共和国境内地下、内水和领海中遗存的一切文物，属于谁所有？

　　A. 国家　　　　　　　　B. 谁发现归谁

　　C. 博物馆　　　　　　　D. 大学

17. 在中国，什么人能进行考古发掘工作？

　　A. 任何人都可以

　　B. 上过考古或者历史课的人

　　C. 喜欢历史和考古的人

　　D. 经过国家批准并且具有相关资格的考古工作者

18. 如果你家在院里打井时从挖上来的土里发现了很多陶片、骨头等，你们应该：

　　A. 自己动手，赶快把他们挖出来

　　B. 不管他们，继续打井

　　C. 看谁要买这些东西，通知他们来挖

　　D. 及时向文化站、文物管理等政府部门报告，并停止打井、保护好现场等待政府安排考古工作者来考察

19. 京杭大运河已经被国务院确定为：

　　A. 山东省重点文物保护单位

　　B. 国家自然风景保护区

　　C. 全国重点文物保护单位

　　D. 全国历史名胜古迹

20. 南旺古运河河道没水很久了，从这里挖土烧砖是破坏文物的行为吗？

　　A. 是　　　　　　　　　B. 不是

21. 你听说过"世界遗产"吗？

　　A. 听说过　　　　　　　B. 没有听说过

22. 如果你听说过"世界遗产"，你通过什么途径听说的？（可多选）

　　A. 老师上课讲　　　　　B. 看电视

　　C. 听家里大人说　　　　D. 看书

　　E. 上网

以下是问答题，请同学们将自己的想法写在

问题下面的空白处。

1. 你想参观考古发掘工地吗？为什么？

2. 你希望本次活动有哪些具体内容？或者你希望能看到什么？

例四　调查问卷 B 卷

同学们：

你们好！通过参观南旺大运河考古发掘工地，你对大运河和南旺、对考古、对文物保护的认识是否增多了呢？我们每个工作人员都衷心希望你们喜欢这次活动并从中学到一些东西。现在，请大家完成这份不记名调查问卷，在每个你认为是正确答案的字母上打勾，标注"可多选"的题目为多选题，其余为单选题。通过分析大家的答案，能得出此次活动的效果。

感谢大家的配合！

学校：　　　　　　班级：

年龄：　　　　　　性别：

1. 京杭大运河是或者曾经是：（可多选）

A. 人工修凿的水道

B. 世界上跨度最长、历史最悠久的运河

C. 我国南北经济、文化交流的大动脉

D. 我国南北货物运输的重要航道

2. 什么时候开通了以洛阳为中心，北到北京、南到杭州的大运河？

A. 唐代　　　　　　B. 汉代

C. 元代　　　　　　D. 隋代

3. 大运河全线连通了哪五大水系？

A. 海河、黄河、淮河、长江、钱塘江

B. 海河、黄河、淮河、长江、松花江

C. 辽河、黄河、珠江、长江、钱塘江

D. 辽河、黄河、淮河、珠江、钱塘江

4. 京杭大运河全线的制高点是在：

A. 北京通县　　　　B. 浙江杭州

C. 山东南旺　　　　D. 江苏南京

5. 南旺分水枢纽工程是在哪个朝代，哪个皇帝执政时期修建的？

A. 明朝，洪武　　　B. 明朝，永乐

C. 清朝，康熙　　　D. 清朝，乾隆

6. 负责设计、修建南旺分水枢纽工程，从而使大运河贯通的是：

A. 宋礼和白英　　　B. 宋礼和大和尚

C. 白英和大和尚　　D. 白英和潘叔正

7. 古代的治河专家们通过引哪条河的水在南旺汇入运河，从而使运河南北贯通？

A. 汶河　　　　　　B. 大渡河

C. 汴水　　　　　　D. 潮白河

8. 分水龙王庙古建筑群中，下列哪个建筑保留至今？

A. 白公祠　　　　　B. 水明楼

C. 龙王大殿　　　　D. 禹王殿

9. 你听说过考古学吗？

A. 听说过　　　　　B. 没有听说过

10. 如果你听说过考古学，你是通过什么途径？（可多选）

A. 老师上课讲　　　B. 看电视

C. 听家里大人说　　D. 看书

E. 上网

11. 考古学是什么：（可多选）

A. 一门科学

B. 以古代人类活动遗留下来的各种遗迹、遗物为研究对象

C. 以研究人类社会为目的

D. 一门可以发现和复原历史的学问

12. 通过考古发掘和研究，我们能：（可多选）

A. 发现很多地下埋藏的文物

B. 发现和复原历史

C. 研究古代社会

D. 寻找人类起源

13. 考古发掘和挖宝、盗墓一样吗?

A. 一样　　　　　　B. 不一样

14. 中华人民共和国境内地下、内水和领海中遗存的一切文物,属于谁所有?

A. 国家　　　　　　B. 谁发现归谁

C. 博物馆　　　　　D. 大学

15. 在中国,什么人能进行考古发掘工作?

A. 任何人都可以

B. 上过考古或者历史课的人

C. 喜欢历史和考古的人

D. 经过国家批准并且具有相关资格的考古工作者

16. 如果你家在院里打井时从挖上来的土里发现了很多陶片、骨头等,你们应该:

A. 自己动手,赶快把他们挖出来

B. 不管他们,继续打井

C. 看谁要买这些东西,通知他们来挖

D. 及时向文化站、文物管理等政府部门报告,并停止打井、保护好现场等待政府安排考古工作者来考察

17. 京杭大运河已经被国务院确定为:

A. 山东省重点文物保护单位

B. 国家自然风景保护区

C. 全国重点文物保护单位

D. 全国历史名胜古迹

18. 南旺古运河河道没水很久了,从这里挖土烧砖是破坏文物的行为吗?

A. 是　　　　　　　B. 不是

以下是问答题,请同学们将自己真实想法写在问题下面的空白处(问卷不记名,就是要了解大家的真实感受,这样才能改进我们的工作,谢谢各位同学)!

1. 你觉得这次活动怎么样?为什么?

2. 有哪些事情或知识你以前不知道,但是通过这次活动学习、了解到了一些?

3. 这次活动有哪些需要改进的地方,请给出你的意见和建议,谢谢!

例五　调查问卷 A、B 卷开放性问答学生答案摘录

调查问卷 A

1. 你想参观考古发掘工地吗?为什么?

(1)"因为我想研究古代人类活动遗留下来的遗迹、遗物等;我也想研究古代社会,发现和复原历史,更想寻找人类的起源"

(2)"因为我的梦想是做一名考古工作者,考古可研究古代社会的状况,让我们了解到古人生活方式"

(3)"想更多的了解考古研究有哪些具体工作,了解考古知识"

(4)"我想参观考古发掘工地,因为我想知道怎样才能挖出文物,有什么珍贵文物"

(5)"因为我还没见过那样的场面,想知道挖出来的有什么宝贝,所以想去考古工地"

(6)"想可以证实一下所知道的知识不再是虚实"

(7)"我想参观,因为那是我们的母校"

2. 你希望能够在活动中能有哪些具体的内容?或者你希望看到什么?

(1)"文物怎样才能挖出来,什么样的文物宝贵等;我希望看到文物和古董"

(2)"我希望(活动具体内容)有 1.怎样发掘文物 2.主题目的 3.文物发掘的由来。我希望能看到文物。"

(3)"让我们参观考古发掘工地,自己亲手考古发掘文物"

(4)"全体师生一起去,热闹热闹,看看以前的京杭运河到底是什么样子"

(5)"分水龙王庙的建造时间、人物、有什么传说,南旺以前也叫南旺吗?太多问题了。

（希望看到）有特殊意义的东西"

调查问卷 B

1. 你觉得这次活动怎么样？

（1）"十分好，因为让我们知道了考古的益处，从而有利于历史的探索，而且这次活动可以让人真切地知道历史的美妙！"

（2）"我觉得还算不错，因为这样可以丰富自己的历史文化（知识），我的一个观点是我们考古队挖出来的古文物可以进行展览。"

（3）"很好，因为以前都没人注意的普通的一块平整而且长满杂草的地面，竟然可以挖出那么多东西，而且好像一点没破坏，让我们了解了分水龙王庙原来是这样的，让我们见到了我们没发现的东西。"

（4）"从来不知道那个龙王庙有那么的历史悠久，是那么的有文化价值。"

（5）"我以前不知道什么叫土层，我还认为

考古主要是用大铲，一大块一大块的去挖，现在我知道了，原来是用小铲一点一点地去刮，以免碰坏文物。"

2. 此次活动有哪些不足之处或令你觉得有遗憾的地方，请告诉我们，谢谢！

（1）"就是我们星期六和几个伙伴去，在里面看了还没有两分钟，而那个穿绿色褂子、带红袖章的人就对我们说'快出去'。我们并没有损坏任何东西，只不过是用心，用眼睛去记而已。"

（2）"对于我来说已经很完美了，但缺少了一些亲手实验、操作的事情，有些小小的遗憾，不过还得谢谢你们为我们这些孩子们准备的活动。"

（3）"我觉得应该扩大一下范围，再让学生和老乡对龙王庙、运河感兴趣，才能了解、保护运河。"

（4）"在活动中我发现施工重地很多危险的地方得不到保护，请在施工前加强安全措施。"

第七章　结　语

通过对京杭大运河汶上南旺分水枢纽工程及龙王庙古建筑群遗址的全面调查和发掘，对南旺分水枢纽的演进过程、分水原理及其工程技术成就、分水龙王庙古建筑群的特征和时代、空间信息技术在运河考古调查中应用、南旺分水枢纽工程遗产构成及其价值和建筑群保护等问题有了初步认识。

一　南旺分水枢纽的演进过程、分水原理及其工程技术成就

南旺地处京杭大运河沿线地理位置最高点，北接临清，南汇江淮，素有"水脊"之称。南旺分水枢纽是京杭大运河上一重要的系统工程，其地形选择（以南旺为分水枢纽）、水源蓄泄（闸坝、水柜等附属设施的设置）、运黄关系、管理机制等都在相当程度上代表了运河的复杂程度，其筑坝截水、南北分流等因地制宜的治水思想和相关工程技术在我国水利史上占有极其重要的地位，体现了我国古代劳动人民的伟大智慧，是人类历史上的伟大创举。

历史上，山东段运河曾先后设置过金口闸堰①、堽城坝②、济宁枢纽③、临清枢纽④、南旺枢

---

① 金口闸堰为泗水济运的枢纽（此坝在兖州城东五里的泗沂二水故道内），隋朝薛冑积石筑堰，往西引水便为丰兖渠；元朝至元年间，建滚水石坝，坝北河西岸建有金水闸引水，往西穿兖州城为府河，再西至济宁入运河，闸名黑风口；明初，元代滚水石坝坍塌，改筑临时土坝，时常维修，正统十四年（1449年）正月才开始对金口堰进行大修工程，重新改为石坝。建石坝后，夏秋多水则开闸泄水，南泄之水汇入泗沂经港里闸入师庄闸河；冬春少水则关闭泄水闸，将水约束至黑风口出济宁。后来，金口坝后淤土堆积，堰身变低，水小则不能分入闸门，为分水至闸门则每年春天于坝上培土，水涨则将其冲毁，来春重筑。万历二十五年（1597年），大雨将金口堰彻底冲垮，总河杨一魁拨款重修，当年十月滋阳主簿徐时泰主持此项工程，以黏米汁、石灰并加铁锭砌石，次年四月此功始毕。
② 元朝之时，于堽城段汶水建堽城坝以分汶水入洸河，于洸河下游汇合泗水入济宁，再分流至南北运河。明永乐九年重开会通河，仍修复堰闸引水到济宁分水，为主要的引汶枢纽。成化九年（1473年），工部员外郎张盛改修坝闸，新坝移至旧坝西南4千米的青川驿。新坝为永久性石坝，设有7个泄水孔，以木板闸启闭来调节水量。引水入洸的分水闸在坝东分两闸，闸南开新河4.5千米接洸河旧道，当时此处仍为主要的引水枢纽。堽城石坝建成30年（1503年）后，山东巡抚徐源受元代马之贞的影响，认为水大时土堰不至于壅沙入洸河，可自动冲垮坝坝西向流走；石坝则难以冲垮，逆水横流，冲毁民田，淤积洸河，故请求拆毁石坝，恢复土坝。次年工部侍郎李遂、山东巡抚徐源等实地勘查后则认为，堽城石坝栏沙可减少南旺湖淤积，栏水可减缓冲击戴村坝体，不能拆毁而要修补坝体，近坝挑沙。此外，他们又看到了堽城坝引汶入洸只便于接济济宁以南运河，以北南旺地势颇高，接济不及的弊端，于是决定由南旺分水，以期接济两端（所谓"七分朝天子，三分下江南"）。这次勘查及其结论，总结了堽城、戴村两坝及天井、南旺两分水口的作用，为兼济运河两端，堽城坝由主要枢纽降为辅助设施。
③ 济宁于金代建城，元朝时在此设置济宁路，并于南门外建会源闸，汶、泗之水皆于此汇合济运，济宁遂成运河南北分水枢纽。明朝初年，济宁撤路设州，改会源闸为天井闸，重开会通河后此处一直到明朝中叶都为分水枢纽。如上所述，随着治运专家对地形地貌、运河分流规律认识的加深，精力开始向南旺倾斜，随着南旺分水口的日益完善，天井闸最终不免堽城坝的命运——被南旺分水口取代。此后，济宁遂仍为运河港口，但在运河工程上已经失掉了举足轻重的地位。
④ 临清为卫河与会通河的连接处，原为县，景泰年间建一周长4.5千米有余的砖城，弘治年间升为州，嘉靖年间建周长10千米的土城，跨越卫河和会通河，作为临清的商业区使用。汶水自东南来通卫河，转弯处有鳌头矶（又名观音嘴）。元朝时于鳌头矶北砖城以西建会通闸，其东建临清闸。然而，这段河道颇为陡峭，不便航行。永乐九年（1411年）重修两闸，6年后，陈瑄自鳌头矶南折开渠再接卫河，增设"新开上闸"、"南板闸"，此道平缓，便于航行。于是，南道兴北道废。

纽等多个分水枢纽。随着运河的变迁，纷纷倾圮废弃，仅余南旺分水枢纽一例，戴村坝引汶工程和南旺分水口是其有机组成部分，二者相互配合，共同完成济运任务。戴村坝引汶工程原是堽城坝枢纽（分汶水入洸河）的辅助工程，《漕河图志》记载，"本朝永乐九年，既修辅国（毕辅国）旧坝（堽城坝），复于东平戴村汶河入海之处筑坝，以备涨溢，而汶之水由是尽入漕渠矣"。又说，用汶上白英老人计策，于"东平州东六十里戴村旧汶河口筑坝，导汶水西南流出，由黑马沟至汶上县鹅河口入漕"。这说明堽城坝在承担分汶水入洸河任务时，有水仍然涨出西流，为了收拢涨水，始于戴村筑坝（即诸泉汇入汶水之坎河口下游，坎河口又扮演了汶河戴村坝上游不远处溢洪道的角色）截水通过小汶河（即南旺分水河道）"尽入漕渠"。其实，戴村坝截断汶水，并通过小汶河使之尽入漕渠的只是主流，而坎河口溢洪之水、坎河口诸泉水在坎河口坝（亦起到戴村减水坝的作用）的约束下却继续西流而为沙河（又称大清河、汶水故道、盐河）。到了清代，坎河口坝延伸加长，逐渐与戴村坝合拢，此后坎河口坝之名渐为戴村坝取代。随着堽城坝功能的改变（由引汶入洸的分水枢纽变为拦沙过水缓解冲击的辅助设施）和戴村坝的修建，南旺分水口的重要性日显。然而，南旺分水口初期并无任何控制，各种设施还不甚完善，会通河仍以堽城枢纽和济宁天井闸分水为主，而南旺分水枢纽只起到辅助作用。成化十七年（1481 年），管河右通政杨恭始建南旺南北闸，南闸叫柳林闸，又称南旺上闸，在分水口南 2.5 千米；北闸叫十里闸，又称南旺下闸，在口北 2.5 千米。南旺分水口的南北分水量相传是南流十分之三，北流十分之七，即所谓"七分朝天子，三分下江南"。而对于这种不靠闸门控制

而天然流成这种比例的真实性及其原理，明清之人多有猜测，但缺乏相关依据。

汶运交汇区为小汶河入注运河的分水口，是分水枢纽工程的中心区域。据文献记载和老照片分析，龙王庙古建筑群前原有一道东西长约 220、南北宽约 7~8、高约 6 米的石砌坡岸，并由三道台阶将大运河和分水龙王庙连接，台阶两侧各放置一对头向运河、面面相觑的石兽。根据对地层堆积、残存遗迹的分析来看，在分水龙王庙建筑群北侧发现的大体呈西北—东南向分布的三合土夯筑堤岸及相关石块、木桩残件、柱洞等残痕就是南旺分水枢纽原分水石碛岸的残留；在正对小汶河口的水明楼前石碛岸遗迹有向河心凸出的弧形结构，这项重要发现生动地说明了其分水的结构和原理。目前可以肯定的是南旺分水口凭借自己在运河的"水脊"位置和向河心突出的弧形结构，同时配合相关闸坝、斗门的合理启闭[①]，逐渐取代了济宁分水枢纽、堽城坝分水枢纽，而成为会通河段最为重要的分水枢纽，承担了引汶济运的主要任务，保证了京杭大运河畅通。

由上可知，戴村坝、小汶河以及南旺分水口构成了南旺分水枢纽的主体，此外闸坝、斗门等附属设施的配合使用保障了南旺分水功能的实现。其戴村坝坝址的选择、小汶河河道的设计、南旺分水口的修建都是基于对地形地貌的考察和实测，是经过精心设计的。通过对戴村坝、小汶河的调查，对引汶济运分水枢纽工程遗址中心区域——南旺分水口以及相关附属设施的解剖发掘，全面揭露了南旺分水枢纽工程结构的基本面貌，明确了通过戴村坝截引小汶河水源和利用石碛岸工顶冲实现南北分流济运的杰出的水利设计思想和水工技术成就，这对进一步从文化遗产角度深入研究京杭大运河提供了比较翔实的实物资料。

---

① 据乾隆时期《九省运河泉源水利情形图》的记载，此时南旺分水枢纽共有闸坝 25 个，斗门 13 个。

二　分水龙王庙建筑群的特征和时代

南旺分水龙王庙是因运河而生的一处重要遗产，属具有祭祀和纪念功能的建筑群落，是京杭大运河遗产不可分割的一部分。从布局上看，分水龙王庙建筑群遗址自东往西系由龙王庙建筑群、水明楼建筑群、祠堂建筑群三组院落构成，它们既相互独立又有机连通。从时代上看，龙王庙创建时代或可早至明永乐年间，宋公祠的创建发生在明正德十三年（1518年），水明楼最为晚近，为清乾隆年间建造。因分水龙王庙建筑群经过多次修葺添建，某些时代细节难以确指，然而根据有限的层位关系、平面位置关系和出土物分析可大体推断分水龙王庙建筑群的变迁过程为：龙王大殿和宋公祠最早建成，稍后祠堂群的早期院落遗迹随之落成使用。在水明楼修建以前，其位置应该为一空阔地带，祠堂群的早期院落遗迹可通过早期的甬道遗迹跟龙王大殿相互交通。入清以后，水明楼建成。于是，随着院墙的修建和院门的凿通，分水龙王庙逐渐演变成既相互独立又有机连通的三个院落系统。近百年来，随着京杭大运河的日益衰败，加之"文化大革命"期间的大破坏，分水龙王庙古建筑群遂呈"风霜剥落，榱栋倾圮，丹青黯淡，榛莽荒芜"的影象了。

三　空间信息技术在考古调查中应用的实践和思考

空间技术应用于遗址勘测在我国起步于上世纪80年代。随着现代科学技术的发展和进步，空间技术在文物保护领域的作用和优势已日渐凸显，学科间的磨合与交融渐入佳境，技术应用也更具有针对性。空间技术在文物保护与研究工作中的应用日益广泛，目前已不限于地下遗存的遥感与探测，在定位、测量、分析、综合以及复原、展示等各领域都有着广泛运用。如何在田野考古调查和发掘中有效利用遥感分析、雷达探测和精密GPS测量等空间信息技术，提高工作效率、获取更多信息、深化研究水平等，仍是值得深入探讨的课题。

京杭大运河作为一特殊类型的大遗址在分布特点、埋藏状况、堆积性状以及规模体量等方面都表现出一些区别于其他类别大遗址的特性。而这些特点决定了在调查和管理保护等方面，以历史文化遗产和线性影观为主要内涵的京杭大运河对空间技术应用的需求表现的更为迫切。而空间技术以京杭大运河为对象的应用，既具有其他技术方法所难以企及的独到性，也更有利于体现现代高精技术在大遗址保护应用中的效果。

例如，运河水道变化无常，许多已淤积无痕，仅从地表踏察很难就视距观察的范围寻找和确认，而通过利用空间技术获取的大尺度信息或数据，则有可能从更大视野的角度发现和判断；又如，作为曾经的河道，其堆积土壤的含水率理论上会比周围土壤要高，通过空中拍摄显示土壤含水率变化，将有助于运河古河道的寻找和确认。此外诸如运河堤岸的特殊处理，砖石构筑的闸、坝等都有可能利用空中拍摄、测绘等手段获得的信息与数据进行分析而得以发现或确认。

作为绵延上千公里、地跨多个水系和自然地理区且枝蔓盘生、体系庞杂的人工大运河，其调查表现、研究、保护利用和管理，都远非已有对各类不可移动文物的施行方法或经验所能够满足的。现代空间技术在拓展了视野、集约着优势的基础上，有可能构架起一个大尺度、高精度的平台，将京杭大运河不可移动文物置于其中，所以本项工作无疑是历史文化遗产研究、保护与利用的一个创新，将为文化遗产的科学研究、永续保护和合理利用奠定坚实的基础。

本次京杭大运河汶上南旺段考古调查与勘探、发掘中，先后应用了遥感分析、雷达探测和精密

GPS 测量等空间信息技术。其中，在水柜和运河古河道调查中应用了遥感技术，对南旺分水枢纽工程中的三大水柜南旺湖、马踏湖、蜀山湖区进行了遥感技术分析，弄清了三湖的范围及湖堤的现状，对了解南旺分水枢纽工程的历史有着重要作用。利用探地雷达进行探测的目的主要是寻找南旺分水枢纽及上下游河道的古代水利工程和与之相关的水工文物（如水兽），根据探测结果进一步掌握分水枢纽处古代水利工程的平面布置及文物的分布情况，为考古发掘提供参考，同时也为古代水利工程遗址的保护提供支持。本次精密 GPS 测绘对象主要是南旺分水龙王庙至柳林闸段河道及其河道内的木桩、邢通斗门及其河道、金口坝、戴村坝、堽城坝、蜀山湖残留湖堤（曹村与苏桥附近）及南旺分水龙王庙建筑群基址。作为空间信息技术在大运河文化遗产调查应用的一个微观面型示范点，为了弄清南旺分水枢纽地区的实际保存现状和相关设施的文物家底，以划定精确的保护范围，对其进行了全方位、大面积的综合精确测量与调查。结合实际的考古发掘工作，利用空间信息技术（GPS/GIS/RS）进行南旺分水枢纽地区的区域调查研究，不仅扩大了研究范围和关注对象，解决了分水枢纽工程之间的空间关系，还为已有资料、调查资料、发掘资料的整合与分析提供了全新可行的技术手段，极大提高了信息的质量与价值。从而在处理分水枢纽地区分散的水利设施及相关文物遗址、性质多样且时空分布极不均匀的各种资料和环境景观信息的关系特征时，达到时间与空间问题以及文化与环境问题的有机结合和统一。

通过这次南旺分水枢纽遗址的田野考古调查、勘探、发掘工作中与相关空间信息技术的配合和应用实践来看，虽然在线路长、体量大、分布复杂的大运河考古工作中具有一定优势，但还存在合作双方在学科工作方式和技术需求方面的差异。

比如，对探地雷达技术的应用中，有些地下遗物的准确位置判断有出入，难免造成一些不必要的考古勘探作业。再如，精密 GPS 测量技术对房屋基址、灶、灰坑等一些具体遗迹的测量结果并不十分准确。因此，实际工作中，需要双方在专业技术需求和理解方面紧密沟通，密切配合，相互验证，才能使空间信息技术在田野考古工作中发挥更强大的作用。

四　南旺分水枢纽工程遗产构成及其价值

通过对京杭大运河南旺分水枢纽工程遗址的区域性全面调查和考古发掘，初步判断其文化遗产构成非常丰富，基本涵盖了作为运河遗存尤其是南北分水枢纽工程所具有的各类水工构成要素，既有作为水利及水运工程遗产，也包含因大运河而衍生的各类遗存，即与大运河历史文化直接相关的历史遗存，与大运河城镇、村落相关的重要历史地段和大运河遗产景观背景环境等。

南旺分水枢纽工程包含的水利及水运工程遗产分河道、水源、水利工程设施、航运工程及设施和管理机构遗存。其中，河道有老运河、梁济运河、小汶河等；水源包括诸泉和蜀山湖、马踏湖、南旺湖等水柜；水利工程设施有邢通斗门、十里闸、柳林闸、南旺分水口以及堤防和水坝等；航运工程包括小汶河与古运河交汇运口、砖石小码头等；另有南旺分司河道管理机构。与大运河历史文化直接相关的历史遗存有分水龙王庙古建筑群，如白公祠、宋公祠、潘公祠、水明楼等，残存有 30 余通明清碑碣，另有鉴远亭（俗称"望湖亭"）遗址和淤积丰厚的运河古道文化层堆积。南旺镇是与大运河相关的重要历史城镇、村落地段。沿河村落如南旺镇、十里闸村、柳林村等都是与大运河遗产景观背景环境相关的村落景观要素。因此，南旺分水枢纽工程遗址是京杭大运河遗产中具有代表性的水利枢纽遗址，具有一套完备的运河分水和航运系统。

明清时期，在南旺一带建造各种水工设施，筑坝截水、引汶济运、南北分流，保障京杭大运河的航运畅通，这种因地制宜的治水思想和技术集中体现了我国古代人民的才能和智慧，在我国水利史上占有极其重要的地位，在运河全线也是独一无二的。而因运河而生的分水龙王庙及其周边村落布局则体现了运河与村落分布的密切关系和人们的择居理念。南旺分水枢纽遗址是一处系统的运河分水和航运工程，无论是水源、河道、水工设施的地理选址，还是运河调水、漕运通航等科学管理，都对于研究古代运河文化具有非常珍贵的文化遗产价值。该水利工程是我国古代运河文化中富有特色的发明创造，曾对南旺地区乃至整个运河地区经济发展发挥了重大作用，对运河沿线乃至南北文化交流产生过强烈影响。

南旺段运河的历史价值、科学价值、社会价值、教育价值以及展示利用价值巨大，集中代表了京杭大运河的各种水工技术和管理方式。从该运河分水枢纽工程的河道、堤坝、闸口、斗门等水工设施的保存现状来看，基本能够判明其构成和分布状况。引汶济运水道小汶河以及老运河主干道河道仍然存在，走势明显，虽然河道淤积，烧砖取土，但运河两岸的砖石砌岸尚存，局部保存完好；闸坝堤防功能变换，但柳林闸、十里闸保存完好，部分斗门地面尚存，水柜界堤断续可见，部分保存相当完整。因此，南旺分水枢纽、引汶济运通道、水柜以及其间的斗门、闸坝等水利工程设施格局完整清晰，极其重要。这些水工设施的探明，结合因运河而生的分水龙王庙古建筑群的发现，参考出土碑刻和各类史籍记述，对复原当时南旺古运河的繁华景象具有真实的遗产资料价值，对进一步的大运河整体规划保护和合理利用具有较完整的遗产价值，是运河文化研究中不可多得的实物遗存。

五 南旺分水枢纽和建筑群保护的建议

南旺分水枢纽工程及其附属龙王庙古建筑群具有显著的地域特点。在近千年的运行过程中，以运河本体为中心不断向两侧辐射，衍生出丰富多彩的运河文化。然而，由于各种原因，本段运河河道屡经变迁，已荒废弃用，沿线大部分水工设施淤积地下。自本段运河废弃以来，历经挖土造砖、取堤建房以及其他人为破坏，加之裸露地表的河堤砖石受风化和人为扰动影响较大，给这段运河遗产保护和研究带来了不利影响，面临着亟需加强学术调查研究和改善保护环境的诸多问题。

通过本次区域调查发现，以南旺分水枢纽工程为中心的运河故道、水柜闸坝、小汶河古河道等主要构成遗迹保存较好，基本能够廓清运河遗产的文化面貌。尤其对分水枢纽遗址、古河道、河堤以及许建口斗门等主要遗迹的勘探和发掘，初步掌握了本段运河枢纽工程遗产的分水原理、水工构成和建筑概况。另外，从龙王庙古建筑群的整体勘察和建筑基址发掘结果来看，基址保存较好，布局明晰，与运河的结构关系得到科学解释，对编制山东京杭运河保护规划和京杭大运河申报世界文化遗产提供了翔实可靠的资料，为整体保护和开发利用提供了较充分的科学依据。

为此，就南旺分水枢纽工程和龙王庙古建筑群保护提出如下建议。

一是在已有考古调查和发掘研究工作基础上进一步延伸考古工作范围和研究深度。在全面系统的调查和发掘工作基础上，进一步摸清本区域运河遗产的家底，廓清南旺一带运河河道本体的保存现状、结构及其时代变迁，揭露南北分水设施的结构原理，深入研究本段运河历史，解决本段古运河文化遗产的本体构成和文化内涵。具体来说，针对本段运河遗产，根据河堤、河床堆积和水柜的现有调查结果，尚存不少需要深入探讨和解决的问题，应当着力解决河道中木桩的功能、石砌岸的精密结构和复原，以及水柜部分的重要闸坝斗门的解剖等问题。

　　二是继续扩大和深化多学科、多单位、多层次合作，充分利用精密 GPS、航片卫片、地理信息系统等空间信息技术的相关手段和成果，发挥考古工作在大运河遗产保护中的基础作用。过去对本段运河的考古发掘工作不多，以南旺分水枢纽工程为对象的大运河考古学研究在相当长时间比较滞后，这种状况对大运河的研究和进一步了解都是不利的。通过这次发掘，不但可以认识到南旺分水枢纽遗址在大运河考古中具有重要意义，也可以了解到考古学发掘成果对大运河研究具有相当重要的地位。因此，全面系统的调查、发掘和深入的研究此段运河及相关水利工程设施对运河保护和申报世界文化遗产非常必要。通过对该地区运河遗产的大量考古实践，为今后大规模开展运河考古工作具有十分重要的参考价值。

　　三是加强文物保护宣传和落实保护措施，解决大运河遗产科学保护与所在地区社会经济发展间的矛盾，提高群众文物保护意识，防止人为和自然破坏，治理运河污染，改善保存环境，保护运河景观，实现本段运河遗产在当地经济、文化、社会和谐发展方面的文化遗产价值和重要意义。为此，积极开展京杭大运河南旺分水枢纽工程及分水龙王庙古建筑群的文化遗产保护勘察，编制切实可行的运河保护规划和方案，体现本段运河文化遗产在山东段运河乃至整个京杭大运河中的地理优势，实现在古运河学术研究和文化遗产保护利用方面所具有的重要文化遗产价值。

　　此次京杭大运河汶上南旺分水枢纽工程遗址的考古调查和发掘工作，是多学科、多单位、多层次合作的一次有益尝试，所取得的成果为编制山东京杭大运河保护规划和京杭大运河申报世界文化遗产提供了翔实可靠的资料。通过对南旺运河分水枢纽工程的全面调查和解剖，基本摸清了该水利和漕运枢纽的布局和范围，建立起了京杭大运河南旺分水枢纽遗迹的详细档案。对汶运分水口石砌岸残存遗迹的清理和发掘，基本揭露了其原有的结构与布局。根据河堤、河床堆积和水柜的现有调查结果，发现尚存不少需要深入探讨和解决的问题，如南河堤的进一步寻找、河中木桩的功能、石砌岸的复原、水柜部分重要闸门斗口的解剖等。从这个意义上说，工作只是刚刚开始，还有许多问题和空白点需要今后的工作来解决。

附录一　碑碣拓本

碑 1　分水龙王庙"万恭致祭"残碑

2. 碑阴

1. 碑阳

碑 2　"重修南旺庙记"碑

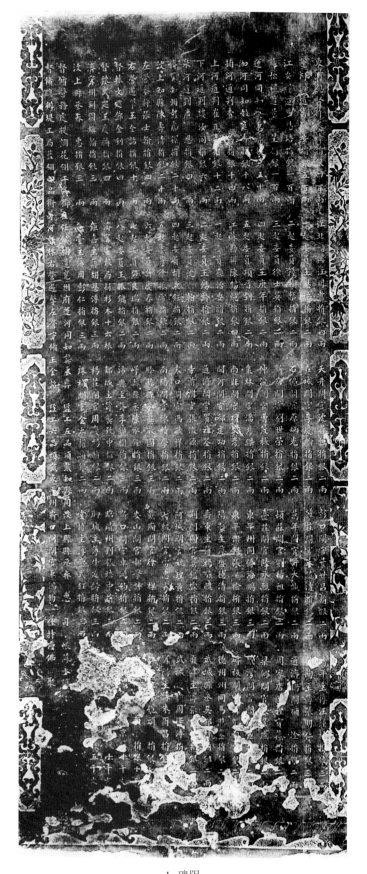

1. 碑阳　　　　　　　　　　　　　　　　　　　1. 碑阴

碑 3　重修分水龙王庙、宋大王庙、白大王专祠，新修鉴远亭碑

碑 4　"重修分水龙王庙记"碑

碑 5　　"汶邑西南南旺镇分水"碑

碑6　"玉皇阁分水龙王庙重修"碑

碑7　"圣旨"碑

碑 8　"分水龙王庙" 赞残碑

碑 9 "龙王庙旗竿揽头"残碑

碑 10　"为详明汶坝积土章程公籲"残碑

碑 11　"济清"残碑

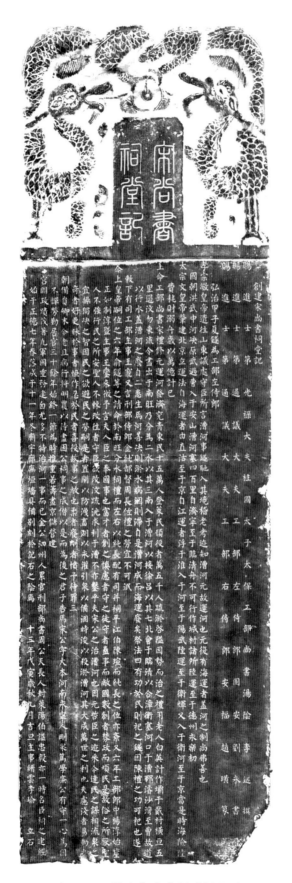

碑 12　"创建宋尚书祠堂记"碑

碑 13　"皇明宋尚书像赞"碑

碑 14 "祭文"碑

碑 15 "重修分水龙王庙"碑

碑 16　　"大学士宁阳许彬分水龙王庙记略"碑

碑 17　"保康刘猛将军庙" 碑

碑18　"隆庆六年万恭致祭"碑　　　　　碑19　"寄沙囊"碑

碑20　"汶上小坝口重建文昌阁记"碑

碑 21　乾隆御碑

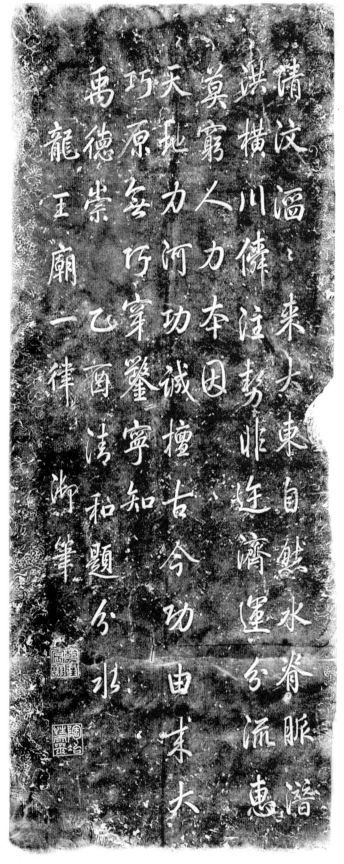

1. 碑阳　　　　　　　　　　2. 右侧

碑 21　乾隆御碑

五次挟来二首并到斯今茫藉天然南
流水作北流柑上溜经为下溜船必有
欢呼徉顺势可忘弩尽顿前贤
崇祠象设祈昭佑溜运功催岁古
宣　题分水
龙王庙一律　辛卯莫春御笔

碑 21　乾隆御碑（碑阴）

碑 22　运河图碑

题刻 1　"拜尚书宋公祠"题刻

题刻 2　"明正德十四年"残石刻

题刻 3　"康熙辛未年"题刻

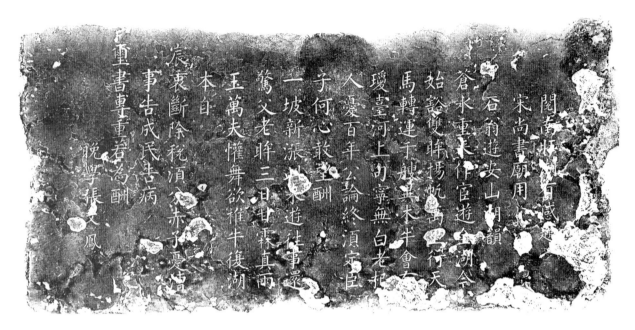

题刻 4　"阅南旺湖有感题宋尚书庙"题刻

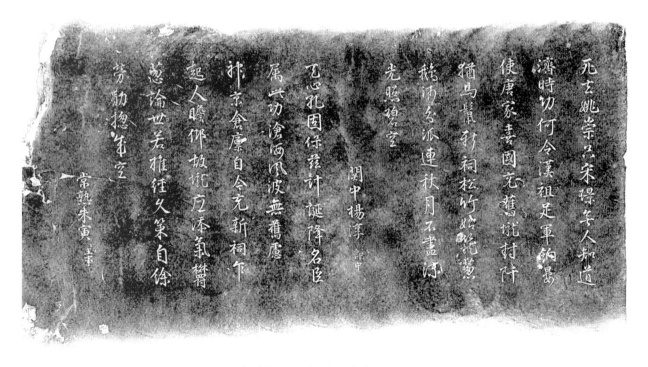

题刻 5　"杨淳、朱寅"题刻

题刻 6　"郡邑士商既为"题刻

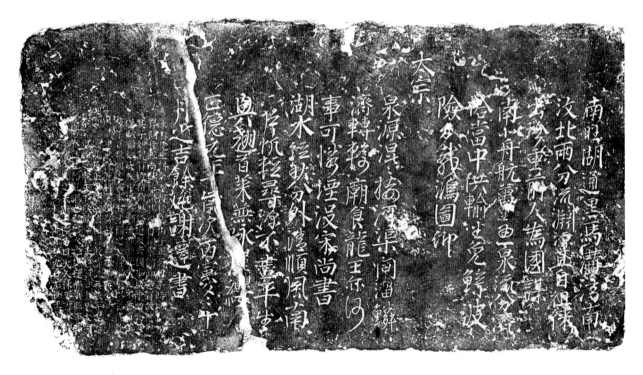

题刻 7　"南旺湖通黑马沟"题刻

"张秋"残石

"水可"残石

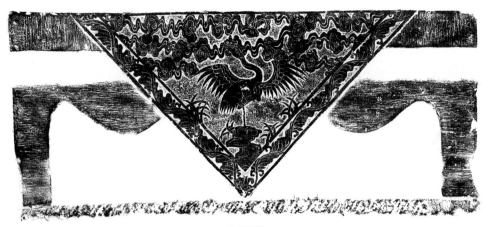

1. 正面

2. 背面

3. 侧面

碑 座

1. 正面

2. 侧面

"湖田局丈"界石

"宋氏祀田" 界石

附录二 碑文释录

一 石碑

碑1 分水龙王庙"万恭致祭"残碑[1]

……越五日，己未」

……侍郎兼督察院右僉都御史萬恭致祭于」

……阻艱特命大臣總司開濬惟」

……申

……俾運儲以通濟永康阜于無疆謹」

碑2 重修南旺庙记碑

碑阳

额题

重修南旺廟記

碑文

重修南旺廟記」

昔大禹作司空，治九州水土，所紀貢道最翔實，今之貢道以會通河為門戶，以南旺為閫奧，以戴村為笕鑰，南旺分水口尤地形控制之區也。」國家肇造區夏，光宅燕京，轉漕東南，實資水利。順治三年，封運河龍神。」敕曰：為延庥顯應分水龍王之神。是龍神之職在分水。雍正四年，封前明工部宋尚書。」敕曰：為寧漕公暨白老人。」敕曰：為永濟之神。是宋公及白老人之職在寧漕。在永濟，今水之晝分者，南不溢三，北不愆七也。舳艫啣尾，曰：漕既寧矣，于萬斯年。曰濟且永矣。纘禹之績，荷」天之庥，官慶於朝，農忭於野，功德既穹，宜有美報。今」天子命臣白鐘山總督河東河道，臣法敏巡撫山東，歲有事於南旺，率循典常揭虔妥靈，瞻仰殿宇，日就蕪圮，於是敬謹入」告，請水衡錢葺治之。」天子曰：可復。」命撫臣工成請額至是事竣，奏」聞」天子，乃」親灑宸翰，頒賜廟額，鸞翔鳳翥，霞捧雲扶，鐘山等率厥

---

① 碑刻介绍及照片见正文第四章，拓本见附录一，下同。碑文采用繁体字释录。释文中的下列符号分别表示："□"代表碑文不可释者，一字一"□"，"[謹]"（举例）代表可疑释者；"……"表示碑文残断或整段碑文字迹漫漶不能辨认字数者；"」"表示原碑文在此处分行。

曹司，拜手稽首，而益歎大禹之明德遠矣，龍神之靈昭昭矣。宋□□老人，訏謨定命，遠猶辰告矣，復□□□又□□□。」慨然思曰：大禹以司空治水，宋公亦以司空治水，大地河山，赫赫明明，而其官以空名，非實者，空之之謂乃行所無□，□謂行所無事，故曰空。大禹以順」水勢為行，宋公以順地勢為行，其道一也，若謹以一州而論，宋公之功幾不在禹下矣，有聖賢以治明，復有龍□以治幽，龍德正中，合而有助唐虞之」世封山濬川，衍及我」朝，彌懋前烈，懷柔百神及河喬嶽。諒哉！是宜伐石恭紀，以际於後廟，又祀關帝，關帝無處不祀，不應此地獨否？但前袝殿傍，竊疑為褻，爰另築三楹於殿之後，」以正尊位。是役也，經始於乾隆三年二月廿二日，落成於七月廿日。凡費帑金六千九百八十兩有奇。其在事各官，具載碑陰，茲不備述。」

　　乾隆三年戊午秋九月勒石」
　　總督河南山東河道提督軍務都察院右副都御史白鐘山」
　　巡撫山東等處地方督理營田兼理軍務兵部右侍郎兼都察院右副督御史法敏」
　　江甯鐘子宸摹鐫字」

碑阴

　　山東通省管河兵備道提刑按察使司副使王鴻勳」
　　山東兗沂曹道提刑按察□□副使程開業」
　　監修」
　　山東兗州府運河同知高沅」
　　山東曹州府督捕同知高簪纓」
　　承修」
　　山東兗州府汶上縣知縣 馬□尚」
　　署河南歸德府商丘縣主簿事州同劉鎔」
　　署山東曹州府單縣主簿事州判顏岳齡」

碑3　重修分水龙王庙、宋大王庙、白大王专祠，新修鉴远亭碑
碑阳
额题
　　大清
侧面
　　日月
碑文
　　重脩分水龍王廟、宋大王廟、白大王專祠，新修鑑遠亭碑文」
　　南旺分水之要衝，龍神廟屹立其上，而宋康惠公之廟、白永濟之神，亦並昭垂於祀典。夷考南旺，即禹貢大野。會通河創于元，成」於明洪武朝。宋康惠公用白老人之策，建閘開渠，

分水汶上，南流三入淮徐，北流七會臨德，水利以便，河道以通，粮艘以济，正供」以達，皆
宋、白二公之力也。立祀建廟固宜馨香俎豆，饗祭千秋。我」朝順治三年修立，雍正四年修
之，道光八年又修之，迄今又數十年矣。風霜剥落，榱棟傾圮，丹青黯淡，榛莽荒蕪，官斯土
者與有責」焉。《禮》曰：有其舉之，不敢癈。[1] 爰集寮寀各捐鶴俸，用資鳩工，閲五閲月，
廟貌聿新，屹然鼎峙。而分水口上有山在焉。山不在高，維地」實靈，築亭於上，肇錫嘉名。
登臨之際，萬象森列。見夫雲樹之蒼茫，山川之迴抱，鳶魚之飛躍，風帆之往来。亦云得少佳
趣，聊暢幽」情。而當夫桃花汛過，竹箭流長，百艘雲屯，千檣鱗集，不禁穆然而動，退思將
書，所謂浮于汶，達于濟者其在斯乎。因慨然而歎，禹」之明德遠矣。以會通河爲門戶，以戴
村壩爲閫奥，以南旺爲樞紐，悠然思康惠公之偉功，至於今爲烈，北不慾七，南不溢三，軸
艫」銜尾以來庭，神麻默佑以濟運，則永濟之神，分風擘流，昭昭在人耳目間，为低徊者久
之。而自有夏之貢道，元明之河渠，與夫」聖朝之懷柔，震叠上下，今古一時，畢會於胸中，
此鑑远之所以命名也。所願共協寅恭，以古为鑑，上體」皇上宵旰之軫念，仰畣」神靈左右之
淑功，"後之視今，亦犹今之視昔"，於是乎記是役也。用銀一千四百有奇，捐款姓氏畢載
碑陰。

　　誥授光禄大夫、賜進士出身頭品頂戴兵部侍郎兼都察院右副都御史，總督河南、山東河道
提督軍務，奉新許振禕頓首拜撰」誥授資政大夫、賞戴花翎、欽加二品銜陝西道監察御史分巡
山東全省運河兵備道兼管河庫事務長白耆安頓首拜書」大清光緒十有九年歲次癸巳[2]仲夏五月
上澣穀旦立石」

碑阴

　　東河總督許振禕捐銀四百兩」運河道耆安捐銀五百兩」江安糧道馬恩培捐銀一百兩」蘇松
糧道景星捐銀一百兩」運河同知冀秉彝捐銀三十兩」伽河同知姚延壽捐銀十八兩」捕河通判查
筠捐銀十四兩」上河通判崔正鼎捐銀十二兩」下河通判樓汝同捐銀六兩」泉河通判廣恩捐銀四
兩」濟甯知州彭虞孫捐銀二十兩」汶上知縣陳壽清捐銀二十兩」左營參將張士翰捐銀四兩」右
營遊擊王金詔捐銀十兩」督轅文巡鄧金釗捐銀四兩」督轅武巡王慶麟捐銀四兩」濟寧州判周維
翰捐銀三兩」汶上縣丞春惠捐銀三兩」

　　江北勸辦汪鳳燾捐銀四兩」一起委員王恩培捐銀二兩」二起委員陸樹榘捐銀二兩」三起委
員徐士英捐銀二兩」四起委員王庚年捐銀二兩」五起委員項晉釗捐銀二兩」江蘇勸辦陳錫純捐
銀四兩」一起委員孫治安捐銀二兩」二起委員王錫齡捐銀二兩」三起委員沈翰捐銀二兩」四起
委員胡秉鈺捐銀二兩」五起委員徐振常捐銀二兩」六起委員許慶春捐銀二兩」七起委員熊良瑞
捐銀二兩」八起委員王振鏞捐銀二兩」濟甯電報局捐杉木十六根」鉅嘉主簿胡恩溥捐銀三兩」

---

① 《礼记·曲礼下》作"有其举之，莫敢废也"。
② "巳"应为"巳"之误。

魚臺主簿周彭仁捐銀三兩」

　　天井閘官沈葆恒捐銀二兩」在城閘官李慶綸捐銀二兩」石佛閘官原柄光捐銀二兩」新店閘官劉世榮捐銀二兩」仲淺閘官曹茂械捐銀二兩」棗林閘官潘彥傑捐銀二兩」南旺閘官項文彥捐銀二兩」開河閘官郗建功捐銀二兩」通濟閘官賀祖荃捐銀二兩」寺前閘官張瀲源捐銀二兩」袁口閘官馮毓祥捐銀二兩」南陽閘官陳積學捐銀二兩」滕縣縣丞龔敬圖捐銀三兩」嶧縣縣丞陸承銓捐銀三兩」沛縣主簿李錦樹捐銀三兩」剡城主簿龔致中捐銀二兩」楊莊閘官周慶揚捐銀二兩」珠梅閘官金大權捐銀二兩」

　　彭口閘官葉世昌捐銀二兩」韓莊閘官朱鏡清捐銀二兩」萬年閘官許大誠捐銀二兩」頓莊閘官劉揚祖捐銀二兩」臺莊閘官陸承烈捐銀二兩」東平州同傅海鵬捐銀三兩」東平州判張檢捐銀三兩」陽穀主簿盛德清捐銀三兩」壽東主簿楊驤麒捐銀三兩」荊門閘官龔鑑霖捐銀二兩」阿城閘官姚理黃捐銀二兩」七級閘官雷惠霖捐銀二兩」戴廟閘官徐捐銀二兩」安山閘官郝學詩捐銀二兩」靳口閘官車鴻鈞捐銀二兩」臨清州判張培中捐銀三兩」聊城主簿牛延齡捐銀三兩」堂博主簿童式鈺捐銀三兩」

　　清平主簿汪鐘楨捐銀三兩」館陶主簿張明仁捐銀三兩」通濟橋閘顧淦捐銀二兩」周家店閘程寶蓀捐銀二兩」梁鄉閘官張景燕捐銀二兩」戴灣閘官閻□臣捐銀二兩」磚板閘官韓繼祖捐銀二兩」德州州同馬照鑾捐銀二兩」武城縣丞吳邦賢捐銀二兩」夏津主簿張□□捐銀二兩」武城巡檢周澤溥捐□□□」寧陽主簿朱爾昌捐銀□□」江□□□攬頭捐銀七兩」江□□□□頭捐銀十兩」□□□□□□京錢十千文」□□□□□□□錢十千文」□□□□□□□錢五千文」

　　督修營務處提調花翎二品銜在任候補道兗州府運河同知龔秉彝。監工五品頂戴知縣用汶上縣縣丞春惠。司帳蘇永鎮」
　　督修總辦堤工局藍翎四品銜署河督標右營遊擊左營守備王金詔。監工六品頂戴東平州靳口閘閘官車鴻鈞住持僧佛聚」

碑4　重修分水龙王庙记碑
额题
　　大清
碑文
　　重脩分水龍王廟記」
　　汶上之有分水龍王廟，由來舊矣。其創建載於邑乘，不具論。顧其靈應之在人者，則不可以不記也。余同年海甯陳　廣　陵□生嘗為」余言：未第時，舟過廟下，值水涸處，禱於神，水立至得濟，並示吉夢。廣陵登鼎甲，歷任至少宰，今巡撫粵西 爲 大 券焉。因捐俸五十金」為之倡。而余亦以戊午計偕泊舟南旺，夢至一處，地勢最窪，愈折愈下，如入冥官之庭，有 衣 冠者北面坐，儼然森羅殿也。謁見禮畢，」命余坐，並出一牘，曰：延君至此，此人捕鳥誤傷人命，當入輪迴報應，惟君決之。余視之曰：心无大過，小民計口腹耳，且弋射魚釣，聖」王弗禁，當以誤殺論。王者肯余言，遂具疏奏上帝，及驚寤，竊以知神之所司不專。在分水□□余與廣陵兩書生也，方風塵未遇，世」不能知而神獨知之，一以默相，一以決疑，非聰明靈 爽 ，洞往知來之明驗乎？今廣陵在粵之西而余承乏於山之左，雖咻噢 其 民，不」及廣陵遠甚，聊以繼廣陵之志，而為之捐俸以落其成，庶幾過斯廟下者，有所瞻望起敬，以邀靈於無既也，遂書其事而為之記。

　　賜進士出身，」誥封資政大夫、再封光禄大夫、巡撫山東等處地方督理營田兼理軍務都察院右副都御史，加六級奉」旨監督臨清鈔關，兼理錢法倉儲事務，」賜五爪龍袍褂，辛卯山東文闈監武闈主考，癸巳山東文闈監臨，武闈主考，甲午山東文闈監臨、武闈主考，山東布政使司布政使，河南」按察使司按察使，」特旨補授江南淮徐道兼理河庫道事務，」特旨補授直隸天津道、山東濟寧道僉事河工，效力禮部祠祭司員外，禮部主客司主事，監督海運倉，前陝西富平縣知縣，癸酉鄉試」考官，奉」特旨行取，虞山蔣陳錫撰。」

　　康熙伍拾伍年歲次丙申陸月穀旦

碑 5　汶邑西南南旺鎮分水碑

汶邑西南南旺鎮分水」

　　龍王廟門首為分水入運頂沖之區，舊有石硪岸工，相傳明永樂年間與廟同建者也。數百年來雖有前人屢次補葺，從未」澈底拆修，綿延至今，坍塌十幾八九，廟宇逼臨硪岸，每遇汛水漲發，僧人時懷悚懼。光緒初年德清沈定生觀察蒞」運河任，觀斯情形，深為感慨，於是屢請估修。去歲，始蒙河帥奏請發帑辦理，惟運河工料例有定價，較之市價相」去懸殊，而尤以石工為甚，即如面石每丈例津二價，銀二兩七錢，現時購買即需制錢十餘千文，其椿木鍋扣等項，亦」無一不倍於例，值工大費絀，舉辦綦難。沈公以陳衍九先生老成諳練，洞悉工程，遂相延至工佐理其事。諸凡商」確辦理，乃於去冬備集料物，今年正月拆修，正款不足則由沈公捐廉以助，局廠零費則由陳君自備資斧。計自」興工以來，積誠所感，百餘日幸無烈風暴雨，遂得庤乾塘水，清其根底，得以修築完整，並於硪岸上加修海漫一層，廟」門牌坊外增修石路三間，復建立十二石椿，以為船隻挽纜停泊，籍免打犁之毀，法極周密，此皆前人意所未及而。」陳君為沈公日夜籌畫，期於工之持久也。所以多歷時日，工程始一律告竣焉。附近居民，往來舟師，無不交口而讚」□。設非沈公德政、陳君辛勞，曷克臻此。僧人主持於廟終日目覩。此後工程永固，廟宇是賴，不禁誌感於懷，用敢」勒諸貞珉，以記其事云爾。知縣用本班、儘先前補用縣丞署理汶上縣縣丞葛鴻如書丹，主持僧佛聚敬立。」光緒十四年歲次戊子菊月穀旦嘉邑壬午科歲貢生候選訓導梁仙洲撰文」

碑6　玉皇阁分水龙王庙重修碑记

额题

　　萬善題名（从右至左横书）

碑文

　　玉皇閣分水龍王廟重修碑記，通漕施財善人刻左⌋

　　金華所：陳光耀、吳與、陳崗正、金國安、□祿、金國忠、梁時俊、袁□□、□□、金國太、陳一杜、謝應鳳、吳□玉、陳一桂、□□傑、□□舟、陳光□、張德勤、張英豪、袁文朔、張進、姚国祚、陳光□、陳毓湖、袁小悌、袁應□、項焜、朱睿、袁應美、姚国光；□州衛杭：林□菴、□大衆、林起龍、陳赳龍、談□魁、□□□、杜士金、⌋

　　季應魁、穆忠梁、魏□彪、田亮生、方国太、殷尚智、胡□□、□□□、張天福、王□□、□国太、□□明、□□□、王應龍、□□志、郁門王氏、郁□□、楊□堂、□□光、鄭□勝、鄭士忠、□進忠、徐□禎、徐有、□士惠□、楊方、朱□明、于德；滁州衛龍、□□□、卞世王、□有功、徐長棟、□□□、萬世□、于有太、刘□□、徐国文、徐国臣、時明第⌋

　　吳国良、周玉□、徐国明、韓德應、賈應龍、陳□、李祿、吳應超、王國全、吳善人、吳應秋、芦濟賢；杭州右衛：單□先、馬文龍、李天叙、白勝祖、陳□貴、王加德、程大有、范霞守、□王、□王、宋岐□；鷹揚後幇：盧祥、錢有福、吳大官、上元羽林、楊干、范国□、范国祿、鷹揚□□、□正国、□□□；金山衛：潘□二、陳永□、⌋

　　王明、盧魁、王光宇、顔秀甫、賀子成、朱氏、何守子；□江所：孫顯祖、姚順、夏延、陳道人、張九思、陳二官、顔泰、馮尚仁；江淮左右：王玉春、王□、陳善人、張善人、橫海衛、車天振、楊見、戴應龍；江寧衛：葉明、□善人；江陰大幇：蔡繼東、本堅、孫林、韓氏、王文俊、張□玉、□文龍；上元：□国顔、余起龍、⌋

　　徐龍；江寧右：李成龍、陳吾長、刘道人、陳子龍、楊鳳鳴、黃泰卿、王相明、張獻昇、铁氏、連生；廣洋衛：尹亮采、錢有、刘元鼎、周起龍、李子龍、王德甫、郭大成、李自成、田門徐氏、曹門刘氏、□□貴、陳□、高文進、徐應龍、王□龍、孫□□；杭州右衛：陳美、刘道人、□應科、趙国珍、王善人；逺明所：李文□、吳国祥、馮□金、⌋

　　陳應鳳、鄒国甫、吳天河、陳應万、張存支、張太采、刘朝臣；鎮江衛：王廷東、陳国棟、王起儒、張文□；興武衛：江龍、張門郭氏、曹玉、陳思倫、陳應龍、于化林、王一龍、顔□、李有□、刘汝□、顔玉、葛之茂、董見龍、王志鼎、李成龍、李文；上元：楊□勝；江淮：張門刘氏、陳應科；建陽衛：丁大成、羅元相、丁□、□元貴、汪一貴、」

　　曾国聘、高大鸞、奉万壽、仲国瑞、馬會生、刘元、級子成、陶茂卿等、翟啟之、刘在朝、王守魁、賈有生、龔正興、湯純運、宋良福；新安衛：張士俊、蘇鷹龍、王玉；盧州衛：郭正都、韓奉春；徐州正衛：孫永泰、熊茂李、龐福、高九仞、刘文、韓光太；宣州衛：李世忠、高合生、張應林、周太、袁德儒、趙子化、楊君祿；興武衛：王尚義、曹四；」

　　壽州衛：段仁；紹興衛：許二、王世俊、刘錫奎、孫之芳、梁奉□、朱大福等、刘魁等、羅成、朱國賢、沈友仁、刘士俊、沈思忠、趙漢才、徐門李氏、何士鼎、陳国鼎、佐應鳳、陳啟龍、刘四、刘洪昇、韓文會、張啟龍、金秀、黃万勝、孫紀、吳之俊；鳳陽正右：中三衛、何全、刘四、刘善人、王應魁、□啟龍、王貴、白啟元、張應傑、刘自荣、王加后、宣守業、張貴、楊有姓、鄒起龍、陸祖芳、刘季明、」

　　刘国柱、鄧起龍、許文勝、葉道人、龔祥、周士得、黃有德；橫海衛：蔣氏、盧祥生；江淮衛：尤得勝、石文孝、牛應龍、相有德、陳有壁、李善人、商起龍、張道人、常思愷；寧波衛：林志俊、周起龍等、徐雲、林志迷、黃起昇、董起鳳、吳有臣、高□玉、李化龍、顧□王、金文亮、張亢南、陳文孝、羅應欽、王士美；杭州前衛：呂土才、愧有德；惠州衛：罗慶元、陳士華、楊国祥、陳門沈氏；泗州衛：汪起坤等、蔡美、卞瑞甫、」

　　戴孔誘、孫守□、曹龍；揚州衛：吳国定、樊守富、姜守信；六安前幫：鄭大恒、孔天植；邳州衛：張得荣、張荣、良刘張；滁州衛：岳立山、張文瑞、張月賢、惠元、張漬、朱見美、朱国太；蘇州衛：史應龍、蕭□高、俞□蘭、湯景玉、陳玘鳳、王友亮、林天達、王應元、周孝、□應詩、陳起龍、蘇應雲、秦文明、余應龍、魏應昌、鮑志良、張□玉、嚴宗尭、戴應高、李文憲、王忠義、潘有祿、吳国真、張文龍、周国夏、」

　　程富春、林起鳳；嘉興所：刘起鳳、王雲科、陳節明；盧州衛：王子元、李龍、李君、朱郭盛、胡曰禎、李從芳、王美、廉起篷；海寧所：查天桂、康文；杭州右衛：蔣雲文、郭有德、王之秀、蔡文昇、秦国太、魏安玉、曹思、席王占、王善人、何揚住、刘賢春、陳文斗、□国相、張恒、徐弘祚、李自智、陸長生、曹應熊、丁尚仁；安慶衛：陳太初、查起鳳、沈起龍、殷明甫、沈之茂、房祥、周得貴、魏初定、□□□、」

　　秦秀、路士奇、王四、胡文得、沈国太、魏陛、毛国瑩、陶貴、丘得勝、胡雲生、唐国李之明、胡安穩、陳奉、邵有勝、□應秀、張天爵、鄭顧表、張士可、徐進名；台州所：江勝先、宋国賢、程應龍、宋国第、錢宗賢、于明甫、王文、王靜、陳應太、帖應選、詹宇、張門溫氏、蘇文秀、湯應龍、萬秀卿、陸門王氏；長淮衛：許思□、顧尚義、張天耀、王朝鼎、許勝、韓文達、陸三仲；淮元衛：趙德、王應龍、」

蔡椿揚、徐應龍；溫州所：賈雲山、林廷慶、馮志秀、張文孝、王祖先順、濮万邦、談信得、秦少卿；湖州所：周道人、趙起龍、孫正海、馮文耀、王善人、陳福臨；橫海衛：周應龍；上元衛：趙應孝、陳瀟、錢敬山、周祥、孫道人、董留住、孫国英、夏道人、陳應謨；金華所：陳懷優、徐鳳、佟太憂、王思□、陳祥、謝名得、徐万才、王道人；江寧六輩：程朝正、孫国太、王士如、許應爵、許永、蔣科、周云山、王尚孝、」

李二、李祥雲、李君荣、張国芳、吳孝、趙義明、費心華、何世葉；嚴州所：黎茂勝、馬加樓；淮安衛：韓明義、王毓儒、呂五漢、陳起龍、鄭三聘、侯應仕、羅金、袁九思、陳玉階、湯忠陳、周統葉、刘應禎、湯三聘、董玉甫、王進福；大河衛：董富、陳應元、項明甫、楊春華、蔣英雄、周啟、徐登科；石城大幫：秦士仲、錢陌頭、蔣士荣、李国玉、王国用、王正宗；儀鎮衛：祝善人、顧文孝、蔡應科、錢三元；」

邳州衛：張文魁、李士国、張鳳；太倉□：徐應宣、王廷詔、曹一龍、宋文孝、張文讚、黄有龍、張勝宇、薛成；江寧右衛：沈士勳、沈士標、沈太真、周士□、刘成時、吳文魁、蔣應科、汪孟先、岳二、王福官；張世兵：興武衛、劉国才、李成龍、周起、楊国貞、高品、施泰吾、玉国；羽林衛：易魁□、滕守才；鷹揚前幫：趙敬明、張應魁、宋□連、焦□□、金□□、祝□□、陳□□、倪正道、侯君召、焦昇、張應辰；」

松江所：趙天生、楊本几；江淮衛：秦有强、趙九成、陳起龍、張国昌、孫林；長淮衛：田永祚、蕭九韶、蘇继祖、刘啟洪、刘通洪、錢大任、李世荣、沈應貴、周朝佐、沙之英、高毓秀、田之慶、吳從德、謝儀庭；通州所：魏善人、□□揚；泰州衛：王龍保、倪世熙、吳甲、衢世龍；高郵衛：郝澄、郝愷、潘又文、尹炉、傅必顯、蔣偉、李子信、朱天裕、陳士貴、吳文阜、姜起龍、楊白知、趙士英、朱程、」

鎮江衛：度鉄山、李有德、朱昌候、馮才、刘應孝、馮敬山、魏況、周玉甫、陶文秀；武平衛：刘上仁等九人、周元標、王世祿、孫氏；上元衛：王玉高、王志鼎、林魁、張有德、林国祥、陳起龍；興武衛：李世潮；鎮江後幫：朱吉、王国保、藏春、顧善人、張金撈、江二、陳良、李二；湖州所：陶景生、孫正海、宋国文、李光国、孫茂之、蔣宗珍、趙義寰、沈□鼎、馮朝貴、鐘信佐、張文鼎、沈朝卿、沈美賓、董士茂、」

宋永寧、萬思溪、楊天福、長生女、張明宇；上元三輩：杜得印、周玉、惠科；金華所：王成、李士忠、陳可敬、吳將、朱道人、沈良、趙得芳、蔣美亭、朱廣李、張應龍、傅国珍、鐘印、沈應蛟、孫荣亭、吳五、陳国柱、孫樂五、陳祥、陳夫直、陳羽卿、呂公良、刘文孝、陳鳳鳴、張得春、金元卿、朱天麟；滁州衛：孫梦熊、秦會□；鎮海衛：陳志德、林思、張玘鳳；淮安衛：吳應龍、王毓儒、張文秀、」

姜君錫、郭元福、安得生、趙應元、戴君逸、張岐山、閏君甫、顧三韓、王沐、蔡華、王祥甫、孔應龍、蕭芦玘、袁虎山、刘祥甫、陳士□、蔣汝珍、姜登、吳應登、羅金、周應夅、張應龍、李□、張振、郭賓；儀鎮衛：蔡應科、□天祿、華文秀、蘇文孚、苗五□、項文孚、葛有盛、汪孚正、程□瑞、馮春荣、房士傑、俞尭生、賈士麒、武文、□合毛、□富、刘應魁、鄧文玉、萬国相、朱天祿、」

□□□、□□明、□□儀、□□甫、馬玉、陳□□、陳尚□、王□、王□、王□、蔡□明、蔡廷□、張□、趙之□、趙□、王□□、王□□、王□□、王□□、王□□、石□□、趙之德、趙沛□、楊□□、嚴□□、嚴□□、□□□、□□□、□志楔、吳□、張□、張□、蔡□、蔡□、蔡□芳、□□明、□□桂、□□明、□□□、□□□、□□□、□□□、□□□、□□□、□□□、□□□、張□□、」

蔡□芳、各輩善人、□□□、□□應、吳国常、王□、楊士□、□應□、歐陽珍□、宋□祥、□一□、□□、鄭起□、傅□□、王武臣、王□紀、楊□□、□□襲、□□梁、王国祥、□□□、楊三□、李□□、周應□、楊国太、錢□□、□文□、□□□、蔣□□、□□□、周□□、刘□□、錢應□、閏宗□、王九□、戴應□、□□□、方□□、張□□、王□□、□玉□、牛□奇、□□□、陳道人、陳□□、□□□、□□□、□□□、」

□□□、□□□、□□□、□□□、□□□、□□□、□□□、□□□、□□□、皮應元、胡六□、□□宰、李□、李邦□、魏国貞、孫有功、司玉昇、徐孝倫、王道人、邵善人、王善人、姜永才、李□□、孫□錦、吳大如、楊應高、王守信、高有名、錢□□；邳州衛：徐起吉、李玉華、吳進忠、吕應□、張□長、王□明、□□□、□□鳳、□□□、□應龍、□□賢、□□信、程有德、李文魁、□□宇、□士孝、□□吉□□□、」

□□□、□□□、□□□、□□□、□□□、王□□、□□□、□□□、□□□、□□□、□□□、□□□、□□□、□□□、鎮□、林□□、張□鳳；上元□輩：張士禎、王進、汪国棟、方上□、徐子方、廣揚、藺見旺；鷹揚□：許有德、楊□□、□□□、金□、趙□魁、陳□壽、陳得功、胡□□、□忠孝。

碑7　圣旨碑
首題

聖旨」

碑文

　　欽差□督河道提督軍務督察院右都御史潘為欽奉」

　　敕諭，查理河漕，以重國計事，准工部咨訣，本部題覆，工科都給事中，常題前事内嚴築壩以便挑濬，」一欵為照：南旺、臨清一帶，每年大挑小挑俱有」欽限，不議外，但勢豪船隻，多方阻撓，築壩惟利，其遲，天寒挑濬為難，開壩，又利其早，水利瀦畜除不議除。大」挑年分原有」欽限外，其小挑年分，亦請」欽定限期。每年以十月十五日築壩，至次年二月初一日開壩。遇有鮮」貢船隻到彼，另為設法前進，其餘官民船隻俱暫停止，候開壩放行，敢有勢豪阻撓者，聽」總河衙門從重參究，仍大書刻石豎立南旺板閘二處，諭眾遵守等因，奉」

　　聖旨，依擬行，欽此。欽遵擬合刊刻出示，以便遵守，為此示仰，管閘管河官員即便遵照。」欽依事理，大書刻石豎立在南旺閘適中要處，除大挑原有」欽限外，每年小挑築壩、開壩日期，俱奉前」□一體遵行，如有阻撓，即便參究不恕，故示」

　　萬曆拾陸年柒月□……」

碑8　"分水龙王庙"赞残碑

　　……之狀，疑非人力所能御也，意必有河嶽之英靈，默」……有豢龍氏，龍非可擾而豢者，名曰豢龍，計其人必有驅雷鞭霆」……氏之流歟。抑豢龍氏沒天帝命，以為神使，主龍事歟。大江以北」……黃河為最靈，漕艘商舶日往來者以千計，河性湍悍，善壞舟，一」……浪恬，挂席千里，蓋余目擊而心駭者數矣，是豈無神以主之歟。」……王廟。萬曆八年，余初涖任，百務未舉，志於哲新而未暇也，明年」……子其為我新之，余唯唯於是，亦捐余貲，擇日命公餙其廟，貌潔」……煥然一新，而神靈益妥矣，抑聞之志云：南旺視他地為特高□」……豈非以茲地之水易洩而難蓄，而覬神陰相其源流也耶。」……泉之水，供五百萬石之運，微神力孰能保障於無虞也，蓋黃河」……龍神響應常在旱澇之日，其神同，其功同，世謂黃河之神為獨」……大災能捍大患，神其有焉，然則龍神之廟祀遍天下，豈徒以其」……之辭，辭曰：」……洞蕭，女巫進兮屢舞，風肅肅兮堂廊，日將暮兮□予，澹忘歸兮」……河兮永賴，千萬禩兮神功，國報事兮攸同。」

碑9　"龙王庙旗竿揽头"残碑

额题

　　大清

碑文

　　江蘇漕□……奉獻」

　　龍王廟旗竿」

　　攬頭」

　　吳□□」張□□」李業□」閻泰□」王廣仁」朱景□」楊淑筠」楊安邦」解振揚」胡有才」梁萬育」周文□」王永春」王革□」□□□」□立安」□□□」王長□」吳喜□」

光緒拾□年……歲次□卯……穀旦」

碑10　"为详明汶坝积土章程公籲"残碑

额题

大清

首题

為詳明汶壩積土章程公籲」

碑文

憲批，以垂永久事，竊查汶上汛，汶……」

題定十一月初一日合龍斷流，九月……」

二汛，兵淺人夫，採撈運工，從未貽悮……」

二十二名，袁□閘力作閘夫二十三……」

土，歷年興工之時，各夫未嘗不赴壩……」

年經卑職等悉心計議，探量壩基水……」

堆積如數，自二十六日以後直至合……」

慶，尅期告成，頗著成效，今歲興工在即……」

深，合計應積高寬丈尺，估需土方若干……」

憲臺俯賜鈞批，刊立石碣，永遠遵守，實為……」

照詳施行……」

乾隆三十八年九月二十七日奉……」

特授兗州府運河水利分府，加四級紀祿……」

協辦兗州府運河水利分府捕河分府，加三級……」

汶壩積土估需方數按汶鉅二汛六閘力作夫……」

乾隆三十八年十月」

碑11　"济清"残碑

……也，舟之利益於人大矣。」……以時久矣，湮木漸朽壞。」……士農工賈，視為畏途。朝」……者曰：誰為伐竹，誰濟乘」……□待以，眾力所告，若彼」……需時以事，終未能體」……□□□□轉慮夫人」……□所□致思者誠出」……乎哉，吾勿忍也，吾」……其木復精，其工制」……招招舟子，總視」……本乎人情物理」……非以盡其□於」……記。」……濟清敬立」

碑12　创建"宋尚书祠堂记"碑

额题

宋尚書祠堂記

碑文

創建宋尚書祠堂記」

賜進士第光祿大夫柱國太子太保工部尚書湯陰李鐩撰 文 」

賜進士第通議大夫工部左侍郎固安劉永書丹」

賜進士第通議大夫工部右侍郎安福趙璜篆額」

弘治甲子夏，鐩爲工部左侍郎，」孝宗敬皇帝遣徃山東，議處守臣所言漕河事。鐩馳入其境，稽老考迹，知漕河元故運河也，元復有海運者，盖河之制尚弗善也。」國朝洪武中，河決原武，過曹入于安山。漕河塞四百里，自濟寧至于臨清，舟不可行，作城村諸所，陸運至于德州。永樂初，」太宗文皇帝肇建北京，立運法。自海運者，由直沽至于京；自江運者，浮于淮入于河，至于陽武，陸運至于衛輝，又入于衛河，至于京。當是時，海險陸」費，耗財溺舟，歲以萬億計已。」

上命工部尚書宋禮修元運河，發濟兗青東民十五萬人，登萊民願役者萬五千人，疏淤啟隘，因勢而治之。禮用老人白英計，作壩于戴村，橫亙五」里，遏汶勿東流，令盡出于南旺，乃分爲二水，以其三南入于漕河，以接徐呂；以其七北會于臨清，以合漳衛。塞河口于漕鄆，濬沙灣至曹故道」以行水。盖漕河之癈，自二患生焉。河善決則淤，病涸則滯，自是漕河成而海運癈矣。祭法曰：有功於民則祀之，鐩因陳禮之功可祀也。遂」敕下有司工部主事王寵，又言刑部侍郎金純、都督周長佐禮之勞宜不可泯。」

今上皇帝嗣位之六年，俞、鐩等之請命於南旺分水祠禮，而左右以純長配有司，并祠平江伯陳瑄，而純長之位亦紊，又六年工部郎中楊淳始釐，」正如制淳暨主事王鑾來徵予言：夫人臣之奉國事也，富才者創之，慎慮者守之，徒守者蠱事，而敝國數創者梦政而煩民，是故俗之所厭。聖」人不强，行民之所安，聖人不棘改徃者，守臣欲改汶疏洸，求利于漕，不亦鑿乎？夫宋公之治漕河也，因元哲臣之迹，采今達民之謀，相流泉之」宜，操獨決之智，因民之欲，避民之勞，嗣是者置閘以防洩，蓄湖以永灌，引泉以備涸，時浚以殺淤，漕河其大成，萬世之利也。夫慮淺者易動，尚」奇者好更，昧於事者恆作，忍於民者喜役。故事之敝也，柔者癈，剛者憤。予待罪三」朝，備員卿末，今老且病，行將明農以待盡，因公祠事之成僭，以是而爲後之君子告焉。宋公字大本，河南永寧人，剛果篤學，廉公有守，一心爲國，」不憚勞勤。居官三十餘年，始終一節，爲時推重。若籌畫京儲，營建」宮闕，政績茂著，凡軍國重務，建白尤多，不特治河一事而已。金公泗州人，累官刑部尚書。周公天長人，封萊陽伯，諡忠毅，亦一時名臣。祠之建，經」始于正德七年春，落成于十一年冬，廟宇、廊廡、垣墙具備，別刻於記石之陰焉。」十三年戊寅歲秋九月吉旦主事縉雲李瑜立石」

碑13 "皇明宋尚书像赞"碑

皇明宋尚書像贊」

維茲漕河，元故運程，復有海運，國計是經，逮我」國朝，河決原武，入于安山，塞四百里。南自濟寧，北之臨清」陵谷代迁，舟不可行。永樂初元，」文皇御極，肇建北京，運法乃立。自海運者，徑由直沽，自江」運者，浮淮入河，至於陽武，復登于陸，艤舟衛河，輸之」輦穀，海險陸費，耗財溺舟，歲億萬計。」天子是憂，乃命我公，脩元運道，濟兗青東，登萊率效，虛心」訪計，白英出奇，作壩戴村，五里長堤，汶水湯湯，令出」南旺，乃分爲二，南北各向，南入於漕，遙接徐呂，北入」臨清，接衛之滸，漕功告成，海運遂癈，有功于民，當百」世祀，維時臣鑲，寔疏其宜，敕下有司，乃定厥儀，正德」壬申，俞鑲之請，祀于南旺，遂著爲令，公之治漕，矢心」爲國，相彼流泉，剛斷不惑，嗣公而來，當如之何，是式」是程，脩明令謨，戴村之壩，增卑倍簿，日績月累，岡陵」可作，徂徠諸泉，悉入汶河，洪此上流，弘濟寔多，巡察」必時，疏濬必力，維持成就，以永公績，財不妄費，役不」妄興，山東民力，迄可少寧，置閘以節，蓄湖以灌，公實」相之，永世無患，公功在國，公神在天，軍儲千億，」皇圖萬年。」

嘉靖庚子夏肆月朔晚學生張文鳳頓首拜題」

碑 14 "祭文"碑

额题

祭文

碑文

維正德十一年歲次丙子春正月庚寅朔越十二日甲午，奉」敕管理通州等處河道工部郎中楊淳，謹以柔毛清酌之奠，敢昭告于本部尚書宋先生」之神。曰：國家以先生有開運河之功，特允諸臣之請，命官建立廟宇于南旺」分水龍王廟之左，所以崇報祀之典也。先是禮部覆奏之詞略曰：除平江伯陳瑄」已立廟致祭外，中祀尚書宋禮，侍郎金純都督周長從祀其傍，每歲二八月，著令汶」上縣出辦祭儀，就令管河郎中主祭庶幾恩典，惟均人心允愜。淳以为」朝廷是舉，誠所謂報已往之功，為將來之勸也，是亦希闊美事矣。乃者有司不察，錯于奉行，既復奉平江伯陳公于先生之祠，而於金周二公之位向又乖議擬是，豈」朝廷建祠之意與夫論爵之典哉。抑恐先生在天之靈，彼此不安，淳無似將于本月十三」日謹遵朝廷之命照依原擬，督令匠作，撤移改正，奉金公于先生之左，西向周；」公于先生之右，東向。奉陳公于安平鎮舊管河道右通政韓公鼎之祠。如是則位向」合制而禮體不乖矣。但幽明異路，人神難通。伏乞先生轉致各神謂，是乃奉行」朝廷之」命，實非後生小子之敢妄為更張也。幽冥之中，毋加罪譴，淳不勝福祐之至謹告。」

正德十一年七月二十五日立石」

（下陰線刻宋尚書上身像）

碑 15 "重修分水龙王庙"碑

额题

重脩分水龍王廟碑

碑文

重脩分水龍王廟記」

分水」龍王廟之鎭汶河口也，始自前明，我」朝康熙五十五年，蔣公□□築之，
□□二年白公鐘山請於……」朝重脩之，皆立石以記□□□□□矣。□□□□□□□
不足以□……」朝廷崇重□□□□□之□□□□□承□□□□□十□……」神是
□□□□□□□……公□……各捐□俸，既而□……屹立堂□」深□□□□□官□不□□□□
八□□……」賜對聯以□□□……」天章雲□□□□宇□□□□……」上賜而……」神庥謹
披□文□禹王廟文□□南旺古之大□，東平古……之□□□大□而□今□之南旺在
□□□□」道也，□□□□有□正其言□且□文之□矣。而每□春□之□□□未……注
□□分水之□以資□□□□□」又□□□於□水始□□□□□古今□者，於□□中
□□□□□夫□□□□□又有人力所不及……請非□□」□□□……之□者，□不可也。」
聖人在上，百神□□□□□……永□皆□祀典□禹之□亦……」龍神之職於□□，尤其
□□□□之□□其□□天□□□□□而□力……」九重宵肝之軫□而□」神明左右之□功□
石書□交□□□□而已□□□□□，始於八年四月□於九年八月□□□列名□……」及是已先
卒因并記之。」

　　道光十年歲次庚寅十有一月兵部侍郎兼都察院右副都御史總督河道山東河道提督□□仁
和□……山□□□□□通□□□□□□□河□□兵□□□□□三偉」

碑16　"大学士宁阳许彬分水龙王庙记略"① 碑

……□□□□□□□……」
……□□□□□□□□□□□□□□□□……撰文」
……進□□□大夫協政庶尹鳳陽府泗州知州邑□□麟書並篆額」

　　……□□日，南旺湖週迴百餘里，前輩都水者嘗患舟楫往來，漂沒無定，故」……□置椿
木於兩旁，中實以土，以为撺卒之路，堤之西則□□」……□水中分之，南通濟寧，北抵安
山，皆入河故道，通舟楫……」……□鎭壓之，水患前此治其事者，少有怠。忽則風濤羣，溢
……」……□而殃及民田者往往也。去年秋，池陽孫公仁由□□……」……所事，復覲廟貌傾
圮，慨然以脩，復爲心顧，謂治水□……」……寔神之惠也。今廟貌不稱瞻仰，何以棲神妥□
……」……志也。於是□語知縣，申榮縣丞李昂、王□、王寧□……」……相成之，乃□民可
之在官者，輦石陶瓦……」……□王者之尊矣。其旁復刊其舊，比而益□觀……」……昔，而
人不知□□，工既告成，端具其□□詣……」……之□祭法謂□御□□悍，大患則祀之□神之
□……」……□之奉，享祀於土□□後來之人者，宜其不□也。公……」……古人論郁水之
□□曰：才不辨者，不足任心，不盡……」……從者不足任，若□可谓才辨心盡，不苟且順從
者歟。書其事俾刻之石……」

---

①　碑名据山东省汶上县南旺镇编纂办公室：《南旺镇志》，山东省济宁市新闻出版局，1987 年，229 页。

……歲次……立」

碑 17 "保康刘猛将军庙"碑

保康劉猛將軍廟碑」

自古災孽之生，惟神實主之，惟德有以已之，蝗之為災」也，司命於神，神之感召也。司權於人，然則視政俗之得」失，為災祲之消長，伊古以来，未之或易焉。每覽昔者」蝗災之異與夫感應之機，有有蝗即成災者，如春秋之雨」螽於宋書螟於魯；是有有蝗而獨無災者，如魯恭為令，」不入中牟，任修為相，不入固始；是有始有蝗而終不為」災者，如百鳥食蝗於貝州，群鴉啄蝗於定武。是豈非人」有所感，神即立應，莫之或爽哉？津門齊公仲炎長於政」事，賢吏也歲丙辰初代平恩令凡三閱月政教一新，是」歲河北郡縣大蝗災，壤相連平恩因公至而災獲己，由」是循聲卓著。惟时汶邑旱，蝗盜賊並作，大府廉公才檄」公治之，下車之初，百姓既困於蝗，復厄於盜，幾不可為。」然蚩蚩者，一聞公至，咸蘇然有生望，如赤子之抱疾苦」而仰慈父母也。公蓋目棘心，惻然以恤災救患為急務，」竭力籌餉，練勇剿除，夙夜憂勞，突危履險，經營數月，竟」得轉危為安。踰年春，閭閻無事，戶口乂安，公迺勸農桑、興學校、修」祀典、建廢祠、念盜匪由於歲歉，歲歉由於旱」蝗，而實由政令之不臧，神人之道隔。於是，修蜡祭、祈有」年。麥秋將至，繡壤如雲，百姓方且磨月鐮鋙霜刃，延頸」屈指而望，喫饘鬻飽餺飥矣。既乃水涸三湖，魚卵蒸化，」蠕蠕延蔓彌望無際，公愀然：蝗再起，民命盡矣。遂率」合城官紳詣城南舊祠致祭申祝，不數旬而捕除餘孽。」更有蛆生殑斃之應，隴畝一清，二秋大熟，益徵神人感」應之道，為不虛矣。公爰鳩工庀材建祠，於是大其廟貌，」仰荅神麻，踰年蝗子復孽。遂有氣不忿，啄埋之異。公碑」記已詳述之。蓋斯時含哺鼓腹，舞蹈歡欣者，徧乎中都。」較公昔在平恩時，頌聲尤洋溢也。夫蜡神之異，傳於舊」聞者彰彰焉，曾未有如是之神奇者。然則公之德政，足」以彌災，至誠足以感神，豈不信哉？公既自為記，因更舉」德政之大凡，以明神人感召之由致，並勒石以垂久遠，」而邑人愛戴之思，且將與片石俱永，後之官斯邑者，或」亦觀覽焉而有感於斯文。」

鄉飲劉儒璉、庠生劉醴溪」董事世職宋廣熠兵部差官吳大振、公立」祀生白彭堯、世職、白文鏡」咸豐八年十一月穀旦」

碑 18 "隆庆六年万恭致祭"碑

維」隆慶六年歲次壬申六月乙卯朔越五日，己未」皇帝遣總理河道兼提督軍務兵部左侍郎兼督察院右僉都御史萬恭致祭于□」工部尚書宋禮，兹者漕河橫溢，運道阻艱，特命大臣總司開濬，惟」神功存運道廟食明時，凡前事之不忘，而後人之表式。式用遣官備申祭告所望」鑒兹重計紓予，至懷急靖，洪瀾佑成，□役□□□以通濟永康皁于無洫□」

刑部侍郎金純、都督府都督周長」配享謹告」

碑19　"寄沙囊"碑

總督河道提督軍務兵部尚書兼督察院右副都御史實支正壹品俸仍带加拾陸級靳創建」

分巡濟寧道管理通省河道兼督漕運山東等處提刑按察使司僉事葉監脩」

　寄　　沙　　囊」

康熙拾捌年歲次己未秋八月」督工官兗州府運河同知任□」鉅嘉管河主簿陳□圖」汶上縣管河主簿何成桂」

碑20　"汶上小坝口重建文昌阁记"碑

汶上小壩口重建文昌閣記」

斗魁前有六星，爲文昌天官家，所謂斗載筐者。一上將建威武，二次將正左右，三貴相理□□，四司禄賞功進爵，五司命主滅咎，六司寇」佐理寶。是實集計天道，蓋上天之六府也。王良外屏之間有十六星，曰：奎，亦曰封豕。就中□□之大且明者曰：天豕目，亦曰大將天官家」目。爲天之武庫，正聖人取象，以除戎器而戒不虞者也。乃後之布瑤席，陳瓊斝，精饎豐，薦饌賽，弗遑者往往皆懷鉛握槧之士，而非揭旗」扛鼎之倫。則又何歟？聞之周官大宗伯，以櫭燎祀司中司命，夫司中固司禄也，報功以勉□，脩先以崇恩，蓋其由來舊矣。宋太祖乾德五」年夏五月，五星聚奎壁間壁圖書之秘府，是時太祖期偃武修文，而占候者祇以聚奎言，謂爲文明徵蕭楷之庫俄焉。翰墨之林，嘉栗旨」酒緣是。而日至其虔，或亦宜然。汶陽小壩口者，向建傑閣以祀二星，乃劉曉池孝廉及孫位公副車等所創置歲久陊剥不治，治孝廉之從」孫王坡廉訪適由□奉諱里居，爰結邑中善緣而重建之。規制視前閣焉。其首文昌而次奎宿者，則三階九列之秩序也。踰年蕆事徒庸，」材用之需，出於廉訪者半，出於同邑者亦半。或者曰廉訪髫齔時曾侍太夫人至閣外，遙見銀榮金吾，陳列齊肅，衣緋綠者各一人鵠立」懸趨其間。文昌若或頷頤動容者，是以因而爲是夫廉訪矢願之久，暫不具論，顧吾聞廉訪之言，曰董江都本春秋，以究天人之變，而中」墨父子推闡洪範，庶徵往復累千言。何莫非聖人之道，設教之義，吾第偕同志者私淑前脩，兼以迪吉逆凶存勸懲耳。抑昔者陶侃嘗見」朱衣神豕，幀歛板報之曰公长者，後當爲公昭焜秭，知廉訪之世有隱德，即以里巷所言，爲八州都督之左券，拜引福善禍淫之説，弼神」教焉。亦誰曰不宜，是爲記。道光戊戌四月」

敕授文林郎嘉慶癸酉科舉人大挑一等前任四川夔州府開縣知縣曲阜孔昭焜撰文」

誥授通議大夫嘉慶癸酉科拔貢前任刑部郎中安徽徽州府安慶府知府雲南鹽法道浙江按察使劉韻珂書丹」

碑21　乾隆御碑
碑阳

清汶滔滔来大東，自然水脊脈潛」洪，橫川僟注勢非迕，濟運分流惠」莫窮。人力本因」天地力，河功诚擅古今功，由来大」巧原無巧，穿鑿寧知」禹德崇。乙酉清和題分水」龍王廟一律，御筆。乾隆宸翰。陶冶性靈。」

碑阴

五汶挾來二百泉，到斯分注藉天然，南」流水作北流水，上溜船爲下溜船。必有」歡呼稱順勢，可忘籌畫賴前賢，」崇祠象設祈昭佑，漕運功惟萬古」宣。題分水」龍王廟一律，辛卯暮春，御筆。」 下鈐"惟精惟式"、"乾隆宸翰"二印

碑左側面

僻釃背流原是合，千秋通漕著奇勳。永資」神佑惠無斁，亦藉人謀識不群。上水船兹爲下水，北沄波轉忘南沄。」……洎，優劣殊他頃刻分。」謁分水」龍王廟作。庚子清和月下澣御筆。」 下鈐"恒寶惟賢"、"乾隆御筆"二印

碑右側面

流釃汶河各南北，千秋通運藉」神權，水分固在謀誠巧，地脊仍因勢自然。但使萬民資利賴，允宜一己致誠虔，近年流弱剛」浮漕，補救綢繆意更懸。謁分水」龍王廟一律，丙申孟夏月上澣御筆。」 下鈐"乾"、"隆"二印

碑 22　运河图碑

（碑阳面刻闸坎斗门等水工名称，兹从略）

二　题刻

题刻 1　"拜尚书宋公祠"题刻

拜尚书宋公祠」

千里漕河蓄水深，兩隄官柳」綠成陰，恭裹坐受司空策，建議」崇祠始自今。」瞻拜遺容感嘅深，踈籩落照轉」秋陰，春秋史斷瓊山筆，留得公」評說至今。」

楊水部移祠」

廟貌恭裹歲月深，安平崇祀並」淮陰，水曹據禮仍遵」制，誰復他年敢議今。」正德丁丑菊節後十日舟过南」旺作新安唐皋拜書」

题刻 2　"明正德十四年"残石刻

過□湖」

清□□□酒，清」龍蕭鼓□，祠觀」□餘幾，度□□」河上過。□……」

（此处八行缺失）

裹□□……」

正德十四年七月廿八日……」

题刻 3　"康熙辛未年"题刻

南旺分水爲明尚書宋康惠公所經始，利」垂百世，其功偉矣。後之人因其跡而疏導」之，

每間年冬月一大挑，人夫四集，畚插如」雲，督是役者，苟不殫心從事，以盡厥職，」將必虛靡公帑，癈墮前功，其悮運妨漕，」可勝道哉！余受」命迪河，常虞隕越，未敢少懈，今脩□□」期，親詣閱視，因瞻禮公像，徘徊祠下，喜趁」事之踴躍也。率賦短章，以勒之石：」

一水濟南北，神功繼禹成。布衣輪碩畫，元」老採輿情。疏鑿流分潤，紆迴勢激平。錫圭」同未朽，貢賦永無驚。波靜魚龍遠，堤堅草」木榮。募夫脩往迹，計日立新程。踴躍雷如」動，胼胝寒不生。效靈憑海若，八表頌河清。」康熙辛未冬月金明韓作棟」

下鈐"韓作棟印"等三方印章

題刻4　"閱南旺湖有感題宋尚書廟"題刻

閱南旺湖有感題」宋尚書廟，用」石翁遊安山湖韻」

蒼水重来作宦遊，全湖今」始豁雙眸。揚帆萬里行天」馬，轉運千艘異木牛。会有」瓊臺河上句，寧無白老杞」人憂。百年公論終須定，臣」子何心敢望酬。」一坡新漲此来遊，徃事還」驚父老眸。三日甘霖真雨」玉，萬夫懽舞欲椎牛。復湖」本自」宸衷斷，除税須分赤子」憂。漕」事告成民告病，」璽書專重若為酬。」晚學張文鳳」

題刻5　"楊淳、朱寅"題刻

死去姚崇只宋璟，無人知道」濟時功。何令漢祖足軍餉，晏」使唐家喜國充。舊壟封阡」猶馬鬣，新祠松竹始籠葱。」鵝河分派連秋月，不盡涼」光照碧空。」關中楊淳郎中」天心孔固保兹計，誕降名臣」屬此功。滄海風波無舊慮，」神京倉稟自今充，新祠乍」起人瞻仰，故壟應添氣蔚葱。」論世若推經久策，自餘」勞勩摠成空。」常熟朱寅主事」

題刻6　"郡邑士商既為"題刻

郡邑士商既為」商山先生建祠龕塑鳩工，後所費不貲，同官量」加捐助以成義舉。兹將銜名書列於左：」

知濟寧直隸州事王鎮」前知濟寧直隸州事楊嗣曾」知府銜下北同知龔慶祥」知府銜運河同知朱長垣」升署漕河同知錢熙」知府銜前漕河同知莫樹菁」調署糧河通判王長卿」睢寧通判王葵初」歸河通判陸延禧」上河通判鄭晶」下河通判張承恩」前糧河通判蕭以霖」候補通判王承業」副將銜左營參將穆莫邦」右營遊擊李景淮」城守營都司韋秉」中營都司李元泰」左營守備徐貫一」右營守備李鳳來」城守營守備吳景元」都司銜運河營守備王清泰」都司銜濟寧衛守備積昌」臨清衛守備廖體中」知金鄉縣事劉承本」知嘉祥縣事李心蓮」知魚臺縣事楊純堂」知汶上縣事周燦庭」署陵縣知縣李映桃」知縣前署衛糧通判賴安」知縣委署下河通判李麟圖」知縣委署泉河通判畢元善」知縣借補中牟縣丞王於藩」德州州同馮爾熾」州同借補濟寧州判劉執桓」河內縣丞谷啟昆」滕縣縣丞徐鶴鳴」

鎮汶上縣丞范慶弋」升署嶧縣縣丞汪英建」縣丞衛補寧陽主薄李師元」祥符主薄席雲」寧陵主薄王世相」壽東主薄馬為杠」郯城主薄顧鳳華」魚臺主薄倪春臺」鉅嘉主薄徐恂」天井

閘官許文誥」在城閘官毛鳳梧」石佛閘官黃元禮」新店閘官應如枌」仲淺閘官王承祐」棗林閘官徐鑾」南陽閘官王殊濯」通濟閘官鄔太暄」寺前閘官汪光治」南旺閘官范榮」開河閘官汪英灝」袁口閘官姚廷俊」彭口閘官俞皋」□□閘官金薩保」荊州閘官周埉堂」梁土閘官林淮」署彭口閘官呂桂」前署安山閘官趙振聲」河南臨潁縣典史章燮元」河南候補從□高舜卿」河南候補未入王孟蘭」山東候補未入汪英翮」衛北千總龔安瀾」彭口千總邵英曾」左營千總韓正任」道光十一年歲次辛卯正月穀旦」

题刻7　"南旺湖通黑马沟"题刻

南旺湖通黑馬溝，清南」汶北兩分流。淵源宜自徂徠」出，珍重前人為國謀。」南北舟航萬里通，泉流分濟」恰当中，供输坐免鯨波」險，分戲鴻圖仰」太宗。」泉源混混接河渠，閘溜鱗鱗」濟轉輸，廟食龍王亦何事，可憐埋沒宋尚書。」湖水經秋分外清，順風南」下片帆輕，尋源不盡平生」興，翹首萊蕪咏濯纓。」正德元年歲次丙寅冬十」月之吉餘姚謝遷書」

木齋先生詩余迺得於其伯子正云，伯子時以□□」存問，舟經南旺始識其眉目，矧素儲仰迺翁，故攘覯」其子，如覯翁也。稍稍與論，進及去國事，咸涕泗焉。曩」瑾賊竊柄，大權中傷，善類流離，頻死矢殆，不啻百董。」臣子百姓國之根本，賢才國之楨幹，掘根以食，伐幹」以薪，主恩既絕，將安所存？故弗亡者鮮矣。令」聖明御歷，撥亂反正，□姦既去，國鬱攸清，位無執竿之怨，」令罕白駒之歌，天下欣欣，舉□至□，額曰：重見太平」以否泰運也，治□事也，轉移人也，□運弗幾臨事，□」□□飭□人失之，天將奈何？《易》曰："大人休否可以觀」矣。"嘉靖□□年□□午□五月二十九日彭衙王詗書」

三　其他

1. "张秋"残石

……□□……」

……寅嘉平□……」

……□身奉政□……」

……津張秋等□……」

2. "水可"残石

……水可□……」

……月神……

3. 无字碑

碑面无文字。

4. 碑座

仅剩长方形碑座。

5. "湖田局丈" 界石

正面

湖田局丈」

侧面

宋」氏」祀田西南界」

6. "宋氏祀田" 界石

宋」氏」祀田界石」

附录三　文献汇编

一　南旺分水枢纽工程及分水龙王庙建筑群大事记

元世祖至元十八年（1281年）十二月，"差鄂啰齐、刘都水及精算数者一人，给宣差印，往济州（今济宁）定开河夫役"。（《元史·河渠志》）

元世祖至元十九年（1282年）冬派兵部尚书李鄂啰齐主持，开挖由济宁至须城（今东平城西北）的济州河，"南接泗水，北通大清河"。（《元史·河渠志》）

元世祖至元二十年（1283年）朝廷遣兵部李尚书按汶上人马之贞（有传）设计，开凿济州河（由济宁南鲁桥至大安山一段运河）过汶上西境八月，"济州新开河成，立都漕运司"。但因水量不足，不能漕运。（《元史·河渠志》）

元世祖至元二十一年（1284）中书省遣马之贞等察看济州河，并依其建议分别于兖州和宁阳县北之堽城筑建拦河坝，逼引汶、泗二水汇济州新河以济运。漕运通。（《汶上县志》）

元世祖至元二十六年（1289年）正月开挖会通河动工，六月竣工。由著名水利家马之贞主持，"征旁郡丁夫三万"施工。"起须城县（今东平县）安山之西南，由寿张西东昌（今聊城）又西北至于临清"，南与济州河接，北通御河（今漳卫河）全长250余里。"凡役工二百五十一万七千七百四十有八"。元世祖亲自命名为"会通河"。同时建安山（东平城西）开河（汶上城西南）两座船闸。（《山东水利大事记》）

明洪武元年（1368年）敕建分水龙王庙在南旺湖上，汶水西，分流于此。春秋秩祀。（《南旺镇志》）

明成祖永乐九年（1411年）二月，改建会通河，工部尚书宋礼采用汶上老人白英建议，开挖小汶河，筑东戴村坝，遏汶水至南旺分疏南北济运，修整开河闸。（《山东水利大事记》）

明成祖永乐十三年（1415年）会通河全线通航。（《汶上县志》）

明成祖永乐十七年（1419年）重修龙王庙。同时在分水口运河西岸建成长220米的分水石硪岸。会通河，小汶河竣工，运河（会通河）东西，汶水南北皆有堤工。沿河设闸３８座，南旺湖被分割为三。运河西延称南旺湖（为南旺西湖），周围９３里；运东、汶南取名蜀山湖（为南旺东湖），周围６５里，运东汶北命为马踏湖，周围３４里。湖的周围皆有堤工，并设闸坝多处，涝则减河水入湖，旱可泄湖水入运。明清两代与东平安山湖，济宁马场湖，沛县昭阳湖（现属微山县）合称漕渠四水柜。（《汶上县志》）

明成祖永乐二十二年（1424年）工部尚书宋礼卒于任。因疏汶境运河有功，后于南旺敕建宋公祠，

并赐祭田 10 顷。(《汶上县志》)

明宣宗宣德四年（1429 年）"发军民十二万，浚济宁以北自长沟至杏林闸百二十里，置闸诸浅，浚湖塘以引山泉"。(《明史·河渠志》)

明英宗正统十四年（1449 年）沙湾运堤决口，至景泰七年（1456 年）才堵筑，恢复运道。(《山东运河备览》)

明英宗天顺元年（1457 年）主事孙仁重修龙王庙，学士许彬为之记。(《南旺镇志》)

明宪宗明成化三年（1467 年）九月户部会同六部等官商议各地所奏，条陈中提到在元代在济宁州之西蓄孙村、南旺二湖之水，设减水闸 10 余座，大水则见泄、水小则放入正河甚便利，今已经失修，请重新修葺。(《山东运河备览》)

明宪宗明成化三至四年（1467~1468 年）敛事刘进修济宁州小长沟至开河堤约 50 里，堤在南旺，分水南北，甚重要，旧堤已毁，西堤改用石砌。又增培东岸土堤。(《山东运河备览》)

明宪宗明成化四年（1468 年）山东按察司敛事陈善始用石修砌旧西土堤，在汶上县南旺湖漕河西堤，上有桥，外蓄水，称为水柜。减水斗门（闸）名称未有。(《山东运河备览》)

明宪宗成化十四年（1478 年）管河郎中杨恭奏汶上至济宁运河堤岸冲决 110 里，因张秋、南旺诸湖旧编木悍御冲激，常需修葺，改用石筑，可维持永久。(《山东运河备览》)

明宪宗成化十七年（1481 年）建运河南旺上、下两闸，南旺上闸亦名柳林闸，下闸亦名十里闸，相距十里。(《淮系年表》)

明孝宗弘治七年（1494 年）刘大夏治理黄运时，不仅按照古时做法成功将张秋运河决口塞决，并后随筑南旺东堤；浚南旺湖及泉源，又修堤 300 余里。(《山东运河备览》)

明孝宗弘治十二年（1499 年）曾对南旺湖进行疏浚。(《山东运河备览》)

明孝宗弘治十三年（1500 年）通政史韩鼎始踏勘安山、南旺两湖四界，始有东湖、西湖之称，后东湖又称为马踏、蜀山湖。韩鼎立有《南旺图说碑》审其形势。(《山东运河备览》)

明孝宗弘治十七年（1504 年）修整堽城坝，南旺分水成为主要分水枢纽工程。(《山东运河备览》)

明武宗正德七年（1512 年）在南旺分水龙王庙大殿西侧建宋康惠公祠，并于康惠公祠左、右建潘公、白公二祠。(《南旺镇志》)

明武宗正德十四年（1519 年）也曾对南旺湖进行疏浚。(《山东运河备览》)

明世宗嘉靖元年（1522 年）建蜀山湖利运闸，出水济运。(《淮系年表全编》)

明世宗嘉靖六年（1527 年）筑南旺湖水柜新堤。(《山东通志》)

明世宗嘉靖十三年（1534 年）修复（刘氏修复其已废者）西湖湖堤 51 里及减水闸 18 座，只能蓄水不能济运，可从忙生闸放水南出广运闸口济鱼台以下运河。(《山东运河备览》)

明世宗嘉靖十三年（1534 年）刘天河为总河，曾整治小汶河。嘉靖十三年秋，令主事段承恩筑小汶河东堤，十四年秋主事顾翀筑西堤。皆求去河远而高厚。并建议在东西两岸各开两减水闸、两滚水坝泄洪水。(《山东运河备览》)

明世宗嘉靖十四年（1535 年）修筑南旺湖堤，周五十一里，并修复减水闸坝，置减水闸五座。又修筑汶河东西堤。(《淮系年表全编》)

明世宗嘉靖二十年（1541 年）浚南旺、安山、马场、昭阳四湖堤筑堤，开渠置闸坝斗门。又筑蜀山湖东堤。（《山东运河备览》）

明世宗嘉靖二十一年（1542 年）王以旂修治运河水柜，添建斗门、筑堤、开渠、深浚河底以复四柜，二十二年十二月复南旺湖，立石记其事于湖旁。二十三年又立碑刻《南旺湖图说》于宋礼祠。西湖环筑堤岸 15600 余丈，顺堤开大渠与堤长相等，湖内纵横开小渠 20 余道，联络如网，引水入运。（《山东运河备览》）

明世宗嘉靖二十二年（1543 年）筑独山湖东堤，重修南旺西湖长堤。（《山东运河备览》）

明世宗嘉靖年间于南旺设主簿衙、总河部院、督河兵备道、工部分司者二：（1）河道郎中（2）泉闸主事、南旺上、下两闸和寺前铺诸闸厅、南旺行台。（《南旺镇志》）

明穆宗隆庆六年（1572 年）本年浚运河，筑昭阳、蜀山湖堤，又整治新泉二百三十眼。（《山东运河备览》）

明穆宗隆庆六年（1572 年）至万历二年（1574 年）总河万恭论当时的闸河水柜共八处。其中南旺湖，周 79 里，可种田者 374.5 顷，可做水柜者 1608 顷；蜀山湖周 59 里，可种田者 172 顷，可做水柜者 1539.5 顷。马踏湖，隆庆元年实地丈量，按亩征税的是官占，未按地征租的为民占，可作水柜者不多，方稽核未报。（《山东运河备览》）

明神宗万历十四年（1586 年）建小汶河何家坝。（《济宁市水利大事记》）

明神宗万历十六至十七年（1588～1589 年）潘季驯主持大修运河，在山东境内建运河通济闸（在天井闸北）、永通闸（博平境），筑马场湖堤 l620 丈；筑蜀山湖堤 3510 丈；修复冯家坝滚水石坝；筑南旺湖东堤 7118 丈；帮西、南、北堤 12600 丈，筑马踏湖堤 3300 丈。戴村坝以南筑何家口滚水石坝，蓄泄汶水。（《淮系年表全编》）

明神宗万历四十四年（1616 年）总河及巡抚亲身踏勘，清查水柜归官，修复堤闸斗门。（《山东运河备览》）

清圣祖康熙十九年（１６８０年）在龙王庙大殿内侧建禹王殿、水明楼。（《南旺镇志》）

清圣祖康熙五十一年（1712 年）汶上县在南旺分水龙王庙后设置南旺主簿衙，接送河路来往官员并代理民事。（《南旺镇志》）

清世宗雍正三年（1725 年）秋，建马踏湖新河头、弘仁桥单闸各一座，出水济运。（《淮系年表全编》）

清世宗雍正四年（1726 年）戴村坝改筑石坝。筑南旺湖、马踏湖堤。（《南旺镇志》）

清世宗雍正六年（1728 年）添建蜀山湖临汶永定闸，合永泰、永安二闸为临汶三斗门收水入湖。（《淮系年表全编》）

清世宗雍正九年（1731 年）改戴村坝为闸，建矶心 56 个，中留水门 55 个，又别筑土坝名春秋坝。（《南旺镇志》）

清高宗乾隆二年（1737 年）修复蜀山湖等各湖围堤；何家坝两道土坝各建涵洞一座；疏浚戴村坝两端 16 洞淤沙，以通水泄涨。（《南旺镇志》）

清高宗乾隆十三年（1748）十二月，将戴村玲珑、乱石两坝两端各留 5 丈，中间落低 0.7～1.5 丈，

堵塞水门，接砌跌水坡石。（《南旺镇志》）

清高宗乾隆十七年（1752 年）将何家坝改为石坝，高不过三、五尺，长二十丈。（《山东水利史志汇刊》第 7 辑）

清高宗乾隆二十五年（1760 年）移蜀山湖金线闸于迄北十余里，引水接济北漕。金线闸原在寺前闸南，移于柳林闸北，水可北注。建修南旺湖关帝庙前上、下两涵洞，出水济运。（《淮系年表全编》）

清高宗乾隆三十一年（1766 年）秋七月，运河、南旺湖并溢，平地水深五尺，田禾尽淹。（《汶上县志》）

清高宗乾隆三十五年（1770 年）建南旺湖寺前闸上单闸一座，运河水弱出水济运，运河水涨收水入湖。（《淮系年表全编》）

清高宗乾隆三十八年（1773 年）正月二十五日，为证实南旺枢纽工程南北分水流量，当天汶河放水入运，进行试验；二月初一日南水抵韩庄共五天；初二北水抵临清共行六天；两者平均流速比是北：南等于5：6。（《山东水利史志汇刊》第七辑）

清高宗乾隆四十年（1775 年）修蜀山湖临运堤岸石工及砖石坦坡，共长二千三百四十一丈。（《淮系年表全编》）

清高宗乾隆四十三年（1778 年）正月倒堵汶河大坝，大挑南旺运河。展宽蜀山湖收水斗门多蓄济运。（《淮系年表全编》）

清仁宗嘉庆二十四年（1819 年）在龙王大殿后左侧建文公祠、莫公祠。（《南旺镇志》）

清宣宗道光十一年（1831 年）在龙王大殿后偏左建观音阁。（《南旺镇志》）

清文宗咸丰八年（1858 年）在龙王大殿后偏左建蚂蚱神庙。（《南旺镇志》）

清德宗光绪五年（1879 年）在龙王大殿院西宋康惠公祠左侧建白大王庙。后在龙王庙大殿后建关王殿（建期不详）。（《南旺镇志》）

民国二十四年春（1935 年），撤销本境所属汶上县三区政权结构，建立"政教合一"的南旺乡村学校，代行区级政权，校址设在分水龙王庙。（《南旺镇志》）

1959 年春，在南旺村西约 5 华里处，开挖新运河。（济梁段）（《南旺镇志》）

1966 年秋，在批判"三家村"（邓拓、吴晗、廖沫沙）的基础上，掀起了"破四旧、立四新"运动。南旺中心校部分教师带领学生砸毁庙宇上的"脊兽"。清查焚烧古书、字画、家谱、神主等。各村相继发起类似活动，大批文物被毁坏。（《南旺镇志》）.

1967 年春，南旺分水龙王庙大殿前建筑精巧的"戏楼"，在"破四旧"中被南旺学校师生拆掉。同时碑碣被拉倒２０余座。（《南旺镇志》）

1969 年春，汶上县城以建化肥厂用木料为由，拆掉南旺龙王庙大殿。南旺公社建排灌站以用石头为由扒掉南旺分水口石碉岸。（《南旺镇志》）

1973 年春，古运河西岸，南旺分水龙王庙右侧约 100 米处的村民孟兆贤在家中挖掘出"太白楼次林兵部利瞻"壁碑一面，宽 0.66、长 0.9 米。经鉴定为明代遗物。（《南旺镇志》）

二　南旺分水枢纽工程及分水龙王庙建筑群诗文粹编

（一）诗

过南旺守闸

【明】刘　基

客路三千里，舟行二月余。

壮颜随日减，衰鬓受风疏。

蔓草须句国，浮云少昊墟。

秋心如汶水，荡漾绕青徐。

刘基（1311～1375 年），字伯温，浙江青田人。元至顺年间进士，官至浙江行省都事，后弃官还里。后助朱元璋成就帝业，洪武三年（1370 年）封诚意伯，次年辞官。著有《郁离子》、《诚意伯文集》等。

汶上开河与仲熙子棨登岸散步

【明】胡　俨

逶迤陟长坂，摄衣披草莽。

遥见村落中，绿野平如掌。

秀麦苗已交，柔桑叶新长。

鸡犬适闲旷，牛羊遂生养。

欣欣物自私，春光正骀荡。

缓步随东风，林花飘惚慌。

朝耕土脉阔，午炊孤烟上。

草屋十数家　幽栖亦萧爽。

童稚讶衣冠，车马绝来往。

田夫荷锸归，村舂隔林响。

依微辋川居，悠然快心赏。

胡俨（1361～1443 年），字若思，号颐庵，元末明初江西南昌人。洪武年间举人。累官至国子监祭酒，重修《明太祖实录》、《永乐大典》、《天下图志》皆充总裁官。洪熙时进太子宾客。工书画，善诗文，著有《颐庵文选》、《胡氏杂说》。

舟次开河同胡祭酒邹侍讲登岸步长林

【明】曾　棨

芳晨霭新霁，弭楫长河曲。

眷兹丘园趣，褰裳陟平陆。

交原渺空旷，竚望舒远目。

村中夜来雨，土脉高且沃。

茆庐鸡犬静，日出烟树绿。

牛羊散平野，隔水见樵牧。

麦深雉初雊，桑柔蚕已浴。

老翁多欢颜，生事一云足。

偶兹一留憩，幽境惬所欲。

仆夫戒前征，迤逦出林麓。

缅想尘外踪，于焉恣游瞩。

曾棨，字子棨。明永丰（今属江西）人，永乐二年殿试第一，授修撰。历官少詹事。工书法，为文如泉源。卒谥襄敏。著有《西墅集》。

天井闸

【明】王　通

长江滚滚自东来，峡口奔流去不回。

锦缆乍牵人似簇，铁关初启浪成堆。

朝天势涌晴川雪，动地声轰白昼雷。

万国舟艘皆入贡，五云北望是蓬莱。

王通，陕西咸宁人。袭父官为都指挥使，累进都督佥事。永乐中进封成山侯，仁宗时掌后府，加太子太保。宣宗时被劾论死，特释为民。英宗北狩，起用为都督佥事，守京师，进同知卒。

汶　水

【明】徐　彬

流出徂徕赴济西，东风两岸力田齐。

水边宿润云千顷，陇上新晴雨一犁。

嘉种播来禾满野，陂田秧处稻成畦。

劝农令尹侵晨出。喜见群儿傍雉鸡。

许彬，字道中，宁阳人。永乐乙未年（1415年）进士，累迁太常卿。景泰中以迎上皇劝受知。英宗复位，进礼部侍郎，入直文渊阁。晚参大政。卒谥襄敏。著有《东鲁先生文集》传世。

阅南旺湖有感

【明】张文凤

苍水重来作宦游，全湖今始豁双眸。

扬帆万里行天马，转运千艘异木牛。

会有琼台河上句，宁无白老杞人忧。

百年公论终须定，臣子何心敢望酬。

张文凤，明永乐年间官都水郎中。余不详。

题分水二首

【明】程敏政

济水潺潺向北流，济河瀺瀺向南流。

官船私舶都过此，南来北去几时休。

龙王庙前石作堤，马头湾脚路成泥。

莫笑水流分彼此，只缘地势有高低。

程敏政（1445~约1499年），字克勤，明休宁（今属安徽）人。成化年间进士，累官至礼部右侍郎。弘治二十年与李东阳主持会试，以"考场舞弊案"被逮下狱。出狱后忧愤而死。著有《明文衡》、《新安文献志》、《宋遗民录》、《咏史集》、《篁墩集》。

忆　昔

【明】李东阳

文皇建都向幽蓟，中导汶泗通漕纲。

尚书宋公富经略，世上但识陈恭襄。

李东阳（1447~1516年），字宾之，号西涯，明湖广茶陵（今属湖南）人。天顺年间进士，官至少师兼太子太师、吏部尚书、华盖殿大学士。在内阁历二朝十八年。诗文为当时领袖，工篆隶书。著有《燕对集》、《怀麓堂诗话》、《怀麓堂集》、《南行集》。

诗 四 首

【明】谢迁

南旺湖通黑马沟，济南汶北两分流。

渊源且自徂徕出，珍重前人为国谋。

南北舟航万里通，泉流分济恰当中。

供输坐免鲸波险，万载鸿图仰太宗。

泉流混混接河渠，闸溜鳞鳞济转输。

庙食龙王亦何事，可怜堙没宋尚书。

湖水经秋分外清，顺风南下片帆轻。

寻源不尽平生兴，翘首莱芜咏濯缨。

谢迁（1449～1531 年），字于乔，号木斋，余姚（今属浙江）人。成化进士第一，授修撰。弘治中以少詹事人内阁参预机务，寻加太子少保、兵部尚书，兼东阁大学士。秉节直亮，见事尤敏，天下称贤相。卒谥文正。著有《归田稿》。

南旺水涩舟不得去
同行者谋就陆戏成自慰

【明】陆 深

春江多柳花，风起花还飞。

夕阳敛飘荡，委地相因依。

行止谅有数，蚤暮同所归。

百年总行旅，安用长歔欷。

羲和无东回，安乐诚几希。

眇焉泣歧子，人远事已非。

飘飘山水间，志愿良不违。

朝多清风来，暮多繁星辉。

古称太史公，千载钦嘉徽。

南旺道中

【明】殷云霄

夜雨既过无尘土，芳草微烟亦可怜。

白云欲共青山远，鸥鸟似矜湖水妍。

平生事半风尘里，两年归俱清明前。

杨柳岸头春几许，与君沽酒问渔船。

殷云霄，生平不详。

拜尚书宋公祠

【明】唐　皋

千里漕河蓄水深，两堤官柳绿成荫。

恭襄坐受司空策，建议崇祠始自今。

瞻拜遗容感慨深，疏檐落照转秋阴。

春秋史断琼山笔，留得公评说至今。

唐皋，明新安（治今广东深圳西南头镇）人，状元。正德丁丑（1517 年）菊节后十日过南旺而有是作。

南旺湖夜泊

【明】宗　臣

秋日孤舟下石梁，蒹葭寒色起沧茫。

青天忽堕太湖水，明水长流万里光。

中夜鸧鹒回朔气，南来鸿雁乱胡霜。

他乡岁暮悲游子，滴泪时时满客裳。

宗臣（1525～1560 年），字子相，号方城，明兴化（今属江苏）人。嘉靖进士，授刑部主事，谢病辞归，读书于百花洲。后累官至福建提学副使。有诗名，为"后七子"之一，著有《宗子相集》。

蜀山湖泛舟

【明】戴　流

湖达蜀山处处清，彩船如蚁水云横。

满天白羽千群聚，十里烟光一带明。

水气冷于秋气冷，菱歌声乱棹歌声。

晚来渔岸依稀火，泽国人家画不成。

戴流，明人，余不详

巡历登南旺祠二首

【明】邓真卿

疏凿关时运，漕渠此咽喉。

江淮舟直达，南北水分流。

堤曲泉源远，云深庙貌迷。

懋功宜食报，朝夕篆烟浮。

夹岸盈丛柳，交流合众泉。

祠前存禹绩，河内借恂年。

贡赋通吴楚，舟航达蓟燕。

转输民已便，海运复何言。

邓真卿，明南海（今广州）人，余不详。

南旺湖

【清】谈　迁

萦流余百里，鸥鹭聚为家。

水浅菱多米，堤围荻尽花。

汶流阻鸹鸧，秋色极寒鸦。

宛在中央者，同谁理钓槎。

谈迁（1593～1657年），原名以训，字观若，明亡后改名迁，字孺木，海宁（今属浙江）人，明清之际史学家。入清，隐居不出。好审古今治乱，尤熟历代典故。著有《国榷》、《枣林集》、《西游录》、《枣林杂俎》、《海昌外志》等。

题分水庙

【清】朱彝尊

落月西风动戍楼，津头官柳系孤舟。

行人莫唱思归调，汶水南来已北流

朱彝尊，生平不详。

谒宋康惠公祠

【清】董讷

祠堂高峙暮云中，汶水分流转运通。

自是千年留异迹，人间争说宋司空。

四柜功成锁万流，湖光荡漾出龙湫。

何须海运劳廷议，从此轻帆达帝州。

亭亭风节照乾坤，却让恭襄荷帝恩。

杜宇声凄云月冷，蜀江万里黯中魂。

康惠于今颂令名，当年谁与奏圣明。

可怜恩礼归权贵，辜负劳臣万古情。

牢落风尘欲问津，停骖入庙肃明禋。

尚书能用修防策，配享何无白老人。

董讷，清平原（今属山东人），字兹重，号默巷。康熙进士，由编修累官左都御史，寻总督两江，改督漕运。著有《督漕疏草》、《柳村诗集》。

题宋康惠公祠堂

【清】张鹏翮

康惠祠堂汶水东，我来览古识清风。

昔日胼胝劳白发，今时伏腊走村翁。

河湖藉轨田畴易，南北分流运道通。

为喜新墩交会处，老臣开济此心同。

题白老人祠

【清】张鹏翮

谁认庐中一老翁，尚书有梦访飞熊。

若愚大智劳心力，胼胝经营著茂功。

千里迢迢过鲁东，生平仰止慕高风。

迷泉踏破开渠道，一派两岐上下通。

张鹏翮，字运清，清麻城（今属湖北）人。康熙进士，擢河总督。雍正初拜武英殿大学士，时称贤相。卒谥文端。著有《忠武志》、《敦行录》、《信阳子卓录》等文集。

南旺分水龙王庙题诗六首

【清】爱心觉罗·弘历

（1）

清汶滔滔来大东，自然水脊脉潜洪。

横川僁注势非迮，济运分流惠莫穷。

人力本因天地力，河功诚擅古今功。

由来大巧原无巧，穿凿宁知禹德崇。

（2）

五汶挟来二百泉，到斯分注籍天然。

南流水作北流水，上溜船为下溜船。

必有欢呼称顺势，可望筹画赖前贤。

崇祠像设祈昭佑，漕运功惟万古宣。

（3）

僁醨运河各南北，千秋通运借神权。

分水固在谋成巧，地脊仍因势自然。

但使万民资利赖，允宜一己致诚虔。

近年流弱刚浮漕，补救绸缪意更悬。

（4）

僁醨背流原是合，千秋通漕著奇勋。

水资神佑惠无射，亦籍人谋识不群。

上水船兹为下水，北沄波转忘南沄。

□□□□姚家洎，优劣殊他顷刻分。

（5）

地脊原来南北分，老人能识果超群，

水增斯籍疏宜夥，河复何须议论纷。

天下本无事如此，明神赖有佑诚云。

御舟由是顺流下，登岸应抒瞻拜勤。

（6）

原山溯遥本，达兖济鸿功。

分流南而北，崇祠西向东。

天然因地利，神贶籍人工。

昔弱今流壮，蒙休惠莫穷。

爱心觉罗·弘历，即清乾隆皇帝。

蜀山湖舟中作

【清】马星翼

湖水平如鉴，群山列如屏。

浮天惟一碧，界地有馀青。

细草时相挂，轻舟不暂停。

秋风鸣瑟瑟，旅雁满前汀。

马星翼，字仲张，号东泉，邹县南安马庄人。清嘉庆癸酉（1813 年）举人。曾任乐陵教谕，署理临朐、招远等县。晚年主讲邹县近圣书院。著有《尚书广义》、《绎阳随笔》等多种。

晚秋泛蜀山湖

【清】戴　沂

九月衣单制薜萝，消愁鲁酒倚高歌。

数丛菰米沉寒水，几年霜风折败荷。

嘹呖声凄云外雁，汀洲秋老岸旁莎。

木兰荡漾斜阳晚，又见归樵带笠过。

戴沂，清代人，余不详。

南旺祠致祷

佚　名

汶水失朝宗，高筑严防御。

洪浪忽西奔，四柜为藏贮。

风涛在掌中，区画如累黍。

七分合漳卫，以三会徐吕。

一水南北流，转输无攸阻。

海运既涉险，陆运非善举。

飞挽入漕河，万艘每鳞序。

于今数百年，厥功称最巨。

我怀康惠公，入庙瞻钟虡。

谡谡松风前，再拜相告语。

我亦督漕人，忧心靡宁处。

方寸契千秋，孤踪吾与汝。

旱久滞百川，沙停连荒渚。

顾得藉洪流，用以报当宁。

拜分水龙王庙

【清】陆新标

高堂孤峙大河边，悬留中分石径穿。

泗汶百滩争二水，绎蒙千派导诸泉。

荒苔铁锁蚊龙宅，断碣灰沉符箓年。

南北争帆竞渡急，可堪回首尽风烟。

陆新标，清人。余不详。

蜀山湖雨中观莲

【清】赵　锦

好雨随风洗雾翎，扁舟摇曳入空冥。

旷怀时寄陶樽绿，疏性常同阮眼青。

近远渔人依岸立，沉浮鸥鸟傍花停。

诗成湖上遥峰碧，潦倒何妨醉复醒。

赵锦，清人。生平不详。

送友蜀山湖遇雨

【清】路性祯

鼓棹采菱贝，劈空荡小霶。

雾沉千树障，风急片帆迟。

绿鬓摧娇艳，红莲吐嫩姿。

促僧寻杜酿，有酒且敲綦。

路性祯，清人，余不详。

题宋康惠公祠

【清】宋士枚

长堤柳映翠烟浮，二水平分不断流。
吴楚风幡千舫月，获芦波影一湖秋。
漫将三策称奇绩，还勒千年拟壮猷。
那得他人窥畔岸，端凭明圣计勋酬。

宋士枚，清人，余不详。

蜀山湖

刘咸仁

山在湖中几度秋，环看四面水光流。
洞中仙客留长夜，日夕渔翁唱晚舟。
鱼跃声传孔圣殿，莲开香透尚书楼。
昙峰接脉叠峙秀，可比蓬莱芳绩求。

南旺分水龙王庙 七律

刘咸仁

南旺衡当五汶投，运河玉带壮千秋。
龙王庙建地天设，汶水东来南北流。
破波如同展燕尾，安澜绝不动熬头。
底绩中原神福赖，载赞禹功万古留。

鉴远亭

刘咸仁

亭高百尺来清风，汶运连通地势雄。
鉴察泉河千载业，远观宋印万年功。
三湖星月明珠照，两岸地天望眼空。

南北分流玉带水，坐看禹绩赞无穷。

鉴远亭秋景　七律

刘咸仁

鉴远亭高接水明，宜人风景爱秋情。

云封画栋紫霞落，月印寒潭白露横。

坐看蜀岊烟锁翠，远观汶运波澄清。

蓼疏岸工风吹急，鸿雁空飞夜半鸣。

南旺水明楼

刘咸仁

瑞气楼台名水楼，运河玉带壮千秋。

三湖明月雕梁挂，两岸清风画阁投。

坐看漕船南北客，远观运济往来舟。

四山朝拱真胜地，云影天光此处留。

刘咸仁，民国年间山东鱼台县南旺塾师。生卒不详。

南旺道中

寿　张　殷云霄

夜雨既过无尘土，芳草微烟亦可怜。

白云欲共青山远，鸥鸟似矜湖水妍。

年生事半风尖里，两年归俱清明前。

杨柳岸头春几许，与君沽酒问渔船。

白老人像赞

伟哉白翁，治水雄鹰，

佐宋理运，巧夺天工：

点泉分汶，河道疏通；

建闸筑坝，成竹在胸，

畜泄随时，不涸不壅。

浚湖储补，涝旱适应。

漕运即解，商贸振兴。

帆樯林立，世象升平。

精神物质，并进文明。

天降斯老，竟此大功。

功成身死，朝野震惊。

建祠崇祀，诰命敕封：

神锡"永济"，王爵拟龙。

名传海内，声著寰中。

永垂青史，伟哉白公！

（二）碑文

重修金口闸记

【元】刘德智

皇元膺天命，抚方夏，极天地之覆载皆臣服。惟谨东南去京师万里，粟米、丝枲、纤缟、贝锦、象犀、羽毛、金珠、琨筱之贡，视四方尤繁重，本挽陆运，民甚苦之。至元中，穿会通河，引泗汶会漳，以达于幽，由是天下利于转输。泗之源会零于兖之东门，其东多大山，水潦暴至，漫为民患。职水者访其利病，堤土以防其溢，束石以泄其流。其一洞，岁久石摧，不足以吞吐，今近北改作二洞，以闸启闭。中书省以闻天子，可其议。命下之。

日当延祐四年，都水太监阔开分治山东，宽勤恪恭敏于事，会曹椽王元从理簿书，壕寨官李克温董工役，役长张聚、李林、路详、宋赟、秦泽分任其事。夫匠一千九十，石二千五百，砖三万，灰五万，木六千四百，铁锭、铁钩、铁环不敷，取诸官钱以买。兖州知州寻敬，提调州吏鹿果经，始于四年闰正月，成于三月。工告讫，大祠玄冥，酹酒割牲，燔燎瘗埋；吹击笙鼓，风日清明；役徒讴歌，人神欢悦。乃相与请辞，馋石以纪其始终，遂以命德智。

洪惟皇元起漠北，以深仁厚德，奄有天下，公家世鼎鼐，参赞化育。今诚能实于己而勤于官，忠于上而信于下，言不妄发，事不轻改，民易信而功易成。虽然又岂水曹为然，推此诚实以理天下，则被泽溥矣。辞不获命，因书所闻以为记。

刘德智，元代人。余不详。

明资政大夫工部尚书宋公墓铭

【明】曾棨

公讳礼，字大本，姓宋氏，洛之永邑人。世有阀阅，曾大父荣祖、大父仁卿，皆以积善著称于乡，父彬，至正末，仕判山西临州，元亡遁迹田野。国朝洪武中，有司以贤良强起为蜀之仪陇令，既至官，有惠爱于其民。未几卒，讣至，公恸哭几绝，辄匍匐将往。或止之曰："川蜀险远，且近江流暴溢，卒未可以去。"曰："此其可缓耶？"即日治资装，水行陆走，越数千里，始达仪陇，奉丧归葬，乡党称孝焉。

公幼颖悟，知读书。稍长，有志于学，期将以自见于世。由是自乡校以明经充贡礼部，补太学生，以才能选者，皆待以下次。岁庚午，遂擢公为山西按察佥事，持法严峻，锄奸剔蠹无少贷。郡县有司素贪戾为掊克者，皆侧足屏息，相戒莫敢犯。公于善恶之类苗薅发栉无所私。三晋之间，率皆望其风采，以有所庇依。癸酉，以考满上天官；改除户部山西主事，遂日治簿书、会计之务，出纳惟允，愈益有声。己卯，复出陕西按察佥事，其施于政者，皆如在山西时。而关右之所仰望而倚赖之者，亦若晋之民焉。未几复入刑部员外郎。值太宗皇帝即位之初，公署礼部，方是时，凡诏敕号令、册命封拜朝觐、会同晏饮赏贷之事，皆出礼官。酬对捷给，咸克称旨，由是擢公为礼部侍郎，明年升工部尚书。时议建北京，公承奉旨，取材川蜀。既至，饬有司率吏民历溪谷险峻之地，凡材之美者，悉伐而取之，由是梗楠杉桧之属出峡，道江汉，涉淮泗，以输于者，先后相属也。尝得大木，为马湖，一夕有行若干步，不假人力，事闻，诏封其山为神木山，为立碑焉。未几以秩满赴京师，赐手敕嘉劳，留治冬官，其于百工兴作缮修之事，无不具举。至是复承诏董役四川，感疾而卒。卒之日享春秋六十有四。

……

曾棨，字子棨，明永丰（今属江西）人，历官少詹事。著有《西墅集》。

明大学士许彬南旺分水龙王庙记略

去汶上西三十里曰南旺湖，周回百余里，前都水使者尝患舟楫往来漂没无定，故筑堤其中，绵亘南北七十里，置椿木两旁，中实以土，以为织卒之路。堤之两侧弥漫浩渺，冬夏不涸，其东则地稍高阜，水中分之。南通济宁，北抵安山皆入河故道。通舟楫往来，甚便，其上建龙王庙以镇之。前此治其事者少有怠忽，则风涛暴溢，堤岸冲决，奔流怒涨，舟楫为所吞噬，而殃及民田者往往也。去年秋，池阳孙公仁由进士拜都水主事，来莅于兹，既尽心所事，复睹庙貌倾圮，慨然谓治水簿魏端曰："自吾奉命以来，堤防坚固水不患者，虽人之力，实神之惠也。今庙貌不称，何以妥灵？属兹岁稔，盍新之？"端归，语知县申棨、县丞李昂、王臣、主簿徐政、典史方俊，各出俸金以相成之。乃集民丁在官者辇石、陶、瓦，鸠材庀事撤旧营新，规画加于前，而人不知劳。工既告成，端诣予请文为记，因书其事俾刻之石。

南旺湖图说

【明】樊继祖

曩余寓边陲时，岁在辛丑，运道告难，众议汹汹，深惟一善策而不可得。伏闻兵部侍郎王公以旂往任其事。疏曰在浚泉建闸，复湖导河，佥以为然。余曰：运道久无所事黄河也，顷复导之者何。不以二洪而下，河身散阔，要非沂泗诸泉一派之水之所能济欤！要之浚泉尚矣，复湖次之，而建闸又次之。第泉脉微涣诸湖，为居民所有，为日既久，则根据盘错，吾惧其成工之难也。比不佞复奉命督木川湖，栖栖焉，惟弗克攸利是惧。而历览诸湖，则皆弥漫浩荡，盈视无涯，卒有缓急，足恃而无恐，继祖窃有喜焉。乃稽首再拜，作而言曰：我国家亿万载无疆之业，其不在兹乎？夫弊罔革则蛊，利罔兴则迤。今夫环数百里之污池，而渚其中，名之曰水柜。古人岂真无见者而必为此，夫固为厉民者欤？传曰：文王之囿方千里，彼奄然一国耳，乃今以藐然一刀之渠，衍而供万方无厌之求，已为至艰。虽捐数千里之地而为一巨泽，不可为过侈。何者？势有轻重。则数口之家，有不遑恤，而况乎王居之旧，则又非斯民所得有者。承平之后，法久而弊，将并古人之成辙而胥变之。然则微斯举也，皇皇宗社将焉给，继祖窃有喜焉。而好事者之说尤不免以闲旷疑。余曰：即令诸湖置诸闲旷，使河注不至渗漏，已为利益。今其馀波洋溢，水鲜菱芰，于国于民尤两利也，其为关系岂小哉？斯不通之说，必不然矣。于是李梦祥质《南旺湖图》一幅以进曰：此旧刻为方六十里。迨琅琊王公、太原郭公爰考《漕志》，新创蜀山一湖，得百八十里。且水为有源，斗门一启，则溃决罔竭，非他湖之比。但其刻尚存，苟固而不毁，将来失业之民，又藉以为口实。尚丐一言，以志不朽。遂潜书于左。

嘉靖二十三年五月朔日。

樊继祖，字孝甫，明郓城（今属山东）人。弘治年间进士，官至工部尚书。

制南旺水车记略

【明】王　宠

今之漕河，胜国凿之于先，宋司空浚之于后，至陈恭襄之排决，而万世永赖也。

南旺之水车又何为而增置耶？

盖徂徕诸泉会于汶，至是而中分之。南折百里，经巨野，泝嘉祥而为济宁，始与洸河诸水会，而入淮。故决什三为闸二，以缓其流。北折三百余里，经东平、泝寿张、聊城，过堂邑而为临清，始与卫河诸水会，而入海。故决什七为闸十有六，以节其澜。南北盘旋，其中形势独高。冬春旱涸之时，守闸之吏积之未盈，而豪强挠之，涸可立待。漕卒叫嚣，甚至一艘之盘剥而奔走百人焉。

正德己巳春，予以水部郎奉使济上，兼督诸泉。是时自秋七月不雨，至于夏四月，舳舻鳞次，漕卒舣屯，束手无策。

予乃召漕运官军，谕之曰：东西堤有湖水，其出无穷，潆回百五十里。金宪陈公之所浚，正为今日也。但比漕河笕而下，可挽而不可放耳。曰：运官，尔其为我严闸座。曰：属吏，尔其为我置水车。曰：漕卒，尔其为我每艘一丁以激水，不用命者毋贷。由是，三日之内，千余艘皆可挥而走矣。

漕卒于是□舞，曰：一艘之中，逸者九而劳者一，视盘剥之费百□霄壤矣。守一日，不如车一时。诚良法也！请著为令。爰命兖州府管河通判吕做、济宁卫管河指挥陈塘增，置水车四十辆，掌其出纳，葺其废坏。

复以其事移檄于平江伯陈公、都宪邵公、参将庄公、巡河郎中王公，皆曰：然。可为漕河旱涸之一助。

于是记其规制，以备司漕者采焉。

王宠，明正德年间官水部侍郎。生平事迹不详。

明工部尚书宋礼祭文

维正德十一年岁次丙子春正月庚寅朔越十二日甲午，奉勅管理通州等处河道工部郎中杨淳。谨以□毛清酌之奠，敢诏告于本部尚书宋先生之神曰：国家以先生有开运河之功，特允诣臣之请，命官建立庙宇于南旺分水龙王庙之左，所以崇报祀之典也。先是礼部奏之略词曰：除平江伯陈瑄已立庙致祭外，中祀尚书宋礼，侍郎金纯、都督周长、从祀其傍。每岁二、八月，着令汶上县出办祭仪，着令管河郎中主祭，庶几恩典，□□人心，□□宁以为朝廷是举，诚所谓报以往之功，为将来之功也。是亦□□□□矣。乃者有司不察，错于奉行，既复奉平江伯陈公于先生之祠，而于金周二公之位向□乘诚□是岂朝廷建祠之意。与夫论爵之典哉。抑恐先生在天之灵，彼此不安，□□似将于本月十三日，谨遵朝廷之命，照□原拟督令□作撤□改正，奉金公于先生之左西向，周公于先生之右东向，奉陈公于安平镇旧管□道右通政韩公鼎之祠。如是则位向合制而礼□不乘矣。□明异路，人神相通，伏老先生转致各神，谓是乃奉行朝廷之命，实非后生小子之敢妄为更张也。幽冥之中，毋加罪谴，淳不胜福佑之至。谨告。

正德十二年七月二十五日立石

主事胡赞白老人祠记

余既至南旺，求所为白老人庙者，合以其乡，对已问水戴村故事。当谒庙，乃愀然。一室几不蔽风雨，中为龙神，为汶席二河神，南飨；旁为土神，东飨；其一则故白英老人也，西飨。皆肖像，余心弗等也。他日，之坎河吏请如故事，则其庙三楹，左右翼各一。时东平李园祥方议新之顾其制无异大村，独两配翼室祠之掌故事。国惩大村之失而厘正之者也，余喟然叹曰：楚国失之齐，亦未为得也。祭法：有功于民则祀，御灾捍患则祀，非族也，不在祀典。禹贡济东北，会于汶，其故道白入海，淼乎东方，一巨浸矣席水不见，然不足当汶之一支，安得并为二者也。且天地之宣而成川，安得有形。记有之泉不在深，有龙托水者也。能潜能飞，有形也。安得为人英故也，神矣。安得其人而齿为昭穆也夫。同堂者，非以兴室而正其非者也。夫以人配神，唯郊祀之论其功也。英于漕渠，忱有功于汶之性，得无拂然且绝地脉哉。或曰：英不当祀与。曰，又非也。礼有其举之英可废也。故庙之既毁者，吾敢散议毁也。其余大村庙后瓶为一嗣，令其子孙奉其衣冠而岁时有事焉。俾没者歆其类而存者，得伸尊庶其可乎。昔伯宗没辇者，之前君子谓之无绩。今天下第一不得英耳，安得如英也。用其策，何忧河决哉！故象以新宠，昭其报也，号从名纪其实也。祠始于丁酉十一月成于明年五月。役夫三旬，费金钱三千文暇钱，夫取帑不烦。有司面助其成者，汶上承郭维澄。董其事者，周士孜也。

重修南旺湖记

【明】王　道

南旺湖者，古大野泽，而古今贡道之要会处也。按《禹贡》："徐州大野既潴，东原底平。《周礼·

职方》："兖州其薮泽曰大野。"《地志》谓："大野在巨野县北。"而何承天云："巨野广大，南导洙泗，北连清济。"则其他与其所钟可知矣。或又云郓州中都西南有大野陂。郓州今东平州，即古东原。而中都则汶上县也。去古既远，陵谷变迁，求古大野，未知孰是。顾今南旺湖实在汶上西南，会通漕河纵贯其中，湖界为二，东湖广衍，倍于西湖。北接马踏武庄坡湖，以及安山；南接马场坡湖，以及昭阳诸湖。相属绵亘数百里，而徐、兖、东平、汶上、巨野诸郡邑，又悉环列于其左右，与古经志合。是南旺湖，即古大野无疑也。禹治水时，大野既钟洙泗济水而成，而泗通于淮，济通于汶，淮通于沂，汶通于洸，而泗之上源又自大野而通于济，则是大江以北，中原诸水纵横交织，皆于大野乎相联。而当时入贡之路，若青之浮汶，兖之浮济，徐与扬之浮于淮泗，亦皆于大野乎相关，是大野在古已为贡道之要会处矣。后世建都不同，输将之途亦异为。我成祖文皇帝定鼎燕京，控制上游，与尧舜禹所都同在冀州方域之内，故其经理贡赋道路，亦与禹迹大略相同。济宁之境南迄于江，中间虽有二洪五湖之险，河淮湍激之虞，然所循者犹淮泗之故道也。至于漳卫合流，直趋天津，则与古达河以达帝都者，亦殊途而同归矣。惟是济宁抵于临清上下数百里，地势高仰，舟揖不通，会通河虽创自前元，未底于成也。

国初，黄河决于原武，漫过安山，而会通河遂以堙废。至永乐中，始以飞挽艰虞，爰命宋司空礼发丁夫十余万，疏凿会通，以济漕运。顾瞻南旺，适当其冲，宋公乃用老人白英之言，导汶自戴村西南流，合洸与济伏所发徂徕诸泉之水，潴于南旺，注于会通，南北分流，上下交灌。而又建闸设坝蓄泄以时。遂使三千年已废之大野，复为圣世利涉之用，盖亘古今而再见者也。向非南旺，则会通河虽开，亦枯渎耳，乌能转万里之舳舻，来四海之朝献，以供亿万年之国计也哉。是南旺湖，诚又今日贡道之要会也。南旺既潴，会通其道，自时厥后，海运陆输一切报罢，岁漕东南粟四百万石，直抵京师，若行堂奥然，上下咸利者，且百余年矣。物盛致蠹，积习生常。迩年以来，河沙壅而吏职旷，于是有堙塞之患；水土平而利孔开，于是有冒耕之患；私艺成而官防碍，于是有盗决之患。三患生而湖渐废，湖废而运道遂失其常，此所以不能不轸吾圣明宵旰之忧也。乃者廷议，因漕船阻滞，请遣大臣如宋司空者往任其事。而兵部右侍郎王公以旂实受专命，兼宪职以行，训词丁宁首以经理山东诸泉，为漕河命脉，是固以宋公之任任公矣。祇承德意，奉行唯谨。视事之始，会同漕运管河都御史周公金、郭公持平，暨内外诸司，相与远稽近考，尽得湖泉放失之由，如前所云。于是案图牒以正疆界，昭典宪以摄豪强，敕官联以慎法守，而又躬履地形，指受方略。先浚诸泉，以开湖源，继疏四湖，以为水柜。又以南旺地当要会，用力尤多。西湖环筑堤岸，以丈计万五千六百有奇。随堤既开大渠，与堤共长，而湖内纵横复穿小渠二十余道，使相联络，引水入漕。东湖迤东地势渐高，无需防遏，止于官民界分，植柳竖石，以杜侵冒。而南至长沟小河口苏鲁桥，北至田家楼受水之处，则亦堤而渠之、视西湖工又倍焉，凡所新造为闸者一，在李太口弘仁桥。为坝者二，在冯家口、王严口。为河者九百丈，在李村王堂二口，皆蓄泄要害处也。至于关闸全湖，伸缩漕道，有若南北端二闸，东西岸十七斗门，则皆因旧而益修浚之，以司启闭。经始于辛丑八月十有二日，至十月望告成事焉。凡役夫万五千六百，用银一万七百八十两，皆取之河道之委积云。其承委官属总督，则都水郎中张君文凤主□，刘君凤池、李君梦祥；山东参政余君镂、兖州知府程君尚宁，分理有司；自陈通判赢、刘推官煮而下，为知县王昱、胡宗宪，判官王世昌，主簿高多、宋崇简，训导邓应龙，又若而八公既肃将明命，率由奏章，而诸君亦咸惟怀，永图恪守成算。所以群策毕效，众力协齐，甫三阅月，而百年漕政犁然，悉还其旧。是皆圣天子神谋法祖，知人善任之效。

而公等之抒忠体国，果无愧于宋公也如此。呜呼盛矣！

先是经画既定，条具上闻，事下工部，复奏取可施行。仍议勒石纪成，用昭久远，于是诸君承符，从事不鄙，谓愚公同年也，来属笔焉。愚惟建事而有所因，则功易成，法立而后能守，则德可久。今之功叙，诚不可以无传焉。抑又有大者焉，享万世永赖之利者，睹河洛而思神禹。以万民惟正之供者，戒逸豫以则文王。当今之世，沧海以还，全归禹贡；蓟门之表，尽乐尧封。可谓盈成之极际，而微戒之至几也。则夫前所当因，后所当守者，宁一运道已耶？公等皆预闻保大定功之责，所以职思其忧者，亦必有大于此矣。

嘉靖二十一年腊月朔日

王道，武城（今属山东）人。正德进士，官至吏部右侍郎。

请建祠疏

【明】李　镜

臣近蒙命往山东勘议漕河事宜，往返道途颇有见闻，事关政务，不敢箴默，条陈八事尘渎天聪。倘赐采纳，是犹萤火助明于日月，蚁蛭增高于嵩华，臣不胜庆幸。臣闻凡人臣有劳于国、有功于民者，皆得血食一方，以报其功，以劝来世，是古今通义也。然功莫大于治河，政莫重于漕运。臣考得永乐初年，我太宗文皇帝定鼎北京，首务漕运。继因济宁到临清漕道枯涸，四百余里不通舟揖，陆挽肩输，劳费万倍。寻命前工部尚书宋礼务求疏通。本官果能上体国忧，下悯民困，劳心焦思，广询博访，能用汶上县老人白英之言，于东平州戴村社地方汶水入海故道筑一土坝，遏截汶水西流，尽出南旺龙王庙前分流。三分往南接济徐吕；七分往比直达临清，会合漳卫诸水下至天津。从此漕运遂通，开国成务实赖此举。后该平江伯陈瑄奉敕督漕，复能相度地形，添设新闸，修筑旧岸，数年之后，河道益通。是宋礼、陈瑄其功相若。今陈瑄于淮安、徐州、临清等处俱蒙建祠赐祭，惟尚书宋礼身后寂然无闻。是宋礼徒劳曲突徙薪之计，而陈瑄独收焦头烂额之功，人多惜之。如蒙圣恩一视同仁。量功行赏，乞敕该部查照宋礼果有前功，照依陈瑄事例于分水龙王庙处所建立一祠，令附近有司每年春秋致祭，永为定例。如此则恩典惟均，臣劳不泯，人心允惬。将来知劝。

李镜，明汤阴（今属河南）人。进士，官至工部尚书，赠光禄大夫柱国太子太保。

永济神白英墓碑文

功不足以建当时，业不足以垂后世，碌碌一生，殁者已焉者，此非豪士之所为也，豪士者身处岩穴而心在天下，行在一时而及万世。吾于永济神白公有契焉。

白公讳英，汶邑城北彩山村人也。当前明洪武间，河决原武，漫于安山，塞四百里，南自济宁，北至临清，舟不可行。永乐肇建北京，故自海运者径由直沽，自江运者浮淮入河至于阳武，复登于陆，舣舟卫河，输自辇毂。海险陆费，耗财溺舟，岁亿万计。时值济宁州同潘公讳淑心，奏请开疏漕渠，自济宁至临清以通漕运。永乐九年，遂使工部尚书宋公讳礼疏通会通河。至袁口左徙二十余里，开新河至寿张之沙湾，接入旧河。河虽有成，而河中干涸，未济于漕，宋公忧之，殚思极虑，诚格于神，感白鹦入梦之奇，遂布衣微服，旁求延揽，行至汶邑城东北彩山之阳，见群鹦正集于上，一人独坐其下，视其形貌与梦相肖。彼此问答，互相联咏，白公感其延揽之诚，遂与之相形度势，视汶水坎河口高南旺分水口三十余丈（尺），南旺分水口北高临清九十余尺，南高沽头一百一十六尺。必得汶水引入南旺运河，始得会通。于是躬率丁夫数万，建坝戴村，横亘五里，遏截汶水，使不西入盐河。新开汶河一道，长八十余里，引汶水至南旺南北分流，南接黄淮，北通漳卫。又开何家坝以泄伏秋之水，使上源不淹没民田，而下流能通济漕运。尤恐汶水有时而涸，又治七十二泉以助汶水之不足。南旺以北，增修水闸十有七，南旺以南，增修水闸二十有一，层层节束，水不倾泄，至永乐十三年，漕运通而海运罢。因春旱水浅，运行不畅，复创设诸湖，俾有收畜，以济春运。因汶水源远水弱，不能接运，更引泗水入济宁，一出天井闸，一出鲁桥，以接南运。由是，万樯粮艘扬帆直上，正供天庾，源源不绝，皆公之力也。永乐十七年，功成告竣，随尚书京师复命，至德州，劳苦憔瘦之躯呕血而殁。公曾设教于城北昙彩山地方多年之久，素爱山林之景，故遗托尚书送葬于彩山之阳。尚书回朝奏明，敕封为功漕神，建祠于彩山村，赐祭田五百余亩，子孙守祠奉祀。然以功漕神白英老人之功高也，是以正德七年，又建祠于南旺分水口，赐祭田四十顷，万历元年，复建祠于戴村坝，赐香火地五顷二十亩，皆春秋致祭，以妥灵爽。迨我圣朝圣祖仁皇康熙十一年，颁赐御祭。世宗宪皇帝雍正四年，加封为永济神。乾隆二十九年，余敬谒宋白祠，询及永济神嫡派之孙白作檠，向蒙河院衙门拟给八品。余念永济神白公之生前开河、建坝、治泉、修闸、创诸湖、引泗水，经历八年之苦，未享一命之荣，岂忍弗奏于天颜，以恩荣其后人哉。乾隆三十年四月，幸值圣驾南巡，余会通巡抚崔奏请给八品世官，遂奉旨议叙。至九月二十四日，吏部给发刘，付于永济神十三代嫡派之孙白作檠承袭八品世官，以报其利导之功。夫白公一野人也，裹国家大计，世受皇恩，恤食百世，子孙蒙福，以视一生碌碌无所短长于世者为何如哉？时余船泊南旺，白作檠来拜谢，并请为其祖先永济神撰修墓碑文，余不辞，因其生前殁后之事迹，敬而述之，为碑文焉。

山河总督李青山拜撰
乾隆三十年岁次乙酉十月上旬穀旦

敕封永济神开河治泉实迹

选自《白氏族谱》

白公讳英，系汶上县城北昙彩山地方祖居氏。当前明洪武中，河决原武，过曹入于安山，塞四百里，自济宁到临清舟不可行，作城、村诸所，陆运至于德州。永乐肇建北京，立运法，自海运者，径由直沽至于京；自江运者，浮淮入河至于阳武，陆运至卫辉，又入于卫河至于京。海险陆费，耗财溺舟，岁亿万计。时值济宁州州同潘叔正奏请开疏河渠，自济宁至临清以通漕运。遂使工部尚书宋礼疏会通河，自袁家口左徙二十余里，开新河至寿张之沙湾接入旧河。河虽有成，而河中干涸，未济于漕。宋公因微服旁求延揽，行至汶上城北遇公于昙彩山之阳，遂虚心访问利漕之事，公为之出奇计。度形势，视汶水坎河口高南旺分水口三十余丈，又北至临清地降九十尺，南至沽头地降一百一十六尺，必得汶水引入南旺，运河始得会通。于是躬率丁夫数万，建坝戴村，横亘五里，遏截汶水使不悉入于盐河。新开汶河一道，长八十余里，引汶水至南旺南北分流，南接淮黄，北通漳卫。又开何家坝以泄伏秋之水，使上源不至淹没民田，而下流能通济漕运。犹恐汶水有时而涸，又浚诸名泉以助汶水之不足。南旺迤北建石闸十有七，迤南立石闸二十有一，层层结束，不使倾泄。复创设诸湖，俾有收蓄以济春运。又恐汶水源远水弱不能接运，更引泗水入济宁，一出天井闸，一出鲁桥以接南运。于是漕运通而海运罢，万樯粮艘联帆直上，正供天庾，源源不绝，皆公之力也。因述历代事迹各列于左：

正德七年建祠于南旺分水口，赐祭田四十顷，春秋二祭。

万历元年复建祠于戴村坝，赐香火地五顷二十亩，春秋二祭。

万历二十六年主事胡戴村坝重修祠宇，蒙给对联："天下无二老，泉河第一功"，并令其嫡派子孙一人世袭八品官以奉祭祀。

国朝康熙十一年，蒙吏部正堂遂宁张公题诗二绝云："千里迢迢过鲁东，生平仰止慕高风，迷泉踏破开渠道，一派两歧上下通。""谁识庐中一老翁，尚书有梦访飞熊，若愚大智劳心力，胼胝经营著茂功。"

又于康熙六十年蒙上谕特称曰：积数十年之精思，确有所见，决为此议，尚书宋礼从之，因势均导，北得七分，南得三分，增修水闸，以时启闭，漕运遂通。此等胆识，后人断断不敢，实亦不能得水平如是之准。

世宗宪皇帝御极之四年，加封为永济神。皇上御极之三年，河道总督白钟山题请奉敕重修南旺祠宇，给赐匾额四字："策赞河渠"；对联"引汶泗以浮漕三老实裹治术，通兖徐而济运玉蟾本属神仙"；戴村坝匾额四字："天庾水利"。

乾隆二十六年蒙山河总督张、运河兵备道李题请重修南旺祠宇。三十年四月山河总督李奏称：白英老人建筑戴村坝，遏汶水出南旺，利济漕运，功垂不朽，仰恳圣恩，俯念白英生前未得一命之荣，特恩降旨，准其嫡派子孙一人复袭八品世官奉祀香火。奉旨依议，钦此。

重修戴村坝碑记

戴村之有坝也，遏汶水南趋以济运。自明以来，利赖甚溥。咸丰五年，黄河穿运张秋迤北，运道断流。而河之南岸，自安山达江南界六百余里，仍藉汶以济舟行。故是坝所资尤重。光绪六年庚辰，经周福偕中丞恒祺疏请修葺，迄今渐□颓圮。二十八年，汶水大发，冲毁几半，东平州境被淹甚广。而汶宁迤南，运河浅涸，漕商皆苦之。且黄河频年溃决，复加汶水，益不可治，是不得不亟筹修复。是秋，馥奉命来抚是邦，躬勘形势，□即商同司道，腾挪经帑，次第修理。先将戴村坝土石各堤漫口堵塞，束水归漕。添建片石大堤，以御盛涨。并将玲珑、乱石、滚水三坝，修葺完正。旧有三合土灰坝，通加修补，自癸卯三月兴工，至甲辰四月蒇事，计改修片石堤一道，长二百七十一丈，高二丈二尺二寸，顶宽三尺五寸，底宽一丈二尺三寸八分。背后土底宽六丈五尺，顶宽二丈五尺，高与石堤平。补修三合土坝，长八十丈，连内外坦坡，宽十五丈。又迎水出水簸箕及东西燕翅，并修补玲珑各坝，诸坝丈尺不等。共弗银十一万八千一百余两，特详载之。以备后人查考。尤望后来者修守勿懈，至亡羊补牢也，则幸甚矣。是役也，总其事者，直隶候补道窦子桂观察延馨；董其事者，兖沂曹济道张毓渠观察莲芬；提调工务者，候补道郭叔勉观察最；分修三合土坝者，候补知府沈荐之太守寶；稽核工费者，候补知县水子庄大令政清。例得备书。

光绪三十年季秋元月抚东使者周馥记

窦公堤

公印延馨，字子桂，安徽霍邱人。由署直隶永定河道，奉大府周以办事核实熟谙修寺机宜奏调来东，督修黄运两工。辛丑汶泉两河异涨。大水、灰石两坝冲竭殆尽。太隍堤全行冲决，夺流西行，东原一带受灾甚重。公自壬寅秋到工，筹划精译量土堤势难仍旧，即改垒片石大堤背筑黄土灰石，两坝一律重修整齐。至甲辰夏方藏事，日计万夫，不扰闾闾，以工代赈，民沾其惠。公三年勤劳治治，东平从此得免水患，绅民感戴，因勒碑以志。

光绪叁拾年岁次甲辰四月上旬东平州绅民公立

许公修三堤碑文

特用清军府前知陵县事许公表颂笔者披列事功而载之金石者也。绅民为许公立碑矣，其载维何，曰实心实事耳。公印廷瑞字玉瓒，占籍湖南永定，筮仕东省历摄县篆。大府知其贤，委办黄运两工，蒙奖数次。光绪戊申，汶水汛涨，玲珑、乱石、滚水三坝，冲决不堪，南北矶心两垛，亦并破坏。公奉札估办，于已酉孟春到工，周历履勘，以玲珑坝冲决殆尽，草率兴修，难以持久。于是澈底排椿纬以巨石。上下堤坡加厚帮创，乱、滚二坝，并矶心两垛，一律修整巩固，遏汶入漕以济运道，东平水患免矣。而且以工代赈，泽樀生民。尤精于治疗，不惜□药，活人无算。都人士以董奉媲之。此绅民所以感戴不忘也。碑立矣，能无赞？赞曰：恺恺君子，万夫之特，匪壹于年，亦邵其德，行方而严，学优而粹，接踵歧黄，追踪宋白不事威福。不辞劳瘁，董风野草，深人广被，抑抑德隅，人望知畏，时有古廉，于公作配。

仁风、仁孝、仁寿等保绅民公立
宣统元年岁次已酉

重修戴村坝碑文

汶水入东平境，经大清河入海。明永乐间，重浚通河为遏汶南流，使趋南旺以济运。乃于城东六十里之戴村筑坝以资调节。坝长四百三十二公尺，内分三部：曰玲珑、曰乱石、曰滚水。自明历清，恒视汶流向背之利否而重修之，无非为遏汶济运计也。频年国家多故，水运不修，坝之各部，日以倾圯，其中尤以玲珑一部为最。坝基虚漏，可容数人，坦坡冲没，长二公尺，木椿外露，大半朽腐。沿坝到处渗水，已渐失济运之效。长此一往，坝之全部毁坏，则汶流直迤黄河，倒漾东平，全境具成泽国矣。此戴村坝之在今日，所以有重修必要也。县长吏介繁君莅任后，有鉴于此，躬视查堪，□重修元不可再缓。乃请本厅设计，就坝元倾圮状况，而定修理之计划，当以运河工程局勘估。需工款三万九千九百二十二元。请准颁发库币，招标兴工。未几，又值大水，坝毁更甚，原估计款数，不敷尤巨。后再向省府提议增款。议决不敷之数，概由东平地方摊筹，惟以连年灾歉，民力维艰，既未便筹征，复无从劝募。史县长商承本厅，转向省赈务会请款补助。准拨滕县厢修湖埝工程之未用款八千元；又请准省府，动用本县米麦附捐余款二千二百五十四元四角七分；补征十九年地丁未解之款三千三百六十四元九角二分；八月及两次军事偿还券六千一百八十五元五角六分；又在本县建设特捐项下拨洋六千元。工款筹措略有端倪，乃为之设计。即于本年春，开始兴工。计修玲珑坝顶宽三公尺五，坦坡五公尺二，跌水五公尺三；乱石坝顶宽四公尺，坦坡二公尺五，跌水二公尺。除滚水坝仍归外，两坝均加宽至十四公尺。且于坝后添筑混凝土墙深二公尺，墙外又砌乱石三公尺。又于玲珑坝前筑混凝土墙，长一百五十八公尺，深二公尺，宽三十公分。至堵塞□漏，大者填以浆砌乱石，小者填以混凝土，全部工程于六月一日告竣。设计工程师本厅技士关锡恩、陈允恭，承包石坝工，济南元升泰工程局，总筹备主任县长史介繁。其全部工程纪实，如款项之收支，材料之选购，另于碑石刊之。字典特撮记梗概，□邦之人士，有所参考焉。

山东省政府委员兼建设厅厅长张鸿烈立

中华民国二十二年六月一日

三　有关南旺分水枢纽工程水工设施及管理机构的记载

（一）水工设施

建国前兴建的桥、涵、闸、坝

建筑物见于较早的记载：宋真宗东封泰山时，路过席桥河（小汶河入口处），"为梁而渡，以席藉之"。故名席桥。（《汶上县志》）

自元代开凿会通河以来，特别是明清时期，汶上所做的水利工程与济运有关，而桥、涵、闸、坝建筑物一般建在这些河、湖、沟、渠之上。跨度较大的桥、闸基础下都有"万年桩"。泉河多为砖拱桥，小汶河为临时桥，古运河多为砌石闸，湖堤上为控制水量建有斗门和节制闸，沟渠上多为简易桥梁。

1. 河道上的桥、涵、闸、坝建筑物

（1）古运河上原建节制闸五座（汶上县境内）全为木、石结构，闸基以下均有4～5米长"万年桩"成排而立，桩径在0.2～0.3米（木质多为红松、柏木），多系单孔，跨度4米，木质闸板，人工启闭，闸顶用闸板搭成，以便通行。

寺前闸：明正德年间（1506～1521年）通政韩鼎建，1959年运河西移后废除。

柳林闸（南旺上闸）：明成化六年（1470年）郎中杨恭建。清康熙五十年（1711年）知县闻元灵重修。1959年运河西移后废除。

十里闸（南旺下闸）：明成化六年（1470年）郎中杨恭建。万历二十七年（1598年）主事胡瓒重修。清康熙四十八年（1709年）知县闻元灵重修。1978年，小汶河改道（穿过十里闸村与梁济运河接通）后废除。

开河闸：元至正年间（1341～1368 年）建。1959 年运河西移时废除。

袁口闸：明正德年间（1506～1521 年）由郎中商良辅建。清康熙五十一年（1712 年）知县闻元灵重修。1959 年运河西移后废除。

（2）小汶河上有桥两座，桥系木质结构，桥墩为园木码垛而成，亦作为停船摆渡的小码头。

席桥：宋代建（年号不详）

草桥：建于明代"有渡船，冬则架楷为桥"，故名。（《汶上县志》）

何家坝：位于何湾村南小汶河右岸。明万历十四年（1586 年）总河潘季训建，初为土坝，高一丈、宽二十丈（据考为灰土夯实）。清乾隆十七年（1752 年）改建为石坝。伏秋汛期涨水，漫坝入王家河，由刘口入运，以缓解水势。

（3）南、北泉河共建桥 24 座，均为砖、木结构的拱桥，跨度较大者基础均有"万年桩"，一般单跨2～3 米，少者一孔，多者八孔。

其中南泉河有桥 7 座，均建于明代，从马庄老泉头始至蜀山湖入口处：通和桥、丁家桥、丘家桥、姬家桥、周家桥、刘许铺桥、张家桥。

北泉河建桥 17 座，从上游始：赵家桥、杨家桥、坡石桥、大屯桥、大石桥、张家桥、便易桥、何家桥、毕家桥、军德桥、波浪桥、张显桥、路家桥、木郎桥、坝口桥、乔坡桥。

2. 湖泊上涵、闸建筑物

（1）南旺湖运河西岸从寺前铺至十里闸，有九座减水闸：寺前铺至柳林间有焦栾闸、盛进闸、张全闸；柳林闸至分水口有刑通闸、张强闸、彭室闸，分水口至十里闸间有刘玄闸、常名闸、关家闸。各闸对控制湖水起着调剂作用，当运河水过多时则放水入湖，而运水不足引湖水济运，如湖水过大不能容纳时，则由芒生闸入牛头河，直达南阳湖。

（2）蜀山湖由小汶河左岸永定（即徐家坝）、永安（田楼）、永泰（南月河口）三闸收蓄汶河异涨之水，重运水微由运河东堤金线、利运二闸出水济运，湖水过大由冯家坝（在今任城区大长沟）泄入马踏湖。

（《汶上县水利志》）

（二）管理机构

为管理好南旺枢纽工程，明、清两代均于南旺置有专司衙门，并编有大量分工明确的专业管理夫役。据《山东运河备览》载：清代"汶上募夫 370 名，除泉夫 43 名外，余均安于南旺枢纽处。闸夫以守津渡：桥夫以时启闭；溜夫勤寻挽；浅夫则习浅阻导舟，使不胶沙；泉夫浚泉，湖夫治湖。又有司厂之夫，护堤之夫，防坝之夫，辟沙之夫。每闸多者 180 名，少者 130 名。"（《汶上县志》）

自明代重浚会通河以后，汶上县开始增设水利管理机构，主要管理会通河及泉源等水利工程。这对"引泉济运"确保漕运畅通发挥了一定作用。

到了清代县设有主薄总理河务，并在南旺设立都水司，专管运河工务。于乾隆四十六年（1781 年）改主薄为县丞，专司修防和管理河道，湖、河、闸、坝、泉均设有夫役，对建筑物进行修治，其中：十里闸设闸夫 18 人（由柳林闸官兼管）。开河闸设闸官 1 人，闸夫 26 人。袁口闸设闸官 1 人，闸夫 26 人，专管启闭。到光绪二十八年（1902 年）上述官夫便全部撤销，其河务由当地州县兼管。

直到民国三十年（1941 年）汶上县始设建设科，兼管水利。

1949 年 2 月由我汶上县民主政府设实业科，分管水利工作。马踏湖由小汶河右岸徐建、李家二口收蓄汶水，由新河头、弘仁桥二闸出水济运。（《汶上县水利志》第十四章"机构沿革"，第一节"历代水利机构"）

四　关于宋礼和白英的记载及传说

（一）宋礼

宋礼，字大本，河南永宁人。洪武中，以国子生擢山西按察司佥事，左迁户部主事。建文初，荐授陕西按察佥事，复坐事左迁刑部员外郎。成祖即位，命署礼部事，以敏练擢礼部侍郎。永乐二年拜工部尚书。尝欲请给山东屯田牛种，又请犯罪无力准工者徙北京为民，并报可。七年丁母忧，诏留视事。

九年命开会通河。会通河者，元至元中，以寿张尹韩仲晖言，自东平安民山凿河至临清，引汶绝济，属之卫河，为转漕道，名曰会通。然岸狭水浅，不任重载，故终元世海运为多。明初谕饷辽东、北平，亦专用海运。洪武二十四年，河决原武，绝安山湖，会通遂淤。永乐初，建北京，河海兼运。海运险远多失亡，而河运则由江、淮达阳武，发山西、河南丁夫，陆輓百七十里入卫河，历八递运所，民苦其劳。至是济宁州同知潘叔正上言："旧会通河四百五十余里，淤者乃三之一，浚之便。"于是命礼及刑部侍郎金纯、都督周长往治之。礼以会通之源，必资汶水。乃用汶上老人白英策，筑堽城及戴村坝，横亘五里，遏汶流，使无南入洸而北归海。汇诸泉之水，尽出汶上，至南旺，中分之为二道，南流接徐、沛者十之四，北流达临清者十之六。南旺地势高，决其水，南北皆注，所为水脊也。因相地置闸，以时蓄泄。自分水北至临清，地降九十尺，置闸十有七，而达于卫；南至沽头，地降百十有六尺，置闸二十有一，而达于淮。凡发山东及徐州、应天、镇江民三十万，蠲租一百一十万石有奇，二十旬而工成。又奏浚沙河入马常泊，以益汶。语详《河渠志》。是年，帝复用工部侍郎张信言，使兴安伯徐亨、工部侍郎蒋廷瓒会金纯，浚祥符鱼王口至中滦下，复旧黄河道，以杀水势，使河不病漕，命礼兼董之。八月还京师，论功第一，受上赏。潘叔正亦赐衣钞。

明年，以御史许堪言卫河水患，命礼往经画。礼请自魏家湾开支河二，泄水入土河，复自德州西北开支河一，泄水入旧黄河，使至海丰大沽河入海。帝命俟秋成后为之。礼还言："海运经历险阻，每岁船辄损败，有漂没者。有司修补，迫于期限，多科敛为民病，而船亦不坚。计海船一艘，用百人而运千石，其费可办河船容二百石者二十，船用十人，可运四千石。以此而论，利病较然。请拨镇江、凤阳、淮安、扬州及兖州粮，合百万石，从河运给北京。其海道则三岁两运。"已而平江伯陈瑄治江、淮间诸河功，亦相继告竣。于是河运大便利，漕粟益多。十三年遂罢海运。

初，帝将营北京，命礼取材川蜀。礼伐山通道，奏言："得大木数株，皆寻丈。一夕，自出谷中抵江上，声如雷，不偃一草。"朝廷以为瑞。及河工成，复以采木入蜀。十六年命治狱江西。明年造番舟。自蜀召还，以老疾免朝参，有奏事令侍郎代。二十年七月卒于官。

礼性刚，驭下严急，故易集事，以是亦不为人所亲。卒之日，家无余财。洪熙改元，礼部尚书吕震请予葬祭如制。弘治中，主事王宠始请立祠。诏祀之南旺湖上，以金纯、周长配。隆庆六年赠礼太子太保。（《明史》卷一百五十三·列传第四十一）

宋礼,字大本,河南省水宁县人,生于元至正十九年(1359年),卒于明永乐二十年七月(1422年),终年六十三岁。

宋礼,性沉着稳重,亦有大略,精于河渠水利之学,博洽多能,为时所重。明洪武中,以国子监授山西按察司佥事,左迁户主事。成祖即位,命署礼部事。以敏练提拔礼部侍郎。永乐二年拜工部尚书,尝给山东屯田牛耕,又请犯罪无力者徙北京为民,并报可。三年营建北京,命礼取材川蜀。礼夺忧治事,夙夜不遑,伐山通道,深入险阻。奏言:"得大木数株,皆寻丈,一夕自出谷中抵江上,声如雷,不偃一草。"朝廷以为瑞。七年丁母忧,诏留视事。

九年,以运河久湮,转输不继,命开会通河。会通河者,元至元中,以寿张尹韩仲晖言:"自东平安民山凿河至临清,引汶绝济,属之卫河,为转漕道,名曰会通。"然岸狭水浅,不任重载,故终。元世海运为多;明初输转辽东、北平,亦专用海运。洪武二十四年,河决原武,绝安山湖,会通道遂淤。永乐初,建北京,河海兼运,海运远险多失之。而河运则由江淮达阳武,发山西,河南丁夫陆转百七十里入卫河。历八递运所,民苦其劳。至是济宁州同知潘叔正上言:"旧会通河四百五十里,淤者乃三之一,浚之便。"于是命宋礼及刑部侍郎金纯、都督周长往治之。礼以会通之源,必资汶水,乃用汶上老人白英策,筑坝于戴村横亘五里,遏汶流使无南入洸而北入海。汇诸泉之水,尽出汶上至南旺,中分为二道,南流接徐、沛者十之四,北临达临清者十之六。南旺地势高亢,其水南北皆注,所谓水脊也。因相地置闸,以时蓄泄。自分水北至临清,地降九十尺,置闸十有七,而达于卫;南至沽头,地降百十有六尺,置闸二十有一,而达于淮。凡发山东及徐州、应天、镇江民三十万,益蜀租一百一十万石有奇,二十旬而工成。又奏,泼沙入马常(场)以益汶(语详《河渠志》)。是年,帝复用工部侍郎张信使兴安伯徐亨、工部侍郎蒋廷瓒会金纯,浚祥符鱼王口至中滦,下复旧黄河道,以杀水势,使河不病漕,命礼兼董之,八月还京,论功第一受上赏,潘叔正亦赐衣钞。明年以御史徐堪言卫河水患,命礼往经画。礼请自魏家湾开支二泄水入土河,复至德州西北开支河一,泄水入旧黄河,使至海丰大沽河入海。帝命俟秋成后为之。礼还言:"海运经历险阻,每岁船辄损败,有漂没者,有司修补,迫于期限,多科敛民为病,而船亦不坚。计海船一艘,用百人而运千石,其弗可办河船容二百石者二十船,用十人可运四千石,以此而论,利病较然。请拨镇江、凤阳、淮安、扬州及兖州粮合百万石,从河运给北京。其海道则三岁两运。"已而平江伯陈瑄治江、淮间诸河,功亦相继告浚,于是河运大便利,漕杰益多。十三年遂罢海运。宋礼为国家立下万世无穷之功。

及河工成,十六年寻命狱江西,十七年复以采木入蜀,同年九月十九日皇帝敕上部尚书宋礼;尔数年以来,在外采办木植辛勤劳瘁,敕即回南京将息,就管事提督修造下番船只,尔年老有疾,免尔朝参,有奏事令侍郎代。二十年七月卒于官。寿六十三岁。

宋礼,刚果质直,驭下严急,既能尽一己云功,又能用群下之议故事亦易集。成祖尝命解缙品题廷臣,缙曰:"宋礼戆而直,人怨不恤上,居官四十余年,家无余资,洁己奉公,始终一节为洪永间名臣。"永乐三十年九月二十一日,皇帝敕工部尚书宋礼:"卿正直不阿,廉公有宋,综事训工,场材办器,一心为国,不惮勤劳,今九载考绩,略无悔,愆古之所谓正身奉法甚著劳绩者,卿盖有焉。卿尚益励忠诚,益坚乃操,益广乃德,益懋乃功,以率其属以辅朕治理。"书曰:"慎厥初,惟厥终。钦哉,故谕。"

洪熙元年，礼部尚书吕震请予葬祭如制，弘治中主事王宠始请立祠，诏祀之南旺湖上，刑部侍郎泗州金纯，都督天长周长与公同浚漕河有功故同祀其旁。每二、八月，着令汶上县出办祭义，就令管河郎中主祭。隆庆六年赠礼太子太保。万历元年采都御史万恭言，谥曰"康惠"，入乡贤。（《汶上县水利志·卷末·水利杂记》"宋礼事略"）

（二）白英

白英（1363～1419年）字节之，生于颜子村（今汶上县康驿乡颜珠）一个告农家庭里，自幼好学、及壮务农，后受聘设教于汶邑城北彩山。其主要功绩是向朝廷高策疏通漕运。

明洪武年间，山东境内（临清—济宁）的一段运河水源不足，不利漕运。永乐年间济宁州潘淑正奏请疏通河道以利漕运。工部尚书宋礼受命前来治河。河成无水，宋甚惆怅。微服出访，适遇白英，虚心请教，并请白出山相助。白应诺。

由于白英颇识水利，故将山东境内运河一带地势水情，及运河无水的主要原因申明于宋。以南旺为中心，东北坎坷口高于南旺三百余尺，北临清低于南旺九十尺，南沽头低于南旺一百一十六尺。白英策：（1）从东北方向新开一条汶河，引汶水至南旺入运，使汶运会通。（2）在汶水入运处彼岸南旺筑强固的"石矶岸"，使汶水入运后南北分流。（3）在汶水上游戴村附近筑水坝横亘五里，遏汶水少入盐河从而增大流量。（4）开何家坝泄伏秋之水，一则避免淹没上游良田，二则下流能助漕运。（5）在运河上建筑石闸，南旺以北建十七座，南旺以南建二十一座。通过启闭闸门，分段充实水量。若船只搁浅于济宁，开南段诸闸，使水尽南流；船只搁浅于东昌，则开北段诸闸，使水皆北流。（6）扩大运河两岸的湖泊（天然的）为南旺湖、马场湖作为水柜，储存天然之水，以备不测之需。

宋礼采纳了白英的建议，按白的设计和所绘图形施工，亲赴现场指挥。经广大民工们的艰苦奋战，历时九年，终于完成了开汶济运这一举世闻名的水利工程。治水工程告竣之后，白英随宋尚书进京复命。因操劳过度，行至德州桑园不幸呕血而殁。

在封建时代，朝廷对树功勋而已逝世者，常以封神颂功建祠为念。明正德七年白英被追封为"功漕神"，建祠于南旺宋公祠侧，为宋配享，并赐给祀田地四十顷。万历元年，在戴村坝为白英建专祠，赐香火地（即祀田地）五顷二十亩。清雍正四年又追封为"永济神"。光绪五年加封为'大王'，并在南旺分水龙王庙院内另建专祠（即白大王），令其嫡派子孙连绵奉祀（亦曰守祠）。对其奉祀者，明朝封为"世袭义官"，清朝雍正年间封为"世袭八品官"，以饷食白英治水功勋。（《南旺镇志·人物编》）

白英是位真实的历史人物，生于元末至正二十三年（1363年），卒于明永乐十七年（1419年），终年五十六岁，其治运业绩永垂青史。虽时隔五百余年，但"白英出山"、"白英点泉"等脍炙人口的民间故事，仍在运河两岸——特别是汶上大地广为流传。

提起运河，人们往往将其会与隋炀帝的名字相联，其实隋开大运河只不过是续修、扩修了从长安（今西安）到长江北岸的扬州一段，而元朝才真正的把运河连通到北京，始至沟通南北水路交通的大动脉，明、清时期实为鼎盛。

明洪武二十四年（1391年），黄河决口于原武，黄水漫曹州入安山一带，淤积四百余里，京杭运河塞者三分之一，舟船无法行驶，南北水路交通中断。自此，每值汛洪此地一片汪洋，水潮退后，残墙断壁，炊烟难寻，田地荒芜，民苦不可堪言。

明永乐皇帝朱棣夺得皇位定都北京后，需求骤增的江淮粮米、税赋，被迫远涉江海高价转运。海运险远多失亡，而河运则由江、淮达阳武，发山西、河南丁夫，陆（转）百七十里入卫河，历八递运所，民苦其劳（《明史》），死伤夫役无数，岁耗资常以亿计。

明永乐九年（1411 年），济州同知潘叔正，上言："会通河四百五十余里，淤者乃三分之一，浚而通之，非唯山东之民转输之劳，实乃国家无穷之利"。（《行水金鉴》）永乐皇帝派工部尚书宋礼视察后准奏："命（宋）礼及刑部侍郎金纯、都督周长往治之。"（《明史》）他们从兖州、青州、济南、东昌（聊城）四府聚集丁夫一十五万，又从登州、莱州调拨兵工一万五千人共浚会通河，并东移二十里由山东汶上袁口始，开一新河至寿张沙湾入运河故道。这一十六万五十丁夫，冒寒忍暑，披星戴月苦干了一年零六个月，总算把河挖通了。

谁知两头水终不向里流，大小治水官员，面面相观束手无策。

有的说，治运不通，劳民伤财，事关重大。有的说，永乐皇帝肇建宫殿开运道心切，怪罪下来轻则贬家为民，重则灭族杀头，宋礼殚思极虑，日不能食，夜不能寐。

于是决定看水势访百姓，有一天黎明，天空还挂着晨星，宋礼便起来打点，换了行装便服，急急忙忙往外走，被跟随多年的佣人拦住，躬问："老爷何往？"

"心中烦闷，到东南汶上一带走走！"

"老爷要去，可着官服，乘轿子，怎能一人独往？"

"不晓吾意思"，喝一声愤然而去。

宋礼坐轿惯了，徒步行走免不了走走歇歇，三两日才来到汶上境内。一路上寻访了不少村男民女，然一无所获。

这一天宋礼来到汶上县城东北一座山前，见峰托白云，山青水秀，好一个幽静去处。山脚下有株古槐，一老翁独坐其下，甚感惊奇，近前打躬道："请问老丈此为何地？"

"此乃彩山是也，先生何往？"

"我乃生意之人，顺便来此走走，观观山水，老丈尊姓大名，家住何府？"

"老朽卑姓白名英，草木山人府何谈起，先生好大兴致。"

"老丈此言差矣！人各有所好，听说西面挖条运河，河中无水不知其因？"

"哈哈……"，白英大笑起来。宋礼吃惊地问："何以发笑？"

"我笑这些官员们只会肉山酒海穿绫着缎的摆官架子，奴役百姓，根本就不懂地形水势。"

宋礼闻言，心中一震，刺耳的话语几乎使他大发雷霆，但"地形水势"这一从未有人谈及的言词，竟使他火气顿消。又观白英气宇轩昂，并非等闲之辈，进一步探道："老丈言之有理，这些官员太无能了，听您言语，对地形水势到也熟悉，何故之为？"

白英微微一笑，起身向西南一指："距此六十里有一南旺，全运河属此最高，它北高临清九十尺有一，南高沽头一百一十尺有六，形同屋脊，檐下之水焉有入脊之理？"

宋礼茅塞顿开，多日的忧愁散了一半，心中暗想："此老翁道风仙骨，对地形水势了如指掌，说不定真是位奇人"！继而又问："水畅何能为之？"

"有道是借水行舟"。白英越说越兴奋，转北一指，"距此十里之遥有条大汶河，地势高水量大，源于奉安、莱芜等地，纳入牟汶、瀛汶、柴汶、石汶之水，并接收二百五十余泉，坎河入口之戴村，高南旺三十余尺，若在此地借汶水南驱，于南旺南北分流，故漕河通矣！"

听到绝妙处，宋礼情不自禁地拍手叫道："天助我也，这下治运有望了！"话即出口顿觉失言，情知不妙又不好掩饰，只得道出真情："老丈实不相瞒，我乃是奉旨开挖运河的宋礼，老丈雄才大略卓识慧目，卑官实乃钦仰！"

白英早就认出宋礼，为试虔诚佯装下跪，宋礼忙拦住："不必如此，不必如此"。

"村野小民无知乱说，还望宋大人恕罪！"

"老丈此言差矣，讲朝庭法度自然吾官你民，论治河见识，则当您为师！"

诚恳的话语使白英不由自主地流下热泪……，原来白英生于山西洪洞县，明朝定鼎初随父迁居汶上颜子村（今康驿乡颜珠），因穷困潦倒，生计无度，遂又迁居于彩山脚下白家店村，以耕稼为业，曾设馆蒙学，历尽人生坎坷。他自幼"聪明好学，博古通今，精通地理，心性善良，出言不苟，乡人敬仰"（《白氏族谱》）。史书上称他"博学有守，不求闻达"，被誉为"隐人君子"。

动乱之年，白英目睹了元、明王朝漕粮转运的惨景，饱尝了血泪斑斑的人世辛酸，立志要为解此国患民忧贡献力量。虽然史书上没有详尽的记载，但从白英对地形水势了如指掌的情况看，他必定走访考察过沿运临清至沽头间二十多个州县，摸清了这一带的地形水势，并科学地计度出各种技术数据。

白英当即把宋礼请到家中草堂分宾主坐下，宋礼四下一看，虽系庄户人家，却收拾得干净利落，显示出农家勤俭本色，继而问道："老丈之策绝妙无比，想请老丈亲临指导，不知意下如？"

"老朽村野之人，不知官场礼数，恐怕有些不便！"

"老丈不必谦让，只要能治好运河，便是对朝庭一大功绩，拘何礼数！"

白英听后满口应承，回灶房说与家人。长子听了很疑虑怕见官没好事。白老夫人心直口快，腑言劝阻道："年轻时出疯十几年，今满把年纪还南坡跑北山颠，满口地形水势，胡言乱语，河，稀罕你治？上次去不是被人轰回来！咱庄户人安分守己的过日子哪点不好？"

"何须你管！国家兴亡匹夫有责啊！"

一句话戳到疼处，想到二儿子冻饿死运粮路上，老夫人凄然泪下，情知白英决心已定，阻拦不住，下灶房烧茶备饭去了。

当晚，宋、白同榻而卧，白英又把"引诸泉修水柜，建水闸"等连环措施一一道出，宋礼一夜无眠。次日清晨，白英简点行装，早饭后雇辆太平车与宋礼同往。

宋礼走后，治河地工一时群龙无首，特别金、周二人得知大人便服私访更是急慌。周长说："宋大人真糊涂，想这穷乡僻野能有什么明达之士？"

金纯道："周大人此言差矣，'珍宝出于旷野之中，人才出于百姓之家'。姜太公渭水垂钓，公孙弘海上牧豕，虽出身微贱，但都是王佐之才，做出治国安邦的大事。说不定天作其缘，宋大人真能访出治水的能人来？"

周长道："但愿如此。"

宋礼数天未归，金、周等倍加惊慌，想派人四下打探又恐张扬出去有失体统，只得暗暗焦急。

一天饭后，众人正在跷首盼望，远见东南路上一行走来，眼看行人越走越近，宋礼虽便服行装，但那走路的架式，金、周很快辨识出来。又见随从的老者与车夫，知其有些文章，又惊又喜快步近前躬身施礼道："大人此行，吾等实为挂念。"

"有劳二位挂怀，只因临去匆匆，又恐二位见阻，未便告意！"宋礼满面春风的又相互一一介绍。

大家来到住处，宋礼未更衣换装便向众人夸到："白老先生虽系山乡之人，却精细能干有心事业，其计绝伦无比，还愁河工不成！"听宋礼对白英如此高赞，金、周等人也随和称颂："正仰仗白老先生宏才。"

白英只是唯唯谦让。

当夜白英辗转反侧终宵未眠，心想宋尚书礼贤下士以大业为重，果是好官，暗自高兴。继而又反复思考如何准备，如何施工并在灯下重核早已绘好的济运草图。

次日午间，宋礼命备酒宴专为白英接风，把金、周等官员全部召来作陪。酒过三巡，宋礼首先将白英"地形水势"的高论叙说一番，并说"照此定可成功，上利国家，下除民患"。众人听了啧啧称赞，就连高傲自大的周长心中也佩服七分。

白英谦道："老朽乃村野草莽之人，并无卓识高见，只因生长此地，对这一带地形水势略知一二，承蒙宋大人称赞和诸位过誉，小民实不敢当。成则不愿居功，败则甘受惩处。"遂从怀中取出草图挂于帐壁之上，众官员全忘了动盏，拢聚观看，济运图一目了然，各自胸中更有着落，感到成功有望，对白英更加肃然起敬，纷纷表示听从他的调遣。

消息马上传遍三百里工地，民夫们三五成群的窃言："这些官员们吃了朝廷的俸禄，念了满肚子'子曰'，尽碌碌庸才！莫不是老汉是神仙？"

"人不可貌相，海水不可斗量，天下奇人有的是！"

你言我语闹个不休。

几天后，轰轰烈烈的济运工程按照白英的设计相继动工，白英宿愿以偿，精力充沛，亲自选坝址、划河线，废寝忘食指挥施工。

白英鉴于塴城坝出水低下之弊，选取了坎河口处的戴村筑坝，横亘五里十三步，遏绝汶水入海之路，并留取坎河口不坝作为溢洪道，"旱时只用刮沙板作一沙坝，使水涓不漏，令其尽趋南旺。"（《山东运河备览》）与此同时，又在坝的上游南岸开挖一条长达八十余里的小汶河，弯曲迂边沿走高地直抵南旺南北分流。并在汶、运交汇的丁字口筑砌一道三百余米长的石坝。中间迎汶急流处建一鱼嘴形石坝。又南至沽头，北至临清，改建和新建三十八座闸坝。利用石坝的偏差度和石坝、水闸等紧密配合，减轻急流冲击和控调南北水量，以四分南流达于"淮、泗"，六分北上达子"漳、卫"，这一壮观的奇景，被当时的达官贵人称之为"六分朝天子，四分下江南"。《明史》中的记载为："会通之源必资汶水，乃用汶上老人白英策筑堤城及戴村坝，横亘五里，遏汶流使无南入洸而北归海，汇诸泉之水尽出南旺，中分为二道，南流接徐、沛者十之四，北流达临清者十之六。南旺地势高决其水，南北皆注，所为水脊也。因相地置闸以时蓄泄，自分水北至临清，地降九十尺置闸十有七而达于卫，南至沽头地降百十有六尺置闸二十有一达于淮。"

为保漕运，白英又建议创设安山、南旺、马场、昭阳四湖为水柜，伏秋收蓄汶运盛涨之水，旱时出水济运；并重建分水口周围的南旺（即马踏、蜀山、南旺）三湖水柜，圈堤植柳、竖石封界，兴建了进水闸、积水闸、平水闸、减水闸等蓄泄斗门。

为万全之策，白英又率人在兖州、济宁等州、县内挖掘疏导三百余泉，分（南旺）分水、天井、鲁桥、新河、邳州五派水系济运，并着重挖掘疏导至关重要的分水派系特别是汶上诸泉，汇聚泉流趋南旺"水脊"济运，汶上的泉河就是那时形成的。

但极为不幸的是，永乐十七年（1419 年），南旺枢纽工程告竣八年后，白英老人随宋礼进京复命，因操劳过度，身躯憔瘦，呕血殁于德州桑园驿，遵其遗嘱葬于彩山之阳。（《汶上县水利志·卷末·水利杂记》）

白英（1363～1419 年），字节之，康驿乡颜珠村人。后因生计，迁居军屯乡彩山之阳白店村。他心地善良而耿直，学识渊博而不求闻达。晚年被举为一乡之"老人"（即乡官，《明史·食货志》载：须选"年高为众所服者"）。

明洪武二十四年（1391 年），黄河决口于河南原武，元代开凿的大运河淤塞 400 余里。几年后，明成祖肇建北京。沟通漕运遂成当务之急。永乐九年（1411 年），明朝廷允准济宁同知潘叔正奏请，命工部尚书宋礼率军工民夫 30 万人事其役。但工程毕而水源不足，不能航运。宋礼深感忧虑，微服私访，会白英于彩山之阳。时白英已年近 50，积累有丰富的治水经验，更因他学识渊博，善于思考，对运河通航，已有成熟构想。他见宋礼态度真诚，便和盘献出了自己的成套方略。

白英计度：元代引泗、汶合流之水北上济运，因地势变化，今已不足所用。南旺村为会通河"水脊"，只有设法引水至此南北分流，方能排除通航梗阻。汶上地势东北高，西南低，若自戴村筑坝，遏汶水顺势入南旺，问题便可解决。宋礼大喜，立表赞同，请白英一起指挥施工。白英看到自己的计划付诸实施，异常兴奋，日夜操劳。之后，他又于分水口创设一活动的鱼嘴形"石𩾃"，有效控制了南北分流水量。为防枯水季节水源不足，复将汶城东马庄一带和东北赵桥一带诸泉引入南旺，并创造性地将南旺湖、蜀山湖改造为蓄放自如的"水柜"，科学地解决了这一难题。由白英具体指挥创建的这一"引汶济运"系统工程，改变了元代济宁分水格局，开创了大运河航运史上的新纪元。从此，京杭运河上下贯通，帆樯如林。每年进京的数百万石粮米皆取道于此。南北物质文化得以进一步交流。白英也因此得到万民感戴。然而，由于操劳过度，当工程告竣，随宋礼赴京复命时，不幸呕血殁于德州桑园。遵遗嘱，葬于彩山之阳。

明正德七年（1512 年），为颂其功，明武宗封白英为"功漕神"，并于南旺分水口南建分水龙王庙、白公祠。清雍正四年（1726 年），追封"永济神"。光绪五年（1879 年），加封"大王"，并分别于南旺、戴村立碑建祠。乾隆皇帝六次南巡，每次都于南旺停舟礼祭，题诗勒石。汶上及鲁西南一带，至今仍广泛流传着"白英治水"、"白英点泉"等动人传说。（《汶上县志》）

五　有关分水龙王庙建筑群的记载

望湖亭遗址

望湖亭亦名鉴远亭，明朝嘉靖年间主事李梦祥建，位于古运河东岸、汶河北岸高约 60 米的堤顶上端。上悬"望湖亭"，横匾，石柱上刻有对联一副："四山碧漾三湖月，一水绿分两岸春"。此亭湮于解放前夕。

南旺分水龙王庙建筑群

龙王大殿。该殿建在南旺运河西岸与汶河分水口相对。明洪武初年敕建,春秋轶祀。天顺年间主事孙仁重修,学士许彬为之记。大殿长21、宽15、高13米。大殿7楹5间,2檐9脊,歇山顶,飞檐挑角,彩绘斗拱。上下檐3斗4昂,斗拱交错。顶覆绿瓦脊兽,姿态惊人。四个挑角尖端上各有武士一尊坐像,角下挂有风铃。重梁起架,雕梁画栋,20根大红圆柱竖立殿内。正中神龛两旁大红柱上塑有青、火二龙护卫盘绕柱上对峙。其余是平雕,宏大华丽,技术精湛,意境新颖。正中间上悬"广济分流",下挂"输流利运"两匾,字笔法娴熟,雄浑有力。龙王塑像高3米许,两旁塑神像22尊,均神态自若,栩栩如生。整个殿内色调和谐,结构精巧,典雅肃穆,十分壮观。大殿正中檐下悬挂"劈流神勇"等三块大匾。前面是20扇屏门隔扇,外层还有一层木栅护栏,三层青石台阶上大红围墙,非常壮观。

殿两旁左有钟楼,右有鼓楼各一座。鼓楼前还有一间字纸楼,专为焚烧字纸用的。以上建筑毁于"文化大革命"时期。

龙王庙的大门是由三个圆门组成。红漆大门上钉着排列齐整的馍馍式大钉。正门楣上镶嵌着石刻"分水龙王庙"五个大字的壁匾。贴大门墙竖起两层楼木质的大牌坊。顶覆绿瓦斜山,飞檐挑角,脊兽姿态活泼。四个大石座镶嵌着四根大木柱支撑着牌坊。中间两根突出坊顶约10米(似旗杆),上顶盆大锡帽,晴空映日,闪烁出耀眼的光芒。坊左右共六根斜撑的支柱,使坊十分牢固。坊正顶上悬挂着"左右逢源"四个大字的匾额。左边门上悬挂"海晏"、右边门上悬挂"河清"两个匾额,为清朝书法家刘韵珂所写,笔法圆润浑厚,雄健有力。整个结构细致精巧,宏伟大方,气势轩昂。

龙王大殿前的戏楼与大门建筑始为一体。大门三间门楼即是戏台的化妆室。戏楼全是木柱扎架而起,顶覆灰瓦,亦是重梁起架,斜山挑角,角下亦挂有风铃。化妆室前面(舞台后背)和两边窗户均是精工巧制木质的花棂。舞台正中悬挂"大舞悬池"匾额。匾下是大月窗,该窗工艺精巧,后辈工艺者找不出如何着手扣成的,所以人人称赞。舞台前场三面均有木质花棂栏杆,均有绘画。戏楼毁于1966年的"破四旧"运动中。

石硼岸。该岸在运河西岸、龙王庙前,与龙王庙同时建筑。工程浩大,砌筑坚固,规律整齐。每块石约重七八百斤,从河底砌到岸,河底有木桩。每两块石头中间有"铁扒扣",每个"铁扒扣"都铸有分水硼岸字样。石硼岸共长约230米。对大门处修砌有石阶,四个石阶两旁雕成八个水兽,高约0.5米。体卧面积约1平方米。身有麟,足有爪,两耳鼓竖,两眼突出,令人望之生畏。沿岸并竖有13个木桩,供来往船只留缆之用。石硼岸毁于1969年。

水明楼。与禹王殿同建,在禹王殿前拱洞式大门以上建筑的。样式如天安门,纯系木柱擎立,前后两壁均是花棂屏门,两扇砌有八楞月窗。周围用砖砌有高约1米的花棂围墙。水明楼正中上方悬挂"水明楼"匾额,为清朝书法家松年所写,此楼毁于1969年。

御碑亭遗址。该亭建于清乾隆年间,在水明楼下。亭中有乾隆皇帝南巡在龙王庙拜谒时六次赋诗碑刻。此碑现存县文化馆,碑亭在新中国成立前夕已毁。(《南旺镇志》)

分水龙王庙建筑群

坐落于南旺镇汶（河）、运（河）交汇处。始建于明初，后相继扩建。至咸丰十年（1860年），形成庞大的建筑群。主要有：龙王大殿、禹王殿、宋公祠、白公祠、潘公祠、莫公祠、文公祠、水明楼、戏楼、观音阁、关帝庙、蚂蚱神庙。1969年，龙王大殿、水明楼、戏楼等重要建筑毁圮。今尚存禹王殿、宋公祠、文公祠、观音阁、关帝庙、蚂蚱神庙、过厅禅堂等。因岁久不修，多失原貌。现为市级文物保护单位。

龙王大殿。北向运河故道。明洪武初敕建。天顺年间（1457～1464年）主事孙仁重修，学士许彬为之记。长21、进深15、高13米，7楹。歇山式建筑。上下檐3斗4昂，顶覆绿瓦脊兽，四挑角各有武士坐像一尊，角下悬风铃。重梁起架，雕画如生。20根大红圆柱矗立殿内。正中神龛两旁大红柱上雕有青、火二龙护卫盘绕对峙。余为平雕。雕工精湛，气势磅礴。殿中上悬"广济分流"，下悬"输流利运"两匾。龛内龙王塑像高3米许，两旁分列神像22尊，情态各异，呼之欲出。殿之正中檐下悬"劈流神勇"等三块大匾。前置20片屏门隔扇，外设木栅护栏，门下砌三层青石台阶，并环以大红围墙，甚为壮观。此殿为南旺分水龙王庙建筑群主体建筑。

禹王殿。建于康熙十九年（1680年）。硬山式建筑。高10、宽8、长19米。脊部蟠龙如生，覆黄绿色琉璃瓦。殿前有乐台。内供禹王塑像（已拆除）。殿已残旧，今为南旺小学占用。

宋公祠。建于明正德七年（1512年）。长19、宽8、高10米，歇山式建筑。内塑宋礼像，壁镶石刻八块，系明清两朝官员凭吊瞻仰之作。走廊内有石碑两通，其一刻河道总督张鹏翮（后升刑部尚书）诗。祠两侧建有白英、潘叔正二公配祠，已不存。

水明楼。与禹王殿同时建，面对汶运交汇口。底部为拱形大门，上部平台以上纯由木柱擎立，前后两壁皆设花棂屏门，两山砌有八棱月窗。周围砖砌高1米许围墙。楼之正中悬"水明楼"匾额，为晚清县知事松年手书。楼体结构严谨，造型玲珑优雅。（《汶上县志》）

附二　关于在汶上县南旺镇建立古运河博物馆的建议

去年12月中旬，中年地学家杨联康同志来汶上考察古运河时谈到，近年水利地学界和文化教育界，有不少专家学者在酝酿提议建立运河博物馆一事，并强调说：从各方面条件看，运河博物馆以建在汶上南旺镇最为合适。我们认为，专家学者的这个意见是很有见地的，是非常值得重视的。

一、我国人民在治水通航、开河济运方面，有着世界上最悠久、最壮丽的历史。从有史记载的鲁哀公九年（前487年）吴王夫差"沟通江淮"（《左传》），到隋炀帝沟通绕道洛阳的大运河，从初元年间运河中段的改道更新，到明清两代大运河的改造疏理，生动地反映了中华民族古代文化发展的光辉进程，体现了我国古代劳动人民的力量、气魄和智慧。在长达2300余年的中国运河发展史上，先后涌现出许多堪称当时世界第一流的水利家。如曾经为更新、改造京杭大运河做出巨大贡献的元代汶上籍人氏马之贞和明代汶上籍人氏白英，便是这些水利家中的杰出代表。他们的功绩同京杭大运河的名字紧紧结合为一体，为中华民族赢得了不朽的荣誉。今天，京杭大运河所肩负的漕运使命虽然已告终结，但是，它的光辉的历史形象以及曾为它奋斗献身的马之贞、白英等人的英雄事迹，仍不失为一份爱国主义教育和历史唯物主义教育的绝好教材。汶上县是马之贞和白英的故乡，南旺是古运河的"咽喉"（引见《续修宋康惠公祠志》），若于南旺镇建立博物馆，将京杭大运河的历史形象和白英等人事迹系统整理、陈列于其中，则必将使之发挥更大教育作用。

二、南旺镇地处古运河中段，素有运河"水脊"之称（北高临清、南高沽头各约百尺），是白英策助修建的整个引汶济运工程的中心所在。杨联康同志认为，白英设计监造的戴村坝、南旺分水口、西湖（今南旺湖）水柜等配套工程，在科学价值和工艺水平上完全可以同李冰父子修建的都江堰媲美，即使在今天也仍不失为妙手杰作。目前，这套工程建筑大部尚存。在南旺建运河博物馆，不仅在地理位置上最为适中，而且将更有助于人们用现代科学手段和方法对这套工程加以系统研究，从而为进一步解决南水北调及其通航等问题求得更多的经验和数据。

三、南旺镇南邻济宁，北依三湖（南旺湖、蜀山湖、马踏湖），西近"皇林"（鲁九公墓），旧时为汶上和鲁西南游览胜地之一。而且由于其地理位置的重要，明清两代都专设有漕运衙门，并陆续在这里建修了分水龙王庙、宋公祠、白公祠、水明楼、潘公祠、望湖亭、禹王殿、观音阁等规模颇为壮观的建筑群，同时镌建有大量石碑、石匾、楹联等。文化大革命期间，分水龙王庙等建筑遭到破坏，现存尚有宋公祠、禹王殿等47间庙祠殿阁。不难设想，如果能在修复上述各项建筑的基础上建立古运河博物馆，南旺一带就将极有希望成为一个富有特色的新的旅游区，从而吸引更多国内外人士前往参观游览。此外，我县文化馆、县志办、水利局等单位现已搜集到大量关于古运河和白英等人的资料，其中包括多种运河全图和宋礼画像、白英画像等珍贵历史资料，若建博物馆于南旺，也必将会大大促进此项资料的搜集和研究工作。

总之，我们认为在南旺镇建立古运河博物馆具有极其重要的资政、教育和存史作用，并具有深远的历史意义和世界意义。建议领导能慎重考虑上述意见，把在南旺建立博物馆和修复南旺古建筑列为全国重点文化建设工程项目，并尽快加以实施。

以上建议当否，请批示。

汶上县文化局、汶上县水利局、汶上县志办公室
1986年3月17日

（此件曾报送第六届全国人民代表大会，省、市水利和文化部门等。原附件有：《为沟通京杭大运河作出杰出贡献的元代水利专家——马之贞》、《宋礼·白英引汶济运简介》《南旺宋公祠·分水龙王庙简介》、《分水口龙王庙前摄影》、《运河纵剖面图》、《宋公祠照》、《南旺三湖图》等，此从略）。（《汶上县志·水利》）

注：
以上大事记、诗词及碑文编引自如下资料。
【明】宋濂、王濂：《元史·河渠志》，中华书局点校本，1976年。
【清】张廷玉：《明史·河渠志》，中华书局点校本，1976年。
【清】陆耀等：《山东运河备览》，广陵古籍刻印社，1992年。
【清】武同举：《淮系年表全编》，2004年。
张曜等：《山东通志》，上海古籍出版社，1991年。

山东省水利史志编辑室等：《山东省水利史志汇刊》第 7 辑，1986 年。

山东省汶上县南旺镇志编纂办公室：《南旺镇志》，山东省济宁市新闻出版局，1987 年。

山东省水利史志编辑室：《山东水利大事记（前 770 年春秋战国～1985 年中华人民共和国）》，山东科技出版社，1989 年。

山东省汶上县志编纂委员会：《汶上县志》，中州古籍出版社，1996 年。

汶上县水利志编纂办公室：《汶上县水利志》，1991 年。

汶上县政协文史资料委员会：《汶上文史资料》第 6 辑（碑文石刻专辑），山东省出版总社济宁分社，1993 年。

山东省济宁市政协文史资料委员会：《济宁运河诗文集粹》，山东省济宁市新闻出版局，2001 年。

附录四 京杭大运河研究成果简目

一 专著

安徽省文物考古研究所等编：《淮北柳孜——运河遗址发掘报告》，科学出版社，2002年。

安作璋：《中国运河文化史》，山东教育出版社，2001年。

鲍彦邦：《明代漕运研究》，暨南大学出版社，1995年。

北京市北运河管理处、北京市城市河湖管理处编：《北运河水旱灾害》，中国水利水电出版社，2003年。

蔡蕃：《北京古运河与城市供水研究》，北京出版社，1987年。

蔡泰彬：《明代漕河之整治与管理》，商务印书馆（台北），1992年。

常征、于德源：《中国运河史》，燕山出版社，1989年。

【朝鲜】崔溥：《漂海录》，社会科学文献出版社，1992年。

陈璧显：《中国大运河史》，中华书局，2001年。

陈峰：《漕运与古代社会》，陕西人民教育出版社，2000年。

陈述：《杭州运河遗韵》，杭州出版社，2006年。

陈述：《杭州运河桥船码头》，杭州出版社，2006年。

陈述：《杭州运河古诗词选评》，杭州出版社，2006年。

陈述：《杭州运河风俗》，杭州出版社，2006年。

陈述：《杭州运河历史研究》，杭州出版社，2006年。

陈述：《杭州运河文献》，杭州出版社，2006年。

陈述：《京杭大运河图说》，杭州出版社，2006年。

董文虎：《京杭大运河的历史与未来》，社科文献出版社，2008年。

房仲甫、李二和：《中国水运史》，新华出版社，2003年。

傅崇兰：《运河城市发展史》，四川人民出版社，1985年。

谷建华：《图说大运河——古运回望》，中国书店，2010年。

淮安市地方志办公室：《运河之都——淮安》，方志出版社，2006年。

黄仁宇：《明代的漕运》，新星出版社，2005年。

冀朝鼎著，朱诗鳌译：《中国历史上的基本经济区与水利事业的发展》，中国社会科学出版社，1981年。

嵇果煌：《中国三千年运河史》，中国大百科全书出版社，2008 年。

京杭运河（江苏）史料编纂委员会：《京杭运河（江苏）史料选编》，人民交通出版社，1997 年。

李培：《清代京杭运河全图》，中国地图出版社，2004。

李泉、王云：《山东运河文化研究》，齐鲁出版社，2006 年。

李文治、江太新：《清代漕运》，中华书局，1995 年。

李治亭：《中国漕运史》，文津出版社，1986 年。

刘玉平、贾传宇、高建军：《中国运河之都》，中国文史出版社，2003 年。

陆维让：《京杭运河志·苏南段》，人民交通出版社，2009 年。

欧阳洪：《京杭运河工程史考》，江苏省航海学会，1988 年。

潘镛：《隋唐时期的运河与漕运》，三秦出版社，1987 年。

彭云鹤：《明清漕运史》，首都师范大学出版社，1995 年。

全国政协文史和学习委员会：《九省运河泉源水利情形图》，浙江古籍出版社，2006 年。

全汉昇：《隋唐帝国与运河》，商务印书馆，1944 年。

山东省济宁市政协文史资料委员会：《济宁运河文化史》，中国文史出版社，2000 年。

山东省济宁市政协文史资料委员会：《济宁运河文化研究》，山东友谊出版社，2002 年。

邵华：《大运河的变迁》，江苏人民出版社，1961 年。

沈百先、章光彩：《中华水利史》，台湾商务印书馆股份有限公司，1979 年。

史念海：《中国的运河》，陕西人民出版社，1988 年。

束方昆：《江苏航运史》，人民交通出版社，1989 年。

水利水电科学研究院《中国水利史稿》编写组：《中国水利史稿》，水利电力出版社，1989 年。

孙忠焕：《京杭运河文献集成》，杭州出版社，2009 年。

童隆福：《浙江航运史》，人民交通出版社，1993 年。

王鸿：《运河边的歌谣》，上海文艺出版社，1959 年。

王明德：《从黄河时代到运河时代——中国古都变迁研究》，巴蜀书社，2008 年。

王树才：《河北省航运史》，人民交通出版社，1988 年。

王英华：《洪泽湖—清口水利枢纽的形成与演变——兼论明清时期以淮安清口为中心的黄淮运治理》，中国书籍出版社，2008 年。

吴琦：《漕运与中国社会》，华中师范大学出版社，1999 年。

徐从法：《京杭运河志·苏北段》，上海社会科学出版社，1998 年。

姚汉源：《京杭运河史》，中国水利水电出版社，1998 年。

于德普：《山东运河文化文集·续集》，齐鲁书社，2003 年。

岳国芳：《中国大运河》，山东友谊出版社，1989 年。

张含英：《历代治河方略探讨》，中国水利出版社，1982 年。

张含英：《明清治河概论》，中国水利电力出版社，1986 年。

张泽咸、郭松义：《中国航运史》，文津出版社（台北），1997 年。

周魁一、谭徐明:《二十五史河渠志注释》,中国书店,1990 年。

周魁一、谭徐明:《水利与交通志》,上海人民出版社,1998 年。

朱偰:《中国运河史料选辑》,中华书局,1962 年。

庄明辉:《大运河》,上海古籍出版社,1997 年。

邹宝山、何凡能:《京杭运河治理与开发》,中国水利水电出版社,1990 年。

二 论文集

中国水利史研究会:《京杭运河学术研究论文集》,中国书店,1993 年。

黄河水利委员会选辑:《李仪祉水利论著选集》,中国水利电力出版社,1988 年。

江苏省交通厅:《苏南运河整治工程论文集》,人民交通出版社,1998 年。

唐宋运河考察队:《运河访古》,上海人民出版社,1986 年。

"运河之都——淮安"全国学术研讨会组委会:《运河之都——淮安全国学术研讨会论文集》,中国书籍出版社,2007 年。

中国唐史学会唐宋运河考察队编:《唐宋运河考察记》,陕西社会科学出版社,1985 年。

三 学位论文

蔡建:《里运河功能变迁与发展战略研究》,扬州大学硕士论文,2007 年。

曹宁毅:《运河的变迁——论扬州古运河的功能变迁与综合开发》,同济大学硕士论文,2006 年。

狄静:《京杭运河山东段旅游资源价值评价研究》,中国海洋大学硕士论文,2009 年。

樊志敏:《北运河旅游资源开发路径研究》,扬州大学硕士论文,2009 年。

方庆:《京杭运河(杭州城区段)游憩空间研究》,浙江大学硕士论文,2003 年。

郭峰:《隋唐五代开封运河演变与城市发展互动关系研究》,陕西师范大学硕士论文,2007 年。

韩晓:《论明代山东运河城镇的发展与功能变迁》,南京师范大学硕士论文,2004 年。

李德楠:《工程、环境、社会:明清黄运地区的河工及其影响研究》,复旦大学博士论文,2008 年。

李菁:《解读运河——大运河与唐代社会经济、文化深层关系之考察》,厦门大学博士论文,2002 年。

刘霞:《明清时期山东庙会研究》,山东师范大学硕士论文,2006 年。

钱克金:《明代京杭大运河研究》,湖南师范大学硕士论文,2003 年。

邵文鸿:《京杭运河杭州城区段综合治理问题研究》,浙江大学硕士论文,2006 年。

沈伟丽:《里运河旅游资源开发整合研究》,扬州大学硕士论文,2008 年。

苏远渠:《清代山东运河水灾与两岸农村社会经济》,曲阜师范大学硕士论文,2005 年。

谈建平:《京杭运河"山东段"航运与"沿运"经济的关联性研究》,大连海事大学硕士论文,2007 年。

王晓慧:《山东运河沿岸卫所研究》,中央民族大学硕士论文,2007 年。

许海华:《鲁运河城市带旅游资源整合开发研究》,扬州大学硕士论文,2008 年。

许三春：《唐宋运河开发与开封发展研究》，山东大学硕士论文，2009 年。

杨倩：《京杭运河文化线路徐州城区段沿线文化遗产保护之城市设计基础研究》，西安建筑科技大学硕士论文，2006 年。

于金翠：《鲁西北地区运河段外来宗教建筑及其文化特征研究》，湖南大学硕士论文，2007 年。

袁源：《京杭运河（杭州城区段）港埠景观更新研究》，浙江大学硕士论文，2003 年。

周威：《中国运河遗产廊道的开发与保护》，四川师范大学硕士论文，2008 年。

朱年志：《明代山东水陆物资运输探析》，曲阜师范大学硕士论文，2007 年。

朱强：《京杭大运河江南段工业遗产廊道构建》，北京大学博士论文，2007 年。

四　论文

阿君：《从京杭大运河剖析中国古代物流》，《交通建设与管理》2008 年 1 期。

安徽省文物考古研究所等：《淮北隋唐大运河考古有重大发现》，《中国文物报》1999 年 12 月 8 日。

安作璋：《中国的运河与运河文化》，《人文与自然》，2001 年 8 期。

鲍彦邦：《明代漕粮运费的派征及其重负》，《暨南学报》1995 年 4 期。

鲍彦邦：《明代漕粮折征的数额、用途及影响》，《暨南学报》1994 年 1 期。

陈冬生：《明清山东运河地区经济作物种植发展述论——以棉花、烟草、果木为例》，《东岳论丛》1998 年 1 期。

陈锋：《清代的船帮水手及其破坏性》，《西北大学学报》1995 年 4 期。

陈峰：《清代漕运运输者的私货运销活动》，《西北大学学报》1997 年 4 期。

陈峰：《明代的运军》，《中州学刊》1997 年 1 期。

陈峰：《北宋的漕运水道及其治理》，《孝感师专学报》1997 年 3 期。

陈峰：《北宋漕运押纲人员考述》，《中国史研究》1997 年 1 期。

陈峰：《略论北宋的漕粮》，《学术界》1997 年 1 期。

陈峰：《略论清代的漕弊》，《西北大学学报》1998 年 4 期。

陈峰：《试论唐宋时期漕运的沿革与变迁》，《中国经济史研究》1999 年 3 期。

陈健：《< 京杭运河全图 > 图说》，《三晋测绘》1995 年 2 期。

陈桥驿：《南北大运河——兼论运河文化的研究和保护》，《杭州师范学院学报》（社会科学版）2005 年 3 期。

陈隽人：《南运河历代沿革考》，《禹贡》1 期 6 卷，1936 年。

陈宁骏：《大运河漕运的兴衰》，《文史春秋》2007 年 3 期。

陈薇：《元明时期京航大运河沿线集散中心城市的兴起》，《建筑历史与理论》第 6、7 合辑，中国科学技术出版社，2000 年。

陈薇、刘博敏、刘捷：《回归自然、发展城市、弘扬文化、创造生活——扬州古运河东岸风光带规划设计》，《建筑创作》2003 年 7 期。

崔吉学：《试论秦汉时期运河的开凿及其影响》，《聊城师范学院学报》（哲学社会科学版）2000 年 4 期。

戴鞍钢：《清代漕运兴废与山东运河沿线社会经济的变化》，《齐鲁学刊》1988 年 4 期。

樊树志：《明清漕运述略》，《学术月刊》1962 年 10 期。

范金民：《朝鲜人眼中的中国运河风情——以崔溥＜漂海录＞为中心》，《历史地理》第 20 辑，2004 年。

封越健：《明代京杭运河的工程管理》，《中国史研究》1993 年 1 期。

冯刚：《浅谈 13 世纪后山东运河的经营及影响》，《济宁师专学报》1995 年 2 期。

高殿钧：《中国运河沿革》，《山东建设月刊》12 期 3 卷，1933 年 12 月。

高荣盛：《宋代江苏境内漕运工程考述》，《江苏社会科学》1997 年 2 期。

宫美堞：《明清时期的张秋镇》，《山东大学学报》1996 年 2 期。

何为刚：《略论京杭大运河的过去和未来》，《济宁师专学报》，1997 年 3 期。

侯仁之：《北京历代城市建设中的河湖水系及其利用》，《环境变迁研究》第 2、3 合辑，1989 年。

侯仁之：《古代北京运河的开凿和衰落》，《北京规划建设》2001 年 4 期。

黄震方、李芸：《京杭大运河旅游产品体系的构建及其旅游开发——以京杭大运河江苏段为例》，《地域研究与开发》2000 年 3 期。

金平斌、沈红心：《京杭运河（杭州段）旅游资源及其旅游功能开发研究》，《浙江大学学报》（理学版）2002 年 1 期。

冷东：《从临清的衰落看清代漕运经济影响的终结》，《汕头大学学报》1987 年 2 期。

李殿魁：《正确认识和善待京杭大运河》，《山东经济战略研究》2001 年 11 期。

李平：《神妙绝技、巧夺天工——治运专家宋礼、白英考评》，《济宁师专学报》1995 年 1 期。

李泉：《中国运河文化的形成及其演进》，《东岳论丛》2008 年 3 期。

李泉：《中国运河文化及其特点》，《聊城大学学报》（社会科学版）2008 年 4 期。

李伟、俞孔坚、李迪华：《遗产廊道与大运河整体保护的理论框架》，《城市问题》2004 年 1 期。

李伟、俞孔坚：《世界文化遗产保护的新动向——文化线路》，《城市问题》2005 年 4 期。

李晓储等：《扬州古运河生态环境林建设研究》，《江苏林业科技》2002 年 2 期。

李晓光、李鲁祥：《京杭大运河山东区段东移工程考》，《枣庄师专学报》2001 年 4 期。

李月红：《北宋时期河北地区的御河》，《中国历史地理》2000 年 4 期。

黎国彬：《历代大运河的修治情形》，《历史教学》1953 年 2 期。

黎沛虹、王绍良：《北宋时期初创的几项运河工程技术》，《武汉水利电力学院学报》1984 年 4 期。

林吉玲：《康乾南巡及其对运河区域的影响》，《山东师范大学学报》（社会科学版）2000 年 5 期。

林吉玲：《明代运河区域的书院教育》，《聊城师范学院学报》2001 年 2 期。

林吉玲：《论近代企业在运河区域的创办及其社会影响》，《济南大学学报》2001 年 1 期。

林雄威：《京杭运河的复兴与展望》，《水运工程》1996 年 10 期。

林雨龙：《建设运河历史文化长廊》，《江南论坛》2001 年 3 期。

刘民英：《苏州城市兴起的历史地理基础》，《中国历史地理论丛》2000 年 1 期。

刘小花：《中国运河史研究综述》，《吉林水利》2007 年 9 期。

刘致福：《浅论山东运河文化的开发和利用》，《发展论坛》2002 年 1 期。

南旺考古队：《山东运河考古获得新进展——京杭大运河南旺分水枢纽及龙王庙建筑群发掘》，《中国文物报》2008 年 6 月 27 日。

南旺考古队：《分享考古发掘过程，促进文化遗产保护——记"汶上南旺大运河保护暨公众考古学实践"》，《中国文物报》2008 年 8 月 1 日。

钮仲勋：《黄河与运河关系的历史研究》，《人民黄河》1997 年 1 期。

潘宝明：《扬州运河旅游资源整合开发刍议》，《扬州大学学报》（人文社会科学版）2003 年 4 期。

潘京京：《隋唐运河沿岸城市的发展》，《云南师范大学学报》（哲学社会科学版）1988 年 2 期。

钱克金、张莉：《明代大运河的治理及其有关重要历史作用》，《社科纵横》2002 年 4 期。

阙维民：《世界遗产视野中的京杭运河北端通惠河》，《地理研究》2009 年 2 期。

山口迪子：《清代的漕运与船商》，《东洋史研究》第 172 期，1958 年。

史念海：《隋唐时期运河和长江流域的水上交通及其沿岸的都会》，《中国历史地理论丛》1994 年 4 期。

孙秋燕：《京杭运河与明代经济》，《菏泽学院学报》2006 年 1 期。

孙寿荫：《京杭大运河的历史变迁》，《历史教学》1979 年 6 期。

佟佩华等：《纵贯南北的历史长河——京杭大运河》，谢治秀主编《辉煌 30 年——山东考古成就巡礼》，科学出版社，2008 年。

谭其骧：《黄河与运河的变迁》，《地理知识》1955 年 8、9 期。

外山军治：《唐代的漕运》，《史林》1971 年 11 期。

王华伟：《京杭运河旅游文化研究及开发利用》，《工会论坛》（山东省工会管理干部学院学报）2009 年 6 期。

王建新：《浅述南运河历史及未来发展的思考》，《河北水利水电技术》2003 年 5 期。

王军：《京城发现大运河一处重要遗址》，《中国地名》1999 年 1 期。

王明德：《中国古代运河发展的几个阶段》，《历史教学问题》2008 年 1 期。

王明德：《大运河与中国古代运河城市的双向互动》，《求索》2009 年 2 期。

王瑞成：《运河和中国古代城市的发展》，《西南交通大学学报》（社会科学版）2003 年 1 期。

王文楚：《江南运河的形成及其演变过程》，《古代交通地理丛考》，中华书局，1996 年。

王艳：《北宋漕运管理机构考述》，《洛阳师专学报》1998 年 4 期。

王艳：《论北宋汴河漕运制度》，《信阳师范学院学报》1999 年 1 期。

王永波：《运河文化的运动规律及其启示》，《东南文化》2002 年 3 期。

王云：《近十年来京杭运河史研究综述》，《中国史研究动态》2003 年 6 期。

王云：《明清临清贡砖生产及其社会影响》，《故宫博物院院刊》2006 年 6 期。

王云：《明清山东运河区域的商人会馆》，《聊城大学学报》（社会科学版）2008 年 6 期。

王云：《明清山东运河区域社会变迁的历史趋势及特点》，《东岳论丛》2008 年 3 期。

王云：《明清时期山东运河区域的徽商》，《安徽史学》2004 年 3 期。

汪芳、廉华：《线型旅游空间研究——以京杭大运河为例》，《华中建筑》2007 年 8 期。

汪胡桢：《运河之沿革》，《水利》2 期 9 卷，1935 年。

汪孔田：《贯通京杭大运河的关键工程——堽城枢纽考略》，《济宁师专学报》1998 年 5 期。

汪孔田：《论京杭运河山东运道的开辟与经营》，《济宁师专学报》1999 年 6 期。

魏崇山：《江南运河的形成及其演变过程》，《中华文史论丛》第 2 辑，1997 年。

魏崇山：《胥溪运河形成的历史过程》，《复旦学报·历史地理专辑》（增刊），1980 年。

魏梦太：《试论明清时期山东运河沿岸城市经济》，《济宁师专学报》2004 年 2 期。

吴宏歧：《略论金代的漕运》，《中国历史地理论丛》1994 年 4 期。

吴缉华：《明代海运及运河的研究》，《"中央研究院"历史语言研究所集刊》第 43 辑，1961 年。

吴琦：《漕运与民间组织探析》，《华中师范大学学报》1997 年 1 期。

吴琦：《漕运与中国封建社会长期延续》，《中国农史》2000 年 4 期。

吴琦：《漕运与中国古代农业发展》，《中国农史》1998 年 4 期。

吴琦：《清代漕粮在京城的社会作用》，《中国农史》1992 年 2 期。

吴琦：《中国历代漕运改革述论》，《中国农史》1994 年 1 期。

吴琦：《漕运与古代农田水利》，《中国农史》1999 年 3 期。

吴琦：《漕运与社会制衡》，《华中师范大学学报》1999 年 1 期。

吴士贤：《清代以前的漕运概况》，天津《益世报》24 期，1937 年 5 月 18 日。

吴士勇：《略论元明清三代对江淮运河的治理》，《淮阴师范学院学报》（哲学社会科学版）2008 年 4 期。

吴伟进：《杭州市运河地带可持续发展研究》，《城市规划汇刊》1999 年 4 期。

向福贞：《明清山东运河区域学术研究综述》，《福建论坛》（社科教育版）2008 年 10 期。

谢永刚：《历史上运河受黄河水沙影响及其防御工程技术特点》，《人民黄河》1995 年 10 期。

邢淑芳：《古运河与临清经济》，《聊城师范学院学报》1994 年 2 期。

许檀：《明清时期运河的商品流通》，《历史档案》1992 年 1 期。

荀德麟：《运河之都的形成及其嬗替》，《江苏地方志》2006 年 4 期。

姚景洲、盛储彬：《邳州发现京杭大运河古船闸遗址》，《东南文化》1999 年 4 期。

杨杭军：《略论清朝嘉道时期漕运之弊及其影响》，《中州学刊》1998 年 1 期。

杨杭军：《嘉道时期漕运旗丁的若干问题》，《河南师范大学学报》1998 年 2 期。

杨小法、池飞飞：《京杭大运河与漕运》，《中国地名》2002 年 1 期。

杨正泰：《明清临清的衰落与地理环境条件的变化》，《历史地理》第 3 辑，上海人民出版社，1984 年。

杨正泰：《明清时期长江以北运河城镇的特点与变迁》，《历史地理研究》，复旦大学出版社，1986 年。

伊藤安展：《唐代漕运额》，《史渊》第 49 辑，1951 年。

于德普：《运河文化与运河经济的发展》，《人文与自然》2001 年 2 期。

俞孔坚、李迪华、李伟：《京杭大运河的完全价值观》，《地理科学进展》2008 年 2 期。

育菁：《元朝山东分都水监建置考》，《北京师范大学学报》2000 年 4 期。

袁长极：《略论山东南北运河开发及其与鲁西北平原旱涝碱综合治理的关系》，《中国农史》1987 年 4 期。

袁一堂：《南宋的供漕体制与总领所制度》，《中州学刊》1995 年 4 期。

张翠荣、金玉娟：《平泉县博物馆收藏一件清代山东运河图》，《文物春秋》1998 年 4 期。

张帆：《对大运河线旅游开发潜力的思考》，《旅游科学》1999 年 2 期。

张楷：《淮安市"里运河文化长廊"景观概念规划》，《泰州职业技术学院学报》2006 年 4 期。

张景贤：《北运河考略》，《地学杂志》9、10 期 10 卷，1919 年。

张盛忠：《运河文化的特质及其对当前经济社会发展的启示》，《聊城大学学报》（哲学社会科学版）2002 年 1 期。

张廷皓：《中国大运河文化线路的工程性》，《中国文物报》2009 年 5 月 29 日。

张廷皓、于冰：《京杭运河水运、水利工程及其遗址特性讨论》，《文物》2009 年 4 期。

张文华、刘栋：《运河与中国政治中心的变迁》，《淮阴师范学院学报》（哲学社会科学版）2007 年 4 期。

张晓东：《〈水经注〉》所载漕运史与运河史资料及问题考述》，《重庆社会科学》2007 年 6 期。

张邑河：《隋运河考》，《禹贡》1～3 期 7 卷，1937 年 4 月。

张照东：《清代漕运与南北物资交流》，《清史研究》1992 年 3 期。

张宏、张为民：《谈明代运河区域地方志的纂修》，《山东教育学院学报》2001 年 2 期。

章立、章海君：《江南古运河建筑文化风貌的演变》，《南方建筑》2001 年 3 期。

赵践：《清初漕赋》，《历史档案》1999 年 3 期。

赵金鹏：《明代漕运中的商业活动》，《史林》1996 年 1 期。

赵冕：《略论唐宋时期的运河管理》，《华北水利水电学院学报》（社会科学版）2003 年 4 期。

赵维平：《明清小说与运河文化》，《江海学刊》2008 年 3 期。

赵西君、刘科伟、王利华：《浅析运河旅游资源的结构及开发对策》，《西安电子科技大学学报》（社会科学版）2003 年 4 期。

中国京杭大运河遗产与生态廊道研究课题组：《中国京杭大运河遗产与生态廊道研究》，《中国文物报》2007 年 8 月 31 日第 8 版。

中原晃雄：《清代漕粮的商品化——漕运研究的一出》，《史学研究》70 号，1958 年。

周祚绍：《清代前期漕运及其对国内市场的影响》，《山东大学学报》1994 年 1 期。

朱玲玲：《明代对大运河的治理》，《中国史研究》1980 年 2 期。

朱士光：《运河研究刍议》，《淮阴师范学院学报》（哲学社会科学版）2007 年 2 期。

朱亚非：《古代京杭运河与中外文化交流》，《淮阴工学院学报》2008 年 4 期。

筑山治三郎：《唐代漕运和籴》，《京都产业大学论集》1 期 5 卷，1951 年。

紫惠康：《重振古运河之旅的思考》，《旅游学刊》1997 年 2 期。

邹逸麟：《山东运河历史地理问题初探》，《椿庐史地论稿》，天津古籍出版社，2005 年。

邹逸麟：《从地理环境角度考察我国运河的历史作用》，《椿庐史地论稿》，天津古籍出版社，2005 年。

邹逸麟：《唐宋汴河淤塞的原因及其过程》，《椿庐史地论稿》，天津古籍出版社，2005 年。

后 记

　　《汶上南旺——京杭大运河南旺分水枢纽工程及龙王庙古建筑群调查与发掘报告》，从筹划、调查和发掘到编辑出版，共约三年的时间。三年来，京杭大运河保护和申遗工作取得了显著的进展。我们希望本报告的出版，能为中国大运河保护和申遗工作贡献我们的力量。

　　本报告是集体合作的成果。各章节撰稿人员如下：

序一　谢治秀

序二　柴晓明

绪言　佟佩华

第一章　概述　佟佩华、张骥、刘健康

第二章　南旺分水枢纽工程遗址的考古调查

　　第一节　南旺分水枢纽运河河道、闸调查　吴双成、武健、刘见军

　　第二节　水柜调查　吴双成、马洪勇

　　第三节　小汶河、泉源及戴村坝调查　李臣兴、姜祥洲、吴双成

　　第四节　济宁分水枢纽调查　吴双成、李广芳

　　第五节　采（征）集遗物　王元林、丁见祥、余建立

　　第六节　小结　吴双成

第三章　南旺分水枢纽工程遗址的发掘

　　第一节　石砌岸遗迹　王元林、余建立、王泽冰

　　第二节　汶运交汇口遗迹　王元林、余建立

　　第三节　运河古河道　王泽冰、余建立

　　第四节　河道附属设施　吴双成、余建立、王泽冰

　　第五节　出土遗物　余建立、王元林、王泽冰

　　第六节　分水枢纽的水工成就和年代　王元林

第四章　分水龙王庙古建筑群的发掘

　　第一节　概述　丁见祥

　　第二节　地层堆积　丁见祥、余建立

　　第三节　三组建筑及其相关遗迹

　　　一　龙王庙建筑群基址　余建立

　　　二　水明楼建筑群基址　王元林

　　　三　祠宇建筑群基址　丁见祥

第四节　遗物　丁见祥、王元林、余建立

第五节　碑碣　王元林、丁见祥、余建立

第六节　时代　丁见祥

第五章　相关空间技术的应用

第一节　遥感技术的应用　吴双成、程伟

第二节　汶上南旺分水枢纽工程遗址精密 GPS 测量　吴双成、刘见平

第三节　探地雷达的运用　吴双成、张念强

第四节　小结　吴双成

第六章　汶上南旺大运河保护暨公众考古学实践　范佳翎

第七章　结语　王元林、丁见祥

附录一　碑碣拓本　万良、张鹏、钱道训

附录二　碑文释录　余建立、丁见祥、王元林

附录三　文献汇编　余建立、王元林、吴双成、丁见祥

附录四　京杭大运河研究成果简目　丁见祥

后记　佟佩华

英文提要　中文稿　王元林　翻译　范佳翎　校对　于冰

在资料整理过程中，我们邀请了中国文化遗产研究院刘绍刚研究员来济南指导碑碣释文的校对，邀请了北京大学考古文博学院秦大树教授来济南指导出土陶瓷器的整理，在此表示感谢。

中国文化遗产研究院原党委书记孟宪民先生审阅了报告初稿，并提出了许多宝贵修改意见，在此表示感谢。

在发掘期间，我们邀请了故宫博物院原院长、中国考古学会理事长张忠培先生，天津文化遗产保护中心主任陈雍研究员到工地现场进行考察。张先生从考古学理论和田野考古实践相结合的高度，给我们提出了许多指导意见，在此表示感谢。

在发掘工作过程中，山东省文物局法规处张卫军处长，山东省文物考古研究所管国志副书记到工地检查和指导安全保卫工作，在此表示感谢。

我们的发掘工作得到了济宁市、汶上县和南旺镇领导的支持，先后多次到发掘工地考察工作的有：济宁市市委常委、副市长侯瑞敏，济宁市运河文化研究会秘书长杜庆生，济宁市文物局原局长高洪林，济宁市文物局局长孙美荣，济宁市文物局副局长樊存孝，济宁市博物馆馆长谢华英，汶上县县政府副县长李臣兴，汶上县文物局局长李成伟，汶上县文物局副局长张兵，汶上县文物局副局长汪海波，汶上县南旺镇党委书记魏保国，汶上县南旺镇政府镇长姬广乐，汶上县南旺镇政府副镇长渠修阵，在此一并表示感谢。

文物出版社对本书的出版给予了大力支持，在此表示衷心的感谢。

本书出版得到国家重点文物保护专项补助经费资助。

本项目得到国家科技支撑计划《空间信息技术在大遗址保护中的应用研究——以京杭大运河为例》（课题编号 2006BAK30B01）课题支持。

佟佩华
2010 年 11 月 8 日

Nanwang Wenshang on the Jing – Hang Grand Canal

A Survey and Excavation Report of the Nanwang Water Diversion Pivotal Project and Dragon King Temple Complex

(Abstract)

During the period of March to October, 2008, a systematic survey and excavation was jointly undertook by the Shandong Provincial Institution of Cultural Relics and Archaeology and the Chinese Academy of Cultural Heritage on the site of Nanwang water diversion project, with an ancient architectural complex at its neighborhood – the Dragon King Temple, at the Shandong portion of the Beijing – Hangzhou Grand Canal, or Jing – Hang Grand Canal. This is one of the tasks included in the heritage canal resources investigation in a bid for the China Grand Canal's inscription into the World Heritage, as well as in a National Science and Technology Supporting Plan program – the Application Study of the Spatial Information Technology in the Protection of Large – scale Archaeological Sites, with the Jing – Hang Grand Canal as a Case Study. The work, approved by State Administration of Cultural Heritage and organized by Shandong Provincial Cultural Department and the Administration of cultural Heritage, has substantially identified the distribution area, structural layout, and current state of preservation of the sites of Nanwang Water Diversion Pivotal Project and the Dragon King Temple Complex, which will provide a scientific grounding for subsequent heritage conservation planning and World Heritage inscription documentation.

Sitting at the summit on the route of the Jing – Hang Grand Canal, the town of Nanwang was always called " the watershed", a crucial place for the smooth waterway traffic connecting north and south. It witnessed here of genius hydraulic engineering measures in water supply and water diversion, the design and technology behind which, comparable to that of the renowned Dujiangyan Irrigation System, occupied a significant position in Chinese water conservancy history. From the Yuan Dynasty on, the Nanwang Diversion Pivotal Project was developed by generations of water conservancy officials, represented by Song Li, a Minister of Engineering during the Yongle Period, where the Daicun Dam was constructed to divert Wen water into the Canal, the watershed was identified to divert the incoming water supply into north and south, lakes were engineered to store and discharge water, and serial locks were laid out to manipulate water level. It was until the time when the Yellow River altered its course to the north in 1855 and the canal transportation was abandoned in 1901 that the Nanwang Diversion Pivotal Project and the Dragon King Temple had fallen into dilapidation. .

Archaeological research on the Grand Canal has lagged far behind for a long time with little voluntary excavations. This endeavor not only enlightens us on the significant role of the Nanwang site in Grand Canal archaeology, but also shed a light on the importance of archaeology as a field in the Grand Canal research.

The excavation covered an area of over 4000 square meters, focusing on the masonry revetment and canal watercourse, the foundation of the affiliated architecture – the Dragon King Temple Ancient Architectural Complex, and a comprehensive survey of surrounding water tanks, such as lakes of Nanwang, Shushan and Mata, and their gates and weirs. The canal resources were, through the work, generally identified in this area, the architectural layout of the Dragon King Temple and its relationship with the masonry revetment was fully disclosed, the existing condition, structure and historic transitions of the canal watercourse was found, the working principle of the water diversion facilities were understood, and a batch of important historical ruins and objects were rescued.

The report consists of 9 parts which are outlined below:

In the preface, the history and significance of ancient canals in China is generally pictured, with emphasis on Nanwang Water Diversion Pivotal Project of its key role on the whole Jing – Hang Grand Canal in terms of geographical location and heritage value in water conservancy history.

The background is given in Chapter 1, concerning the geographical position, natural environment and the history of Jining City and Nanwang Town in Wenshang County, Shandong Province, as well as the origin, process, methods, and team organization of the archaeological survey and excavation.

The findings of the survey are described in Chapter 2 of the Nanwang Project. On the canal watercourse, a 40 – meter – long masonry embankment was cleared up, with one layer of stone blocks on the top, nine layers of horizontal staggered – joint black bricks in the middle and seven layers of stone blocks at the foundation. There is a masonry landing footstep of 11 – layer stone blocks at the eastern end of this section of the embankment. A number of black bricks were found with inscription of watercourse brick by government, made in Year 10 of Hongzhi', showing that the embankment was built during the Hongzhi Period of Ming Dynasty. Two rows of timber piles parallel to the embankment were also discovered during the survey. The northern one stands 13 or 14 meters away from the embankment to the south. The piles, 50 to 60 centimeters apart from each other, were connected with wooden beams. From deposit analysis of two north – south crossing trenches, the piles should be the northern embankment remains of a certain period later than the masonry one of Hongzhi 10. It was relocated to the south at a time to be further studied. The southern row of timber piles was 50 meters away from the northern one, to the south of which clear deposit of mixed layers of tamped soil and grass were found. Preliminary study shows it should be the southern embankment of the canal of certain period. Investigation and mapping were done on the Daicun Dam and Xiaowen River, including measurement of the altitude difference between the Dam and the Town which gives scientific explenation of the zigzag Xiaowen River with over 80 turns, and structure dissection of the Xujiankou sluice gate where the Xiaowen run into the Mata Lake. Survey of lakes such as Nanwang, Mata, and Shushan resulted in findings of quite a few sections of lake embankment remains. A portion of northern Shushan Lake embankment is found to remain a length of 2000 meter, almost in its original status. Archaeological survey were also carried out on major gates and dams, such as gates of Liulin, Shili and Siqian, and dams of Gangcheng and Jinkou, to better understand the functions of these facilities on water adjustment and traffic enhancement.

Report in Chapter 3 focuses on the excavation at the site where the Xiaowen River injected into the Canal, including the water diversion revetment in front of the Dragon King Temple and the canal watercourse. According to historic documents and old photos, there was a masonry embankment in front of the Dragon King Temple, which is about 220 meters long, 7 to 8 meters wide from south to north, and 6 meters high, with 3 paths of stair – work leading to the temple from the canal, each guarded at its side by two face – to – face stone beasts heading to the river. 4 north – south trenches were arranged in front of the Dragon King Temple to dissect the water diversion structure and understand the mechanism of water diversion. Excavation shows the stone revetment was originally built in the Yuan dynasty and rebuilt many times during Ming and Qing dynasties. It was arc – shaped to achieve the water diversion function with the central part bulged towards the river more than its east and west ends. On its side towards the water, timber piles was nailed to the ground with layers of stone blocks laid on the top bonded by buckles with Water Diversion Revetment' inscriptions and white limestone powder. The back side of the revetment was tamped by earth – lime – sand mixture and irregular stones. The excavated findings match historic recordings in general. A large number of fir tree remnants were found in the revetment deposit layers, together with porcelain pieces and iron nails of Ming and Qing dynasties. At the junction of Xiaowen River and on the canal bed, another 4 trenches were excavated through which a masonry structure at the mouth of Xiaowen River was discovered, as well as the portion of 40 – meter – long masonry embankment and two rows of timber piles mentioned in Chapter 2.

Chapter 4 is devoted to the excavation findings of the Dragon King Temple site, unveiling the general layout and evolution of the ancient architecture complex of three groups of courtyards. The complex for worship and com-memoration had close bond with the Canal and formed its indivisible part. Facing south right opposite to the place where the Xiaowen River runs into the canal, the whole complex, first built in the Ming dynasty, had been devel-oped into a large – scale sprawl with multi – buildings and multi – functions after repeated repairs and expansions during Ming and Qing dynasties. According to the findings of the excavation, the temple was constituted of three strings of brick – timer buildings. On the east was a serial buildings of a memorial archway, a temple gate, an op-era tower, a drum and bell building, a Dragon King Palace and a Temple of Lord Guan, centered on the last two buildings. In the middle was a Water and Luminance Building, a passage hall, eastern and western wing – rooms, a King Yu Palace and a Goddess of Mercy Pavilion, centered on the first one and last two buildings. On the west was an entrance gate, a hexagonal Pavilion, a passage hall, shrines of Lord Pan, Lord Bai, and Lord Song, and courtyard wall, centered on the Shrine of Lord Song. The architecture foundations of these buildings were symmetri-cally aligned along a central axis and interconnected through paved paths and passage gates to form an organic whole. Excavated objects included a statue of brick – carving Buddha, 9 pieces of coins from Ming and Qing dynas-ties, over 50 pieces of fragmented ceramics, over 300 pieces of architectural components of glazed and brick carv-ings, such as drooping and walking beasts, fairy figures on phoenix, serial beasts, pedestals, eave tiles and drip-stones, mural painting fragments and hearth pits, etc. Meanwhile, over 30 pieces of important stone tablets of Ming and Qing dynasties were uncovered which would provide significant information for future studies on the site.

Chapter 5 elaborates on the application of spatial information technology in the program. This is an endeavor of multi – institution, multi – regional and multi – disciplinary co – operation jointly undertaken with Tsinghua University, the Institute of Remote Sensing Applications of Chinese Academy of Sciences, Department of Water Concevancy History of China Institute of Water Resources and Hydropower Research, National Museum and Beijing Municipal Institute of Cultural Heritage. The productive survey covered a journey over 100 kilometers to survey, geolocate and map three lakes and a portion of the canal watercourse from Kaihe Gate to Changgou using high – precision GPS, aerial and satellite photographs and GIS led by information from historical archives. Lakes such as Nanwang, Mata, and Shushan and water supply channels to the Grand Canal are important part of the canal transportation system for its normal operation. Most of the lake embankment are traceable in the field survey, with their scope, direction and meeting point with the canal and the Xiaowen River clearly identified, as shown on remote sensing images of different periods (especially on photographs of 1957). Though most of the lake embankments have been discarded to lose their original functions, they still exist as discernable country roads, greenery highland and ridges in farmlands. One of the best preserved embankments is a portion of northern Shushan Lake embankment, 2000 meters long in an upside down U' shape. Detailed mapping has been done on this portion to come up with a three – dimensional simulation pictures. A map of over 20 kilometers canal watercourse from Kaihe to Changgou is rendered according to Year 2003 Quick Bird images, together with a large – scale topographic map from Shili Gate to Liulin Gate using RTK technology. Meanwhile, detailed mapping is also carried out on some important gates and dams. Through the collaboration of different institutions and disciplines, we not only locate the original scopes of the three lakes, its preservation condition, and the distribution features of the embankments, the water – gates and sluice gates, but also get to know the relationship between the canal watercourse and these facilities and their working mechanism of water control.

Chapter 6 introduces a public archaeology program undertook during the excavation. Local villagers and students were organized to visit the site under professional guides. The program – the Grand Canal and Public Archaeology Practice co – sponsored by local governments, evokes a sensation in the region and enhances local people's awareness of cultural heritage protection and their affection of their home town of Nanwang.

As a conclusion stated in Chapter 7, the survey and excavation enables a deeper recognition of the Nanwang Water Diversion Pivotal Project of its historical evolution, water diversion mechanism and engineering and technological accomplishment, its heritage composition and values, the watercourse transition from Shili Gate to Liulin Gate, and the role of spatial information technology in archaeological survey.

It is included in Appendices interpretations of the stone inscriptions excavated at the Dragon King Temple site. Also included are the historic documents and literatures related to the Nanwang Water Diversion Pivotal Project and the Dragon King Temple, and the canal in Shandong Province at large, all previous reference materials for further research.

The achievements of this comprehensive archaeological survey and excavation will certainly provide detailed and accurate information for the protection planning of the Grand Canal and its inscription process into World Cultural Heritage. Nevertheless, archaeological studies on the Grand Canal have just begun, leaving many questions and vacancies yet to be solved and filled up.